Elementos para a Tutela Efetiva da Classe Trabalhadora: Temas de Direito e Processo do Trabalho

vol. II

Elementos para a Tutela Efetiva da Classe Trabalhadora: Temas de Direito e Processo do Trabalho

vol. II

Coordenador:

Hugo Cavalcanti Melo Filho

Juiz do Trabalho, titular da 12ª Vara do Trabalho do Recife.

Doutor e Mestre em Ciência Politica pela UFPE.

Professor Adjunto de Direito do Trabalho da UFPE (graduação e pós-graduação).

Presidente da Academia Pernambucana de Direito do Trabalho.

Diretor de Relações Internacionais da Associação Latino-americana de Juízes do Trabalho .

Membro da Secretaria de Assuntos Internacionais da Associação Brasileira de Juizes pela Democracia.

Líder do Grupo de Pesquisa Direito do Trabalho e Teoria Social Crítica (PPGD/UFPE).

LACIER

LACIER

Lacier Livraria e Editora
www.livrarialacier.com.br

Rua Doutor Quirino, 808 – Centro
CEP 13015-081 – Campinas, SP – Brasil

Novembro, 2021

Diretor: *Lacier José de Rezende*
Diretor assistente: *Eduardo Soares Aureliano*
Projeto de capa: *Fabio Giglio*
Imagem da capa: *Building the Pyramids – Jean Charlot, 1933.*
Projeto gráfico e editoração eletrônica: *Peter Fritz Strotbek – The Best Page*

Ficha Catalográfica

Dados Internacionais de Catalogação na Publicação (CIP)
(Câmara Brasileira do Livro, SP, Brasil)

Elementos para a tutela efetiva da classe trabalhadora : temas de direito e processo do trabalho : vol. II / coordenador Hugo Cavalcanti Melo Filho. — 1. ed. — Campinas, SP : Lacier Editora, 2021.

Vários autores.
Bibliografia.
ISBN 978-65-88805-20-6

1. Direito do trabalho — Brasil 2. Justiça do trabalho — Brasil 3. Processo do trabalho — Brasil I. Melo Filho, Hugo Cavalcanti.

21-88859 CDU-347.9:331(81)

Índices para catálogo sistemático:

1. Brasil : Processo do trabalho : Direito do trabalho 347.9:331(81)

Cibele Maria Dias — Bibliotecária — CRB-8/9427

Sumário

Apresentação — *Hugo Cavalcanti Melo Filho* 7

Prefácio — *Valdete Souto Severo* 9

As Faces da Subcontratação na Indústria de Confecção — *Ana Carolina Ferreira Marques dos Prazeres* 11

A Nova Concepção do Estado-Nação e a Vulnerabilidade dos Trabalhadores Migrantes e Refugiados no Contexto da Reestruturação dos Princípios do Direito do Trabalho — *Camila da Cunha Melo de Farias Borba* 38

A Inconstitucionalidade do Art. 235-D, § 5º, da CLT: As Viagens de Longa Distância e o Trabalho em Dupla de Motoristas Rodoviários de Cargas como Afronta à Dignidade do Trabalhador — *Camilla Maria Marques Brandão* 48

Aplicabilidade do Art. 444, Parágrafo Único, da Consolidação das Leis Trabalhistas: Uma Análise Crítica da Compatibilidade Vertical do Dispositivo Ante o Primado da Constituição da República e dos Tratados Internacionais sobre Direitos Humanos — *Carolina Augusta do Nascimento* 66

Direitos Sociais no Brasil e Doutrina Franciscana — *Hugo Cavalcanti Melo Filho* 109

Reforma Trabalhista Via Supremo Tribunal Federal: Precarização dos Direitos Trabalhistas e Violação de Princípios Constitucionais e Trabalhistas Chancelados pela Suprema Corte — *Ítalo Henrique de Souza Lopes* 113

Trabalho Análogo à Escravidão na Relação de Emprego Pós-Moderna: Da Indignação ao Conformismo — *Isabella Neves Barbosa do Rêgo* 129

A Precarização Laboral em Matéria de Duração do Trabalho e a Necessidade de Controle Idôneo da Jornada — *João Guilherme Vieira Melo* 152

O Sindicalismo Negocial e a Reforma Trabalhista: Uma Relação de Causa e Efeito — *Juliana de Araújo Gallindo Pinto* 163

O Tramento Normativo Conferido ao Trabalhador Portador de Deficiência no Brasil: À Luz do Princípio Constitucional da Igualdade e do Estatuto da Pessoa com Deficiência — *Maria Cecília Lapa de Araújo Silva* 195

A Terceirização na Administração Pública como Fator de Precarização do Trabalho e do Serviço: Análise Preliminar dos Efeitos da Lei n. 13.429/2017 — *Maria Eduarda Wanderley Lima* 220

A Escravidão Contemporânea em Pernambuco: A Análise do Trabalho Escravo no Estado e os Resquícios Coloniais da Economia Sucroalcooleira — *Maria Odete Freire de Araújo* 243

Contratação Temporária por Excepcional Interesse Público e o Direito do Trabalhador — *Paula Cristina Moraes da Silva* 254

A Captura Ideológica da Classe Proletária, a Falência dos Movimentos Coletivos Operários e os Desafios da Reconstrução de um Projeto Emancipatório do Trabalho — *Renato Almeida Melquíades de Araújo* 274

Uberização do Trabalho: A Relação Empregatícia entre os Entregadores e as Empresas de Aplicativos de Comida — *Ygor Leonardo de Sousa Araujo* 286

Apresentação

Em minha longa carreira no magistério tenho orientado alunas e alunos, de graduação e pós-graduação, em suas pesquisas e produção de trabalhos acadêmicos. Em 2015, resolvi organizar uma obra coletiva, enfeixando os melhores trabalhos por mim orientados, mais recentemente.

O projeto se concretizou, com a edição, no ano seguinte, do livro *Elementos para a tutela efetiva da classe trabalhadora: temas de direito e processo do trabalho*, pelo Projeto Editorial Praxis, da Editora Canal 6.

A obra, prefaciada pelo Professor Doutor Sergio Torres Teixeira e apresentada pelo Professor Doutor Giovanni Alves, reuniu treze textos acadêmicos e foi um sucesso, rapidamente se esgotou.

Passados quatro anos, tenho a alegria de apresentar este *Elementos para a tutela efetiva da classe trabalhadora:* temas de direito e processo do trabalho, vol. II, que também organizei, este coeditado por Lacier Livraria e Editora.

Aqui os leitores encontrarão quinze textos, sendo um de minha lavra e os demais produzidos por alunos da graduação e das pós-graduações, *stricto sensu* e *lato sensu*, em Direito da Universidade Federal de Pernambuco.

Os trabalhos tratam de temas como subcontratação de trabalhadores, condição do trabalhador migrante, Reforma Trabalhista, trabalho análogo à escravidão, trabalho do deficiente físico, uberização, falência dos movimentos operários, etc.

Agradeço aos autores por suas excelentes contribuições e à Professora Doutora Valdete Souto Severo, Presidente da Associação dos Juízes pela Democracia, pelo carinhoso e vibrante prefácio.

Recife, junho de 2021.

Hugo Cavalcanti Melo Filho

Prefácio

Esse é o volume II e, portanto, a continuidade de um fio que se entrelaça com o magistério de Hugo Cavalcanti Melo Filho e que ele conduz, carregando consigo suas alunas e alunos.

Se o prefacio, é porque minha amizade e admiração por Hugo, pelo ser humano, professor e magistrado que é, aumenta a cada dia. É porque sei que Hugo contamina quem com ele convive. Depois da leitura dos textos aqui reunidos, fica a sensação de esperança, a renovação da coragem — uma marca em toda a trajetória de Hugo — que precisa acompanhar quem se dedica a esse mundo ao mesmo tempo tão perverso e sedutor, que é o mundo das relações de trabalho.

O propósito desse livro é a discussão de questões práticas, que tornem o Direito do Trabalho efetivo, afinal de contas trata-se de uma tutela que é condição de possibilidade para a existência digna.

Em uma sociedade na qual a circulação da riqueza se dá, sobretudo, através da troca de trabalho por capital, troca que se torna indispensável para o acesso a bens sem os quais não sobrevivemos (alimentos, roupa, remédios), o Direito do Trabalho enquanto forma de regulação estatal dessa troca é necessariamente central.

Discutir a efetividade de suas regras e a responsabilidade política e social de alterações legislativas que o fragilizem como instrumento de tutela da classe trabalhadora é, pois, essencial.

Todos os textos aqui reunidos têm em comum a preocupação com uma tutela que seja efetiva para a classe trabalhadora e bem por isso perscrutam realidades nas quais o Direito do Trabalho tem dificuldade de entrar, como é o caso do trabalho feito por migrantes e refugiados, por motoristas de aplicativo, por terceirizados e quarteirizados.

O que há aqui é um retrato dos avanços, mas também das limitações e dificuldades que o Direito do Trabalho enfrenta para ser efetivo, especialmente se considerarmos os últimos anos, e todo desmanche operado através da chamada "reforma" trabalhista, cuja inconstitucionalidade é examinada em um belo texto sobre a dupla jornada dos motoristas rodoviários.

O que chama a atenção é a percepção de que não são apenas as leis a descosturar o Direito do Trabalho e agregar dificuldades na atividade de interpretação e aplicação de um conjunto de regras que só se justificam, historicamente, pela proteção que devem conferir a quem vive do trabalho que realiza.

Da leitura do texto que examina a atuação do STF na promoção do desmanche dessa noção estrutural de proteção a quem trabalha, resta o gosto amargo da derrota. Quem ousou acreditar no Poder Judiciário como guardião da Constituição, precisa lidar com a realidade tão bem explicitada neste livro, de que esse tem sido um agente importante na desconstrução da rede de proteção social. Com afirma Hugo, em seu artigo, antes de nos fazer desistir, a compreensão dessa realidade deve servir para nos animar a formar "trincheiras de resistência", dentro e fora do Poder Judiciário.

Se há um claro propósito de enfraquecer e deslegitimar a Justiça do Trabalho, livros como esse revelam a importância não apenas da instituição que dá voz à classe trabalhadora, mas sobretudo de seus agentes que, enquanto atuam como magistrada(o)s, advogada(o)s, procuradores, auditores, fiscais, estudantes e acadêmica(o)s podem (e devem) materializar um Direito do Trabalho que faça sentido, que atenda sua função histórica e realmente promova a redução da assimetria, do assujeitamento e do adoecimento que a troca entre capital e trabalho cotidianamente promove.

E isso se constrói com o reconhecimento de que não superamos a lógica escravista, de que compactuamos de algum modo com práticas precarizantes que nos conduziram ao escândalo de uma previsão legislativa autorizando contratação "intermitente", ao uso distorcido da necessária autonomia sindical para fazer dos sindicatos sujeitos da própria dominação.

Tudo isso está contido nos artigos desse livro, sob a perspectiva de uma crítica necessária para recuperarmos nossas forças e seguirmos acreditando. Há, portanto, aqui, uma aposta na utopia real de um Direito do Trabalho que recupere seu sentido original e volte a representar um instrumento de justiça social.

Porto Alegre, maio de 2021.

Valdete Souto Severo
Juíza do Trabalho da 4ª Região.
Doutora em Direito.
Professora da UFRGS.
Presidente da Associação
dos Juízes pela Democracia.

As Faces da Subcontratação na Indústria de Confecção[1]

Ana Carolina Ferreira Marques dos Prazeres

"Os que trabalham têm medo de perder o trabalho.
Os que não trabalham têm medo de nunca encontrar trabalho.
Quem não tem medo da fome, tem medo da comida.
Os automobilistas têm medo de caminhar e os peões têm medo de ser atropelados.
A democracia tem medo de recordar e a linguagem tem medo de dizer.
Os civis têm medo dos militares, os militares têm medo da falta de armas.
É o tempo do medo.
Medo da mulher à violência do homem e medo do homem à mulher sem medo."

Eduardo Galeano, *"O medo global"*

Introdução

Historicamente, a indústria têxtil foi de fundamental importância para a consolidação da industrialização em vários países, sua vasta cadeia produtiva e alta empregabilidade impulsionaram a economia e os setores que dela dependiam direta ou indiretamente. No Brasil, esse segmento teve como período áureo a década de 50 e em seguida experimentou sucessivas crises que culminaram na dependência da importação de tecidos e produtos de vestuário. Na década de 1990, em um contexto de reestruturação produtiva, uma das respostas possíveis do capital para a recuperação do setor foi a intensificação cada vez maior das subcontratações para suprir a demanda interna e baratear os custos.

As modificações dos processos produtivos rumo à maior obtenção de lucro e ao menor gasto de capital exigiram do mercado de trabalho maior flexibilidade, o que, no âmbito trabalhista, pode ser traduzido pela reformulação dos contratos tradicionais de trabalho e subsequente deterioração das garantias sociais. A subcontratação e a terceirização se tornaram

(1) Monografia apresentada como Trabalho de Conclusão do Curso de Bacharelado em Direito do Trabalho pela UFPE, em 2016.

exponentes do processo de flexibilização dos ajustes entre empregado e empregador, que foram alterados significativamente, transformando-se, muitas vezes, em expedientes para fraudes e manipulações.

O fenômeno de desverticalização da produção e, consequentemente, o repasse de suas etapas periféricas tornaram a terceirização um modelo para as alternativas de contratação e uma das saídas para alcançar a desejada empresa-enxuta. As fábricas passaram a priorizar o que julgam ser principal, transferindo às empresas subcontratadas grande parte do que antes era produzido dentro da planta industrial. No entanto, o crescimento da interposição de empresas terceirizadas na estrutura organizacional das empresas principais ocasionou situações bem distantes do discurso da eficiência da produção e especialização da mão de obra.

As empresas se inserem em uma rede tão complexa de contratos de produção, que a antiga produtora acaba por se desfazer da maior parte das máquinas e dos empregados, existindo apenas formalmente, passando a comprar aquilo que antes produziam. Em contrapartida, seus lucros estratosféricos continuam garantidos. O capitalismo produtivo dá lugar ao capitalismo rentista que nada produz, apenas lucra, esvaziando por completo a noção de função social da empresa.

Ao mesmo tempo em que os postos de trabalho foram reduzidos, cresceram as modalidades de trabalho a domicílio e contratos de facção. Nesse contexto, as mulheres tem grande destaque, uma vez que sempre estiveram envolvidas na produção têxtil e com as novas modalidades podem realizar o trabalho produtivo dentro do espaço doméstico. A divisão sexual do trabalho tão presente na sociedade ganha contornos ainda mais definidos quando analisada a situação dessas trabalhadoras que foram absorvidas, na estrutura capitalista de trabalho, não como "profissionais", mas como mulheres, recebendo menos para desempenharem a mesma função, sendo discriminadas e assediadas, vistas como dispensáveis. Ao realizar o trabalho no ambiente doméstico é possível conciliar o trabalho remunerado com o trabalho doméstico de cuidado do lar, dos filhos e do marido, acrescentando mais peso nas jornadas extenuantes.

A consolidação das subcontratações também se deu pela concepção de que as contratações flexíveis seriam benéficas para canalizar o espírito empreendedor do brasileiro, por exemplo. O discurso do empreendedorismo, valorizado pela grande mídia e por instituições patronais como o SEBRAE, passou a transmitir a ideia de um novo trabalhador polivalente, criativo, multitarefa e que está disposto a assumir os ricos do negócio próprio. No entanto, mais do que vocação. o empreendedorismo passou a ser uma saída para garantir a sobrevivência, o pequeno empreendedor tal como o empregado está à mercê das imposições das fábricas e instabilidades do mercado. A relativa autonomia através do empreendimento se resume à flexibilidade da jornada de trabalho, mas por outro lado, é preciso compensar com trabalho intenso e ausência de lazer.

Contudo, diante de tantos retrocessos e da tentativa de responsabilização dos empregados e dos pequenos empreendedores pelo desemprego ou pelo fracasso, é importante repensar a própria sociedade assalariada, suas formas organizativas, identidades coletivas, lutas sociais, enfim um novo modelo de sociedade e de mudança social a partir das novas condições dadas, tendo como horizonte não um retorno, mas avanços em termos de conquistas sociais para os trabalhadores e trabalhadoras.

1. Indústria de confecção — Origem, evolução e características

1.1. Histórico da indústria de confecção

A indústria têxtil é um dos segmentos mais tradicionais da indústria brasileira, teve grande importância no começo da industrialização do país e historicamente empregou uma enorme força de trabalho. Enquanto o Brasil era colônia, a Coroa portuguesa proibia o funcionamento de manufaturas têxteis para que a mão de obra fosse usada exclusivamente nas atividades rentáveis para a colônia, bem como impunha uma pesada taxação sobre os equipamentos industriais importados.

Com a abolição das tarifas aduaneiras que encareciam as importações das máquinas e matérias primas foi possível o estabelecimento de manufaturas de pequeno porte substituindo a produção artesanal das fazendas. Estima-se que em 1882 havia no Brasil cerca de 48 (quarenta e oito) fábricas produzindo 20 (vinte) milhões de metros de tecido anualmente, esse número cresceu nos anos seguintes para 134 (cento e trinta e quatro) estabelecimentos espalhados por 17 (dezessete) estados do país(2).

Com o advento dos avanços tecnológicos, nas primeiras décadas do século XX, o setor têxtil não só era nitidamente o mais importante segmento industrial brasileiro, como era o décimo parque têxtil no mundo, ocupando, hoje, o quinto lugar na produção mundial, segundo a Associação Brasileira da Indústria Têxtil e Confecção (ABIT). A ampliação do mercado consumidor comandada pelo aumento do trabalho assalariado, a oferta interna de energia elétrica e a importação facilitada de teares ingleses foram alguns fatores que também contribuíram com o desenvolvimento inicial. Em 1919, a indústria têxtil contava com mais de cem mil trabalhadores, o que representava quase 49% (quarenta e nove por cento) do contingente empregado na indústria de transformação.

Durante a Primeira Guerra Mundial, a economia enfrentou muitos problemas com a desaceleração do seu crescimento, levando muitas fábricas a fecharem as portas e grande parte teve que reduzir a jornada de trabalho dos empregados. As importações e exportações ficaram comprometidas e logo depois o impacto da queda da bolsa de Nova York, em 1929, causou déficit no setor econômico como um todo. Os relatórios sobre a situação do estado de São Paulo, maior produtor da época, expunha que entre as 57 (cinquenta e sete) unidades têxteis da principal região produtora, 23 (vinte e três) suspenderam suas atividades e todas as outras estavam operando abaixo da sua capacidade, algumas chegando a produzir apenas 10% (dez por cento) do que era capaz.

Após o período de crise, o setor se recuperou e entre 1931-1938 foi registrado um crescimento de 50% (cinquenta por cento)(3). Os anos que se sucederam foram de intenso

(2) STEIN, Stanley J. *Origens e evolução da indústria têxtil no Brasil* — 1850/1950. Rio de Janeiro: Campus, 1979.

(3) FUJITA, Renata Mayumi Lopes; JORENTE, Maria. *A indústria têxtil no Brasil:* uma perspectiva cultural. *Moda palavra e-periódico*, ano 8, n. 15, jan./jul. 2015, p. 97.

desenvolvimento, sendo necessário de tempos em tempos a modernização e re-equipamento das fábricas existentes a fim de tentar torná-las competitivas no mercado internacional. O período áureo foi entre 1940-1945 em que se produzia não apenas para os países latino-americanos, mas também para a Europa e o Oriente Próximo. Nessa época as indústrias dos países envolvidos na guerra se dedicaram à produção militar, impulsionando a indústria de países periféricos.

Terminada a Segunda Guerra Mundial, os industriais insistiam em obter subsídios governamentais para a exportação, de modo a salvaguardar o setor e em meados da década de 1960, o Ministério da Indústria e Comércio através do Conselho de Desenvolvimento Industrial, direcionou grandes subsídios fiscais e financeiros para a ampliação das fábricas, o BNDES também passou a conceder benefícios com o objetivo de subsidiar a compra de bens de capital, a instalação e modernização dos estabelecimentos.

Ao longo da década de 1970 houve a entrada de investidores estrangeiros que priorizavam a produção de fibras artificiais e sintéticas para responder à demanda do setor de vestuário, em contrapartida, na década seguinte, a expansão econômica encontrou muitos obstáculos, o cenário brasileiro apresentava dificuldades com a alta do desemprego, queda de poder aquisitivo, inflação galopante e estagnação da economia. O modelo protecionista estabelecido nos anos anteriores perdeu força frente a um mundo capitalista em transformação. O impacto foi grande, as máquinas e os equipamentos eram obsoletos e as pequenas e médias empresas predominantes no setor possuíam poucas chances de sobreviver devido à falta de competitividade em relação aos produtos estrangeiros de valor inferior.

Para entender melhor o desdobramento dessa crise é importante explicitar como se desenvolve a cadeia produtiva têxtil formada por um complexo industrial com diversos ramos especializados.

Inicialmente as fibras sintéticas e artificiais são transformadas em fios, a qualidade desses fios está relacionada diretamente a titulagem da fibra, que determina a sua espessura, o tipo de fio e o nível tecnológico das máquinas. Merece destaque o fato de que a introdução das fibras sintéticas, a exemplo do poliéster, acrílico e polipropileno, proporcionou um aumento considerável na produção, pois até então os aperfeiçoamentos das máquinas se davam mais visando o aumento da produtividade do trabalho e com o uso da fibra sintética, artificial, foi possível elevar a produtividade da própria máquina.

Com o fio pronto, a próxima etapa é a tecelagem que fabrica tecidos planos e tecidos de malha. Depois os tecidos passam pelo acabamento onde é realizado o alvejamento, que retira as impurezas, a mercerização, em que o tecido ganha aspecto macio e resistente, e a flambagem, processo de homogeneização. Em seguida, a etapa é a tinturaria, em que os tecidos ganham cores variadas, e a lavagem para retirar os produtos químicos em excesso. Por fim, seguem para a confecção, onde são feitos o desenho, molde, gradeamento, encaixe, corte e costura. Os produtos finais podem ser destinados ao vestuário, aos artigos para o lar ou à indústria (filtros de algodão, componentes para o interior de automóveis, embalagens, dentre outros).

Na etapa da confecção a utilização de mão de obra é intensiva e dificilmente o uso de tecnologia substitui o trabalho humano, uma vez que a colocação de botões, bolsos, costuras de gola e alguns tipos de bordados, por exemplo, exigem a minúcia que apenas o trabalho manual consegue atingir. Assim, diante da desvalorização histórica do trabalho manual, predominam na confecção os baixos níveis salariais, baixa escolaridade e alta rotatividade, devido ao grande esforço demandado nas atividades.

No Brasil, aproximadamente dois milhões de pessoas estão empregadas diretamente no setor, dos quais mais de 70% (setenta por cento) são mulheres com rendimento médio de R$ 860,00.[(4)] Em Pernambuco, no polo de confecções do agreste de Pernambuco, em 2012, os rendimentos médios mais altos foram os de Caruaru (R$ 306), Santa Cruz do Capibaribe (R$ 306) e Toritama (R$ 300). Os piores rendimentos observados foram em Agrestina e Brejo da Madre de Deus ($ 170) e Manari (R$ 91).[(5)] Importante salientar que na cidade de Toritama 61% (sessenta e um por cento) da população ocupada em idade ativa exerce esse trabalho, enquanto em Santa Cruz do Capibaribe o percentual é de 54% (cinquenta e quatro por cento), o que demonstra indubitavelmente que a economia dessas cidades gira de forma predominante em torno da indústria de vestuário.

Estima-se que aproximadamente 108 (cento e oito) mil pessoas nos municípios de Agrestina, Brejo da Madre de Deus, Caruaru, Cupira, Riacho das Almas, Santa Cruz do Capibaribe, Surubim, Taquaritinga do Norte, Toritama e Vertentes, o chamado Polo-10 do agreste, desempenham funções nessa atividade, no entanto, esse número está subestimado tendo em vista o alto grau de informalidade existente. Nesse segmento a predominância de pequenas e médias empresas se deve ao baixo custo de instalação de uma unidade produtiva e ainda à diversidade dos produtos fabricados em termos de preço e qualidade que se adequam a vários tipos de consumidores. De modo geral, as pequenas empresas se voltam para produtos com vida comercial mais reduzida, influenciadas pelas variações da moda, pelas tendências mostradas na grande mídia e pela sazonalidade dos produtos.

O Nordeste é responsável por 15,6% da produção, enquanto no Sudeste se concentra 52,2% e no Sul, 28,3%.[(6)] A região Sul sempre teve destaque, inicialmente devido ao trabalho dos imigrantes, os quais mantinham unidades produtivas com mão de obra predominantemente familiar e foram os primeiros a se dedicar a uma incipiente produção industrial em detrimento da produção agrícola com base escravocrata. Na análise de Florestan Fernandes, o trabalhador estrangeiro desempenhou os principais papéis econômicos que dinamizaram a evolução capitalista no Brasil. Em primeiro lugar, por se constituir no agente original do trabalho livre. Em segundo lugar, porque o imigrante logo se converteu no único elemento,

---

(4) FGV. *Pesquisa Territórios da Moda* — A indústria da moda na cidade do Rio de Janeiro. Rio de Janeiro, 2011. p. 67.

(5) SEBRAE. *Estudo econômico do arranjo produtivo local de confecções do agreste pernambucano*. Recife, 2013. p. 58-60.

(6) BEZERRA, Francisco Diniz. Análise retrospectiva e prospectiva do setor têxtil no Brasil e no Nordeste. *Informe Macroeconomia, Indústria e Serviços*, Fortaleza, ano VIII, n. 2, 2014, p. 7.

além dos senhores de engenho, que possuía poder aquisitivo real, contribuindo para ampliar tendências de consumo típicas das "sociedades modernas".(7)

Até hoje, o estado de Santa Catarina é o líder na produção de vestuário, no entanto, o Nordeste, de maneira geral, também vem ganhando destaque no cenário brasileiro com a descentralização industrial, principalmente em regiões castigadas pela seca, onde as atividades que não dependem diretamente da água tem grandes chances de prosperar. Muitas empresas também foram atraídas para o Nordeste pela chamada "guerra fiscal", oferecimento de renúncia fiscal e infraestrutura promovida por prefeituras e governos estaduais, além da presença de mão de obra abundante, barata e desorganizada, uma vez que a maioria trabalhava antes em atividades rurais.

Uma característica marcante de todas as regiões analisadas é a predominância dos pequenos empreendimentos. De acordo com os dados do RAIS/MTE 2014, do total de estabelecimentos no Brasil, 44, 7% tem de 1 a 4 empregados e apenas 1,8% tem mais de 100 empregados. Ressalte-se que o poder de uma empresa não está relacionado apenas ao número de empregados diretos, mas sim ao número de empregados subcontratados com o objetivo de flexibilizar a produção, reduzir custos e responder a picos de demanda. (8)

A cadeia produtiva descontínua desse segmento favorece bastante a subcontratação que está muito presente no setor, sobretudo a partir da década de 1990, em que houve ampla abertura econômica e sobrevalorização da moeda, as quais trouxeram dificuldades para a indústria nacional que também perdeu competitividade nas exportações e no mercado interno com a entrada crescente de produtos provenientes, principalmente, dos "tigres asiáticos".

1.2. Transformações das relações de trabalho no contexto da reestruturação produtiva

As últimas décadas do século XX foram marcadas por profundas alterações na organização do processo produtivo, principalmente, no que se refere à estrutura ocupacional, às formas de gerenciamento e de administração de produção, incentivando o trabalho realizado fora do ambiente industrial. O modelo vigente de produção em massa, grande quantidade de operários, unidades fabris concentradas e de atividades rigidamente controladas se tornou cada vez mais uma prática inviável diante do cenário econômico da época.

Em torno da decadência do denominado *Welfare State* e da crescente abstenção do Estado, as empresas experimentaram um processo de reestruturação produtiva adotando uma forma mais flexível de acumulação com um novo perfil de trabalhador, polivalente, mais qualificado, criativo, autônomo e concentrador de mais tarefas. Até então, o fordismo predominante se baseava essencialmente na produção em série de produtos homogêneos, no trabalho parcelado e fragmentado, na verticalização da cadeia produtiva e na rígida hierarquia interna. De acordo com David Harvey, o marco inicial simbólico do fordismo foi o

(7) JINKINGS, Isabella. *Reestruturação produtiva e emprego na indústria têxtil catarinense.* Dissertação — Florianópolis: UFSC, 2002. p. 40.

(8) BRASIL. Governo Federal. Características do Emprego Formal. *Relação Anual de Informações Sociais — 2014.* Ministério do Trabalho e Emprego. RAIS/MTE. Brasília, DF, 2014. p. 12.

ano de 1914, quando Henry Ford estabeleceu o dia de trabalho com jornada de oito horas e pagamento de cinco dólares para os operários da linha automática de montagem de carros de sua fábrica.[9]

As empresas organizadas sob essa forma tornaram-se gigantescas, do ponto de vista do maquinário, da quantidade de trabalhadores e da manutenção de estoques, modo de produção que não atendia as demandas do momento. Em contraposição, os parâmetros norteadores da reconfiguração do modo produtivo erguiam-se sob a perspectiva da produção por demanda, pautada em produtos diferenciados, com base no trabalho em equipe e polivalente.

A rigidez produtiva e organizacional do fordismo foi substituída pela acumulação flexível, caracterizada pela flexibilidade dos processos de trabalho, dos mercados de trabalho, dos produtos e dos padrões de consumo. Com efeito, essas mudanças levadas a cabo fizeram com que um grande número de trabalhadores se deparasse com novas exigências por mais produtividade e maior jornada de trabalho, sem que isso tivesse reflexos em maiores ganhos ou mais direitos.

Enquanto modalidade produtiva alternativa se destacou o modelo japonês, o *toyotismo*, que se espalhou pelo mundo. Inicialmente, esse modo de gestão utilizou, na indústria automobilística japonesa, a experiência do ramo têxtil, no qual o trabalhador opera simultaneamente várias máquinas. Essa alternativa foi uma das respostas possíveis do capital à crise do padrão de acumulação capitalista e significou, concretamente, a necessidade de aumentar os lucros sem aumentar o número de trabalhadores.

Segundo o fundador da Toyota "o ideal seria produzir somente o necessário e fazê-lo no melhor tempo", baseando-se no modelo dos supermercados, de reposição dos produtos somente depois de sua venda. Segundo Coriat, o método *kanban* já existia desde 1962, de modo generalizado, nas partes essenciais da Toyota, embora o *toyotismo*, como modelo mais geral, tenha sua origem, a partir do pós-guerra.[10]

> O pós-fordismo também não consistiu em melhoria das condições de vida e trabalho das categorias, pelo contrário, resultou em intensificação das atividades, baixos níveis de remuneração e instabilidade de emprego. As práticas de terceirização e subcontratação se tornaram cada vez mais comuns em busca de uma maior lucratividade contribuindo para o aumento da precarização das relações de trabalho. No contexto do padrão *toyotista* sob a perspectiva do capitalismo flexível, "embora o crescimento econômico tenha se desacelerado, a lucratividade aumentou, e os ganhos do capital nunca foram tão altos e tão rápidos em detrimento da classe trabalhadora."[11]

Entre as tentativas de redução dos custos de operação e aumento da competitividade está a horizontalização do processo produtivo, espécie de exteriorização de algumas etapas

(9) HARVEY, David. *Condição Pós-Moderna*. São Paulo: Edições Loyola, 1993. p. 83.

(10) ANTUNES, Ricardo. *Adeus ao Trabalho?* São Paulo: Cortez, 2002. p. 31-32.

(11) DRUCK, Graça. Trabalho, precarização e resistências: novos e velhos desafios. In: *Caderno CRH*, Salvador, v. 24, n. spe 01, p. 37-57, 2011, p. 42.

produtivas. A concepção de empresa enxuta que objetiva a redução dos custos desencadeou o surgimento de pequenas e médias empresas responsáveis pelo desempenho de atividades que antes eram desenvolvidas pela empresa de maior porte, mas que foram repassadas, havendo, consequentemente, um decréscimo no número de contratações formais de trabalhadores diretos e aumento da subcontratação. No contexto da acumulação flexível, os vínculos de trabalho sofreram profundas mudanças entre as quais a interposição de terceiros na estrutura da relação empregado-empregador passou a ser regra.

Com os desdobramentos da reestruturação produtiva do capital houve uma redução substancial do proletariado industrial e tradicional em comparação aos moldes das indústrias seguidoras do padrão taylorista-fordista. Estes trabalhadores vinculados aos ramos mais tradicionais foram substituídos por formas desregulamentadas de trabalho, reduzindo fortemente o conjunto de trabalhadores estáveis que se estruturavam através de empregos formais. Outra significativa mudança pode ser observada com a emergência de um novo tipo de proletariado em escala mundial, no qual terceirizados, subcontratados e trabalhadores a tempo parcial vem se expandindo. A desestruturação do Estado de Bem Estar Social nos países desenvolvidos e o aumento da deterioração das leis trabalhistas nos países subdesenvolvidos, em um contexto de desemprego estrutural, faz com que as alternativas de trabalho informais cresçam.

Segundo Eduardo Noronha(12), o conceito de informalidade pode ser entendido de diversas maneiras. Em primeiro lugar, explica que a informalidade, no período em que o país está consolidando sua economia, é um fenômeno inerente ao crescimento, mas que tende a desaparecer na medida do seu desenvolvimento. Predominando a suposição de que a "informalidade" é um legado de uma economia semi-industrializada, cujo fim depende apenas do decorrer do tempo. Posteriormente, considera o trabalho informal como resultado da busca por maximização dos lucros de uma empresa nos países com extensas leis trabalhistas e elevado custo indireto da folha salarial, como é o caso do Brasil, sobretudo em momentos de competição internacional de mercados.

Por fim, a informalidade resultaria de mudanças nos processos de trabalho, novas concepções gerenciais e organizacionais, os quais não exigem nem tempo nem locais fixos. O fenômeno passou a ter uma conotação diferente, na qual trabalhadores informais passaram a ser vistos como autônomos, empreendedores, donos do próprio negócio. A esse respeito, Luciano Vasapollo escreveu o seguinte:

> As novas figuras do mercado de trabalho, os novos fenômenos do empreendedorismo, cada vez mais se configuram em formas ocultas de trabalho assalariado, subordinado, precarizado, instável, trabalho "autônomo" de última geração, que mascara a dura realidade da redução do ciclo produtivo. Na verdade, trata-se de uma nova marginalização social e não de um novo empresariado.(13)

---

(12) NORONHA, Eduardo G. Informal, ilegal, injusto: percepções do mercado de trabalho no Brasil. *Revista Brasileira de Ciências Sociais*. v. 18, n. 53, São Paulo, out. 2003, p. 11-12.

(13) VASAPOLLO, Luciano. *O trabalho atípico e a precariedade*. São Paulo: Expressão Popular, 2005.

Outra tendência do mercado é o aumento significativo do trabalho feminino em diversos países, onde é expressivo o processo de feminização do trabalho. A inserção da mulher no mercado não é uma novidade, desde a década de 60 houve um crescimento espetacular da empregabilidade feminina, enquanto as estatísticas em relação aos homens permaneceram constantes ou até declinaram, contudo, atualmente, se observa novas formas de inserção no mercado, sobretudo no setor serviços. O crescimento da ocupação feminina no mercado de trabalho, apesar de ser uma vitória representa muitas vezes um aumento da exploração, uma vez que as mulheres, geralmente, são colocadas nos postos de trabalho em que ocorrem mais descontinuidades, onde predominam a vulnerabilidade ao desemprego e formas de contratos sem garantias legais.

As trabalhadoras também são desfavorecidas no quesito salarial, pois mesmo quando desempenham as mesmas funções dos trabalhadores recebem uma remuneração inferior, a desigualdade também se reflete em relação aos demais direitos sociais e trabalhistas. No Brasil, segundo os dados do IPEA em 2014[(14)], o salário médio das mulheres está em torno de 70% do salário dos trabalhadores, já as mulheres negras recebem cerca de 51% desse salário, evidenciando que as disparidades não são apenas em relação ao gênero, mas também à raça. Também é perceptível a ampliação do trabalho a domicílio em vários ramos, à primeira vista muitos empregados acreditam que a mudança é favorável, visto que economizariam tempo em relação ao deslocamento, produziriam mais em face do conforto da própria casa, porém é preciso olhar com atenção para essas formas de trabalho à distância.

O setor têxtil vem adotando essa modalidade de produção, onde é crescente a instalação de facções, unidades produtivas domiciliares, que recebem pedidos por encomenda e geralmente são remuneradas de acordo com o número de peças produzidas. Em relação às mulheres, esse tipo de trabalho pode ser problemático tendo em vista que o trabalho produtivo a domicílio estaria conjugado com o trabalho reprodutivo doméstico, aumentando as formas de exploração do contingente feminino.

Diante de tantas mudanças na produção, o trabalho realizado fora da planta industrial é uma das formas que assumiu dimensões globais, os países industrializados deslocaram suas produções para além dos limites nacionais e procuraram, sobretudo, países com garantias trabalhistas precárias e alta especialização do trabalho, objetivando redução de custos e aumento da competividade. No entanto, esse preço baixo tem um alto custo para a vida dos trabalhadores e trabalhadoras.

No período fordista, os conglomerados econômicos ampliavam a sua planta produtiva para chegar à periferia do capitalismo, com toda a sua estrutura. Na era da acumulação flexível, no entanto, o deslocamento também objetiva reduzir os custos com mão de obra, mas agora a grande fábrica terceiriza boa parte das etapas produtivas, evitando, com isso, pressões mais diretas do trabalho e respostas a "dissabores causados pelas empresas terceirizantes" na relação com os seus empregados.[(15)]

---

(14) IPEA. *Mulheres e Trabalho:* uma breve análise do período de 2004-2014, n. 24, Brasília, 2016.

(15) COUTINHO, Grijalbo Fernandes. *Terceirização:* Máquina de moer gente trabalhadora. São Paulo: LTr, 2015.

Em 2013, a tragédia do Rana Plaza no Bangladesh expôs as piores consequências da exploração do trabalho na periferia do capitalismo. O prédio, localizado na capital do país, abrigava fábricas de confecção e reunia milhares de trabalhadores, em grande parte mulheres, sem nenhum respeito às normas de segurança, em um ambiente que não suportava o quantitativo de pessoas e de máquinas existente. A situação insustentável culminou no desabamento do prédio deixando mais de mil e cem mortos e incontáveis feridos. Alguns meses antes do acidente, um incêndio provocado pelas más instalações do local tinha danificado parte da estrutura do prédio, deixando evidente que a ocorrência de uma tragédia era questão de tempo.

O Bangladesh não foi escolhido por acaso para funcionar como um dos principais polos de fabricação de roupas do mundo. O país tem o menor salário mínimo registrado no mundo, U$ 38 dólares por mês, e atrai grandes marcas, a exemplo de Primark, Nike, Benetton, Wal-Mart, cujos consumidores, muitas vezes, nem imaginam em que condições foram produzidos os produtos. Na análise de Grijalbo Coutinho havendo ambiente político, os tentáculos capitalistas atravessam continentes para explorar mão de obra pelo custo mais baixo possível, independentemente dos seus efeitos para a humanidade e das tragédias sociais decorrentes. Em sua defesa, as marcas informaram que lamentavam o caso e que exigiriam de seus subcontratados uma revisão dos padrões de segurança, sem nada mencionar sobre uma efetiva mudança nas contratações de modo a evitar que suas peças sejam produzidas em condições tão adversas.

Na incessante busca pelas mais altas taxas de lucro, a indústria da confecção da moda comandada por grifes mundiais entrelaçou, em uma comunhão indissociável trabalho escravo contemporâneo e terceirização, ambos muito penosos para os trabalhadores, meros instrumentos a serviço do regime da acumulação de capitais. Por isso mesmo, Zara, Primark, Loblaw, Benetton, Nike, Wal-Mart e tantas outras marcas de roupas midiaticamente famosas simbolizam a moda degradante das grifes, como estertores que tentam esconder os seus rostos em tantos "Rana Plaza" existentes na imensidão da periferia capitalista globalizada.(16)

No Brasil, constata-se uma verdadeira epidemia das redes de subcontratação e terceirização que em alguns episódios podem levar até ao trabalho escravo contemporâneo, como nos casos flagrados nas fiscalizações realizadas pelo Ministério do Trabalho. Entre 2003 e 2014, foram encontrados 34 (trinta e quatro) focos de trabalho escravo, dos quais foram libertados 452 (quatrocentos e cinquenta e dois) costureiros de oficinas têxteis fornecedoras de marcas de fast fashion (17), lojas de departamento e de grife, cuja maioria se encontrava no estado de São Paulo.

Dentre as empresas flagradas ou condenadas pelo uso do trabalho análogo ao de escravo, mediante terceirização, estão as Lojas Americanas, Casas Pernambucanas, Zara,

(16) COUTINHO, Grijalbo Fernandes. *Terceirização:* Máquina de moer gente trabalhadora. São Paulo: LTr, 2015. p-171.

(17) Fast-fashion, "traduzido como moda rápida, é o termo utilizado por marcas que possuem uma política de produção rápida e contínua de suas peças, trocando as coleções semanalmente, ou até diariamente, levando ao consumidor as últimas tendências da moda em tempo recorde e com preços acessíveis." Explicação tirada do *site*: <http://www.revide.com.br/moda/o-conceito-de-fast-fashion/>.

C&A, Renner, Marisa e Gregory. Algumas condenações tiveram como fundamento a ilegalidade da terceirização quando há subordinação direta e reconheceram o vínculo empregatício entre os subcontratados e as empresas destinatárias dos produtos, as condenadas também foram incluídas na "lista suja" do trabalho escravo que impõe restrições comerciais, a exemplo da suspensão de crédito e contratação de financiamento com bancos públicos e privados e pode ajudar os compradores a realizarem um consumo consciente e responsável.

Os trabalhadores resgatados se submetiam a jornadas de trabalho extenuantes, de até 15 horas por dia, sem descanso e sem condições mínimas de alimentação e higiene, sofrendo, muitas vezes, assédio moral e sexual, além de retenção de salários e de documentos como garantia de que os serviços fossem prestados. Situação comparável apenas ao período da II Revolução Industrial, quando a noção de garantias trabalhistas mínimas era incipiente. Qualquer comparação entre os relatos da época e aqueles feitos pelo Ministério do Trabalho revela que os tempos mudam, mas o modo de exploração não se renova.

Em geral, as vítimas resgatadas eram jovens à procura de oportunidades, migrantes de países como Bolívia, Peru, Paraguai e Haiti, iludidos pela promessa de um bom emprego e ao chegar no Brasil se deparavam com dívidas relativas ao transporte do país de origem, alimentação e hospedagem. Uma espécie de *déjà vu* se comparada a situação dos imigrantes vindos ao país no século XIX. Sem quaisquer recursos financeiros e laços sociais, vulneráveis, desconhecendo a língua portuguesa, os trabalhadores se tornavam dependentes de seus empregadores e se submetiam a condições degradantes nas oficinas.

Nas relações descritas, existia não só uma coação física, mas também moral e psíquica. Na coação moral não existe lesão à integridade física do trabalhador, mas sim sua integridade psicológica, visto que o empregador se aproveita da vulnerabilidade existente, envolvendo-o em dívidas e o impedindo de deixar o trabalho. A Consolidação das Leis Trabalhistas (CLT) em seu art. 462, § 2º, veda essa conduta expressamente:

> "Art. 462 – Ao empregador é vedado efetuar qualquer desconto nos salários do empregado, salvo quando este resultar de adiantamentos, de dispositivos de lei ou de contrato coletivo.
>
> § 2º É vedado à empresa que mantiver armazém para venda de mercadorias aos empregados ou serviços estimados a proporcionar-lhes prestações *'in natura'* exercer qualquer coação ou induzimento no sentido de que os empregados se utilizem do armazém ou dos serviços."

Na escravidão por dívida, também chamada de *truck system*[(18)], a violação está ligada a retenção do salário em razão de dívidas contraídas, seja através da venda inflacionada de produtos, alimentos e ferramentas, seja por cobrança injusta e desproporcional de moradia, energia ou manutenção do local. O trabalhador tem sua liberdade física e moral cerceada e não consegue rescindir unilateralmente o contrato em virtude dos débitos. A Organização Internacional do Trabalho (OIT) dispôs na Convenção n. 29 de 1930 que o principal

---

(18) Muitas vezes o pagamento dos salários está condicionado a descontos referentes aos altos custos dos aluguéis cobrados de forma compulsória, o que caracteriza uma prática ilegal do ponto de vista trabalhista, vedada pelos § § 2º e 3º do art. 462, além de desrespeitar os princípios da pessoalidade do salário, intangibilidade salarial e irredutibilidade do salário.

aspecto desse trabalho forçado é o uso do endividamento para imobilizar trabalhadores até a quitação de suas dívidas, em geral contraídas de modo fraudulento, sendo uma atividade clandestina e ilegal, difícil de ser combatida pelas dificuldades de fiscalização.

Para se caracterizar a coação física não necessariamente é preciso constatar castigos físicos e corporais, pois, outras medidas, tais como reter documentos e pertences, impedir saídas durante a jornada de trabalho e também nas horas de lazer são formas interventivas do direito de locomoção. Por fim, na coação psicológica estão presentes além das ameaças de violência, a manipulação das formas de trabalho, de modo que o trabalhador não percebe que está sendo explorado. Ademais, o trabalho em condições análogas ao de escravo, também pode estar ligado ao modo como o trabalho é executado. Muitos trabalhadores acabam sendo obrigados a trabalharem em condições degradantes, em ambientes sem instalações sanitárias, sem fornecimento de água potável, sem lugares próprios para alimentação e descanso, sem equipamentos de proteção individual.(19)

Diante dos crescentes casos flagrados, foi promulgada a Lei n. 10.803/2003 que trouxe alterações para o art. 149 do Código Penal Brasileiro, tipificando a conduta criminosa de redução do trabalhador à condição análoga à de escravo:

> "Art. 149 – Reduzir alguém a condição análoga à de escravo, **quer submetendo-o a trabalhos forçados ou a jornadas exaustivas, quer sujeitando-o a condições degradantes de trabalho**, quer restringindo, por qualquer meio, sua locomoção em razão de dívida contraída com o empregador ou preposto:
>
> Pena – Reclusão, de dois a oito anos, e multa, além da pena correspondente à violência."

No entanto, tramita no senado o projeto de Lei n. 3842/2012 que visa retirar os termos "jornada exaustiva" e "condições degradantes de trabalho" da definição do crime, o que seria um grande retrocesso em termos de combate às modalidades de escravidão contemporânea. É preciso salientar que, atualmente, não se vislumbra apenas evitar a privação da liberdade, mas também garantir condições mínimas de trabalho em respeito à dignidade dos que trabalham.

1.3. Feminização da mão de obra

A história do trabalho feminino mostra que a relação das mulheres com a confecção é tão antiga quanto se pode imaginar. No Egito, a produção do vestuário era inteiramente feminina, eram elas que tosquiavam os carneiros, preparavam a lã e teciam. Na Grécia, aquelas que exerciam o trabalho doméstico também eram responsáveis pela produção têxtil, fiando, cardando e tecendo. As jovens livres que não eram de famílias abastadas aprendiam todas as etapas da confecção rudimentar das vestimentas e até as poucas escravas empregadas na indústria trabalhavam nos *ateliers* de têxteis. Em Roma, a tecelagem também era obrigação feminina. Nesse tempo, aquelas que exerciam algum tipo de ofício eram vistas como pessoas

(19) MILLER, Fernanda; NAGAHIRO, Vanessa Cristina Parra. Responsabilização das empresas nas cadeias produtivas frente ao trabalho escravo contemporâneo In: *Âmbito Jurídico*, Rio Grande, XIX, n. 144, jan. 2016. Disponível em: <http://www.ambitojuridico.com.br/site/?n_link=revista_artigos_leitura&artigo_id=16700>. Acesso em: maio 2016.

sem valor, contudo, essa não era uma simples escolha, era um modo de garantir a própria sobrevivência e de sua família.

O filósofo grego Menandro exprime muito bem essa desvalorização das trabalhadoras quando diz que "uma mulher honesta deve ficar em casa, a rua é para a mulher sem valor", o que significava o afastamento total da mulher das coisas públicas. Além de tudo, poucas atividades eram acessíveis a elas, podiam ser parteiras, por exemplo, mas não podiam ser médicas, podiam ser costureiras, mas não podiam ser donas das oficinas, podiam confeccionar peças de ouro, mas não podiam vendê-las.

Na idade média, o fabrico de vestuário tratava-se de uma indústria doméstica, as tecelãs preparavam a lã, separavam os fios de linho, teciam lençóis, telas, tapetes e roupas. Também existiam oficinas de servas que fiavam para o senhor feudal sob a vigilância de uma castelã, espécie de supervisora, e recebiam em troca apenas a alimentação. Um poema da época atribuído a uma jovem costureira chamada Chrétien de Troyes traduz bem o sentimento daquelas trabalhadoras e permite também traçar um paralelo com a realidade das empregadas da hoje que recebem por peça menos de 1% do valor a ser cobrado nas lojas: "Trabalhamos a seda a todo o instante e nem por isso jamais estaremos mais bem vestidas. Estaremos sempre pobres e nuas. Sempre teremos fome e sede. Dão-nos pão com parcimônia, pouco pela manhã e ainda menos à noite"[(20)].

Historicamente foram consideradas como femininas, as profissões em que a matéria-prima exigia delicadeza e minúcia, como a seda e o ouro, a exemplo das fiadoras, tecedeiras, costureiras, fabricantes de tapetes, batedoras de ouro, entre outras. Apesar de serem responsáveis pela produção, por muito tempo, foi proibido a elas o comércio, considerado uma atividade digna apenas dos homens e que exigia confiança, influência e mobilidade, atributos inerentes à vida pública.

Muitas vezes, era preciso enfrentar batalhas contra retrocessos, ao passo que algumas funções devido ao seu aperfeiçoamento mecânico ou de sua maior importância para o capitalismo passavam a ser proibidas para as mulheres, no entanto, elas nunca puderam deixar de trabalhar, mesmo com a grande desaprovação, adaptavam-se às exigências, trabalhavam em casa, se submetiam a intermediários e aos preços que eles estabeleciam para sobreviver.

Quando se obtinha um importante desenvolvimento no fabrico de um produto ou de um objeto, esse recurso escapava às mulheres, obrigadas a permanecer em casa, impossibilitadas de comprar máquinas custosas ou de contratar auxiliares. Assim, a história do trabalho da mulher transforma-se na narração de uma batalha de retaguarda.[(21)]

Durante a Revolução Industrial, um grande contingente de operárias foi trabalhar nas fábricas, um trabalho iniciado muitas vezes quando elas ainda tinham 12 ou 13 anos, onde permaneciam até o casamento ou o nascimento do primeiro filho, desempenhando um trabalho cíclico, pouco qualificado, monótono, sem perspectiva de carreira. As jornadas

---

(20) SULERROT, Evelyne. *História e sociologia da mulher no trabalho*. São Paulo: Expressão e Cultua, 1970. p. 50.

(21) *Ibidem*, p. 63.

duravam de dez a quatorze horas, em locais desconfortáveis, pouco arejados e sujos, onde a disciplina era severa. As trabalhadoras além de tudo eram frequentemente vítimas de assédio sexual e muitas vezes faziam greve para combatê-los.

Nos anos 1950, muitas jovens frequentavam cursos profissionalizantes de costura, mas essa qualificação não era muito valorizada pelos empregadores, dizia-se que a boa costureira tinha uma aptidão natural, como se tivessem nascido "com uma agulha entre os dedos". Com o passar dos anos, houve uma transformação no perfil da força de trabalho feminina, até o final dos anos 1970, em sua maioria eram jovens, solteiras e sem filhos e, hoje, cresce o número de trabalhadoras mais velhas, casadas e com filhos.

E a despeito da importância desses setores e do trabalho que aí se realizava, as mulheres foram consideradas trabalhadoras auxiliares. Consideradas como uma mão de obra desqualificada, suas tarefas se caracterizavam pela monotonia, pela repetição, pela necessidade de paciência, destreza, acuidade, agilidade, dentre outras e para as quais recebiam remunerações menores. No entanto, sua jornada de trabalho era tão intensa quanto à dos demais trabalhadores o que as tornava economicamente mais rentáveis para a Cia.(22)

Acreditava-se que adotar o trabalho feminino em alguns ramos da indústria era conveniente em decorrência da ideia de que as mulheres são mais dóceis, pacientes e menos reivindicativas, além de receberem salários menores para desempenharem as mesmas funções que outros trabalhadores. Com as mudanças culturais, políticas e econômicas, o aumento do nível de escolaridade, a queda da fecundidade e o crescimento das famílias chefiadas por mulheres, houve uma maior inserção destas no mercado.

Do ponto de vista qualitativo, verifica-se que houve dois movimentos distintos de inserção, o primeiro de profissionais altamente qualificadas que ingressam em postos bem remunerados, como as médicas, advogadas, engenheiras e o outro de trabalhadoras com baixa qualificação, pouca escolaridade e menores rendimentos. Portanto, formou-se um conjunto de trabalhadoras com perfis antagônicos: de um lado executivas e intelectuais e no outro extremo subcontratadas, temporárias e sazonais.

O trabalho domiciliar não é recente, mas ganhou novas feições após a revolução industrial, a diferença marcante entre esse e o trabalho doméstico é o seu caráter remunerado, realizado no espaço residencial e que não se confunde com a atividade doméstica realizada majoritariamente pelas mulheres ao cuidar das tarefas do lar, dos filhos e do marido. Essas atividades apesar de serem diferentes, muitas vezes, são acumuladas e se sustentam na divisão sexual do trabalho e na construção social de que alguns papéis de gênero cabem ao sexo feminino.

> Tomando como parâmetro o universo da confecção, cabe sublinhar que o mercado de trabalho nesse setor é nitidamente sexuado, estruturado na divisão sexual, pois a predominância feminina é notória e abrange todas as funções desde a

(22) LIMA, Junia de Souza. Os melhores empregados: a inserção e a formação da mão de obra feminina em fábricas têxteis mineiras no final do século XIX. *VARIA HISTORIA*, Belo Horizonte, vol. 27, n. 45, p. 265-287, jan./jun. 2011, p. 285.

modelista até a costureira. Nesse ramo de produção, o último elo da cadeia produtiva é a trabalhadora domiciliar, que realiza suas atividades na própria residência e presta serviços às empresas que contratam seus serviços.(23)

Segundo Abreu e Sorj, nas primeiras décadas do século XX, o trabalho domiciliar com a presença maciça de mulheres ficou restrito a determinados segmentos, dentre os quais o têxtil merece destaque, uma vez que ao longo do tempo aumentou consideravelmente essa prática.(24) A partir disso as trabalhadoras a domicílio sob formas subcontratadas e informais de trabalho ficam submetidas a extensas jornadas de trabalho, isoladas no espaço doméstico, sem representação sindical, produzindo de acordo com as demandas e recebendo baixos salários e sem nenhuma garantia legal.

Esse tipo de trabalho pode ser sintetizado como o lócus de confinamento das mulheres, devido à insegurança no trabalho, do desprestígio social, isolamento e segregação. Esses fatores trazem dificuldades à mobilidade social do sujeito feminino e reforça a desigualdade ocupacional e salarial entre os sexos. A vinculação entre trabalho profissional e doméstico contribui para a criação dos filhos pequenos, cuidado da casa, mas ao mesmo tempo impede a construção de uma identidade da trabalhadora, que muitas vezes não se reconhece enquanto profissional. Elas não deixam de fazer parte da classe-que-vive-do-trabalho, no entanto, não conseguem desenvolver uma ideia de pertencimento a essa classe.

O trabalho remunerado realizado dentro de casa é incentivado e alardeado pela mídia — que faz parte de uma ideologia — como o trabalho ideal, autônomo, independente, escondendo a verdadeira face desse serviço. Milhares de trabalhadoras precárias se entendem como empreendedoras, mesmo lhes faltando o básico para tal, a autonomia sobre o próprio trabalho.

Essas mulheres vivem um paradoxo entre uma suposta autonomia e uma organização do trabalho crescentemente normalizada, em uma espécie de autonomia mitigada. A noção de autonomia que antes era entendida em um sentido político, social e econômico de empoderamento ganhou novos contornos e tem, hoje, um viés individualista. Autonomia para essas trabalhadoras passa a ser uma estratégia de sobrevivência e adaptação às novas exigências.

2. As faces da subcontratação na indústria de confecção

2.1. Subcontratação como forma de terceirização

A indústria de confecção, desde os seus primórdios, utilizou a subcontratação ao longo de sua cadeia produtiva, não sendo, portanto, uma novidade. A França e a Itália utilizavam o sistema de *façonismo*, uma espécie de prestação de serviços, desde antes da industrialização da produção de tecidos e roupas. O *façonismo*, sistema de facção, de hoje, se caracteriza pelo fornecimento da matéria-prima através do subcontratante que recebe em troca o tecido

(23) GUIRALDELLI, Reginaldo. Adeus à divisão sexual do trabalho? Desigualdade de gênero na cadeia produtiva da confecção. *Revista Sociedade e Estado*, v. 7, n. 03, set./dez. 2012, p. 712.

(24) ABREU, Alice Rangel de Paiva; SORJ, Bila. *O trabalho invisível:* estudos sobre trabalhadores a domicílio no Brasil. Rio de Janeiro: Rio Fundo, 1993.

pronto, com acabamento, no prazo de entrega e com o preço por ele estabelecido. Também tem como características a manutenção de trabalhadores sem carteira assinada e remunerados de acordo com a produção, onde não há contratação formal dos empregados, estes são contratados temporariamente em épocas de alta produção; a jornada de trabalho ultrapassa 10 horas, até nos finais de semana e feriados; os proprietários das pequenas empresas contam, muitas vezes, com a ajuda da família, para dar conta da entrega da encomenda no prazo; as condições físicas do trabalho, em geral, são ruins, sem ventilação, com instalações de energia precárias e barulhentos por causa das máquinas, e na maior parte das empresas não existem formas de prevenção de acidente.

> "A grande novidade colocada pela forma de descentralização produtiva por meio da terceirização reside no fato de que atualmente ela não é mais resquício de formas pretéritas de trabalho condenadas ao desaparecimento. Ao contrário, torna-se parte essencial do capitalismo contemporâneo onde através do façonismo entendemos concretamente a dialética da reorganização de suas bases."(25)

Alguns doutrinadores, a exemplo de Jacob Carlos de Lima, fazem a distinção entre subcontratação e terceirização, considerando a primeira como corolário da própria indústria capitalista, principalmente em setores como têxtil e do vestuário com atividades complementares realizadas por trabalhadores no próprio domicilio. A subcontratação também é comum na indústria automobilística, cujas fábricas tornaram-se verdadeiras montadoras que recebem de fornecedores a maior parte das peças e componentes.(26)

A "nova" subcontratação, chamada de terceirização resulta da horizontalização das atividades no interior da empresa, em busca de competitividade e permanência no mercado. Se antes a tendência era controlar a maior parte das atividades, desde o produto principal até a limpeza e segurança, agora, a terceirização incentiva que as forças sejam despendidas no produto principal com o intuito de reduzir custos e ganhar mais eficiência.

Nessa perspectiva, a terceirização, na teoria, seria uma técnica de modernização e instrumento de gestão empresarial. Na prática, no entanto, verifica-se apenas a redução dos custos com a força de trabalho, desconsiderando os aspectos positivos, a exemplo do empenho na qualidade de processos e produtos, a transferência tecnológica entre empresas e mesmo ganhos salariais de trabalhadores em contratos flexíveis ou mais participativos. No presente estudo, a subcontratação e terceirização serão tratadas como sinônimos, como espécies de um mesmo gênero.

As novas dinâmicas de produção, acompanhadas da redução de custo, criaram uma figura híbrida de terceirização e empreitada, conhecida por "facção", onde ocorre a fragmentação da produção e o desmembramento do ciclo produtivo, antes dividido dentro de uma mesma empresa. Há o repasse da realização de parte das atividades necessárias à obtenção de

(25) COLLI, Juliana Marília. *O façonismo pelo avesso:* um estudo das novas formas de trabalho à fação no ramo de tecelagem do Polo Têxtil de Americana-SP. Dissertação de mestrado. Campinas: IFCH/ UNTCAMP, 1997.

(26) LIMA, Carlos Jacob. A terceirização e os trabalhadores: revisitando algumas questões. *Cadernos de Psicologia Social do Trabalho*, 2010, vol. 13, n. 1, p. 17-26.

um produto final e isso acontece de maneira bem heterogênea. Há empresas que terceirizam parte da produção apenas nos períodos de alta demanda; as que terceirizam fora dos períodos de pico e contratam trabalhadores a domicílio durante todo o ano; as que terceirizam parte da produção que exige equipamento específico para a fabricação; as que terceirizam todos os processos e apenas recebem o produto final para ser comercializado, entre outros tipos.(27) Também se verifica um processo de *quarteirização*, no qual empresas são contratadas para gerir os contratos com as terceiras.

Na indústria de confecção, a empresa que quarteiriza o processo produtivo, deixa para outra empresa, inclusive, a responsabilidade de aquisição do tecido de acordo com suas exigências. A empresa subcontratada fica a cargo do desenvolvimento do produto de acordo com as especificações de sua contratante, e se responsabiliza pela contratação de trabalhadoras a domicílio (informais), garantindo o controle e a qualidade dos produtos. No término do processo, entrega o produto finalizado com a etiqueta da empresa contratante sem que esta tenha qualquer envolvimento com a fabricação do produto. Pode-se falar em know-how ou savoir-faire do processo de terceirização.

Ocorre, por óbvio, a transferência de significativa parcela dos riscos do empreendimento, em grande parte para pequenos empreendedores e até ex-empregados da contratante da facção(28), os quais se veem obrigados a admitir outros trabalhadores, cujos direitos não encontram garantia no destinatário final dos serviços. As empresas que terceirizam destacam como vantagens a redução dos encargos sociais, aumento do lucro, maior flexibilidade da mão de obra, evitar os gastos com a renovação do maquinário e, ainda, a possibilidade de parar a produção sem ônus, nos períodos que a venda não é satisfatória. A jurisprudência, atualmente, não é pacífica quanto à responsabilidade da contratante, quando não se verifica a pessoalidade dos trabalhadores e a exclusividade da empresa contratada, considerando o cunho comercial da relação, bem como a responsabilidade subsidiária, à luz da aplicação analógica da Súmula n. 331 do TST.

Na análise dos trabalhadores subcontratados, em especial no que se refere às mulheres, identifica-se dois modelos: as trabalhadoras tipo-precárias e as trabalhadoras tipo-empreendedoras. As primeiras são bastante dependentes dos contratantes, os quais fornecem a matéria-prima e até o maquinário utilizado, submetessem a subordinação no sentido clássico, em contrapartida, as outras têm relativa autonomia na relação de trabalho, possuindo, algumas vezes, os equipamentos essenciais para a produção. Fato que as colocam na zona de transição entre o emprego e o empreendedorismo.(29)

Ressalte-se que a ausência de pessoalidade e de subordinação pelo empregado da empresa contratada não deve servir de óbice à responsabilização da contratante, já que tais

(27) PEREIRA, Rosangela Maria. *De trabalhadoras precárias a empreendedoras da confecção?* A complexa construção da identidade profissional das trabalhadoras à domicílio da indústria de confecção. Tese. Porto Alegre: UFRGS, 2011.

(28) O nome facção deriva da expressão em francês *"à façon"* que significa prestação de serviços.

(29) PEREIRA, Rosangela Maria. *De trabalhadoras precárias a empreendedoras da confecção?* A complexa construção da identidade profissional das trabalhadoras à domicílio da indústria de confecção. Tese. Porto Alegre: UFRGS, 2011.

requisitos não são exigidos pela jurisprudência quando ajustada a terceirização. Em primeiro lugar, porque as empresas tomadoras de serviço devem assumir o risco pelo empreendimento e arcar com os custos da atividade, ademais, também é possível questionar a falta de "subordinação" em alguns casos, uma vez que as contratantes determinam as especificidades do produto, definem o horário e o ritmo de trabalho das trabalhadoras e lhes dão ordens diretas.

Nas hipóteses em que as máquinas não pertencem à costureira, verifica-se ainda um maior grau de subordinação, visto que as trabalhadoras não tem sequer o instrumento básico para o desempenho básico para o exercício da função. A exclusividade, por sua vez, não é requisito essencial para se caracterizar a relação de emprego, podendo o trabalhador manter contrato com mais de um patrão, sem que um interfira no outro, caso típico de professores e de médicos, tampouco sendo exigida na terceirização.

O aspecto civil do ajuste firmado entre contratante e contratada também não pode ser usado como obstáculo para a responsabilização daquela, já que desta natureza também se revestem os contratos de "terceirização", de empreitada e de subempreitada. Podendo o contrato de empreitada ser definido como aquele em que uma das partes se obriga, em tese, sem subordinação ou dependência, a realizar certo trabalho para outra parte, com material próprio ou por este fornecido, mediante remuneração global ou proporcional ao trabalho executado.[30] O fato dos trabalhadores atuarem fora da planta industrial não apresenta incompatibilidade com a co-responsabilização desta por créditos trabalhistas gerados em face da contratada, já que a própria legislação trabalhista brasileira ao dispor sobre a relação de emprego típica, regula hipótese de trabalho em domicílio, no qual a pessoalidade é mitigada.

Para explicar situações como essas, a doutrina italiana desenvolveu o conceito de *parassubordinação* em que existem relações de trabalho contínuas, nas quais os trabalhadores realizam atividades que se enquadram nas necessidades do tomador de serviço mediante um contrato objetivando colaborar com os fins do empreendimento.[31] O elemento característico do trabalho *parassubordinado* é o vínculo de dependência significativa e a assimetria contratual que se estabelece entre o prestador de serviço e o contratante, vínculo semelhante ao que une empregador e empregado. Apesar das semelhanças, não se confunde com o trabalho subordinado propriamente e vai além do trabalho autônomo, visto que existe a obrigação de atingir metas estabelecidas.

Nesta modalidade, se observa a continuidade através da prestação de serviço continuada destinada a atender às necessidades do contratante por um período de tempo prolongado. A atividade de caráter pessoal também deve prevalecer, a jurisprudência italiana admite a contratação de auxiliares, mas apenas de caráter complementar, de modo que a principal carga de trabalho seja prestada pelo contratado. O serviço deve ser indispensável para que o contratante realize os fins econômicos de sua empresa. Outra questão relevante diz respeito à constituição de empresa por parte do trabalhador que acontece em alguns casos, através

(30) PEREIRA, Caio Mário da Silva. *Instituições de Direito Civil*. vol. II. Rio de Janeiro: Forense, 2015. p. 315.

(31) NASCIMENTO, Amauri Mascaro. *Curso de Direito do Trabalho*. 29. ed. São Paulo: Saraiva, 2014. p. 286.

de um fenômeno muito conhecido no país, a *pejotização* do trabalhador, com o objetivo de driblar as leis trabalhistas. À primeira vista, isso desfiguraria a *parassubordinação*, no entanto, a realidade mostra que alguns trabalhadores são compelidos pelos clientes a se constituírem como empresa com o fito de afastar a caracterização de vínculo empregatício, configurando, inclusive, espécie de fraude contratual.

As diretrizes do tomador de serviço na delimitação do produto também é determinante, estabelecendo os aspectos, traços e detalhes do ciclo produtivo. O trabalhador também utiliza meios e instrumentos próprios. Uma característica marcante é justamente a disposição de materiais e ferramentas próprias para desenvolver a atividade e executar o que foi pactuado.

O trabalho *parassubordinado* apresenta semelhanças com o trabalho autônomo, uma vez que é a personificação de um coletivo específico de trabalhadores que atua com autonomia. Ambas as formas de trabalho se traduzem na venda da sua força produtiva em troca de uma contraprestação do cliente, desenvolvendo, como regra geral, a sua atividade com pessoalidade, sem se submeter, no entanto, às regras de direção e controle presentes no trabalho subordinado.(32) A prestação dos serviços se desenvolve com a utilização dos próprios instrumentos e materiais de trabalho dos prestadores, mas sob o jugo da dependência econômica dos contratados pelos contratantes.

Nesses casos em que não existe uma definição clara entre trabalhador subordinado e autônomo, outra saída tem sido o tratamento pelo direito civil que atribui responsabilidade solidária entre contratante e contratada no negócio de facção pelos serviços prestados, seguindo os dispostos nos arts. 927, 932, inciso III, 933 e 942, todos do Código Civil. A opção pelo repasse de parte do processo produtivo a terceiros traz em si, ainda de modo implícito, a assunção dos respectivos riscos, devendo aquele que se comprometeu agir com zelo, probidade e boa-fé, em razão do disposto no art. 422 do Código Civil.

Nas palavras de Souto Maior "ainda que a terceirização representasse — o que não se acredita sinceramente — uma evolução em termos de técnica produtiva, sua implantação não pode resultar na impossibilidade de os trabalhadores receberem os direitos pelos serviços que já prestaram. (...) A responsabilidade, em uma terceirização considerada válida, deve ser sempre solidária, pois de uma forma ou de outra as empresas contratantes utilizam o trabalho prestado pelo empregado".(33)

O Código de Defesa do Consumidor, previsto na Lei n. 8.078/90, forma um microssistema de tutela coletiva e atribui aos integrantes da cadeia produtiva, desde o fabricante até o importador, a responsabilidade objetiva por danos causados por produtos ou serviços que

---

(32) PESSOA, Anna Stephanie de Brito. *As relações de trabalho na era globalizada:* o desafio da ampliação da tutela aos trabalhadores. Dissertação. João Pessoa: UFPB, 2013.

(33) SOUTO MAIOR, Jorge Luiz. A terceirização sob uma perspectiva humanista. In: *Revista de Direito do Trabalho*, v. 30, n. 115, p. 92-103, jul./set. 2004, p.302-305.

apresentem algum tipo de defeito (art.12), não sendo admissível que os trabalhadores que atuaram em proveito desta mesma linha, tão vulneráveis quanto o destinatário final, estejam desamparados da tutela estatal. Por fim, destaque-se os arts. 10 e 448 da CLT:

> Art. 10 – Qualquer alteração na estrutura jurídica da empresa não afetará os direitos adquiridos por seus empregados.
>
> Art. 448 – A mudança na propriedade ou na estrutura jurídica da empresa não afetará os contratos de trabalho dos respectivos empregados.

Considerando a facção uma modalidade de mudança estrutural da empresa, os direitos adquiridos pelos trabalhadores, legal e constitucionalmente, devem ser garantidos seja pela via legislativa ou jurisprudencial, devendo a empresa contratante ser responsabilizada pelos débitos trabalhistas decorrentes da relação entre a contratada e seus empregados como forma de assegurar o equilíbrio entre o valor social do trabalho e a livre iniciativa. No entanto, muitas vezes, no processo de redução de custos e de trabalhadores formais, os contratos variam de acordo com as exigências do mercado, de forma que flexibilização e terceirização caminham juntas com a precarização das condições de trabalho, dos contratos, da possibilidade de organizar a vida, criando novas hierarquias e segmentando o coletivo de trabalho.

2.2. *Trabalho precário a domicílio*

O mercado de trabalho, de maneira geral, não é capaz de absorver o montante de trabalhadores que estão à procura de emprego, tendo em vista a necessidade de manutenção de um constante "exército de reserva" para regular a oferta e procura de forma a manter os salários em níveis baixos. O desemprego estrutural difundiu a ideia de que são necessárias alternativas de inserção de trabalho, alguns defensores da flexibilização defendem fluidez e mobilidade não significam necessariamente precariedade e risco, no entanto, um olhar atento evidencia que a precarização está muito presente nesse universo de trabalho.

Em verdade, o trabalho a domicílio para um reduzido número de trabalhadores, bem remunerados e com alta escolaridade, pode ser visto como uma trajetória profissional favorável, mas essa realidade não se aplica a todos. A informalidade deixou também de ser uma exclusividade de pessoas pouco qualificadas, atingindo cada vez mais categorias médias de emprego e trabalhadores qualificados que passam a "prestadores de serviço", consultores, assessores, terceirizados em geral de empresas menores, de cooperativas e uma infinidade de variações. Ao longo das últimas décadas, a transferência da mão de obra das grandes instalações para instalações menores, onde se exige menor número de trabalhadores, foi crescente. Uma parcela dos empregados expulsos do setor industrial foi absorvida pelo setor de serviços, outra parcela, pelas relações de trabalho informais.

O crescimento recente do trabalho a domicílio, entretanto, não pode ser explicado exclusivamente como o crescimento das unidades produtivas de caráter individual ou familiar, consubstanciadas em geral, nas atividades de sobrevivência do trabalhador(a) ou da unidade familiar à qual pertence. O trabalho a domicílio, hoje, está, intimamente associado ao capital e à produção capitalista e adquiriu importante papel nas estratégias das empresas em decorrência da nova ordem econômica, das pressões impostas pela competição internacional e pela busca crescente de trabalhadores menos remunerados em diferentes regiões.(34)

> O chamado *home office* abriga trabalhadores de diferentes naturezas, desde o qualificado que oferece um trabalho especializado através do conforto do lar até o trabalhador pouco qualificado que se submete a essa modalidade por uma questão de sobrevivência. Quando se realiza por conta própria, produzindo um artigo para venda direta ao consumidor, o trabalhador a domicílio tem autonomia sobre suas atividades, determinando, sobretudo, o seu ritmo de trabalho. Já, no caso de produzir parte de um produto subordinado a determinações externas, tais como prazo de entrega, quantidade e remuneração por tarefas, caracteriza-se como "trabalho industrial em domicílio".

Esse pode ser o último elo de uma cadeia de subcontratação, liderada por grandes empresas e integrada por outras menores nos elos intermediários. Uma das estratégias de flexibilidade interna é o banco de horas. O art. n. 59 da Consolidação das Leis do Trabalho (CLT), em seu parágrafo refere:

> "Poderá ser dispensado o acréscimo de salário se, por força de acordo ou convenção coletiva de trabalho, o excesso de horas em um dia for compensado pela correspondente diminuição em outro dia, de maneira que não exceda, no período máximo de 1 (um) ano, à soma das jornadas semanais de trabalho previstas, nem seja ultrapassado o limite máximo de 10 (dez) horas diárias."

Em muitos casos, o banco de horas caracteriza-se como uma flexibilização dos direitos trabalhistas. A Lei n. 9.601/91 flexibiliza o acordo de compensação de jornada de trabalho que passa a ter um banco de horas, no qual o empregador, para diminuir seus custos operacionais, pode optar por ficar sem produzir em uma determinada época, dispensando os funcionários. Muitas vezes essa 'dispensa' gera uma síndrome de insegurança e de incerteza, invadindo a zona do emprego estável ou permanente. O doutrinador Maurico Godinho Delgado, ao refletir sobre as medidas legislativas que afetaram os contratos de trabalho, considera que "os direitos outrora conquistados arduamente, são abruptamente exterminados. Tudo em nome da 'modernização' e da 'competitividade'". Ainda, como parte das estratégias de flexibilização interna da empresa, criou-se, em escala minoritária, o trabalhador 'polivalente e multifuncional', capaz de operar máquinas com controle numérico e, também, converter-se em supervisor e regulador do processo produtivo.

Polivalência diz respeito a um tipo de perfil de qualificação caracterizado pela capacidade do trabalhador de mostrar-se funcionalmente flexível. Ele tem oportunidade de exercer funções diferentes, mas dentro de determinados limites e obedecendo a prescrições orientadas por princípios pragmáticos. Essas diversas funções podem ser todas muito simples: ele tem chances de manejar equipamentos diferentes, atuar em equipes, ampliar sua visão do processo de trabalho, despertar sua curiosidade, iniciativa e atenção, o que não significa, necessariamente, ganhos significativos de qualificação, visto que a rotação dos trabalhadores

---

(34) COUTINHO, Grijalbo Fernandes. *Terceirização:* Máquina de moer gente trabalhadora. São Paulo: LTr, 2015.

nas funções simples não é condição suficiente para que eles tenham oportunidades de desenvolver satisfatoriamente suas potencialidades.

Essa solução não lhes traz a possibilidade de ir além dos requerimentos operacionais da ação e chances reais para exercer sua criatividade e suas capacidades de independência, autonomia e julgamento, mas podem, ao contrário, implicar uma maior intensificação do trabalho. A empresa, com o objetivo de aumentar a produtividade, deve reabilitar o trabalho coletivo e incentivar equipes semi-autônomas. As mudanças e renovações são constantes, aumentando, assim, a exigência de flexibilidade e de capacidade de adaptação dos funcionários, que sofrem uma forte pressão para se adaptar continuamente e se mostrar mais capazes de tomar iniciativas. Além disso, a todo momento, são persuadidos a cooperar com a empresa e, acima de tudo, com sua equipe de trabalho, a qual estabelece um esquema de "vigia" dos colegas.

Como a vigilância do trabalho passa a ser dos próprios funcionários, há uma tendência em eliminar o papel autoritário da hierarquia, onde o chefe tem o papel de interpretar as regras da organização e transmiti-las aos seus subordinados. O seu papel é mais de aconselhar, de motivar, do que de comandar. Ele torna-se um 'animador'. O controle não repousa mais, especialmente, sobre a figura do chefe. Ele tornou-se mais despersonalizado, mais sutil, mais global, sendo, portanto, mais difícil, de ser afrontado.

Mudanças nas formas de trabalho, a partir das diferentes formas de flexibilização empreendidas pela empresa, podem ser sentidas de maneiras diversas pelos trabalhadores, como, inclusive, a perda do sentido do trabalho.

> "Estaríamos frente ao fim da "sociedade de direitos" pelo menos onde ela existiu, no primeiro mundo industrializado e agora pós-industrializado. No terceiro mundo, embora parcialmente implementada, se constituiria numa perspectiva de futuro para os trabalhadores: um emprego estável, uma aposentadoria, acesso a serviços básicos de saúde, enfim à cidadania. O fim dessa perspectiva é acompanhado da perda progressiva de conquistas salariais e direitos sociais e do crescimento de relações de trabalho ditas "atípicas" ou "não estandardizadas", como contratos por tempo parcial, temporários, com restrições diversas, ou mesmo sem contrato algum. Refiro-me ao crescimento e não ao surgimento, pois estas formas não são necessariamente novas, contendo em linhas gerais o caráter de precariedade do pré-assalariamento, mas assumindo nova visibilidade e significados."[35]

Constata-se a perda do sentido do trabalho na maior parte das organizações submetidas à reorganização ao longo destes últimos anos, seja para buscar o equilíbrio financeiro, seja para aumentar a competitividade. Essa perda se traduz, seguidamente, pela diminuição do engajamento profissional, clima de desconfiança e de trabalho tenso, aumento de sinais

(35) LIMA, Carlos Jacob. A terceirização e os trabalhadores: revisitando algumas questões. *Cadernos de Psicologia Social do Trabalho*, 2010, vol. 13, n. 1, p. 17-26.

de ansiedade, depressão, sentimento de solidão, dissociação e desinteresse, irritabilidade, condutas agressivas, até mesmo violentas. Tais dificuldades são ocasionadas pela carga e horários de trabalho excessivos, racionalidade das tarefas, finalidade do trabalho, sistemas de reconhecimento e recompensa, ética do trabalho, qualidade das relações profissionais, autonomia, (des)prazer do trabalho.

Destaque-se que ao mesmo tempo em que milhares de pessoas procuram por uma vaga, há os que sofrem pelo fato de terem que trabalhar excessivamente e, geralmente, tarefas destituídas de conteúdo e repetitivas. Assim a conclusão não poderia ser outra, com a diminuição dos postos de trabalho, nunca se trabalhou tanto e tão intensamente.

A terceirização tem imposto aos trabalhadores relações de emprego instáveis, redução de salários, de benefícios e condições de trabalho degradadas, que têm como conseqüências o aumento de acidentes de trabalho e das doenças profissionais. Dados mostram ainda que essa terceirização tem levado ao desalojamento de uma parcela dos trabalhadores para a economia informal, submentendo-os a condições precárias de trabalho e excluindo-os dos benefícios assegurados por lei e da representação sindical. As costureiras a domicílio citadas ganham pouco e recebem por produção. Quando contratam outras pessoas para trabalhar nas oficinas, pagam-lhes menos ainda. Recebendo pela quantidade de peças produzidas, são obrigadas a efetuar longas jornadas de trabalho. Por isso, vivenciam uma "liberdade profissional contraditória", numa condição que não lhes faculta, na maioria das vezes, ter reservas financeiras para manter os equipamentos necessários para produzir, comprar a matéria prima, transportá-la a baixo custo e nem tão pouco investir em tecnologia.

Existem ainda os riscos da sazonalidade da produção e da comercialização dos produtos do vestuário, observando-se períodos de alta e baixa demanda durante o ano. Nesse sentido, em face das presentes características o trabalho a domicílio na indústria do vestuário define-se pela precarização: o uso do espaço doméstico para a produção, a ausência de limites à jornada de trabalho que envolve crianças, jovens e velhos no trabalho em casa. Quando utiliza esse tipo de contrato, o que interessa para a empresa é o cumprimento dos prazos acordados. Nesse ponto é importante salientar as distinções entre as diversas formas de trabalho em domicílio, dentro das "novas" formas de subcontratação na chamada "acumulação flexível", que caracteriza a atual fase da produção capitalista.

3. Subcontratação como instrumento de retrocesso social

3.1. Impactos da terceirização da atividade fim na indústria de confecção

A terceirização no Brasil carece de definição e regulamentação legal, sendo definida por Sérgio Pinto Martins, como a possibilidade de contratar terceiro para a realização de atividades que geralmente não constituem o objeto principal da empresa. Essa contratação pode compreender tanto a produção de bens como serviços, como ocorre na necessidade de contratação de serviços de limpeza, de vigilância ou até de serviços temporários.

Essa definição, no entanto, se encontra totalmente defasada quando se depara com as tentativas de implementação da terceirização não só para as atividades-meio, mas também para as atividades fins. As atividades-meio ocorrem em todas as empresas, ainda que em parte, independentemente, de sua finalidade corporativa. Os serviços de contabilidade, de auditoria, de reprografia, de manutenção de frota de veículos e equipamentos de informática, de manutenção e operação de elevadores, de conservação e limpeza, de copa e preparo de alimentos para empregados, de segurança interna e portaria, de entrega de correspondências e mensageiro, de digitação, de propaganda, de creche, de seleção de pessoal, são exemplos de atividades-meio, as quais nem todas as empresas irão comportar.(36)

Atividades-meio são, em suma, as de apoio ao processo produtivo do tomador do serviço, não se vinculando funcionalmente com as atividades que compõem o objetivo empresarial da corporação. A utilização da técnica da terceirização tem como objetivo principal a redução dos custos operacionais da empresa contratante, uma vez que na maioria dos casos a empresa contratada paga a seus empregados salários inferiores aos praticados pela primeira, sempre no limite mínimo exigido pela legislação. Além disso, é criado um ambiente em que existem duas categorias de empregados, às vezes, desempenhando a mesma função, mas com remunerações e garantias diferentes, fazendo com que prevaleça uma heterogeneidade e contribui para um ideário de disparidade e não de luta conjunta.

Diversos pactos e normas internacionais a exemplo do Pacto de San José da Costa Rica e as Convenções ns. 110 e 111 da OIT vedam a discriminação no ambiente laboral, em consonância com os dispositivos constitucionais (arts. 3º, IV, 5º, e 7º, XXX e XXXI). A Constituição Federal estabelece a dignidade da pessoa humana como um dos pilares do ordenamento jurídico brasileiro, devendo ser preservada em todos os aspectos da vida do cidadão, em especial, no que se refere às condições de trabalho, parte integrante da formação do indivíduo.

Atualmente, a prática é regulamentada pela Súmula n. 331 do Tribunal Superior do Trabalho (TST) que proíbe a terceirização da atividade-fim. Assim, uma indústria pode terceirizar serviços relacionados à cozinha, limpeza, serviços gerais, segurança, contabilidade, jurídico, tecnologia da informação, transporte, publicidade e muitos outros setores (atividade--meio), mas não pode terceirizar a fabricação de seu produto final (atividade-fim). A fim de regulamentar o que já é bastante difundido na prática, tramita no Congresso Nacional o Projeto de Lei n. 4.330/2004 que regulamenta a terceirização. Em 2015, a Câmara de Deputados Federais aprovou tal projeto que segue para aprovação do Senado sob n. PLC n. 30/2015 que assim dispõe:

> Art. 4º É lícito o contrato de terceirização relacionado a parcela de qualquer atividade da contratante que obedeça aos requisitos previstos nesta Lei, não se configurando vínculo de emprego entre a contratante e os empregados da contratada, exceto se verificados os requisitos previstos nos arts. 2º e 3º da Consolidação das Leis do Trabalho — CLT, aprovada pelo Decreto-lei n. 5.452, de 1º de maio de 1943.

---

(36) CARVALHO, Jorge Raimundo de Jesus Mutti de. A terceirização: espécies, causas políticas e econômicas e aspectos legais. In: *Âmbito Jurídico*, Rio Grande, XVIII, n. 134, mar. 2015. Disponível em: <http://www.ambito-juridico.com.br/site/?n_link=revista_artigos_leitura&artigo_id=15847&revista_caderno=25>. Acesso em: maio 2016.

A ordem constitucional revestiu a relação de emprego de proteção social singular, reservando à empresa esse espaço da atividade-fim, a Constituição reserva à empresa a função social de promover emprego direto com o trabalhador, com a devida proteção social, levando em consideração a proteção temporal, que tem como fundamento a continuidade do vínculo de trabalho e a proteção espacial, que garante a integração do trabalhador à empresa.

Por esse motivo a terceirização trabalhista desenfreada afronta não só a legalidade expressa na Consolidação das Leis do Trabalho (CLT), mas também a própria Constituição e toda a construção social em volta dos direitos trabalhistas. A um só tempo são atacadas várias normas protetivas do trabalhador, a exemplo da garantia de inclusão das pessoas com deficiência e dos jovens aprendizes, por exemplo. No plano legal, essas políticas são obrigatórias proporcionalmente ao número de empregados, no entanto, em virtude do esvaziamento artificial do quadro de trabalhadores será difícil a implementação dessas políticas.

> A prática da terceirização na atividade-fim esvazia a dimensão comunitária da empresa, pois a radicalização desse mecanismo pode viabilizar a extrema figura da empresa sem empregados, que terceiriza todas as suas atividades, eximindo-se, por absoluta liberalidade, de inúmeras responsabilidades sociais, trabalhistas, previdenciárias e tributárias.[37]

Além disso, ao terceirizar a empresa participa apenas indiretamente da contribuição à Previdência, em larga escala, isso tem consequências desastrosas sobre o sistema previdenciário. A redução remuneratória também acarreta prejuízos ao Fundo de Garantia do Tempo de Serviço que subsidia programas sociais voltados para habitação popular, saneamento básico, infraestrutura, entre outras áreas, que beneficiem especialmente pessoas de baixa renda.

Bibliografia

ANTUNES, Ricardo. *Adeus ao Trabalho?* São Paulo, Cortez, 2002.

______; DRUCK, Graça. A terceirização como regra? *Revista do Tribunal Superior do Trabalho*, São Paulo, v. 79, n. 4, p. 214-231, out./dez. 2013.

BARROSO, Carmen; COSTA, Albertina Oliveira. *Mulher, Mulheres.* São Paulo: Cortez Editora, Fundação Carlos Chagas, 1983.

BEZERRA, Francisco Diniz. Análise retrospectiva e prospectiva do setor têxtil no Brasil e no Nordeste. *Informe Macroeconomia, Indústria e Serviços*, Fortaleza, ano VIII, n. 2, 2014.

CARVALHO, Felipe Ferreira Pires. *A terceirização na indústria têxtil e o trabalho em condições análogas às de escravo:* um estudo do caso Zara (Inditex). Monografia. Brasília: UnB, 2015.

CARVALHO, Jorge Raimundo de Jesus Mutti de. A terceirização: espécies, causas políticas e econômicas e aspectos legais. In: *Âmbito Jurídico*, Rio Grande, XVIII, n. 134, mar. 2015. Disponível em: <http://www.ambito-juridico.com.br/site/?n_link=revista_artigos_leitura&artigo_id=15847&revista_caderno=25>. Acesso em: maio 2016.

---

(37) DELGADO, Gabriela Neves; AMORIM, Helder Santos. *Os Limites Constitucionais da Terceirização.* São Paulo: LTr, 2014.

COLLI, Juliana Marília. *O façonismo pelo avesso:* um estudo das novas formas de trabalho à fação no ramo de tecelagem do Polo Têxtil de Americana-SP. Dissertação de mestrado. Campinas: IFCH/ UNTCAMP, 1997.

COUTINHO, Grijalbo Fernandes. *Terceirização:* Máquina de moer gente trabalhadora. São Paulo: LTr, 2015.

CUT/DIEESE. *Terceirização e Desenvolvimento, uma conta que não fecha.* Dossiê sobre o impacto da terceirização sobre os trabalhadores e propostas para garantir a igualdade de direitos. São Paulo: DIEESE/ CUT, 2011.

DELGADO, Gabriela Neves; AMORIM, Helder Santos. *Os Limites Constitucionais da Terceirização.* São Paulo: LTr, 2014.

DRUCK, Graça. Trabalho, precarização e resistências: novos e velhos desafios?. In: *Caderno CRH*, Salvador, v. 24, n. spe 01, p. 37-57, 2011.

FGV. *Pesquisa Territórios da Moda* — A indústria da moda na cidade do Rio de Janeiro. Rio de Janeiro, 2011.

FUJITA, Renata Mayumi Lopes; JORENTE, Maria. A indústria têxtil no Brasil: uma perspectiva cultural. *Moda palavra e-periódico*, ano 8, n. 15, jan./jul. 2015.

GARCIA, Nilson Marcos Dias; KELLER, Roberto Ranna. A "terceirização" da produção na indústria curitibana do vestiário: alívio e desespero. In: *Revista Pegada*, v. 16, n. especial, p. 117-130, maio 2015.

GUIRALDELLI, Reginaldo. Adeus à divisão sexual do trabalho? Desigualdade de gênero na cadeia produtiva da confecção. *Revista Sociedade e Estado*, v. 7, n. 03, set./dez. 2012.

HARVEY, David. *Condição Pós-Moderna.* São Paulo: Edições Loyola, 1993.

IPEA. *Mulheres e Trabalho:* uma breve análise do período de 2004-2014, n. 24, Brasília, 2016.

JINKINGS, Isabella. *Reestruturação produtiva e emprego na indústria têxtil catarinense.* Dissertação. Florianópolis: UFSC, 2002.

KROST, Oscar. "Contrato de facção". *Revista Jus Navigandi*, Teresina, ano 12, n. 1.587, 5 nov. 2007. Disponível em: <https://jus.com.br/artigos/10611>. Acesso em: 27 abr. 2016.

LIMA, Carlos Jacob. A terceirização e os trabalhadores: revisitando algumas questões. *Cadernos de Psicologia Social do Trabalho*, 2010, vol. 13, n. 1, p. 17-26.

NASCIMENTO, Amauri Mascaro. *Curso de Direito do Trabalho.* 29. ed. São Paulo: Saraiva, 2014.

NORONHA, Eduardo G. Informal, ilegal, injusto: percepções do mercado de trabalho no Brasil. *Revista Brasileira de Ciências Sociais*, v. 18, n. 53, São Paulo, out. 2003.

OLIVEIRA, Elaine Cristina. *Flexibilização da produção e reflexos sobre o mundo do trabalho:* um estudo comparativo de casos no setor têxtil de Santa Catarina. Dissertação. Florianópolis: UFSC, 2002.

OLTRAMARI, Andrea Poleto; PICCININI, Valmiria Carolina. Reestruturação Produtiva e formas de flexibilização do trabalho. *Organizações & Sociedade*, vol. 13, n. 36, Salvador, jan./mar. 2006.

PEREIRA, Rosangela Maria. *De trabalhadoras precárias a empreendedoras da confecção?* A complexa construção da identidade profissional das trabalhadoras à domicílio da indústria de confecção. Tese. Porto Alegre: UFRGS, 2011.

PERROT, Michelle. *Minha história das mulheres.* São Paulo: Editora Contexto, 2012.

PESSOA, Anna Stephanie de Brito. *As relações de trabalho na era globalizada:* o desafio da ampliação da tutela aos trabalhadores. Dissertação. João Pessoa: UFPB, 2013.

PIOVESAN, Georgia Patrignani Caldatto. *Subcontratação como instrumento de violação ao princípio do retrocesso social.* Tese. São Paulo: USP, 2013.

RANGEL, Felipe. O trabalho informal na indústria de calçados: experiências e percepções dos agentes. *Primeiros Estudos*, São Paulo, n. 4, p. 178-189, 2013.

SAFFIOTI, Heleieth. *Do Artesanal ao Industrial:* A exploração da mulher. São Paulo: Hucitec, 1981.

SEBRAE. *Estudo econômico do arranjo produtivo local de confecções do agreste pernambucano.* Recife, 2013.

SOUTO MAIOR, Jorge Luiz. A terceirização sob uma perspectiva humanista. In: *Revista de Direito do Trabalho*, v. 30, n. 115, p. 92-103, jul./set. 2004.

STEIN, Stanley J. *Origens e evolução da indústria têxtil no Brasil* — 1850/1950. Rio de Janeiro: Campus, 1979.

SULERROT, Evelyne. *História e sociologia da mulher no trabalho.* São Paulo: Expressão e Cultura, 1970.

VASAPOLLO, Luciano. *O trabalho atípico e a precariedade.* São Paulo: Expressão Popular, 2005.

A Nova Concepção do Estado-Nação e a Vulnerabilidade dos Trabalhadores Migrantes e Refugiados no Contexto da Reestruturação dos Princípios do Direito do Trabalho[1]

Camila da Cunha Melo de Farias Borba

Introdução

O estudo pretende demonstrar que a atual concepção de Estado-nação não é mais capaz de solucionar tais demandas sociais em escala global, sendo necessária sua reformulação. Objetiva-se apontar as condições objetivas sobre as quais os trabalhadores refugiados e imigrantes, em condição de extrema vulnerabilidade, são alvos de redes de trabalho escravo. Para possibilitar a efetiva proteção de todos os trabalhadores, mostra-se necessário uma reestruturação tanto dos princípios do Direito do Trabalho quanto da atual concepção de Estado-nação.

Tratar-se-á também acerca do desrespeito aos Direitos Humanos desses trabalhadores, para além dos direitos fundamentais garantidos em cada nação. O trabalho escravo é um problema global e deve ser resolvido em âmbito internacional.

Através do método hipotético-dedutivo, com o uso de dados estatísticos produzidos pelos órgãos oficiais (tais quais a OIT, a ONU, o Ministério Público do Trabalho, dentre outros), com revisão bibliográfica dos autores que tratam sobre o tema, bem como se utilizando de um estudo comparado com as legislações estrangeiras, tratados e convenções internacionais, pretende-se contabilizar a expressividade do número de pessoas submetidas a condições desumanas no mundo do trabalho, como também demonstrar a necessidade de readequação do princípio da proteção e de reestruturação da concepção de Estado-nação, a fim de solucionar esse problema mundial.

O trabalho tem como objetivos apontar as condições objetivas sobre as quais os trabalhadores refugiados e imigrantes, em condição de extrema vulnerabilidade, são alvos de redes de trabalho escravo. Ademais, procura apresentar a crise migratória como fenômeno cíclico

(1) Projeto de pesquisa apresentado ao Programa de Pós-graduação em Direito (PPGD) da Universidade Federal de Pernambuco (UFPE), como requisito parcial da seleção para o ingresso no Mestrado, em 2019.

e intrínseco à história da humanidade, bem como analisar os resultados do contingente de pessoas submetidas ao trabalho escravo moderno, especialmente como consequência de um processo ineficaz de imigração e refúgio.

Busca também relacionar a ineficácia dos princípios do Direito do Trabalho, sobretudo o princípio da proteção, com a consequente precarização das formas de trabalho. Por fim, almeja confrontar os resultados obtidos com a necessidade de reestruturação da atual concepção de Estado-nação, como forma de assegurar a eficaz proteção dos trabalhadores, especialmente os imigrantes e refugiados, visto que a questão do trabalho escravo não é passível de solução apenas nos âmbitos internos dos Estados.

A atual concepção de Estado-nação deve ser revista, de modo a levar em consideração os novos padrões migratórios globais e as consequências dos mesmos para os países, cujos problemas de escala mundial, como a erradicação do trabalho escravo, não devem mais ser solucionados nos seus âmbitos internos. Portanto, este trabalho pretende demonstrar que as transgressões à dignidade da pessoa humana trabalhadora concentram-se, sobretudo, na incapacidade dos Estados-nações, em sua atual concepção e neste contexto de globalização, em solucionar problemas de escala mundial apenas em seus âmbitos internos.

Assim, o objeto do presente estudo é o trabalho escravo e os movimentos migratórios no sistema capitalista, frente à reconfiguração dos princípios do Direito do Trabalho, a partir da rearticulação dos movimentos sociais e da humanização das regras laborais para trabalhadores imigrantes e refugiados; e, ainda, como a atual concepção de Estado-nação não é mais capaz de solucionar tais demandas sociais em escala global, sendo necessária sua reformulação.

A partir desse marasmo teórico-doutrinário que existe em torno do tema escolhido, é possível indagar: por que o trabalho forçado continua a ser exercido no sistema capitalista, a despeito de existir várias normas nacionais e internacionais que condenam tal prática? Por que o trabalho escravo ainda é consentido, apesar de sua proibição legal? Como admitir essa realidade, ainda mais considerando o contexto de vulnerabilidade dos trabalhadores imigrantes e refugiados? Ademais, em tempos de flexibilização das relações de trabalho, desemprego estrutural e mitigação do princípio da proteção, esse cenário fica ainda mais agravado.

Através deste caminho, é possível não somente desvendar a ideologia da doutrina clássica, mas, sobretudo, refutar as doutrinas predominantes — tanto do ponto de vista teórico quando dogmático-, para garantir uma verdadeira eficácia aos princípios do Direito do Trabalho, sobretudo o princípio da proteção.

Tópico 1: Princípio da proteção

Dentro do território do Direito Internacional do Trabalho, há um tema relevante e atual, preocupação de todos os Estados: a inserção não apenas social, mas laboral dos trabalhadores imigrantes e refugiados. Atualmente, o Direito do Trabalho encontra-se em crise, pois não atende mais às demandas sociais contemporâneas e não resolve as atuais patologias sociais. Diante do desemprego estrutural, da clandestinidade do trabalho, da crise do sindicalismo contemporâneo e do deslocamento do trabalho subordinado como centro de referência do Direito do Trabalho, surgem novos movimentos emancipatórios e contra-hegemônicos por todo o planeta, os quais se dirigem para uma nova emancipação social.

O impacto desses novos movimentos no Direito do Trabalho, particularmente no que diz respeito aos seus princípios, altera seus fundamentos para disciplinar e proteger todas as formas de trabalho e renda compatíveis com a dignidade humana.

Na medida em que as relações de trabalho envolvem sujeitos economicamente diferentes, o Direito do Trabalho partia do princípio segundo o qual era preciso conferir superioridade jurídica àquele que se apresentava em grau de inferioridade econômica — o empregado. Assim, surgiu do ponto de vista teórico os caracteres de irrenunciabilidade, inderrogabilidade, ordem pública e indisponibilidade, premissas que sedimentaram um princípio nuclear para a Doutrina Clássica: o princípio da proteção, do qual decorrem os outros demais princípios e que criou uma ficção jurídica para igualar as partes desiguais. Por muito tempo, este princípio mostrou-se suficiente para, efetivamente, garantir os direitos dos trabalhadores.

No entanto, a partir das metamorfoses ocorridas no mundo do trabalho, a maior parte da atual população economicamente ativa encontra-se no trabalho precário, clandestino, terceirizado, subcontratado, ou mesmo no desemprego estrutural ou em situações de trabalho forçado. É por esse motivo que, para Everaldo Gaspar Lopes de Andrade (2008), era preciso uma nova pauta hermenêutica e novos fundamentos teórico-filosóficos, que deslocassem o objeto do princípio da proteção e do próprio Direito do Trabalho para todas as modalidades alternativas de trabalho e renda compatíveis com a dignidade humana, e não apenas para o trabalho livre-subordinado. Para isso, o autor apresentou uma releitura dos princípios do Direito do Trabalho, com o objetivo de ampliar os cânones da proteção.

Por conseguinte, o sentido e o alcance do princípio da proteção necessitam ser ampliados, posto que o trabalho livre e subordinado, aquele exercido com pessoalidade, por uma pessoa física, de forma não eventual e em troca de prestação pecuniária, não é mais a regra em nossa sociedade atual, mas a exceção. As evidências empíricas e analíticas comprovam que o trabalho subordinado não é mais o *ethos* fundamental do Direito do Trabalho.

Desse modo, indaga-se: e quanto a proteção daquelas modalidades de trabalho e renda incompatíveis com a dignidade da pessoa humana? Ficarão o Direito do Trabalho e o princípio da proteção inertes frente ao desrespeito a esse direito fundamental? O que deve ser feito para inserir nos cânones da proteção aqueles trabalhadores em situação de trabalho forçado? O princípio da proteção, em si, necessita de uma nova configuração, a fim de incluir não apenas os detentores de empregos compatíveis com a dignidade da pessoa humana, senão também aqueles em trabalhos clandestinos, precários e até forçados. A antiga ideologia da proteção não é mais efetiva no contexto de trabalho atual no mundo.

Tópico 2: Migrantes e trabalho escravo

Ressalta-se que a escravidão já teve inúmeras motivações e justificativas, sejam elas econômicas, raciais, religiosas, ou outras; contudo, sempre considerava um ideal de hierarquia entre os senhores e seus escravos. Na verdade, não existe nenhum fundamento capaz de explicar essa ideologia: é o próprio homem, por suas leis e normas, que subjuga algumas pessoas a essa forma de trabalho forçado. Segundo Yuval Noah Harari:

> [...] é uma lei férrea da história que toda hierarquia imaginada negue suas origens ficcionais e afirme ser natural e inevitável. Por exemplo, muitas pessoas que viam a hierarquia dos homens livres e dos escravos como natural e correta argumentaram que a escravidão não é uma invenção humana. Hamurabi a via como algo ordenado por Deus. Aristóteles afirmou que os escravos tinham uma "natureza escrava", enquanto os homens livres tinham uma natureza "livre". Seu *status* na sociedade não passava de um reflexo de sua natureza inata (2018, p. 142).

Particularmente após a reestruturação produtiva da era pós-fordista, com o enfraquecimento dos sindicatos, bem como a flexibilização, desregulamentação e o desemprego estrutural, a exploração laboral tornou-se não só mais fácil, desde a época de sua abolição nos séculos XVIII e XIX, como também necessária para o novo modelo de trabalho instituído. Desse modo, o trabalho regulamentado e livre passou a ser praticamente a exceção, enquanto o trabalho irregular e precário parece estar se tornando a regra, especialmente em decorrência do atual fluxo de migrações.

Nesse sentido, ressalta-se que o processo migratório, que leva trabalhadores de uma nação a irem buscar trabalho em outras, não é um fenômeno contemporâneo, mas que "acompanha as diversas formas de colonização e de exploração do trabalho humano, por meio das diversas alternativas de imperialismos e de holocaustos coloniais que, por sua vez, desencadeiam, no presente, verdadeiros apartheids sociais" (PEREIRA, 2012, p. 9).

Não obstante a atual ilegalidade da escravidão, isso não diminuiu a exploração dos trabalhadores; no capitalismo, a força de trabalho equivale a uma mercadoria, sempre com a finalidade de acumular capital. A abertura ao mercado internacional foi impulsionada pela globalização e, agora, os trabalhadores, apesar de não serem mais escravos, são submetidos a longas jornadas, baixos salários e condições de trabalho incompatíveis com a dignidade da pessoa humana (COSTA, 2018, p. 43), ignorando os direitos humanos internacionalmente consagrados.

A escravidão contemporânea, portanto, é responsável por retroalimentar a atual dinâmica capitalista, a qual explora o trabalhador até reduzi-lo à condição análoga à de escravo, tendo o condão de mitigar completamente as diretrizes de órgãos como a ONU (Organização das Nações Unidas) e a OIT (Organização Internacional do Trabalho), cujos fins a serem perseguidos são sempre o bem estar do ser humano. Destarte, a possibilidade de escolha de um trabalho livre de imposições é um direito a ser assegurado a todos os trabalhadores.

Por conseguinte, a escravidão contemporânea fixa sua base na própria vulnerabilidade do trabalhador; a religião ou a etnia não importam mais, desde que presente a vulnerabilidade, social, econômica, política, legal, das pessoas, que, desesperadas, acabam submetidas a tais condições degradantes. O "perfil" dos trabalhadores que são postos em trabalho escravo é, na maioria das vezes, de migrantes que deixam suas casas para regiões mais prósperas, em busca de trabalho e melhores condições de vida. Esses trabalhadores, no Brasil, podem vir dos estados mais pobres ou também de países mais pobres, como os países africanos, o Haiti, do Oriente Médio e, recentemente, da Venezuela.

Atualmente, o elemento essencial para a caracterização do trabalho escravo contemporâneo não é mais o cerceamento da liberdade, mas, sim, o desrespeito à dignidade da pessoa humana (D'ANGELO; FALCÃO, 2018, p. 4). A escravidão contemporânea persiste atualmente por questões de ordem econômico-antropológica, a despeito de não ser legalizada há mais de um século no Brasil. Ressalta-se que a escravidão moderna não existe apenas em países pobres e não desenvolvidos, mas também nos ricos e desenvolvidos, pois é um problema mundial que necessita ser combatido em escala internacional, não sendo mais possível, dentro do contexto atual de globalização, que os países resolvam essa questão em seus âmbitos internos.

Na seara trabalhista, a mídia atua de modo a disseminar o discurso de redução das proteções, de aumento do "protagonismo" e "liberdade" do trabalhador, colocando-os em situações laborais cada vez mais aviltantes da sua condição de ser humano, a pretexto de preservar os trabalhos e fazer ressurgir a economia. Isso ocorre a despeito do princípio da proteção, que está cada vez mais mitigado para o trabalhador livre e assalariado; para os demais membros da classe trabalhadora, que não se enquadram nos padrões do antigo objeto do Direito do Trabalho, a proteção está ainda mais restrita.

Tais metamorfoses e novas conformações no mundo do trabalho vêm ocorrendo e desencadearam uma crise sem precedentes nas relações individuais e coletivas. O que muitos não percebem é que passa pela necessária consciência do *modus operandi* do capitalismo, que se retroalimenta de crises recorrentes, de onde ressurge cada vez mais hegemônico. Para Boaventura de Sousa Santos (2005), a emancipação social só seria possível a partir da redefinição de uma pauta hermenêutica e ao conectá-la a uma visão interdisciplinar.

Para manutenção do sistema capitalista, se faz necessário práticas como a exploração do trabalho escravo. As diversas mudanças estruturais, constantes e pulverizadoras fazem com que a atuação contra-hegemônica, reivindicatória e revolucionária dos obreiros se torne cada vez menos eficaz. Não obstante, essa luta também é real nos casos envolvendo a escravidão contemporânea que atinge a dignidade dos trabalhadores.

Compreender a discriminação, a violência e a segregação que sofre o trabalhador imigrante não é difícil, principalmente frente a aparente incapacidade do arcabouço institucional e normativo em eliminar o *apartheid* social e as consequências do holocausto colonial que os envolve. Isso porque existe uma nova morfologia do trabalho e novos movimentos sociais que podem servir como base para a solução de tais problemas, quando se prestigiar mais os valores sociais do trabalho humano em detrimento do lucro e da produção desenfreados. Torna-se, assim, necessário redefinir os sentidos do trabalho do imigrante, diante de uma reestruturação do que consiste o princípio da proteção.

Percebe-se, por conseguinte, que o fenômeno migratório tem suas raízes em outro fenômeno: a colonização. De acordo com o entendimento de Mike Davis (2002), "colonialismo" pode ser considerado um sinônimo de "imperialismo", pois causou os chamados holocaustos coloniais, ao instaurar uma verdadeira divisão: entre Primeiro e Terceiro Mundo, entre os que exploram e os que são explorados e, consequentemente, entre ricos e pobres, o que ocasionou em um "desenvolvimento geograficamente desigual" (PEREIRA, 2012, p. 110).

Por esses motivos, os migrantes, especialmente os não documentados e os refugiados, ficam extremamente mais suscetíveis a exploração laboral (podendo chegar até mesmo ao trabalho escravo), a tráfico humano, racismo, xenofobia e, logo, a um generalizado desrespeito aos seus direitos humanos básicos.

No atual cenário de globalização, as novas tendências de movimentos migratórios, e os constantes ataques aos imigrantes, demandam a reavaliação de paradigmas para que se compreenda melhor os fatores que ocasionaram na migração e também a maneira como os imigrantes possam ser melhor recepcionados, em condições compatíveis com a dignidade da pessoa humana. Desse modo, tornam-se imprescindíveis a incorporação de novas dimensões mais protetivas no Direito do Trabalho, ao redefinir seus fundamentos a partir de uma nova morfologia do trabalho, para proteger o migrante não só como pessoa humana, mas também como trabalhador.

Acontece que a concepção teórico-dogmática que disciplina a livre circulação de trabalhadores está presa à velha doutrina, vinculando-se prioritariamente ao trabalho livre e subordinado, e excluindo-se os trabalhadores clandestinos, ilegais, não regulamentados, que são a maioria. Ademais, a velha doutrina não está conectada com os novos movimentos sociais contra-hegemônicos (PEREIRA, 2012), e também não trata da exploração do trabalho dos diversos imigrantes registradas ao longo da história, negligenciando também, conforme denominação de Antônio Cruz (2000), a sociologia da crise do novo sindicalismo.

Para Ricardo Antunes (2009), as distintas formas de flexibilização (ou seja, de precarização) do trabalho alteram a forma de ser da classe trabalhadora, visto que a reestruturação produtiva presente na era pós-fordista, pós-taylorista e na atual era da mundialização do capital demonstra novos modos de precarização do trabalho, podendo levar, até, ao trabalho escravo.

O migrante trabalhador, especialmente, apresenta alto grau de vulnerabilidade, estando ainda mais apto a tornar-se vítima do trabalho escravo, visto que vem de outro país, a fim de melhorar a sua condição de vida. Assim, "a circunstância intrínseca à migração, consistente no deslocamento do indivíduo do seu local de origem, leva-o a uma condição de risco, uma vez que não conhece os mecanismos que lhe possibilitem sair de uma situação de abuso" (COLOMBO, 2015, p. 92).

Nesse contexto, a forma em que as migrações acontecem no mundo globalizado, além do modo como os Estados lidam e integram os migrantes em seus territórios, são questões que não podem mais ser tratadas apenas nos âmbitos internos de cada Estado-nação, mas que devem ser discutidas com a participação dos organismos internacionais, em âmbito externo. A atual concepção de "Estado-nação" não é mais suficiente para lidar com esse problema.

Tópico 3: Estado-nação

A concepção de Estado-nação, que consiste em uma entidade geopolítica, étnica e cultural através de um governo soberano, foi desenvolvida com forte influência do Iluminismo durante a época do Estado Moderno (meados do século XVIII), marcado pelo fim das Monarquias Absolutistas, que foram substituídas pelas Monarquias Constitucionalistas ou mesmo pelas Repúblicas.

Desde o marco histórico da queda do muro de Berlim em 1989, que estabeleceu o início da globalização e da hegemonia do sistema capitalista com o declínio do comunismo, o mundo vem enfrentando diversos estados de crise. Recentemente, a crise humanitária dos imigrantes e refugiados está a chamar a atenção da mídia mundial, contudo, nenhum país conseguiu, efetivamente, solucionar este problema. Desse modo, nenhuma questão mundial, como o trabalho escravo, é efetivamente solucionada por uma ou outra nação, mas continua a existir como elemento inegável da atual realidade.

Eugênia Cristina Nilsen Ribeiro Barza e João Mauricio Malta Cavalcante Filho, ao analisarem a liberdade de circulação de pessoas como um mecanismo para consolidação de espaços comuns de integração regional, afirmaram que "os processos de integração regional representam uma resposta à globalização e se configuram como uma forma de os Estados se organizarem frente à nova ordem global" (BARZA; CAVALCANTE FILHO, 2017, p. 223). A integração regional, portanto, constitui um dos instrumentos capazes de reconfigurar as antigas noções do que consiste a "soberania estatal", elemento base do Estado-nação. Destarte, indaga-se: por que os Estados se associam em blocos econômicos, a fim de aumentar a competitividade de seus membros no comércio internacional, mas não se unem a fim de garantir a efetivação dos direitos humanos para os trabalhadores?

Conclui-se que a permanente situação de crises, que muitas vezes são cíclicas, demonstra a falência do Estado-nação, em sua atual concepção, como agente soberano, ainda mais frente à falta de meios concretos de garantir soluções decisivas e efetivas a estas questões. Portanto, é necessário refletir sobre a perda do poder do Estado moderno em solucionar esses passivos em seus âmbitos internos, o que, como consequência, contribui para o contexto de permanência das crises, que podem ser políticas, ambientais, econômicas ou humanitárias, como a do trabalho escravo.

No hodierno contexto de Pós-Modernidade, ou Contemporaneidade, após tantas mudanças econômicas, políticas e sociais, duas guerras mundiais e uma guerra entre sistemas econômicos (a Guerra Fria), bem como o fenômeno da globalização, questiona-se: como a concepção moderna de Estado-nação ainda é aceita, principalmente diante de tantas provas de sua ineficiência em solucionar os problemas da humanidade? Nesta situação de incerteza trazida pela pós-modernidade, carece-se de uma figura estatal que demonstre poder suficiente para não só intervir nos tantos cenários de crise, mas também de dar-lhes efetiva solução. O Estado atual mantem-se, na verdade, inerte frente aos mais importantes e urgentes problemas da atualidade; é um modelo fadado ao fracasso.

Por conseguinte, a partir da teoria jurídica e social crítica, o estudo visa demonstrar os efeitos maléficos da permanência e da "reciclagem" desses estados de crise. Através de uma nova concepção de Estado-nação, poderá se ampliar o leque de possibilidades de resoluções de problemas e conflitos, de formas mais eficazes e pacíficas. Finalmente, o estudo proporá os mecanismos por intermédio dos quais se dará esta mudança.

Conclusão

O Direito do Trabalho surgiu na Modernidade por força da exploração do trabalho humano decorrente do capitalismo. O modelo de trabalho introduzido tinha como objetivo a "venda" por parte do trabalhador de sua força de trabalho através de uma relação de subordinação que, ao longo dos anos, vem justificando absurdos tais como a submissão do trabalhador a trabalhos forçados, precários, clandestinos, incompatíveis com a dignidade da pessoa humana e todos os demais direitos humanos.

Assim, este estudo tem por objeto o trabalho escravo e os movimentos migratórios no sistema capitalista, frente à reconfiguração dos princípios do Direito do Trabalho, a partir da rearticulação dos movimentos sociais e da humanização das regras laborais para trabalhadores imigrantes e refugiados; e, ainda, como a atual concepção de Estado-nação não é mais capaz de solucionar tais demandas sociais em escala global, sendo necessária sua reformulação.

Esta necessidade encontra-se, por exemplo, na incapacidade dos países em solucionar problemas de escala global, como o trabalho escravo, em seus âmbitos internos; problemas globais só serão resolvidos por soluções de escala global, com a participação de todos os Estados em prol de um objetivo comum. Por conseguinte, torna-se preciso uma atualização da atual concepção de Estado-nação, de forma que os países tornem-se mais próximos.

A doutrina clássica dissemina, através dos manuais de Direito do Trabalho, quase sem questionamentos, que o objeto do Direito do Trabalho é o trabalho-livre-subordinado. No entanto, críticas vêm sendo desencadeadas e dirigidas a esta ululante exclusão das demais formas de trabalho, que constituem, atualmente, a maioria dos casos. O trabalho precário, clandestino e, muitas vezes, forçado, incompatíveis com a dignidade da pessoa humana, também precisam ser resguardados pelos princípios do Direito do Trabalho.

As correntes da chamada Teoria Social Crítica, que reputam o trabalho-livre-subordinado como objeto do Direito do Trabalho, não se ocupam apenas de levantar evidências empíricas e críticas à necessidade de ampliação do objeto do Direito do Trabalho, mas apontam soluções para redefinir as dimensões simbólicas do trabalho e do princípio da proteção. A despeito disso, a doutrina clássica, majoritária, não conseguiu superar o dilema, a contradição do enunciado *trabalho livre e subordinado* enquanto centro de referência, em termos de Direito Individual de Trabalho.

Em tempos de desemprego estrutural, de flexibilização e desregulamentação do mercado de trabalho, da ausência de mecanismos de garantia de emprego e onde o trabalho precário e clandestino é a regra, percebe-se que a época do Pleno Emprego e do Estado do Bem-Estar Social já acabou há tempos. Assim, no momento que se desmoronam os velhos paradigmas que inspiraram o aparecimento do próprio Direito do Trabalho, este deve se reinventar dentro do novo mundo do trabalho, agora globalizado.

Restaurar esses velhos entendimentos, para adaptá-los às novas lutas sociais emencipatórias e contra-hegemônicas, é uma condição imprescindível para instituir discursos simétricos dirigidos a consensos moralmente válidos e destituir essas ultrapassadas concepções.

Não obstante, do ponto de vista do objeto central deste estudo, o trabalho escravo, há de ser analisado de forma crítica, a fim de se desvendar os seus componentes ideológicos. Feito isso, o projeto deverá apresentar sua alternativa teórica dirigida à superação desta evidente contradição aos direitos humanos, e também ao objeto do Direito do Trabalho, o trabalho-livre-subordinado.

Por conseguinte, o projeto objetiva, primeiro, evidenciar as formas em que trabalhadores imigrantes e refugiados são submetidos a trabalhos forçados, em razão das crises cíclicas do capitalismo que impulsiona os novos fluxos migratórios. Em seguida, procura apontar sua relação com a ineficácia dos princípios trabalhistas, sobretudo o princípio da proteção, que não se mostra mais capaz de efetivamente, proteger os trabalhadores neste contexto laboral. Por fim, deverá descrever as propostas da autora, em termos de demonstrar também a ineficácia da própria concepção atual de Estado-nação, que não tem os recursos necessários para resolver problemas de escala global em seus âmbitos internos.

Desta forma, a demonstração da ineficácia do Estado-nação, anteriormente concebido, mas que continua a ser aplicado nos dias atuais, em solucionar tal problemática, em face do descompasso existente entre esta realidade jurídica e os reclamos desencadeados pela teoria social crítica, impõe uma reelaboração teórica para as relações de trabalho a partir da desconstrução do princípio da proteção e do trabalho-livre-subordinado como fundamento de validade e objeto do Direito Individual do Trabalho.

Referências

ANDRADE, Everaldo Gaspar Lopes de. *Princípios de Direito do Trabalho*. Fundamentos Teórico-filosóficos. São Paulo: LTr, 2008.

ANTUNES, Ricardo. *O Privilégio da Servidão*. O novo proletariado de serviços na era digital. São Paulo: Boitempo, 2018.

BARZA, Eugênia Cristina Nilsen Ribeiro; CAVALCANTE FILHO, João Mauricio Malta. A liberdade de circulação de pessoas e a construção de espaços comuns em processos de integração regional: uma análise do Espaço Europeu de Liberdade, Segurança e Justiça e as perspectivas para o espaço de livre residência no âmbito do MERCOSUL. *Revista da Faculdade de Direito da UFRGS*, Porto Alegre, n. 36, vol. esp., p. 221-246, out. 2017.

BORBA, Camila da Cunha Melo de Farias; ARRUDA CAMARA, Maria Amalia Oliveira de. Direitos humanos e a questão do trabalho em condições análogas à escravidão no brasil do século XXI: uma abordagem antropológica-normativa sobre o tema. *Revista de Direito Brasileira*, [S.l.], v. 14, n. 6, p. 18-36, ago. 2016. ISSN 2358-1352. Disponível em: <https://www.indexlaw.org/index.php/rdb/article/view/2914>. Acesso em: 12 jun. 2019. <doi:http://dx.doi.org/10.26668/IndexLawJournals/2358-1352/2016.v14i6.2914>.

COLOMBO, Marcelo. A vulnerabilidade do migrante trabalhador como instrumento para o tráfico de pessoas e o trabalho escravo. In: PRADO, Erlan José Peixoto do; COELHO, Renata (Orgs.). *Migrações e trabalho*. Brasília: Ministério Público do Trabalho, 2015. p. 89 – 93.

COSTA, Flora Oliveira da. A lógica da dominação presente no trabalho escravo colonial e no trabalho escravo contemporâneo. In: MIRAGLIA, Lívia Mendes Moreira; HERNANDEZ, Julianna do Nascimento; OLIVEIRA, Rayhanna Fernandes de Souza (Orgs.). *Trabalho escravo contemporâneo:* conceituação, desafios e perspectivas. Rio de Janeiro: Lumen Juris, 2018. p. 33-48.

D'ANGELO, Isabele Bandeira de Moraes. FALCÃO, Pablo Ricardo de Lima. As razões das decisões judiciais: um estudo sobre as barreiras ideológicas e culturais que impedem as condenações por crime de redução à condição análoga a de escravo pelo Supremo Tribunal Federal brasileiro. In: *XI Reunião Científica de Trabalho Escravo*. Minas Gerais: GPTEC, 2018.

DAVIS, Mike. *Holocaustos coloniais:* clima, fome e imperialismo na formação do terceiro mundo. Rio de Janeiro: Record, 2002.

HARARI, Yuval Noah. *Uma Breve História da Humanidade* — Sapiens. Porto Alegre: L&PM, 2015.

PEREIRA, Maria Clara Bernardes. *A livre circulação dos trabalhadores no âmbito da comunidade europeia e do Mercosul:* Para além da doutrina jurídico-trabalhista tradicional centrada no trabalho subordinado e no sindicalismo reformista. 2012. Dissertação (Mestrado em Direito). Programa de Pós-graduação em Direito da UFPE, Recife, 2012.

SANTOS, Boaventura de Sousa (Org). *Trabalhar o Mundo:* Os Caminhos do Novo Internacionalismo Operário. Rio de Janeiro: Civilização Brasileira, 2005.

A Inconstitucionalidade do Art. 235-D, § 5º, da CLT: As Viagens de Longa Distância e o Trabalho em Dupla de Motoristas Rodoviários de Cargas como Afronta à Dignidade do Trabalhador[1]

Camilla Maria Marques Brandão

Gosto de ser gente porque,
inacabado, sei que sou um ser condicionado,
mas, consciente do inacabamento,
sei que posso ir mais além dele.
Paulo Freire

1. Introdução

Sempre foi incutido na imaginação das pessoas que, a medida em que as inovações tecnológicas fossem implementadas ao cotidiano laboral, isso traria um sobressalto na produtividade de modo que, teoricamente, o obreiro precisaria trabalhar menos já que a tecnologia, ao atuar em seu favor, faria com que ele produzisse mais com menos esforço.

Em alguns ramos, tais abstrações acabaram por se concretizar. Mas em alguns acaso, inclusive no tocante aos motoristas rodoviários de carga, esse incremento tecnológico trouxe tarefas mais complexas, além de possibilitar o controle em tempo real do obreiro, inclusive fora do estabelecimento do empregador. O que era para trazer benefícios aos obreiros, acabou por precarizar ainda mais as relações de trabalho.

O presente trabalho visa demonstrar a inconstitucionalidade específica do art. 235-D, § 5º, da CLT, pois a Lei n. 13.103/2015, sucessora da Lei n. 12.619/2012, está repleta de

(1) Monografia apresentada ao Programa de Pós-Graduação em Direito da Universidade Federal de Pernambuco como requisito parcial à obtenção do título de Pós-graduação em Direito em Direito e Processo do Trabalho, em 2020.

inconstitucionalidades, sendo muitas delas, inclusive, já judicializadas através de ADIs as quais tramitam no STF.

Entretanto, o foco do presente estudo restringe-se apenas às viagens de longa distância dos motoristas rodoviários de cargas quando realizadas em dupla. Isso porque o dispositivo legal sob enfoque permite o descanso do motorista com o veículo em movimento e autoriza o repouso mínimo de 6 horas consecutivas somente após 72 horas, o que fere frontalmente o princípio da dignidade da pessoa humana.

No primeiro capítulo, foi abordada a dignidade da pessoa humana como norma fundamental na ordem jurídico-constitucional brasileira, mostrando que a dignidade da pessoa humana além de ser princípio também é um valor-fonte do qual derivam todas as outras normas. Além de ser, juntamente com o valor social do trabalho fundamentos do Estado Democrático de Direito, devendo, pois os cidadãos participarem, já que se trata de um princípio onde lhe é conferida força com a finalidade de manter a integridade dos anseios da sociedade.

No segundo capítulo, foi tratada a questão acerca da duração da jornada de trabalho e a sua importância para a saúde física e psíquica do empregado. A Lei n. 13.103/2015 previu prorrogações também inconstitucionais da jornada de trabalho, razão pela qual foi necessário atentar-se para os conceitos de tempo de espera e tempo de reserva. Embora a famigerada lei tenha revogado o conceito de tempo de reserva previsto na antiga Lei n. 12.6019/2012, ele agora é tratado no art. 235-D, § 5º, da CLT que é objeto do presente estudo.

Já no terceiro capítulo, foi enfrentado os argumentos acerca da inconstitucionalidade do art. 235-D, § 5º, da CLT, por ser impossível descansar adequadamente e manter a tranquilidade com o veículo em movimento, com a claridade solar, com buzinas e barulhos externos, más condições ergonômicas de assentos e camas em cabines-leito e, até mesmo, insegurança com relação à condução do veículo por seu parceiro de forma que torna-se inviável o repouso reparador necessário, promovendo, assim, a acumulação de cansaço, de modo que cada motorista apenas tira rápidos cochilos, sempre acordando.

Essa alteração legislativa não trouxe boas perspectivas para a categoria dos motoristas profissionais neste ponto, não buscou a sua proteção e, muito menos, tentou zelar pela saúde desses profissionais. Muito pelo contrário, fomentou indiscriminadamente o excesso de trabalho.

Feitas as breves considerações acima, urge destacar que o presente trabalho foi desenvolvido através do método hipotético-dedutivo, a partir da análise e confronto entre a realidade de nossa sociedade, a doutrina, a jurisprudência e a nossa legislação existente, baseando-se para tanto em pesquisas bibliográficas, jurisprudenciais e por meio da rede mundial de computadores, a *internet*. Visa demonstrar a inconstitucionalidade do art. 235-D, § 5º, da CLT, por colidir frontalmente com o princípio da dignidade da pessoa humana bem como do valor social do trabalho, para, com isso, tentar diminuir a precarização do trabalho desempenhado pelos motoristas rodoviários de cargas.

2. A dignidade da pessoa humana como norma fundamental na ordem jurídico-constitucional brasileira

Embora se pense que começar estudando o princípio da dignidade da pessoa humana seja cair no "senso comum", trata-se de um ledo engano. É preciso sempre resgatar os pilares constitucionais de nosso ordenamento jurídico pátrio, pois, os legisladores, quando da elaboração das leis, frequentemente, desrespeitam normas basilares conforme se verá durante o decorrer do presente estudo.

Jamais se pode olvidar da lição de José Afonso da Silva (SILVA, 2003) na qual afirma que a Constituição se coloca no vértice do sistema jurídico do país, conferindo, pois, validade e legitimidade aos poderes estatais na medida em que ela os reconheça e na proporção por ela distribuídos. A Constituição é a lei suprema do Estado, pois é nela que se encontram a própria estrutura deste e a organização de seus órgãos; é nela que se acham as normas fundamentais de Estado, e por isso a sua superioridade em relação às demais normas jurídicas.

A previsão do valor social do trabalho e da dignidade da pessoa humana não é acidental no texto constitucional. Trata-se de normas estruturantes e que, portanto, modelam o estado e a sociedade brasileira. Isso porque, a matriz constitucional brasileira consagrou o Estado Democrático de Direito, elevando, pois, o ser humano ao centro do ordenamento jurídico, destacando, por conseguinte, a dignidade humana como fundamento da República, bem como o valor social do trabalho.

Segundo Rubia Alvarenga (2016), a Carta Magna de 1988 representa a matriz do Direito Constitucional do Trabalho não apenas por conferir proteção aos direitos sociais trabalhistas, mas também por ter inaugurado, no país, uma fase de maturação para o Direito do Trabalho, cuja análise somente pode ser empreendida se for conjugada com os direitos fundamentais trabalhistas os quais têm como fundamento a dignidade da pessoa humana.

2.1. A dignidade da pessoa humana como valor-fonte

O princípio da dignidade da pessoa humana é importante, não apenas pela função fundamental que os princípios sempre exercem em toda disciplina, mas também porque, dada sua permanente evolução e aparecimento recente, o Direito do Trabalho necessita basear-se em princípios que consigam suprir a estrutura conceitual, os quais foram assentados em séculos de vigência e experiência possuídas por outros ramos jurídicos (RODRIGUEZ, 2000). Isso porque ela constitui o alicerce fundamental da disciplina, mantendo-se sólida, ainda que haja variações e profusões de normas.

A dignidade além de ser um direito fundamental, dá origem aos demais valores ditos fundamentais, uma vez que ela influencia o legislador, ou assim deveria ser, quando da elaboração das normas, norteia igualmente os magistrados nos julgamentos, além de estar presente na interpretação de nosso ordenamento jurídico pátrio.

O princípio é fonte, é algo mais geral do que uma norma porque serve para inspirá-la, para entendê-la, para supri-la. E cumpre essa missão relativamente a número indeterminado de normas (RODRIGUEZ, 2000).

Com relação às normas, muitas vezes confunde-se princípios com regras, o que acaba gerando alguns equívocos hermenêuticos. De forma que Plá Rodriguez (2000) cita Zagrebelsky e diferencia os princípios das regras ao afirmar que "enquanto as normas legislativas são predominantemente regras, as normas constitucionais são preferencialmente princípios. Distinguirmos princípios das regras significa, portanto, distinguir em linhas gerais a Constituição das leis".

Ou seja, só os princípios exercem um papel propriamente constitucional, quer dizer, constitutivo da ordem jurídica. Os princípios são interpretados mais além do exame da linguagem, em função dos valores que formam a identidade e os costumes de um povo.

Amauri Mascaro do Nascimento (2012) afirma que "o princípio dos princípios do ordenamento jurídico brasileiro a proteção da dignidade do ser humano (CF, art. 1º, III)". E continua seu raciocínio ao declarar que o nosso Estado Democrático de Direito tem como fundamento, dentre outros valores, a dignidade da pessoa humana, sendo ela um valor subjacente de inúmeras regras de direito. Dessa forma, a proibição de toda ofensa à dignidade da pessoa é, também, uma questão de respeito ao ser humano, razão pela qual o direito positivo precisa protegê-la, garanti-la bem como vedar os atos que, de algum modo, levem a sua violação (NASCIMENTO, 2012).

Já Américo Plá Rodriguez (2000) leciona os princípios têm uma obrigatoriedade frente ao direito futuro porque a cláusula constitucional impõe ao legislador o cumprimento do princípio geral. Assim, a norma constitucional seria um obstáculo que impediria o legislador de se afastar de seus preceitos, pois, se o fizer, incorreria em violação da Constituição e a lei poderia ser invalidade pelos juízes.

Alega, ainda (RODRIGUEZ, 2000), que os princípios de direito cumprem tríplice missão: a) informadora, pois inspiram o legislador, servindo de fundamento para o ordenamento jurídico; b) normativa porque atuam como fonte supletiva, no caso de ausência de lei, sendo, então, um meio de integração de direito e c) interpretativa porque operam como critério orientador do juiz ou do intérprete.

Ele (RODRIGUEZ, 2000) destaca o pensamento de Carnelutti ao afirmar que "os princípios gerais do direito não são algo que exista fora, senão dentro do próprio direito escrito, já que derivam das normas estabelecidas. Encontram-se dentro do direito escrito como o álcool no vinho: são o espírito ou a essência da lei".

Assim, ele conclui que ao ferir a dignidade da pessoa humana, fere-se por conseguinte, o princípio de proteção, o qual, ao invés de inspirar-se num propósito de igualdade, responde ao objetivo de estabelecer um amparo preferencial a uma das partes: o trabalhador. E, somente mediante essa proteção, alcançar-se-ia uma igualdade substancial e verdadeira entre as partes, uma vez que o fundamento desse princípio está ligado à própria razão de ser do Direito do Trabalho.

Consequentemente, se o legislador se propôs a estabelecer por meio da lei um sistema de proteção do trabalhador, o intérprete desse direito deve colocar-se na mesma orientação do legislador, buscando cumprir o mesmo propósito (RODRIGUEZ, 2000).

Tais registros são importantes uma vez que o capital financeiro passou a comandar todo o modo de produção atual, baseado por uma exacerbada flexibilização a qual precariza cada vez mais os obreiros. Nesse sentido, Ricardo Antunes (2019) delineia essa sistemática estrutural:

"O capitalismo no plano mundial, nas últimas quatro décadas, transformou-se sob a égide da acumulação flexível, trazendo uma ruptura com o padrão fordista e gerando um modo de trabalho e de vida pautados na flexibilização e na precarização do trabalho. São mudanças impostas pelo processo de financeirização e mundialização da economia num grau nunca antes alcançado, pois o capital financeiro passou a dirigir todos os demais empreendimentos do capital, subordinando a esfera produtiva e contaminando todas as suas práticas e os modos de gestão do trabalho. O Estado passou a desempenhar cada vez mais um papel de "gestor dos negócios da burguesia financeira", cujos governos, em sua imensa maioria, pautam-se pela desregulamentação dos mercados, principalmente o financeiro e o de trabalho.

Trata-se de uma hegemonia da "lógica financeira" que, para além de sua dimensão econômica, atinge todos os âmbitos da vida social, dando um novo conteúdo aos modos de trabalho e de vida, sustentados na volatilidade, na efemeridade e na descartabilidade sem limites. É a lógica do curto prazo, que incentiva a "permanente inovação" no campo da tecnologia, dos novos produtos financeiros e da força de trabalho, tornando obsoletos e descartáveis os homens e mulheres que trabalham. São tempos de desemprego estrutural, de trabalhadores e trabalhadoras empregáveis no curto prazo, por meio das (novas e) precárias formas de contrato, em que terceirização, informalidade, precarização, materialidade e imaterialidade são mecanismos vitais, tanto para a preservação quanto para a ampliação da sua lógica.

Assim, a dignidade da pessoa humana enquanto direito-fonte e sendo o princípio dos princípios, tem como papel principal o embasamento de todo o alicerce fundamental para a formulação das normas, devendo-se, pois, sempre ser observado.

2.2. A dignidade da pessoa humana e o valor social do trabalho como fundamentos do estado social democrático de direito

Ingo Wolfgang Sarlet (2007) constata que a dignidade da pessoa humana é, ao mesmo tempo, tanto um limite quanto uma tarefa dos poderes estatais, apontando para uma paralela e conexa dimensão defensiva e prestacional da dignidade. Enquanto limite, a dignidade implica não apenas que a pessoa não pode ser reduzida à condição de mero objeto da ação própria e de terceiros, mas também o fato de a dignidade gerar direitos fundamentais (negativos) contra atos que a violem ou a exponham a graves ameaças. Já enquanto tarefa, cuja previsão constitucional (seja ela explícita ou implícita) da dignidade da pessoa humana, dela decorrem deveres concretos de tutela por parte dos órgãos estatais, no sentido de proteger a dignidade de todos, assegurando-lhe também por meio de medidas positivas (prestações) o devido respeito e promoção.

Alega, ainda, que onde não houver respeito pela vida e pela integridade física e moral do ser humano, onde não sejam asseguradas as condições mínimas para uma existência digna, onde não houver limitação do poder, enfim, onde a liberdade e a autonomia, a igualdade (em direitos e dignidade) e os direitos fundamentais não forem reconhecidos e minimamente assegurados, não haverá espaço para a dignidade da pessoa humana e esta (a pessoa), por sua vez, poderá não passar de mero objeto de arbítrio e injustiças (SARLET, 2007).

Ou seja, esse novo dispositivo legal que permite o descanso do motorista com o veículo em movimento e autoriza o repouso mínimo de 6 horas consecutivas somente após 72 horas fere frontalmente o princípio da dignidade da pessoa humana, precarizando e desumanizando cada vez mais o trabalho do motorista rodoviário de cargas.

Durante muito tempo foi cultivado no imaginário das pessoas de que a incorporação de inovações tecnológicas ao cotidiano laboral fosse trazer um incremento na produtividade de modo que possibilitaria ao obreiro uma redução de sua jornada de trabalho, uma vez que, supostamente, ele conseguiria trabalhar mais, em menos tempo e depreendendo menor esforço.

Essas especulações, de fato, se confirmaram em alguns setores empresariais. Entretanto, esse desenvolvimento tecnológico nem sempre possibilitou a redução da jornada de trabalho e, em muitos casos, trouxe novas tarefas, inclusive mais complexas, às funções desenvolvidas anteriormente. Possibilitou, também, o controle mais eficaz do trabalho realizado, até mesmo fora do estabelecimento patronal.

Ou seja, no caso dos motoristas rodoviários de carga, eles começaram a trabalhar mais e de forma controlada pelo empregador, principalmente pelo fato de os caminhões dirigidos por eles serem dotados de sistema de rastreamento, permitindo, pois, que o empregador saiba, em tempo real, a localização do obreiro, se o veículo está parado ou em movimento.

A indagação de Ricardo Antunes (ANTUNES, 2018) resume bem o cenário descrito: "Por que o labor humano tem sido, predominantemente, espaço de sujeição, sofrimento, desumanização e precarização, numa era em que muitos imaginavam uma proximidade celestial?"

Ainda sobre as novas faces da precariedade dos trabalhadores, Ricardo Antunes, mais uma vez, é cirúrgico ao delinear a sociedade do século XXI (ANTUNES, 2018):

> "Em pleno século XXI, mais do que nunca, bilhões de homens e mulheres dependem de forma exclusiva do trabalho para sobreviver e encontram, cada vez mais, situações instáveis, precárias, ou vivenciam diretamente o flagelo do desemprego. Isto é, ao mesmo tempo que se amplia o contingente de trabalhadores e trabalhadoras em escala global, há uma redução imensa dos empregos; aqueles que se mantêm empregados presenciam a corrosão dos seus direitos sociais e a erosão de suas conquistas históricas, consequência da lógica destrutiva do capital que, conforme expulsa centenas de milhões de homens e mulheres do mundo produtivo (em sentido amplo), recria, nos mais distantes

> e longínquos espaços, novas modalidades de trabalho informal, intermitente, precarizado, "flexível", depauperando ainda mais os níveis de remuneração daqueles que se mantêm trabalhando.
>
> (...)
>
> Neste conturbado século XXI, o desafio maior é dar sentido autoconstituinte ao trabalho humano de modo a tornar a nossa vida fora do trabalho também dotada de sentido. Construir, portanto, um novo modo de vida a partir de um novo mundo do trabalho, para além dos constrangimentos impostos pelo sistema de metabolismo social do capital, para recordar Mészáros, é um imperativo vital."

Dessa forma, é preciso se provocar uma releitura de conceitos jurídicos já assentados pela doutrina e jurisprudência, sabatinando a "novidade" legislativa (Lei n. 13.103/2015) de forma crítica uma vez que se encontra recheada de inconstitucionalidades, uma delas abordada no presente estudo.

Neste toar, imperioso registrar que a Constituição Federal de 1988 foi intitulada como Constituição Cidadã, na qual foi atribuída à dignidade da pessoa humana, juntamente com o valor social do trabalho, o *status* de fundamento do Estado Democrático de Direito e, com ele, o princípio da dignidade é considerado tanto em seu aspecto limitativo de ações do próprio Estado quanto da própria comunidade.

No Estado Democrático de Direito a forma de implementação dos direitos exige a participação efetiva dos cidadãos nas decisões de caráter público, de forma que dá a capacidade de o próprio indivíduo dizer o que é, para ele, a dignidade. Ou seja, trata-se de um princípio onde lhe é conferida força com a finalidade de manter a integridade dos anseios da sociedade.

3. Duração da jornada de trabalho

O direito ao descanso é um direito fundamental do trabalhador. No ramo do Direito do Trabalho, por se tratar de princípio de ordem pública, o instituto da jornada laboral é um dos mais importantes, uma vez que envolve não somente as limitações suportadas pelo organismo humano em todas as suas dimensões de descansos (seja ele diário, semanal ou anual), como também refletem estreitamente na remuneração percebida pelo empregado no exercício de sua atividade (COSTA, 1991). Assim, ao se analisar as causas e consequências do binômio fadiga e produtividade, observou-se que:

> "da mesma maneira a fadiga tem marcante repercussão na produtividade, causando a queda no volume da produção e sua pior qualidade, após um número, acima do razoável das horas de trabalho. Estudos baseados em estatísticas sobre métodos de trabalho demonstraram que, normalmente, as horas de trabalho, após as 8 horas, são rendimento inferior em quase 50% ao da produção normal. Tendo-se em conta que as horas prorrogadas representam remuneração acrescida é evidente que, salvo casos excepcionais, a duração exagerada de trabalho é

danosa tanto para o operário quanto para o patrão." (SÜSSEKIND, MARANHÃO, VIANNA, 1984)

Vê-se que, muitas vezes, essa jornada extraordinária se dá de forma abusiva, justamente porque vivemos em uma época de recessão econômica de modo que, com o seu acolhimento, contribui-se para aumentar o número de desempregados e incentivando o trabalhador a aceitar essas jornadas excessivas.

Registre-se que, segundo ANDRADE (1986), a luta pela diminuição da jornada de trabalho é a luta humana pela vida e a luta por vida humana. Por isso, tal diminuição sempre constituiu uma das reinvindicações por que mais batalharam os trabalhadores, somente a ela se comparando os pleitos por um salário melhor. Na verdade, os pontos norteadores de todas as reinvindicações da classe trabalhadora foram, ao longo da história, tanto a redução da quantidade de trabalho como o aumento dos salários.

Até mesmo a Igreja lançou sua Carta do Trabalho, através da encíclica *Rerum Novarum* do Papa Leão XIII a qual dizia que:

> "não é justo nem humano exigir do homem tanto trabalho a ponto de fazer pelo excesso da fadiga embrutecer o espírito e enfraquecer o corpo. A atividade do homem, restrita como a sua natureza, tem limites que não se pode ultrapassar. O exercício e o uso aperfeiçoam-na, mas é preciso que de quando em quando se suspenda para dar lugar ao repouso. Não deve, portanto, o trabalho prolongar-se por mais tempo do que as forças permitem. Assim, o número de horas de trabalho diário não deve exceder a força dos trabalhadores, e a quantidade do repouso deve ser proporcionada à quantidade do trabalho, às circunstâncias do tempo e do lugar, à compleição e saúde dos operários."

Por isso, segundo Gaspar (ANDRADE, 1986), as jornadas extenuantes durante o século XIX foram uma das principais causas dos movimentos revolucionários. Entretanto, tais jornadas excessivas continuaram e continuam a privar os trabalhadores de um mínimo de repouso e lazer conforme se pode constatar através da análise do dispositivo em comento nesse estudo.

O tema acerca da duração do trabalho é tão importante para o Direito do Trabalho que o legislador constitucional tratou de fixar as diretrizes a respeito expressamente no art. 7º, XIII, da nossa Carta Magna.

É que, segundo Alice Monteiro de Barros (2009), as normas referentes à duração do trabalho têm como finalidade tutelar a integridade física do trabalhador a fim de evitar a sua fadiga. Assim, além de possuírem um fundamento de ordem fisiológica, as normas que versam sobre a jornada laboral, possuem um viés econômico, já que o empregado descansado tem seu rendimento aumentado e sua produção aprimorada. Por fim, a autora afirma que essas normas também se fundamentam na ordem social, já que durante o dia o empregado precisa de tempo para desfrutar do convívio familiar e realizar seus compromissos sociais.

Sendo assim, é preciso adentrar na sistemática trazida pela Lei n. 13.103/2015 a fim de verificar se ela atende aos pressupostos constitucionais de uma jornada de trabalho que respeita a dignidade do trabalhador.

3.1. Duração e prorrogação de jornada na Lei n. 13.103/2015

A Lei n. 12.619/2012 trouxe inúmeras novidades, dentre elas a divisão do trabalho do motorista em "tempos" como o tempo de início de viagem, o tempo de direção ou condução, o tempo de espera e o tempo de reserva.

Entretanto, em que pese a Lei n. 13.103/2015 ter mantido essa divisão sistemática em tempos, trouxe alterações importantes e, principalmente, no tocante à duração do trabalho, ela está repleta de inconstitucionalidades.

Enquanto a Lei anterior, Lei n. 12.619/2012, previa a possibilidade de prorrogação de jornada por 02 (duas) horas extraordinárias, a Lei n. 13.103/2015 estabeleceu a possibilidade de prorrogação da jornada em até 04 (quatro) horas diárias. Assim, essa nova norma deu ensejo a muitas controvérsias uma vez que essa amplitude da jornada, a qual pode chegar a 12 (doze) horas, exige atenção plena e ainda maior pelo motorista.

Não é preciso tecer maiores elucubrações, pois é notório ser impossível que um ser humano mantenha o mesmo nível de atenção e cuidado por 12 longas horas consecutivas. Como se não bastasse isso, há ainda o trânsito intenso e caótico de nossas cidades, o péssimo estado de conservação das estradas, o medo de ser assaltado, os riscos de acidentes, dentre inúmeros outros fatores que não se coadunam com o propósito de preservar a higidez física e mental do obreiro.

O debate acerca dessa jornada traz à tona até mesmo o significado acerca do que seria a prestação de horas ditas como extraordinárias. O trabalho extraordinário, como a própria denominação sugere, constitui-se exceção à regra da jornada normal. É importante fazer esse registro porque, habitualmente, entende-se o extraordinário como corriqueiro, de modo a admitir o estouro de jornada como se tratássemos de uma jornada trivial.

Muito pelo contrário. Se num primeiro momento parece proporcionar um "ganho extra", sempre tão buscado pelos trabalhadores, essa prestação contínua de longas horas de trabalho, tanto a médio e longo prazo, representam um sério risco para a saúde, desencadeando inúmeras doenças profissionais, podendo levar o obreiro a situações extremas como alcoolismo e dependência química e, até mesmo, a eventuais casos de violência doméstica.

E essa conta, ao contrário do que se pense inicialmente, não é suportada apenas pelo obreiro e sua família, mas também por toda a sociedade, através da concessão reiterada de períodos de afastamento por auxílio-doença podendo chegar a aposentadoria de trabalhadores jovens.

Isso afeta até mesmo o núcleo familiar porque obriga a retirada dos filhos da escola para ajudar no sustento da família, perpetuando, pois, um ciclo vicioso de pobreza (GEMIGNANI, 2019).

Assim, vê-se que a nova Lei "se revela contrária ao princípio da razoabilidade, bem como à dignidade do trabalhador e à saúde e segurança, não só do motorista profissional, mas da coletividade que se beneficia do sistema rodoviário" (FILHO, MELO, VIEIRA, 2017).

3.2. Tempo de espera

Devido às peculiaridades do serviço prestado pelos motoristas rodoviários de cargas, além da própria atividade de dirigir, também é exigido que o trabalhador permaneça junto ao veículo enquanto aguardar a operação de carregamento e descarregamento do veículo, fiscalização de mercadoria ou em paradas de barreiras fiscais.

E, segundo FILHO, MELO e VIEIRA (2017), o tempo de espera representa o período, o qual não é computado como jornada normal nem extraordinária, em que o motorista ficar aguardando a realização das operações de carga e descarga do veículo ou das operações de natureza fiscal e alfandegária, relativamente às mercadorias transportadas. Também é considerado tempo de espera o período de permanência do motorista empregado junto ao veículo parado após o fim da jornada normal ou extraordinária, nas viagens de longa distância, ante a expressa autorização do empregador (art. 235-D, § 3º).

Esse tempo de espera, desde 2012, já tinha sido excluído da jornada de trabalho, o que é incoerente com o sistema normativo trabalhista além de ser extremamente prejudicial ao trabalhador. Isso porque o motorista, ainda que não esteja guiando o veículo, por necessidade do serviço, não tem liberdade para exercer outras atividades, cuidar de sua saúde ou até mesmo para retornar à sua residência. Logo, esse tempo deveria ser considerado como sobrejornada e remunerado com acréscimo de 50%.

A afronta afigura-se ainda mais latente diante dos ditames do § 12 do art. 235-C, o qual foi inserido pela Lei n. 13.103/15, de modo que a questão encontra-se judicializada através da Ação Direta de Inconstitucionalidade (ADI) de n. 5.322, a qual ajuizada pela Confederação Nacional dos Trabalhadores em Transportes Terrestres (CNTTT) e que se encontra em trâmite perante o Supremo Tribunal Federal. Um dos pontos apontados como eivado de inconstitucionalidade é a previsão da possibilidade de o motorista realizar as movimentações necessárias do veículo durante o tempo de espera, ficando, pois, garantido apenas o gozo do repouso diário mínimo de 8 horas, conforme o disposto no § 3º do referido artigo.

3.3. Tempo de reserva

O tempo que realmente precisa ser estudado é o tempo de reserva. Ele foi instituído pela Lei n. 12.619/2012 e que tinha previsão, à época, no art. 235-E, § 6º da CLT. Em que pese esse tempo ter sido revogado pela Lei n. 13.103/2015, o conteúdo passou a ser tratado nos arts. 235-D, § 5º e 235-E, inciso III, ambos da CLT os quais versam sobre o trabalho do motorista profissional nas viagens de longa distância. Entretanto, como o foco do presente trabalho é o motorista rodoviário de cargas, ater-se-á apenas ao dispositivo do art. 235-D, § 5º, da CLT, *in verbis*:

> "Art. 235-D. Nas viagens de longa distância com duração superior a 7 (sete) dias, o repouso semanal será de 24 (vinte e quatro) horas por semana ou fração trabalhada, sem prejuízo do

intervalo de repouso diário de 11 (onze) horas, totalizando 35 (trinta e cinco) horas, usufruído no retorno do motorista à base (matriz ou filial) ou ao seu domicílio, salvo se a empresa oferecer condições adequadas para o efetivo gozo do referido repouso.

I – revogado;

II – revogado;

III – revogado.

§ 1º É permitido o fracionamento do repouso semanal em 2 (dois) períodos, sendo um destes de, no mínimo, 30 (trinta) horas ininterruptas, a serem cumpridos na mesma semana e em continuidade a um período de repouso diário, que deverão ser usufruídos no retorno da viagem.

§ 2º A cumulatividade de descansos semanais em viagens de longa distância de que trata o *caput* fica limitada ao número de 3 (três) descansos consecutivos.

§ 3º O motorista empregado, em viagem de longa distância, que ficar com o veículo parado após o cumprimento da jornada normal ou das horas extraordinárias fica dispensado do serviço, exceto se for expressamente autorizada a sua permanência junto ao veículo pelo empregador, hipótese em que o tempo será considerado de espera.

§ 4º Não será considerado como jornada de trabalho, nem ensejará o pagamento de qualquer remuneração, o período em que o motorista empregado ou o ajudante ficarem espontaneamente no veículo usufruindo dos intervalos de repouso.

§ 5º Nos casos em que o empregador adotar 2 (dois) motoristas trabalhando no mesmo veículo, o tempo de repouso poderá ser feito com o veículo em movimento, assegurado o repouso mínimo de 6 (seis) horas consecutivas fora do veículo em alojamento externo ou, se na cabine leito, com o veículo estacionado, a cada 72 (setenta e duas) horas.

§ 6º Em situações excepcionais de inobservância justificada do limite de jornada de que trata o art. 235-C, devidamente registradas, e desde que não se comprometa a segurança rodoviária, a duração da jornada de trabalho do motorista profissional empregado poderá ser elevada pelo tempo necessário até o veículo chegar a um local seguro ou ao seu destino.

§ 7º Nos casos em que o motorista tenha que acompanhar o veículo transportado por qualquer meio onde ele siga embarcado e em que o veículo disponha de cabine leito ou a embarcação disponha de alojamento para gozo do intervalo de repouso diário previsto no § 3º do art. 235-C, esse tempo será considerado como tempo de descanso.

§ 8º Para o transporte de cargas vivas, perecíveis e especiais em longa distância ou em território estrangeiro poderão ser aplicadas regras conforme a especificidade da operação de transporte realizada, cujas condições de trabalho serão fixadas em convenção ou acordo coletivo de modo a assegurar as adequadas condições de viagem e entrega ao destino final." (NR)

Enquanto o tempo de direção ou de condução é apenas aquele período em que o condutor estiver efetivamente ao volante, em curso entre a origem e o destino; o chamado de reserva é aquele tempo em que o motorista estiver em repouso, ainda que com o veículo em movimento, no caso de revezamento de motoristas trabalhando em dupla no mesmo veículo, o qual era previsto no § 6º do art. 235-E da CLT e que foi revogado pela Lei n. 13.103/2015.

A Lei n. 12.619/2012 trouxe uma iniciativa louvável ao assegurar ao motorista que era ativado no regime de revezamento um período mínimo de 6 (seis) horas de descanso efetivo, em alojamento externo ou cabine-leito com o veículo estacionado, conforme previsto no art. 235-E, § 7º, da CLT, preservando, pois, a saúde e higidez física e mental dos condutores.

Contudo, a Lei n. 13.103/2015 regulamentou de forma diferente a sua lei antecessora e previu o revezamento por dois motoristas nas hipóteses de viagens de longa distância superiores a sete dias (art. 235-D, § 5º, da CLT) e motoristas que se ativam no transporte de passageiros (art. 235-E, inciso III, da CLT). Nesses casos, a nova lei considerou válido o descanso com o veículo em movimento, sendo exigido o gozo do período de descanso, em alojamento ou em cabine-leito com o veículo estacionado, tão somente após contínuas 72 horas de dircção, as quais seriam revezadas com outro condutor.

Dessa forma, o motorista de transporte de carga de longas distâncias (superior a sete dias), revezando-se com outro motorista, somente conseguirá descansar efetivamente, por um breve período de descanso de 6 (seis) horas, depois de ter ficado chacoalhando por três dias inteiros consecutivos, o que é uma temeridade ao se considerar as peculiaridades dessa profissão que exige atenção constante (GEMIGNANI, 2019).

Irrefutavelmente, o teor de tal dispositivo não permite ao trabalhador a devida recuperação fisiológica de seu organismo, pois os movimentos ocasionados pelo deslocamento do veículo afastam um repouso adequado, maximizando assim os riscos de acidente quando retornar ao seu turno de trabalho.

É de conhecimento de todos que o intervalo interjornada tem a função da recuperação fisiológica do trabalhador, logo, o fracionamento desse intervalo impede a recuperação do obreiro gerando, consequentemente, danos à saúde do motorista profissional, além de potencializar riscos de acidente de trabalho, razão pela qual resta evidente a sua inconstitucionalidade.

4. A inconstitucionalidade do art. 235-D, § 5º, da CLT: As viagens de longa distância e o trabalho em dupla de motoristas rodoviários de cargas como afronta à dignidade do trabalhador

Conforme já abordado em tópico oportuno, o trabalho é um dos fundamentos da República elencados pela Constituição Federal de 1988. Entretanto, paradoxalmente, o labor que deveria ser fonte de sobrevivência e fator de dignificação da pessoa humana é, também, fator de adoecimento mental e, não raro, de agravamento de doenças mentais de origem não ocupacional (LIMA, SÁ, 2015).

O trabalho, então, segundo LIMA e SÁ (2015), se torna denso, porque cada vez mais se valoriza a produtividade do empregado. Trabalha-se com metas e valoriza-se aquele que é capaz de atingi-las. O trabalho também é tenso, não só pelo acúmulo de tarefas a serem cumpridas num curto lapso temporal, mas, sobretudo, porque a pessoa deve revelar-se melhor do que o colega de trabalho para obter sucesso e ascensão profissional.

Assim ocorre com os motoristas rodoviários de carga, onde cada vez mais é exigido o cumprimento exacerbado de metas com horários fixos para a chegada no estabelecimento do cliente, não importando se os motoristas enfrentaram trânsito, se precisaram trafegar mais lentamente devido às más condições das estradas brasileiras, se houve algum acidente durante o percurso ou qualquer outro imprevisto.

O obreiro sempre tem que desafiar seus limites físicos e psicológicos para cumprir as metas impostas pelo patronato sob pena de perder seu emprego. E o pior é que os empregadores estão, simplesmente, "acobertados" pela lei, razão pela qual é de suma importância a declaração de inconstitucionalidade do dispositivo invocado.

Isso porque a famigerada norma constante no § 5º do art. 235-D limita a devida recomposição do horário de descanso, frustrando, pois o Princípio da Finalidade. Acerca de tal princípio, imperioso registrar, conforme Celso Antonio Bandeira de Melo (MELLO, 2005), que ele está encartado no princípio da legalidade, pois não se compreende uma lei, não se entende uma norma, sem entender qual é o seu objetivo. Também não se aplica uma lei corretamente se o ato de aplicação carecer de sintonia com o escopo por ela visado. Assim, implementar uma regra de Direito não é homenagear exteriormente sua dicção, mas dar satisfação a seus propósitos. Logo, só se cumpre a legalidade quando se atende a sua finalidade.

E não seria de outra forma, já que a tutela desse bem jurídico é enfatizada na Constituição da República, em especial no inciso XXII do art. 7º. De forma que o dispositivo da lei em tela está em desconformidade com a finalidade da lei que é de proteger o bem jurídico: a saúde do trabalhador.

Desse modo, o Estado deve observar a aplicação escorreita de todos os princípios uma vez que é justamente dele emana a vontade da sociedade, em sedimentar os determinados valores em nosso ordenamento jurídico.

O princípio da dignidade humana e dos valores sociais do trabalho são pedras fundamentais do Estado Democrático de Direito encontrando-se insculpidos nos incisos III e IV do art. 1º da Constituição da República.

Dito isso, o foco da inconstitucionalidade buscada é o fato de o art. 235-D, § 5º, da CLT, introduzido pela Lei n. 13.103/15, considerar como repouso o período em que o motorista, quando viaja em dupla, não está guiando o carro. Isto é, quando a viagem for realizada por 2 (dois) motoristas, que se revezem na condução do veículo, o tempo em que um dos motoristas não estiver efetivamente com as mãos no volante, não será considerado como trabalho, mas como tempo de repouso.

A matéria já havia sido objeto da Lei n. 12.619/12, que antecedeu Lei n. 13.103/15, na disciplina dos motoristas de rodovia. Naquela Lei, parcialmente revogada por esta, o chamado tempo de reserva já não era considerado como trabalho, sendo, todavia, remunerado na razão de 30% (trinta por cento) da hora normal[(2)]. A antiga disposição já era, diga-se de passagem, um grande absurdo, considerando o disposto no justo art. 4º da CLT.

(2) Antigo art. 235-E, § 6º, da CLT, revogado pela Lei n. 13.103/15: "Nos casos em que o empregador adotar revezamento de motoristas trabalhando em dupla no mesmo veículo, o tempo que exceder a jornada normal de trabalho em que o motorista estiver em repouso no veículo em movimento será considerado tempo de reserva e será remunerado na razão de 30% (trinta por cento) da hora normal".

Agora, com a Lei n. 13.103/15, o legislador foi muito além. Não só desconsiderou, como tempo de serviço, o período em que um dos motoristas da dupla não está conduzindo o veículo; mas, resolveu conceituar tal período unicamente como tempo de repouso, ao autorizar que o descanso seja feito com o veículo em movimento.

O art. 235-D, § 5º, da CLT, com a redação da Lei n. 13.103/15, é um verdadeiro desserviço jurídico, um retrocesso social, na medida em que gera insegurança rodoviária e agride excessivamente a saúde dos motoristas.

Observe-se também que a Lei n. 13.103/15 ainda reduziu para 6 (seis) horas, a cada 72 (setenta e duas) horas, o tempo em que fica garantido o descanso fora do veículo, "em alojamento externo ou, se na cabine leito, com o veículo estacionado".

A disciplina revogada pela citada Lei, previa um descanso diário de 6 (seis) horas consecutivas fora do veículo ou com veículo parado[(3)].

Ao se retomar o exemplo de uma viagem em dupla, onde cada motorista dirige aproximadamente quatro horas e passa a direção ao colega, alternadamente. O motorista que não está dirigindo, fica ao lado ou vai tentar descansar no leito da cabine, até chegar novamente a vez de dirigir. É impossível manter a tranquilidade com o veículo em movimento, com a claridade solar, com buzinas e barulhos externos, más condições ergonômicas de assentos e camas em cabines-leito e, até mesmo, insegurança com relação à condução do veículo por seu parceiro inviabilizam o repouso reparador e promovem acumulação de cansaço, de modo que cada motorista apenas tira rápidos cochilos, sempre acordando.

Como se pode ver, na realidade, não existem condições ao descanso. Essa forma de encarar o descanso não se alinha com a necessidade biológica do ser humano de efetivamente dormir, fato que fere a dignidade da pessoa humana e, como dito, elucida a inconstitucionalidade do art. 235-D, § 5º, da CLT.

Assim, não é preciso muita avaliação técnica para compreender que as condições de trabalho permitidas pelo art. 235-D, § 5º, da CLT não se alinham com uma série de princípios constitucionais, como o da dignidade da pessoa humana e dos valores sociais do trabalho (art. 1º, incisos III e IV, da Constituição Federal).

Além disso, todas as normas que reduzem períodos de descanso e aumentam períodos de "repouso" com veículo em movimento violam o art. 7º, inciso XXII, da Constituição Federal, na medida em que impedem o descanso necessário à recomposição das energias físicas e psíquicas do trabalhador e, por consequência, o submete a maior risco de acidentes de trânsito.

Acrescente-se, ainda, que as chamadas "cabines-leito" de caminhão de carga não dispõem de cinto de segurança ou outro equipamento equivalente, para permitir um mínimo de segurança no fictício "repouso com o veículo em movimento".

---

(3) Antigo art. 235-E, § 7º, da CLT, revogado pela Lei n. 13.103/15: "É garantido ao motorista que trabalha em regime de revezamento **repouso diário mínimo de 6 (seis) horas consecutivas** fora do veículo em alojamento externo ou, se na cabine leito, com o veículo estacionado".

Esta matéria, conforme já exposto, foi objeto da Ação Direta de Inconstitucionalidade n. 5.322/DF, movida pela CNTTT — Confederação Nacional dos Trabalhadores em Transportes Terrestres. A ação busca a declaração de inconstitucionalidade de vários dispositivos da Lei n. 13.103 de 2015 e, dentre eles, aquele que deu a redação do art. 235-D, § 5º, da CLT.

A Procuradoria Geral da República, em manifestação subscrita pelo Procurador Geral à época, Rodrigo Janot Monteiro de Barros, apresentou parecer favorável aos pleitos da CNTTT. Em seu Parecer, o Procurador-Geral teceu duras e eloquentes críticas à Lei n. 13.103/15 e, quanto à matéria ora enfocada, assim resumiu (BRASIL, 2016):

> "14. Ferem a CR as normas da Lei n. 13.103/2015 que autorizam redução de intervalos para descanso e elevação do período de sono com veículo em movimento, em dupla de motoristas, por gerar insegurança rodoviária, agravo à saúde e retrocesso social. Além de agravo patrimonial, pela redução do valor relativo da força de trabalho, a lei afetou a proteção à saúde e segurança, com aumento de jornada acima do limite diário de 9 horas internacionalmente considerado razoável para o setor (Convenção n. 156 da OIT e Regulamento n. 561/2006), acumulação de trabalho em semanas consecutivas sem descanso semanal (CLT, art. 235-D, *caput*) e trabalho extrajornada em regime de tempo de espera. Essas circunstâncias favorecem permanente estado de debilitação física e psíquica, que aumenta riscos de adoecimento e de acidentes por erro humano. A redução de intervalos e a elevação de períodos de repouso com veículo em movimento acirram esses riscos e regridem nas condições de saúde e segurança dos trabalhadores, alcançadas com a Lei n. 12.619/2012. Promovem retrocesso social também da segurança pública rodoviária, em violação do direito fundamental do art. 144, § 10, da CR.
>
> 15. A Lei n. 13.103/2015 incorre em ofensa à proporcionalidade e em desvio de finalidade legislativa, pois, a pretexto de "disciplinar a jornada de trabalho e o tempo de direção do motorista profissional", direitos sociais inscritos no art. 7º, XIII, XV, XVI e XII, da CR e não obstante o dever estatal de proteção desses direitos pela cláusula de progressividade do *caput* do dispositivo, promoveu intensa elevação de jornada e redução de intervalos, de forma desarrazoada, impondo à sociedade o alto custo social e econômico de adoecimentos profissionais e acidentes de trânsito, com vítimas entre profissionais e usuários do sistema rodoviário nacional."

Como também mencionado no Parecer da PGR, ressalte-se que a trepidação de um veículo em movimento e as más condições ergonômicas de assentos e camas em cabines-leito inviabilizam o verdadeiro repouso reparador e acabam promovendo uma acumulação de cansaço, em prejuízo da saúde dos motoristas e da segurança das estradas.

Imagine-se, então, viajar durante 72 (setenta e duas) horas, conforme permitido pela legislação, "descansando" apenas com o veículo em movimento. Isso é descanso?

É latente que o § 5º do art. 235-D, da CLT, alterado pela Lei n. 13.103/2015, causa diretamente supressão de direitos trabalhistas, especialmente no que tange à saúde e segurança do motorista rodoviário, pois o coloca em risco desnecessário.

Ou seja, além de violar frontalmente a dignidade da pessoa humana, é flagrante, também, a violação ao princípio da vedação ao retrocesso social, uma vez que a nova alteração legislativa não trouxe boas perspectivas para a categoria dos motoristas profissionais neste ponto, não buscou a sua proteção e, muito menos, tentou zelar pela saúde desses profissionais, pelo contrário, fomentou o excesso de trabalho (FILHO, MELO, VIEIRA, 2017).

Esse dispositivo legal, art. 235-D, § 5º, da CLT (com a redação dada pela Lei n. 13.103/15), bem como inúmeros outros contidos nessa lei, são um pretexto para adequar condições de trabalho às supostas necessidades econômicas do país e acabaram por esvaziar a eficácia dos direitos fundamentais à saúde dos trabalhadores em transporte rodoviário de cargas, além de fragilizar ainda mais a (in)segurança das estradas brasileiras.

Registre-se que, ao reduzir os períodos de descanso e elevar ao máximo possível a jornada de trabalho do motorista rodoviário de cargas, a famigerada Lei n. 13.103/2015 reduziu consideravelmente o valor da força de trabalho dos obreiros, já que aumentou a jornada sem incremento proporcional do salário. Ao revés, houve um incentivo à remuneração por produção como fator de intensificação da força de trabalho, gerando um aumento descomunal de produtividade desprezando-se, pois, os riscos desse modelo à segurança tanto do próprio motorista quanto da coletividade.

Para se ter uma ideia, de 2012 a 2018, o transporte rodoviário de cargas foi o quinto setor econômico com mais comunicação de acidente do trabalho (100.344). Tal dado mostra o quão perigoso pode ser o exercício dessa profissão se não forem respeitados os limites de saúde e segurança do obreiro.

Imperioso destacar, também, que essa redução da saúde (e segurança) dos motoristas rodoviários de cargas e da segurança da coletividade usuária das estradas brasileiras constitui um retrocesso incompatível com a democracia econômica e social, atingindo o Estado Democrático de Direito e ofendendo os princípios constitucionais da dignidade humana (art. 1º, inciso III) e dos valores sociais do trabalho e da livre iniciativa (inciso IV); que funda a ordem econômica na valorização do trabalho humano (Art. 170); que assenta a ordem social no primado do trabalho (art. 193) e que assegura a segurança viária, como direito fundamental, que reside na preservação da ordem pública e da incolumidade das pessoas nas vias públicas (art. 144, § 10).

Portanto, fica claro a inconstitucionalidade do art. 235-D, § 5º, da CLT, considerando como tempo de serviço (nos moldes do art. 4º da CLT) todo o período em que o autor estiver nas viagens ininterruptas seja conduzindo o veículo ou acompanhando o outro motorista (sua dupla) com o veículo em movimento (na cadeira do passageiro ou mesmo na chamada cabine-leito), uma vez que tal norma flexibiliza direitos de indisponibilidade absoluta (dignidade, saúde e segurança de motoristas e usuários de rodovias) e os submete exclusivamente aos imperativos da ordem econômica.

5. Considerações finais

Portanto, tendo em vista o que foi dito, pode-se observar que as normas da Lei n. 13.103/2015, em destaque o art. 235-D, § 5º, da CLT, que reduziu para 6 (seis) horas, a cada 72 (setenta e duas) horas, o tempo em que fica garantido o descanso fora do veículo, em alojamento externo ou, se na cabine leito, com o veículo estacionado, nas chamadas viagens de longa distância, ferem a nossa Constituição, uma vez que autorizam redução de intervalos para descanso e elevação do período de sono com veículo em movimento, nas jornadas em dupla de motoristas.

O dispositivo viola a saúde do obreiro, sendo, pois, um latente retrocesso social, de modo a favorecer um permanente estado de debilitação física e psíquica do obreiro, aumentando, consequentemente, os riscos de adoecimento e de acidentes.

A Lei n. 13.103/2015, ao reduzir os intervalos e a elevação de períodos de repouso com veículo em movimento potencializam esses riscos e retrocedem condições de saúde e segurança dos trabalhadores, alcançadas com a Lei n. 12.619/2012.

Além disso, a Lei n. 13.103/2015 incorre em ofensa à proporcionalidade e em desvio de finalidade, pois é dever estatal a proteção dos direitos sociais inscritos no art. 7º, XIII, XV, XVI e XII, da Constituição da República.

A promoção de intensa elevação de jornada e redução de intervalos, de forma desarrazoada, impõe também à sociedade um alto custo social e econômico de adoecimentos profissionais e acidentes de trânsito, com vítimas entre profissionais e usuários do sistema rodoviário nacional.

Referências

1. Livros

ALVARENGA, Rubia Zanotelli. *Trabalho decente.* Direito humano e fundamental. São Paulo: LTr, 2016.

ANDRADE, Everaldo Gaspar Lopes de. *Direito do Trabalho e Pós-Modernidade:* fundamentos para uma Teoria Geral. São Paulo: LTr, 2005.

______. *Curso de Direito do Trabalho*. São Paulo: Saraiva, 1986.

ANTUNES, Ricardo. *O Privilégio da Servidão.* O novo proletariado de serviços na era digital. São Paulo: Boitempo, 2018.

BARROS. Alice Monteiro. *Curso de Direito do Trabalho*. São Paulo: LTr, 2008.

GEMIGNANI, Tereza Aparecida Asta; GEMIGNANI, Daniel. *A nova lei do motorista profissional e os direitos fundamentais:* análise específica e contextualizada das Leis n. 12.619/2012 e n. 13.103/2015. 3. ed. São Paulo: LTr, 2019.

LIMA, Taisa Maria Macena de; SÁ, Maria de Fátima Freire de. **Trabalho e Saúde Psíquica**. In: Eça, Vitor Salino de Moura (Orgs). Trabalho & Saúde, Belo Horizonte: RTM, 2015.

MELLO, Celso Antônio Bandeira de. *Curso de Direito Administrativo*. 19. ed. São Paulo: Malheiros, 2005.

MELLO FILHO, Hugo Cavalcanti; MELLO, Ana Maria Lacerda Assunção; VIEIRA, Lara Paes Barreto. A Regulamentação da profissão de motorista: considerações sobre as Leis ns. 12.619/12, 13.103/15 e 13.154/15. In: OLIVEIRA, Christiana D'Arc Damasceno (Org.). *Direito do trabalho em movimento:* novos direitos e diversificação de tutelas. vol. 1. São Paulo: LTr, 2017.

NASCIMENTO, Amauri Mascaro. *Curso de Direito do Trabalho*. São Paulo: Saraiva, 2012.

SARLET, Ingo Wolfgang. *Dignidade da pessoa humana e direitos fundamentais na Constituição Federal de 1988.* 9. ed. Porto Alegre: Livraria do Advogado, 2012.

______. As Dimensões da Dignidade da Pessoa Humana. In: *Revista Brasileira de Direito Constitucional — RBDC*, n. 09, jan./jun. 2007.

PLÁ RODRIGUEZ, Américo. *Princípios de Direito do Trabalho*. Tradução de Wagner D. Giglio. 3. ed. atual. São Paulo: LTr, 2000.

SILVA, José Afonso da. *Curso de Direito Constitucional Positivo*. 22. ed. São Paulo: Malheiros, 2003.

SÜSSEKIND, Arnaldo Lopes. *Curso de direito do trabalho*. 2. ed. Rio de Janeiro: Renovar, 2004. p. 54.

2. Sites da web

BRASIL. *Lei n. 13.103, de 2 de março de 2015*. Código Penal. Diário Oficial da União, Brasília, 03 mar. 2015. Disponível em: <http://www.planalto.gov.br/ccivil_03/_ato2015-2018/2015/lei/l13103.htm>. Acesso em: 21 fev. 2020.

Aplicabilidade do Art. 444, Parágrafo Único, da Consolidação das Leis Trabalhistas: Uma Análise Crítica da Compatibilidade Vertical do Dispositivo Ante o Primado da Constituição da República e dos Tratados Internacionais sobre Direitos Humanos[1]

Carolina Augusta do Nascimento

Introdução

A Lei n. 13.467/2017, conhecida como "Reforma Trabalhista", foi formulada em um contexto de extrema turbulência política, econômica e social, marcado por um período pós *impeachment* da então presidente eleita democraticamente. A mencionada reforma tramitou no legislativo e foi aprovada de maneira intempestiva, sem o cuidado, estudo ou análise necessários para a elaboração de legislação de tal magnitude.

Não obstante, trouxe significativas alterações legais que relativizam direitos trabalhistas e fragilizaram a existência de sindicatos, em prol de um mercado forte. Uma dessas modificações foi a possibilidade de realização de acordos individuais de trabalho entre o empregador e o chamado trabalhador "superior", sem a necessidade de intermediação de sindicato. Essa inovação foi inserida na redação do art. 444, parágrafo único, da Consolidação das Leis Trabalhistas (CLT).

Esse tipo de acordo pode ser realizado pelo empregado considerado "superior" ou "hipersuficiente", ou seja, aquele que é portador de diploma de nível superior e que percebe salário mensal igual ou superior a duas vezes o limite máximo dos benefícios do Regime Geral de Previdência Social (RGPS). Há, portanto, uma presunção de capacidade ou situação de igualdade entre esse empregado e o seu empregador, suficiente para embasar a existência de acordos realizados diretamente entre as partes e com a mesma eficácia legal e preponderância sobre os instrumentos coletivos.

(1) Monografia apresentada como Trabalho de Conclusão do Curso de Bacharelado em Direito do Trabalho pela UFPE, em 2019.

Destaque-se que a mencionada lei estabelece, também, que tais contratos individuais são de livre estipulação das partes interessadas e se aplicam às hipóteses do art. 611-A da CLT, de rol exemplificativo.

Nesse contexto, fundamental a análise vertical do art. 444, parágrafo único, da CLT a luz da Constituição da República de 1988 e Tratados Internacionais sobre Direitos Humanos ratificados pelo Brasil, a fim de se constatar sua (in)constitucionalidade e/ou (in)convencionalidade.

Não obstante, também necessária análise principiológica do dispositivo, a fim de averiguar sua compatibilidade e validade ante o Direito do Trabalho e o ordenamento jurídico vigente.

Conforme será demonstrado, o fato de que haver a supremacia do negociado não é algo maléfico *per si*, mas pode vir a sê-lo se utilizado de forma exclusiva para o benefício do empregador, sendo essa uma das principais questões a serem debatidas no presente trabalho quando da análise do art. 444, parágrafo único, da CLT. Logo, realizada ainda análise acerca do real significado e dos efeitos da "prevalência do negociado sobre o legislado".

1. Contexto sócio-político-econômico brasileiro por ocasião da "Reforma" Trabalhista (Lei N. 13.467/2017)

Incialmente, é necessário realizar uma breve explanação acerca do cenário sócio-político-econômico do Brasil no ano de 2015 e seguintes, para melhor compreensão do contexto em que a Lei n. 13.467/2017, amplamente conhecida como "Reforma Trabalhista", foi elaborada.

Ainda em meados de 2015, insurgiu-se com maior força o chamado "populismo de direita" pautado no antipetismo e nas guerras culturais, o que culminou em grande instabilidade política. Sobre o tema, Esther Solano Gallego versa o que segue:

> Dois eixos fundamentais estabelecem a base deste novo populismo de direita: 1) antipetismo, que foi o vetor indiscutível de crescimento do grupo durante 2015 e 2016 e 2) guerras culturais, ou seja, a busca por polêmicas morais (sobretudo questões que envolvem sexualidade, população LGBTQ, educação...) conduzidas desde uma posição de censura ultraconservadora, que tem sido a estratégia de 2017.(2)

Assim, o *impeachment*, que ocorreu no ano seguinte, foi aplaudido por parcela da população que não se via representada pela forma de governo adotada pelo Partido dos Trabalhadores (PT). Essas mesmas pessoas foram às ruas, vestidas de verde e amarelo, clamando pela retirada da presidenta do poder. Nesse período, cultivou-se um ódio irracional ao mencionado partido, à ideologia política de esquerda, aos projetos sociais.(3)

(2) GALLEGO, Esther Solano. Populismo de direita. In: ALVES, Giovanni *et al* (Coods.). *Enciclopédia do Golpe* – Vol. I. Bauru: Canal 6, 2017. p. 199-210.

(3) *Idem.*

Em linhas gerais, pode-se dizer que a crescente onda conservadora e neoliberal, a partir desse momento, instalou-se efetivamente no país e continuou a avançar — como é possível perceber através das recentes manifestações e resultados das eleições de 2018.

Em relação à economia, o Brasil atravessava grande crise econômica. A Presidenta Dilma enfrentou duas realidades econômicas, uma no seu primeiro mandato e outra no segundo. Conforme destacado por Jonathan Guedes da Silva Ricardo:

> As constantes reduções nos índices de desemprego experimentados pelo Brasil ao longo de todo o Governo Lula tiveram seu melhor resultado histórico em 2014, já sob o comando de Dilma Rousseff (PT), em 4,3%. Não sabia o Brasil, tampouco a própria classe política, que dentro de poucos meses a economia giraria num movimento de cento e oitenta graus para um difícil período de recessão econômica, que custaria o emprego de milhões de brasileiros e que seria impactada inclusive pelos desdobramentos da crise política que atingiria em cheio ocupantes do Palácio do Planalto, do Congresso Nacional, do empresariado e outras figuras conhecidas de Brasília. Neste cenário, o índice do desemprego voltaria à casa dos dois dígitos.(4)

Em relação à economia, o Brasil atravessou uma grave crise econômica, em decorrência dos desafios atinentes às mazelas do Plano Real, bem como as repercussões do instável relacionamento do país com EUA, das investigações da Lava Jato e do próprio antipetismo. Assim, além da turbulência política, o segundo mandato de Dilma Rousseff foi marcado pela forte instabilidade macroeconômica, especulação nas bolsas de valores e no câmbio.

Tendo em vista a queda econômica vivenciada, Dilma findou por nomear Joaquim Levy como Ministro da Fazenda, saindo um pouco da linha perseguida por Lula (também do PT) nos mandatos anteriores.

Levy acreditava na necessidade de um "ajuste fiscal" naquele momento, então sua nomeação como ministro não agradou a base aliada e os sindicatos, bem como não foi bem vista pelo empresariado. Percebe-se que esse foi apenas um dos vários fatores que desencadearam a instabilidade e a perda do apoio de muitas frentes.

Destarte, não foi possível diminuir o déficit orçamentário do ano de 2015 e, mesmo após a substituição de Joaquim Levy por Nelson Barbosa, o cenário não se alterou significativamente.

Em 2016, ocorreram as acusações contra Dilma, sendo imputado a ela crime de responsabilidade por supostamente haver praticado "pedaladas fiscais", o que gerou uma profunda polarização e acentuação da crise política, culminando no impeachment da presidenta. Ou seja, ainda em 2016 ocorreu um marco significativo na política brasileira: a então presidenta eleita Dilma Rousseff sofreu um *impeachment* — por muitos considerado ilegal e um verdadeiro golpe de Estado — e o, à época, vice presidente Michel Temer (do PMDB),

(4) RICARDO, Jonathan Guedes da Silva. O GIRO DA ECONOMIA NOS GOVERNOS LULA, DILMA E TEMER: da euforia ao rombo nas contas públicas no Palácio do Planalto. *Revista Estação Científica*. Juiz de Fora, n. 19, jan./jun. 2018.

conforme previsão legal, assumiu o poder, governando o país pelos dois anos subsequentes (2017 e 2018).

Em meados de 2017, Michel Temer nomeou como Ministro da Fazenda e da Previdência Social o Henrique Meirelles, que prometia a recuperação e estabilização da economia e a realização de reformas necessárias para a reestruturação e modernização do Brasil, entre elas a Reforma Trabalhista e a Reforma da Previdência.

Portanto, percebe-se que a reforma trabalhista ocorreu em um momento de muita turbulência política, além de situação econômica e social delicada. Nas palavras de Gisa Machado da Silva: "A reforma trabalhista projetada pelo grande capital e adotada pelo governo golpista será introduzida numa conjuntura de crise, com aumento do desemprego e arrocho de salários".(5)

Nesse contexto, ainda foram veiculadas falácias a respeito da antiguidade da Consolidação das Leis Trabalhistas (CLT) e a necessidade de modernização/racionalização das relações de trabalho. Tais argumentos foram tidos como verdades por grande parcela da população e da mídia, que reproduziam esse discurso, mesmo sem possuir embasamento para tanto. Nas palavras de Jorge Luiz Souto Maior:

> Em 2016, enquanto se consolida o golpe de Estado, cujo maior fundamento foi o de quebrar a regularidade institucional para facilitar o advento de reformas trabalhistas precarizantes para favorecimento do capital internacional, as pessoas que querem espaço na grande mídia ou pretendem se aliar ao novo "*establishment*" já aprenderam a fórmula: falar mal da CLT.(6)

Analisando tais argumentos de forma mais detalhada, é possível perceber que, apesar de antiga, a CLT não se trata de uma legislação de todo ultrapassada, uma vez que, desde a aprovação do texto original, em 1943, até meados de 2016, ocorreram mais de 437 modificações em artigos de direito material.(7)

Outrossim, é um eufemismo falar em necessidade de modernização, racionalização ou flexibilização do direito do trabalho, visto que por trás dessas palavras, em verdade, se esconde uma realidade de sequestro da subjetividade dos trabalhadores em prol do interesse do capital, por meio do desmonte e cooptação dos movimentos sociais e sindicais, enfraquecimento das forças sociais do trabalho e retirada de direitos.

A reforma trabalhista surgiu, portanto, nesse contexto e sob um célere e precário processo. Ainda que se entenda que haja uma necessidade de alteração da legislação, não se sustenta a forma como foi feita.

---

(5) SILVA, Gisa. Negociado sobre o legislado. Realidade e Risco. In: RAMOS, G. T. *et al.* (Orgss). *A classe trabalhadora e a resistência ao golpe de 2016*. Bauru: Canal 6, 2016. p. 150-152.

(6) SOUTO MAIOR, Jorge Luiz. *O negócio é falar mal da CTL*. Disponível em: <https://blogdaboitempo.com.br/2016/08/29/o-negocio-e-falar-mal-da-clt/>. Acesso em: 08 maio 2019.

(7) RAMOS, Eduardo; DIONÍSIO, Anderson. A falácia da "modernização" da legislação trabalhista: o negociado sobre o legislado. In: RAMOS, G. T. *et al.* (Orgs.). *A classe trabalhadora e a resistência ao golpe de 2016*. Bauru: Canal 6, 2016. p. 93-98.

É inacreditável a forma e a rapidez com que se aprovou a Reforma Trabalhista no Congresso. Para se ter uma ideia, o projeto inicial enviado pelo governo federal ao Congresso alterava sete artigos da CLT e oito artigos da lei sobre trabalho temporário. Na Câmara, o texto passou a modificar 97 artigos da CLT e 7 artigos de outras normas, e foi rapidamente aprovado.

Após aprovação na Câmara, conforme acima mencionado, o projeto foi encaminhado para aprovação do Senado. Segundo as regras de tramitação, caso o Senado alterasse o texto do projeto, esse retornaria para nova análise da Câmara antes de ser enviado para sanção presidencial.

Nesse contexto, tentando-se evitar essa "demora", Michel Temer enviou uma carta aos senadores solicitando a aprovação do texto sem modificações, uma vez que se comprometia a realizar os ajustes necessários, posteriormente, por meio de Medida Provisória.(8)

Assim, embora houvesse um consenso a respeito da necessidade de realização de ajustes no texto, o projeto foi aprovado na íntegra pelo Senado, com votação de 50 votos à favor e apenas 26 contrários.(9)

Quanto à mencionada apreciação do projeto pelo Senado e ao ajuste por meio da MP, o *site* oficial do Senado registra o que segue:

> A reforma recebeu dos senadores ainda mais sugestões de emendas: 864. No entanto, nenhuma modificação foi feita. A base do governo articulou uma aprovação sem nenhuma alteração para que o texto não precisasse retornar para uma nova análise dos deputados. Diante dos protestos da oposição, o governo se comprometeu a vetar os pontos mais polêmicos antes da sanção. [...]
>
> Depois da aprovação, porém, o presidente Michel Temer voltou atrás: em vez de vetar os trechos que causavam discórdia, o chefe do Executivo preferiu editar uma medida provisória com outras regulamentações (MP n. 808/2017). Essa iniciativa veio no dia 14 de novembro, três dias depois do início da vigência da nova legislação.
>
> A MP, entretanto, nunca andou. A comissão mista destacada para analisa-la fez apenas uma reunião, para eleger o seu presidente — o senador Gladson Cameli (PP-AC), que acabaria renunciando à função. Um segundo encontro foi agendado, para decidir sobre audiências públicas, mas não se realizou. Nenhum plano de trabalho foi decidido. A comissão recebeu 967 emendas sobre o texto original da MP, mas não escolheu um relator. A proposta jamais foi debatida ou votada.
>
> No dia 24 de abril de 2018 a medida provisória foi derrubada por encerramento do seu prazo de validade. Os trechos polêmicos anteriormente questionados continuaram na legislação. Temer flertou com a edição de um decreto regulamentando esses dispositivos, e também com o envio de um novo projeto de lei para o Congresso. Porém, nada foi feito.(10)

---

(8) LUPION, Bruno. *O que Temer promete mudar na reforma trabalhista depois de aprovada*. Disponível em: <https://www.nexojornal.com.br/expresso/2017/06/29/O-que-Temer-promete-mudar-na-reforma-trabalhista-depois-de-aprovada Acesso em: 24 jan. 2019.

(9) GARCIA, Gustavo. *Saiba como cada senador votou sobre a reforma trabalhista*. Disponível em: <https://g1.globo.com/politica/noticia/saiba-como-cada-senador-votou-sobre-a-reforma-trabalhista.ghtml> Acesso em: 24 jan. 2019.

(10) Reforma trabalhista completa um ano sob questionamentos e sem desfecho. *Senado notícias*. Disponível em: <https://www12.senado.leg.br/noticias/materias/2018/11/09/reforma-trabalhista-completa-um-ano-sob-questionamentos-e-sem-desfecho>. Acesso em: 10 maio 2019.

Embora tenha sido sancionada em julho de 2017, a reforma apenas entrou em vigor 120 dias depois. Pode-se dizer que houve um período de intensa instabilidade jurídica, em razão do curto período de *vacatio legis* e das implicações da edição da MP n. 808/2017 (que alterou normas da reforma).

A reforma, portanto, resultou em períodos de regras diferentes em vigor: a) período pré-reforma; b) período de vigência da MP n. 808/2017; c) período em que a reforma vigorou sozinha.(11) Isso gerou grande confusão quanto à sua aplicabilidade.

A partir dessa situação, o Tribunal Superior do Trabalho (TST) criou, em fevereiro de 2018, um grupo de trabalho para estudar a questão, culminando na aprovação a Instrução Normativa n. 41/2018.

Após essa breve explanação, pode-se dizer que a aprovação da reforma trabalhista ocorreu de forma impulsiva e, em linhas gerais, serviu para, em meio à grande crise política, social e econômica instalada, dar um recado ao empresariado, mercado financeiro e partidos de base, uma vez que ocorreu de forma célere e atendendo os anseios do capital e não dos trabalhadores.

2. Análise da nova redação do art. 444 da CLT

2.1. Requisitos legais e aplicação

É necessário frisar que, após a Reforma Trabalhista, o *caput* do art. 444 da CLT permaneceu com seu texto original, mas teve seu significado de autogestão das relações contratuais consideravelmente alterado, uma vez que a mencionada Reforma adicionou ao artigo o parágrafo único abaixo transcrito:

> Art. 444 – As relações contratuais de trabalho podem ser objeto de livre estipulação das partes interessadas em tudo quanto não contravenha às disposições de proteção ao trabalho, aos contratos coletivos que lhes sejam aplicáveis e às decisões das autoridades competentes.
>
> **Parágrafo único. A livre estipulação a que se refere o *caput* deste artigo aplica-se às hipóteses previstas no art. 611-A desta Consolidação, com a mesma eficácia legal e preponderância sobre os instrumentos coletivos, no caso de empregado portador de diploma de nível superior e que perceba salário mensal igual ou superior a duas vezes o limite máximo dos benefícios do Regime Geral de Previdência Social.** (g.n.)(12)

Em linhas gerais, a atualização propõe que o trabalhador graduado em nível superior e que receba salário mensal acima de R$ 11.678, 90 (valor estipulado com base no teto do RGPS fixado para o ano de 2019) pode negociar as cláusulas de seu contrato de trabalho diretamente com o empregador, individualmente.

Há uma presunção de que o trabalhador, por possuir determinada escolaridade e salário, possui recursos, conhecimento e capacidade suficientes para negociar e realizar sozinho acordos

(11) *Idem.*

(12) BRASIL. *Decreto-lei n. 5.452, de 1º de maio de 1943.* Aprova a Consolidação das Leis do Trabalho. In: *Portal do Planalto.* Disponível em: <http://www.planalto.gov.br/ccivil_03/decreto-lei/del5452.htm>. Acesso em: 08 maio 219.

com seu patrão, em igualdade de condições. Defensores da reforma sustentam que esse instituto traz liberdade na negociação com o contratante e maior autonomia ao trabalhador, sendo, portanto, algo benéfico para ambas as partes na relação de trabalho.(13)

É necessário fazer uma análise mais profunda acerca dos requisitos que enquadram o trabalhador como apto para ser submetido a esse tipo de negociação.

Incialmente percebe-se que não há lógica nos critérios fixados. Possuir ensino superior e receber mais que duas vezes o teto do RGPS não significa, necessariamente, que o trabalhador possua o conhecimento necessário acerca de seus direitos. Tem-se que levar em consideração que a maior parte da população, incluindo-se aqueles de excelente escolaridade, não é ciente dos seus direitos e deveres trabalhistas. Ou seja, ter concluído um curso superior não significa possuir todo o conhecimento necessário para esse tipo de negociação, em que seus direitos estarão em cheque.(14)

Destaque-se também a incoerência no critério do salário, uma vez que fixado, de certa forma, de modo aleatório. Questione-se, por exemplo, qual a diferença entre um trabalhador que tem ensino superior e recebe R$ 11.678,00 e outro trabalhador igualmente com título superior, que recebe R$ 11.678,90. O primeiro não poderia negociar sem auxílio do sindicato, enquanto que o segundo poderia. Pergunta-se: o que torna o segundo capacitado para realizar a negociação sozinho e o primeiro não? Ao que parece, não há resposta.

A nova legislação conclui, equivocadamente, que o trabalhador que atende aos requisitos de escolaridade e salário já citados estaria em pé de igualdade com o empregador, ou seja, não estaria mais na posição de parte hipossuficiente da relação de trabalho, mas sim em posição de equivalência com o seu patrão. Dessa forma, ao considerar esses trabalhadores como "hipersuficientes", permite que realizem negociações livre e diretamente com os empregadores acerca da relação contratual, sem necessitar de auxílio de terceiros, como o sindicato.

Nas palavras do Procurador Geral do Trabalho, Ronaldo Fleury:

> Acordo individual não funciona no mundo inteiro. Por que funcionaria aqui? Será que o nível de igualdade aqui entre empregador e empregado é maior? Pelo contrário, é um dos piores que existe. É, portanto, uma proposta divorciada da realidade do mercado de trabalho.(15)

---

(13) RENZETII, Nelto Luiz. *Reforma traz benefícios ao trabalhador ao aumentar autonomia e poder de negociação.* Disponível em: <https://www.conjur.com.br/2017-ago-12/nelto-renzetti-reforma-traz-beneficios-aumentar-autonomia>. Acesso em: 31 jan. 2019.

(14) XIMENES, Antônia. *Reforma Trabalhista:* Empregado Hipersuficiente. SERÁ? Livre autonomia — Art. 444, Parágrafo Único da CLT. Disponível em: <https://antoniaximenes.jusbrasil.com.br/artigos/533821143/reforma-trabalhista-empregado-hipersuficiente-sera?ref=feed>. Acesso em: 29 jan. 2019.

(15) AGUIAR, Adriana; IGNACIO, Laura; OLIVON, Beatriz. *Negociação direta poderá gerar novas ações judiciais.* Disponível em: <http://www.granadeiro.adv.br/destaque/2017/05/29/negociacao-direta-podera-gerar-novas-acoes-judiciais>. Acesso em: 29 jan. 2019.

No mesmo sentido se pronunciou o Conselho Federal da OAB, em parecer realizado ainda quando a proposta da alteração legislativa, a seguir:

> 11- Prevalência de acordo individual sobre o negociado coletivamente (art. 444, parágrafo único, CLT): prevê-se que o acordado entre empregado e empregador prevalecerá sobre as disposições de instrumentos coletivos de trabalho, quando se tratar de "empregado portador de diploma de nível superior e que perceba salário mensal igual ou superior a duas vezes o limite máximo dos benefícios do Regime Geral de Previdência Social", o que representa significativa desvalorização da negociação coletiva de trabalho, da atuação da entidade sindical correlata e se assume a presunção segundo a qual o trabalhador (chamado hipersuficiente), melhor remunerado está em condições de negociar diretamente com seu empregador, o que se choca com a realidade prática, na medida em que o ordinário é a absoluta impossibilidade de fixação de condições de trabalho pela via da negociação direta; a vontade do empregador acaba sendo prevalecendo, diante do receio quanto ao desemprego.[16]

Conforme expressamente previsto no art. 444, parágrafo único, da CLT, acima transcrito, o estipulado em acordo individual realizado por trabalhadores superiores ou "hipersuficientes" sobressai em relação ao versado em legislação, convenção coletiva (negociação entre sindicato patronal e sindicato dos empregados) e, inclusive, acordo coletivo (negociação entre o empregador/empresa e o sindicato dos trabalhadores). Significa dizer que o negociado impera sobre o legislado e que, dentre os instrumentos de negociação, os acordos individuais ora em questão são os de maior força e prevalência.

Destaque-se que o acordo individual realizado com os trabalhadores "hipersuficientes" tem mesma eficácia que os instrumentos coletivos, embora tenha preponderância sobre eles. Nas palavras do advogado Eduardo Carrion:

> **O empregado que recebe um salário mensal igual ou superior a duas vezes** o limite máximo dos benefícios do Regime Geral de Previdência Social, a livre estipulação, pode preponderar sobre o instrumento coletivo. Por ter um salário melhor a Lei considera que este empregado tem uma capacidade maior para se impor diante as negociações dando a este liberdade de negociar seus próprios acordos. Respeitando-se sempre os direitos constitucionais e os demais limites dados pelo art. 611-A.[17]

O processo não estatal de formação de regras jurídicas, até então, era privilégio do direito sindical e havia sido constituído por meio da luta operária, a fim de que houvesse uma adaptação às novas exigências de uma sociedade muito mais complexa e multifacetada.[18]

---

(16) Ordem dos Advogados do Brasil — Conselho Federal. *Proposição n. 49.0000.2017.004049-7/COP.* Parecer sobre o projeto de lei da reforma trabalhista, aprovado na Câmara dos Deputados (PL n. 6.787/2016 – Câmara Federal e PLC n. 38/2017 — Senado Federal). Disponível em: <https://www.google.com/url?sa=t&rct=j&q=&esrc=s&source=web&cd=2&ved=2ahUKEwjr-aDbzY3iAhVKGbkGHWcUDzgQFjABegQIARAC&url=http%3A%2F%2Fs.oab.org.br%2Farquivos%2F2017%2F06%2Freforma-trabalhista-preliminares-inconstitucionalidades.pdf&usg=AOvVaw0jaGGqr6ZCKaKyOlwi7nF2>. Acesso em: 08 maio 2019.

(17) CARRION, Eduardo. *CLT — Art. 444 — Livre negociação entre empregadores e empregados.* Disponível em: <http://www.eduardocarrion.com.br/artigos.asp?mypk3=385>. Acesso em: 31 jan. 2019.

(18) ANDRADE, Everaldo Gaspar Lopes de. *Princípios de direito do trabalho e seus fundamentos teórico-filosófico:* problematizando, refutando e deslocando o seu objeto. São Paulo: LTr, 2008. p. 79-84.

A alteração realizada, com a inclusão do parágrafo único ao art. 444 da CLT, alterou substancialmente esse entendimento, prevendo possibilidade de formação de normas jurídicas com força extraordinária mediante negociação individual.

Aos acordos individuais ora em questão aplica-se o art. 611-A, da CLT, o qual prevê a prevalência do negociado sobre o legislado quanto aos temas a seguir: a) pacto quanto à jornada de trabalho, observados os limites constitucionais; b) banco de horas anual; c) intervalo intrajornada, respeitado o limite mínimo de trinta minutos para jornadas superiores a seis horas; d) adesão ao Programa Seguro-Emprego (PSE), de que trata a Lei n. 13.189, de 19 de novembro de 2015; e) plano de cargos, salários e funções compatíveis com a condição pessoal do empregado, bem como identificação dos cargos que se enquadram como funções de confiança; f) regulamento empresarial; g) representante dos trabalhadores no local de trabalho; h) teletrabalho, regime de sobreaviso, e trabalho intermitente; i) remuneração por produtividade, incluídas as gorjetas percebidas pelo empregado, e remuneração por desempenho individual; j) modalidade de registro de jornada de trabalho; k) troca do dia de feriado; l) enquadramento do grau de insalubridade; m) prorrogação de jornada em ambientes insalubres, sem licença prévia das autoridades competentes do Ministério do Trabalho; n) prêmios de incentivo em bens ou serviços, eventualmente concedidos em programas de incentivo; o) participação nos lucros ou resultados da empresa.

Frise-se que o exame do acordo individual celebrado com trabalhadores "hipersuficientes" ocorre de forma semelhante ao das negociações coletivas (convenção coletiva ou acordo coletivo de trabalho), ou seja, a Justiça do Trabalho analisará exclusivamente a conformidade dos elementos essenciais do negócio jurídico, respeitado o disposto no art. 104 do Código Civil, e balizará sua atuação pelo princípio da intervenção mínima na autonomia da vontade (art. 8, § 3º, da CLT).

Vale ressaltar que, assim como na negociação coletiva, a inexistência de expressa indicação de contrapartidas recíprocas não enseja a nulidade da negociação individual realizada, uma vez que não caracteriza vício do negócio jurídico.

Em linhas gerais, contrapartidas são benefícios auferidos em uma negociação em resposta à aceitação de uma demanda da categoria econômica.(19) Assim, o que a Reforma Trabalhista fixou foi a não obrigatoriedade de indicação de contrapartidas.

Outrossim, o art. 611-A destaca duas exceções, ou seja, duas situações em que a contrapartida é obrigatória: a) quando pactuada cláusula que reduza o salário ou a jornada, uma vez que deverá haver expressa previsão quanto a proteção dos empregados contra dispensa imotivada durante o prazo de vigência do instrumento; b) quando procedente a ação anulatória de determinada cláusula do negócio jurídico em que haja cláusula compensatória, uma vez que esta deverá ser igualmente anulada, sem repetição do indébito.

(19) MIRANDA, Fernando Hugo R. *A nova figura legal da contrapartida em negociações coletivas*. Disponível em: <https://institutodc.com.br/artigos/a-nova-figura-legal-da-contrapartida-em-negociacoes-coletivas/>. Acesso em: 31 jan. 2019.

O texto normativo do parágrafo único do art. 444, da CLT é bastante enfático ao destacar que à livre estipulação aplica-se às hipóteses previstas no art. 611-A da CLT, mas em nenhum momento restringe-a às hipóteses ali fixadas. Ademais, o próprio art. 611-A, da CLT, faz a ressalva de que o rol não é taxativo, ao dispor que o negociado tem prevalência sobre a lei quando, "entre outros", dispuser sobre os temas acima mencionados.

Por sua vez, o art. 611- B da CLT versa sobre os direitos que não podem constituir objeto de negociação coletiva, exclusivamente, quando para supressão ou redução. São eles: 1) normas de identificação profissional, inclusive as anotações na Carteira de Trabalho e Previdência Social; 2) seguro-desemprego, em caso de desemprego involuntário; 3) valor dos depósitos mensais e da indenização rescisória do Fundo de Garantia do Tempo de Serviço (FGTS); 4) salário mínimo; 5) valor nominal do décimo terceiro salário; 6) remuneração do trabalho noturno superior à do diurno; 7) proteção do salário na forma da lei, constituindo crime sua retenção dolosa; 8) salário-família; 9) repouso semanal remunerado; 10) remuneração do serviço extraordinário superior, no mínimo, em 50% (cinquenta por cento) à do normal; 11) número de dias de férias devidas ao empregado; 12) gozo de férias anuais remuneradas com, pelo menos, um terço a mais do que o salário normal; 13) licença maternidade com a duração mínima de cento e vinte dias; 14) licença paternidade nos termos fixados em lei; 15) proteção do mercado de trabalho da mulher, mediante incentivos específicos, nos termos da lei; 16) aviso prévio proporcional ao tempo de serviço, sendo no mínimo de trinta dias, nos termos da lei; 17) normas de saúde, higiene e segurança do trabalho previstas em lei ou em normas regulamentadoras do Ministério do Trabalho (não inseridos aqui regras quanto a duração do trabalho e intervalos); 18) adicional de remuneração para as atividades penosas, insalubres ou perigosas; 19) aposentadoria; 20) seguro contra acidentes de trabalho, a cargo do empregador; 21) ação, quanto aos créditos resultantes das relações de trabalho, com prazo prescricional de cinco anos para os trabalhadores urbanos e rurais, até o limite de dois anos após a extinção do contrato de trabalho; 22) proibição de qualquer discriminação no tocante a salário e critérios de admissão do trabalhador com deficiência; 23) proibição de trabalho noturno, perigoso ou insalubre a menores de dezoito anos e de qualquer trabalho a menores de dezesseis anos, salvo na condição de aprendiz, a partir de quatorze anos; 24) medidas de proteção legal de crianças e adolescentes; 25) igualdade de direitos entre o trabalhador com vínculo empregatício permanente e o trabalhador avulso; 26) liberdade de associação profissional ou sindical do trabalhador, inclusive o direito de não sofrer, sem sua expressa e prévia anuência, qualquer cobrança ou desconto salarial estabelecidos em convenção coletiva ou acordo coletivo de trabalho; 27) direito de greve, competindo aos trabalhadores decidir sobre a oportunidade de exercê-lo e sobre os interesses que devam por meio dele defender; 28) definição legal sobre os serviços ou atividades essenciais e disposições legais sobre o atendimento das necessidades inadiáveis da comunidade em caso de greve; 29) tributos e outros créditos de terceiros; 30) as disposições previstas nos arts. 373-A, 390, 392, 392-A, 394, 394-A, 395, 396 e 400 da CLT.

Cabem indagações acerca da aplicação de tal dispositivo também aos acordos individuais tratados no art. 444, p.u, da CLT, estudado no presente trabalho.

Ocorre que, em nenhum momento, a CLT faz referência à aplicação do art. 611-B aos acordos individuais realizados pelos trabalhadores "hipersuficientes". Pelo contrário o próprio art. 444, parágrafo único, do diploma aduz que a livre estipulação a que se refere aplica-se às hipóteses previstas no art. 611-A da Consolidação, nada versando sobre o art. 611-B, CLT.

Por sua vez, o próprio art. 611-B da CLT, em seu *caput*, menciona que a supressão ou redução desses direitos configura objeto ilícito "exclusivamente" em convenção coletiva ou acordo coletivo de trabalho, o que torna ainda mais perceptível a sua não aplicação a qualquer outra modalidade de negociação. Assim, resta claro que o legislador não considerou como possível limitação do acordo individual realizado pelos empregadores hipersuficientes, nos termos do art. 611-B CLT, o que, intencionalmente ou não, finda por estipular modalidade de negociação individual sem uma limitação preestabelecida em lei.

Há de se convir que, nesse contexto, o termo "livre estipulação" adquire um conceito extremamente amplo, podendo abarcar, em verdade, qualquer tema do Direito do Trabalho. Ou seja, o trabalhador "hipersuficiente" poderá, em tese, dispor livremente de qualquer de seus direitos por meio de acordo realizado diretamente com o empregador, sem a presença de sindicato ou outro órgão para intermediar a negociação.

Veja-se o que colaciona Mauricio Godinho Delgado, ao comparar o acordo individual realizado pelo trabalhador "hipersuficiente" com um contrato de adesão, de caráter leonino:

> [...] por livre estipulação, podem ser submetidos à profunda diminuição de direitos especificada no art. 611-A da CLT, com a mesma eficácia legal e preponderância sobre os instrumentos coletivos. Ora, como o contrato de trabalho se trata, manifestamente de um contrato de adesão, pode se estimar o caráter leonino de tal cláusula de inserção desse grupo de empregados em condições contratuais abaixo das fixadas em lei e, até mesmo, abaixo das fixadas na negociação coletiva concernente à respectiva categoria profissional.[20]

Tendo em mente que a reforma trabalhista não previu limites para o que seria a "livre estipulação" ora em questão, admite-se que qualquer coisa pode ser estipulada pelas partes – uma vez que presumida a capacidade desse trabalhador "superior", que poderá resultar em acordo extremamente maléfico para o trabalhador, com supressão de direitos e maior exploração de sua mão de obra, uma vez que o que irá imperar será a autonomia da vontade das partes.

2.2. Redução da relevância institucional dos sindicatos

Pode-se dizer que o art. 444 da CLT- dentre outros também alterados ou adicionados à CLT pela da Reforma Trabalhista – alinha-se diretamente com o propósito de desmonte

(20) DELGADO, Mauricio Godinho. *Curso de direito do trabalho*. 17. ed. São Paulo: LTr, 2018. *Apud* CALVO, Adriana. *Reflexões jurídicas sobre a nova figura do empregado hipersuficiente trazida pela reforma trabalhista*. Disponível em: <http://www.sincovaga.com.br/reflexoes-juridicas-sobre-a-nova-figura-do-empregado-hipersuficiente-trazida-pela-reforma-trabalhista/>. Acesso em: 20 mar. 2019.

do movimento sindical. Isso porque, como resta evidente, os sindicatos são excluídos das negociações realizadas entre o empregador e o trabalhador, quando este cumpre os requisitos de escolaridade e salário já mencionados.

Em linhas gerais, a inclusão dessa modalidade de acordo individual retira do sindicato certo poder e espaço de atuação nas relações de trabalho.

Até a reforma, não era possível que o trabalhador negociasse livre e diretamente com o empregador nos mesmos moldes dos instrumentos coletivos. As negociações individuais ocorriam apenas conforme o art. 444, *caput*, da CLT, o que significa que a legislação deveria ser atendida, assim como o fixado nas negociações coletivas aplicáveis ao caso.

Em outras palavras, a inclusão do parágrafo único alterou substancialmente o conteúdo do art. 444, da CLT, inserindo uma modalidade de acordo até então inexistente na legislação brasileira.

Há dois pontos essenciais que devem ser destacados quanto à inserção de tal acordo no ordenamento jurídico, pontos esses, frise-se, maléficos aos trabalhadores: 1) os trabalhadores negociam seus direitos diretamente com o empregador — sem dispor de qualquer auxílio externo —, inexistindo uma limitação quanto aos direitos que podem ser tratados nesse acordo; 2) o órgão de classe se vê enfraquecido, desempoderado e sem espaço para atuação. O que significa dizer que, além de ter seus direitos ameaçados por uma negociação que, em tese, pode ser *in pejus*, o trabalhador também vê o sindicato que o representa em risco.

É válido relembrar a dimensão desses acordos individuais realizados por trabalhadores "hipersuficientes", uma vez que se sobrepõe à lei e aos instrumentos coletivos, assim como não possuem uma limitação expressa quanto aos direitos que podem ou não serem negociados.

Percebe-se, portanto, que essa inovação da reforma trabalhista interferiu gravemente na atuação do sindicato.

Além do art. 444, da CLT, a Reforma também alterou vários outros artigos que atingem frontalmente o sindicato, restando claro o seu intuito de o enfraquecer. Pode-se citar os polêmicos arts. 578 a 610, da CLT, que passaram a estipular a não obrigatoriedade de pagamento de contribuição sindical.

Em uma breve explanação pode-se explicar a alteração. A contribuição sindical era, até a Reforma Trabalhista, recolhida uma vez por ano, no valor referente a um dia de trabalho do trabalhador — seja ele assalariado, autônomo ou profissional liberal. Após a reforma, não há mais a obrigatoriedade da contribuição, ou seja, a contribuição passa a ser facultativa, sendo feita apenas quando houver autorização prévia e expressa do empregado.(21)

(21) Rádio Câmara. *Reforma Trabalhista:* negociação coletiva e contribuição sindical – Bloco 4. Disponível em: <http://www2.camara.leg.br/camaranoticias/radio/materias/REPORTAGEM-ESPECIAL/560953-REFORMA-TRABALHISTA-NEGOCIACAO-COLETIVA-E-CONTRIBUICAO-SINDICAL—-BLOCO-4.html>. Acesso em: 05 fev. 2019.

Essa alteração impacta diretamente o custeio dos sindicatos, vez que esses deixam de perceber o valor referente às contribuições e, portanto, restam enfraquecidos economicamente, o que afeta a sua operacionalização e até sua existência.

Sabe-se que as contribuições não deixaram de existir, apenas deixaram de ser obrigatórias. No entanto, na prática, poucos são os trabalhadores que optam por realizá-la.

A atuação contra o sindicato também ocorre de forma midiática e por meio de falácias. Cria-se a ideia de que o sindicato é um empecilho às relações de emprego e que seu enfraquecimento econômico seria favorável no sentido de que apenas iriam permanecer ativos aqueles que realmente são proativos, tenham apoio da classe trabalhadora e não dependam excessivamente das contribuições obrigatórias. Segundo essa linha de raciocínio, aqueles sindicatos pequenos e improdutivos, desapareceriam ou iriam juntar-se com outros para formar um maior e mais forte — forma de inibir ou evitar os fracionamentos comuns até então.(22)

Infelizmente, a ideia acima mencionada, apesar de bonita em palavras, não se sustenta na prática. Primeiramente, destaca-se que não há, no Brasil atual, uma consciência de classe consolidada, logo, poucos são os sindicatos fortes no país. Segundamente, uma alteração como essa, que interfere na situação financeira das instituições, impacta diretamente todos os sindicatos, inclusive os fortes — que restarão, portanto, enfraquecidos e com menor poder de negociação, por exemplo. Terceiramente, ainda que os sindicatos menores sobrevivam ou se juntem, nada garante que irão conseguir manejar apropriadamente as demandas, interesses e direitos dos trabalhadores, em outras palavras, nada garante que serão fortes ou eficientes.

Sobre o tema, versa a Nota Técnica n. 1, de 27 de abril de 2018, do Ministério Público do Trabalho:

> A supressão abrupta da contribuição sindical, principal fonte de custeio de muitos sindicatos, implica em grave risco à tutela dos direitos sociais dos trabalhadores em decorrência do enfraquecimento da ação sindical, em especial porque é o sindicato que representa e negocia em nome de todo o grupo profissional, incluindo os trabalhadores não associados.(23)

Destaque-se que a filiação sindical é um direito constitucionalmente previsto. A Constituição Federal de 1988 dispôs, no capítulo sobre Direitos Sociais, mais precisamente no art. 8º, acerca da livre associação e autonomia sindical:

> Art. 8º É livre a associação profissional ou sindical, observado o seguinte:
>
> **I – a lei não poderá exigir autorização do Estado para a fundação de sindicato, ressalvado o registro no órgão competente, vedadas ao Poder Público a interferência e a intervenção na organização sindical;**

(22) NUZZI, Vitor. *Enfraquecimento dos sindicatos retrai negociação coletiva, afirma juiz.* Disponível em: <https://www.redebrasilatual.com.br/trabalho/2018/12/enfraquecimento-dos-sindicatos-retrai-negociacao-coletiva-afirma-juiz>. Acesso em: 05 fev. 2019.

(23) *Nota Técnica n. 1, de 27 de abril de 2018, do Ministério Público do Trabalho.* Disponível em: <https://admin.cut.org.br/system/uploads/ck/Nota%20Tecnica%20-%20CONALIS-MPT-Contribuicao%20Sindical.pdf>. Acesso em: 04 fev. 2019.

II – é vedada a criação de mais de uma organização sindical, em qualquer grau, representativa de categoria profissional ou econômica, na mesma base territorial, que será definida pelos trabalhadores ou empregadores interessados, não podendo ser inferior à área de um Município;

III – ao sindicato cabe a defesa dos direitos e interesses coletivos ou individuais da categoria, inclusive em questões judiciais ou administrativas;

IV – a assembleia geral fixará a contribuição que, em se tratando de categoria profissional, será descontada em folha, para custeio do sistema confederativo da representação sindical respectiva, independentemente da contribuição prevista em lei;

V – **ninguém será obrigado a filiar-se ou a manter-se filiado a sindicato**;

VI – é obrigatória a participação dos sindicatos nas negociações coletivas de trabalho;

VII – o aposentado filiado tem direito a votar e ser votado nas organizações sindicais;

VIII – é vedada a dispensa do empregado sindicalizado a partir do registro da candidatura a cargo de direção ou representação sindical e, se eleito, ainda que suplente, até um ano após o final do mandato, salvo se cometer falta grave nos termos da lei.

Parágrafo único. As disposições deste artigo aplicam-se à organização de sindicatos rurais e de colônias de pescadores, atendidas as condições que a lei estabelecer. (g.n.)[24]

Evidente que a filiação ao sindicato é livre, ou seja, depende exclusivamente de interesse do trabalhador. No entanto, normas recentes — em especial a Lei n. 13.467/17, a MP n. 808/2017 e a MP n. 873/2019 — dispuseram em termos que, em verdade, obstaculizam ou dificultam essa filiação, distanciando o trabalhador do meio sindical.

Percebe-se que, apesar de possuírem existência e funcionamento protegidos pela Constituição Federal de 1988, os sindicatos estão sendo suprimidos, uma vez que alvo de constantes ataques por parte do Poder Legislativo, Executivo e, por que não dizer, Judiciário — se analisarmos as últimas decisões do Supremo Tribunal Federal, por exemplo, acerca da regulamentação da terceirização e do imposto sindical, ambos foram declarados constitucionais pela maioria dos ministros da Corte. [25]

Assim, considerando a perspectiva política e econômica vivenciada desde 2016 — que se agravou até o corrente ano de 2019 —, é possível perceber que há uma tentativa real de enfraquecimento do sentimento de classe entre os trabalhadores, assim como verdadeiro desmonte do movimento sindical, tudo em prol do capital. A realidade é que a Reforma Trabalhista não trouxe inovações para fortalecer os sindicatos ou os trabalhadores, pelo contrário, contém diversas normas que visam à manutenção do capitalismo selvagem.

Necessário enfatizar que o propósito do presente trabalho não é defender o sindicato de toda e qualquer crítica, mas sim sinalizar a sua função essencial e demonstrar como a flexibilização do direito trabalhista, em especial a imposição do negociado sobre o legislado,

(24) BRASIL. *Constituição da República Federativa do Brasil de 1988*. In: Portal do Planalto. Disponível em: <http://www.planalto.gov.br/ccivil_03/constituicao/constituicao.htm>. Acesso em: 08 maio 2019.

(25) DIAS, Neuriberg. Relação do movimento sindical com os Poderes. *Boletim do DIAP — Departamento Intersindical de Assessoria Parlamentar*, ano XXVI, n. 317, jan. 2019.

nos contornos desse novo acordo individual de trabalho realizado pelos trabalhadores "hipersuficientes", serviu para retirar enorme poder dessas agremiações.

Conforme demonstrado, o sindicato apresenta dificuldade para atuar, tendo em vista a redução do número de negociações coletivas; a inclusão de nova espécie de acordo individual, realizado pelos trabalhadores "hipersuficientes" e; a situação financeira crítica, em razão da supressão das contribuições sindicais, o que dificulta sobremaneira sua operação.

Percebe-se, portanto, que o que se intenta, por meio da Reforma Trabalhista, é minar o sindicato, para que o trabalhador não tenha mais esse escudo protetor que defenda e proteja seus interesses e direitos. E, por meio dessa nova modalidade de negociação individual é dada a carta branca para os empregadores estipularem acordos com os trabalhadores da forma como bem entenderem, sob o manto da "modernização do direito" e da prevalência do negociado sobre o legislado.

3. Análise de compatibilidade vertical do parágrafo único do art. 444 da CLT com a Constituição da República e com Tratados Internacionais sobre Direitos Humanos

Em um contexto histórico de alienação e exploração da mão de obra, o Direito do trabalho surgiu com a finalidade de proteger o trabalhador, garantir-lhe direitos mínimos de sobrevivência e um ambiente de trabalho digno.

Até o século XVIII não existia um terceiro que disciplinasse os direitos básicos que deveriam ser assegurados ao trabalhador. Em verdade, havia o culto ao Estado mínimo, ou seja, à limitação da atuação estatal, sendo veementemente proibida a intervenção do Estado na economia e, por consequência, nas relações de trabalho. Dessa forma, a relação entre o empregado e o empregador não sofria qualquer limitação e esses poderiam realizar acordos livremente.

Com o crescimento do Estado burguês e do capitalismo selvagem, tornou-se insustentável a situação social instalada. Assim, necessária a intervenção estatal para controlar esse sistema e impor regras mínimas de civilidade, principalmente no que concerne às relações trabalhistas.

O Direito do Trabalho, portanto, tem como sua origem o próprio sistema capitalista, visto que sua finalidade principal é limitar a essência selvagem desse sistema. Nesse sentido, as palavras Marcio Godinho Delgado:

A existência de tal ramo especializado do Direito supõe a presença de elementos socioeconômicos, políticos e culturais que somente despontaram, de forma significativa e conjugada, com o advento e evolução capitalistas.

> Porém o Direito do Trabalho não apenas serviu ao sistema econômico deflagrado com a Revolução Industrial, no século XVIII, na Inglaterra; na verdade, ele fixou controles para esse sistema, conferiu-lhe certa medida de civilidade,

inclusive buscando eliminar as formas mais perversas de utilização da força de trabalho pela economia.(26)

O Direito do Trabalho brasileiro, como conhecido atualmente, caracteriza-se por sua multinormatividade e possui como fontes formais: Constituição, Leis, Lei Complementares, Leis Delegas, Medidas Provisórias, Decretos Legislativos, Resoluções, Portarias do TEM, Sentenças normativas, Acordos e Convenções Coletivas de Trabalho, Costumes, Laudo Arbitral, Princípios Jurídicos, Normas da Organização Internacional do Trabalho (resoluções, convenções e recomendações), Tratados e atos internacionais.(27)

Considerando que o Direito do trabalho surgiu com a finalidade de proteger o trabalhador da exploração do capital e está pautado em pluralidade de fontes formais, necessária uma análise de compatibilidade vertical do art. 444, parágrafo único, da CLT ante a Constituição Federal de 1988 (CF/88) e Tratados Internacionais sobre Direitos Humanos ratificados pelo Brasil, para se observar sua (in)constitucionalidade e (in)convencionalidade.

3.1. Inconstitucionalidade

Como já exposto, o Direito do Trabalho existe para garantir direitos mínimos ao trabalhador, e muitos desses direitos estão dispostos na própria CF/88.

Pode-se dizer que, com a evolução do reconhecimento dos direitos trabalhistas, teve início uma fase de constitucionalização desse direitos. A Constituição Federal de 1988, por exemplo, erigiu o valor social do trabalho e a dignidade humana como pilares do Estado Democrático de Direito. Assim, no ordenamento pátrio, o trabalho é considerado direito fundamental social, o qual deve ser cuidadosamente respeitado.(28)

Como dito, tais direitos são considerados como direitos fundamentais, sendo perceptível a existência de capítulo específico na CF/88 acerca dos direitos sociais, com dispositivos destinados exclusivamente às garantias trabalhistas (Título II – Dos Direitos Fundamentais, Capítulo II – Dos Direitos Sociais, art. 7º, da CF/88). O art. 7º, CF/88, reúne 34 incisos prevendo de forma não taxativa os direitos básicos dos trabalhadores.

Válido ressaltar que a Constituição hospeda, implícita ou explicitamente, diversos princípios que buscam uma só finalidade: a proteção do trabalhador. Alguns desses princípios são: Princípio das garantias mínimas do trabalhador, Princípio da irredutibilidade salarial, Princípio da liberdade sindical e Princípios da isonomia e da não discriminação.

Cumpre promover a análise de tais princípios sob o espectro da nova modalidade de acordo individual fixado no art. 444, parágrafo único, da CLT:

a) Princípio das garantias mínimas do trabalhador;

---

(26) DELGADO, Mauricio Godinho. *Curso de direito do trabalho 2017*. 16. ed. São Paulo: LTr, 2018. p. 88.

(27) DELGADO, Mauricio Godinho. *Op. cit.*, p. 152-197.

(28) OLIVREIRA, Lourival José de; FIGUEIREDO, Mayra Freire de. A reforma trabalhista e liberdade contratual: o direito ao trabalho construído sob a perspectiva puramente econômica. *Revista de Direito Econômico e Socioambiental*, Curitiba, v. 8, n. 3, p. 93- 121, set./dez. 2017. doi: 10.7213/rev.dir.econ.soc.v8i3.18405.

b) Trata, como o nome já diz, da proteção às garantias básicas do empregado. Muitas dessas garantias estão estipuladas na própria CF/88, em seu art. 7º, e versam sobre o direito ao salário mínimo, férias, fundo de garantia por tempo de serviço, aviso prévio, jornada de trabalho limitada, repouso semanal, entre outros. Esse princípio é muito amplo e finda por abarcar e dialogar com vários outros.

Destaca-se que a interpretação e a aplicação dessas garantias devem ser orientadas por princípios como: dignidade da pessoa humana; valores sociais do trabalho e da livre iniciativa; valorização do trabalho humano e justiça social; busca do pleno emprego; primado do trabalho como base da ordem social.[29] Todos previstos na Constituição Federal de 1988.

Como será visto a seguir, o acordo individual ora estudado mitiga muitas dessas garantias consideradas essenciais para o trabalhador, violando direitos fundamentais sociais.

a) Princípio da irredutibilidade salarial

O princípio da justa remuneração, intangibilidade ou irredutibilidade salarial — previsto expressamente no art. 7, VI, CF/88 —, versa sobre a proteção salarial, uma vez que não pode ser reduzido de forma arbitrária, nem estipulado aquém do valor mínimo fixado em lei (em regra). Assegura-se o valor, montante e disponibilidade em benefício do empregado.

Esse princípio está intimamente vinculado ao princípio da dignidade da pessoa humana, visto que o salário se trata de verba de caráter alimentar, ou seja, serve para atender as necessidades essenciais do trabalhador e de sua família.[30]

Necessário pontuar que a ausência de norma que defina limites para o conteúdo do acordo individual ora estudado, e o fato de se sobrepor à lei e às negociações coletivas, traz à tona o debate quanto a possibilidade de tal acordo estipular a redução do salário do trabalhador.

Vem a calhar, a propósito, o enunciado aglutinado ao Enunciado 1, Comissão 4, da 2º Jornada de Direito Material e Processual do Trabalho:

> É INCONSTITUCIONAL A PREVALÊNCIA DE ACORDOS INDIVIDUAIS SOBRE ACORDO E CONVENÇÃO COLETIVA EM RAZÃO DO SALÁRIO DO EMPREGADO COM DIPLOMA DE NÍVEL SUPERIOR, QUANDO ESTABELECEREM CONDIÇÕES INFERIORES, POIS FERE PRINCÍPIOS COMO O DA PROTEÇÃO E DA IRRENUNCIABILIDADE (ART. 7º, *CAPUT*, CF). ESSES ACORDOS INDIVIDUAIS TAMBÉM VIOLAM O PRINCÍPIO DA ISONOMIA ENTRE EMPREGADOS QUE REALIZEM TRABALHO TÉCNICO, MANUAL E INTELECTUAL, PREVISTO NO ART. 7º, XXXII, DA CF. ALÉM DISSO, A CONSTITUIÇÃO FEDERAL RECONHECE AS CONVENÇÕES E ACORDOS COLETIVOS DE TRABALHO (ART. 7º, XXVI) E PROÍBE QUALQUER TIPO DE ALTERAÇÃO CONTRATUAL INDIVIDUAL QUE LEVE A REDUÇÃO SALARIAL E A REDUÇÃO E COMPENSAÇÃO DE JORNADA, SALVO POR ACORDO OU CONVENÇÃO COLETIVA (ART.7º, INCISO VI E XIII).[31]

---

(29) NOVELINO, Marcelo. CUNHA JÚNIOR, Dirley da. *Constituição Federal para concursos*. 9. ed. Salvador: JusPodivm, 2018. P. 196.

(30) DELGADO, Mauricio Godinho. *Curso de direito do trabalho 2018*. 17. ed. São Paulo: LTr, 2018. p. 218-255.

(31) *Enunciados aprovados na 2ª Jornada*. Ementas e inteiro teor das teses. Comissão 4. Enunciado 1. Enunciados Aglutinados. Disponível em: <http://www.jornadanacional.com.br/listagem-enunciados-aprovados-vis2.asp?-ComissaoSel=4>. Acesso em: 08 maio 2019.

Assim, embora o art. 444, parágrafo único, da CLT discipline que a livre estipulação da negociação individual deva ocorrer nos termos do art. 611-A da CLT (de rol exemplificativo) e esse último trate da possibilidade de redução salarial, é impreterível o entendimento de que isso somente é aplicável às negociações coletivas de trabalho.

Ou seja, tal possibilidade deve ser considerada inadmissível em negociações individuais, justamente pelo fato de o salário se tratar de verba alimentar protegido pelo manto do princípio da irredutibilidade, princípio das garantias mínimas e o próprio princípio da dignidade da pessoa humana, todos eles previstos na Constituição e de extrema relevância para o Direito do Trabalho.

b) Princípio da liberdade sindical

O princípio da liberdade sindical está relacionado também à liberdade para criação de sindicatos, à livre associação e à autonomia sindical.

Conforme já apontado em tópico anterior, essa nova modalidade de acordo traz repercussões negativas também para a atividade sindical. Isso porque dispensa a presença do sindicato, ou seja, o exclui de uma negociação de extrema importância, que — por ser mais forte do que a lei, acordos e convenções coletivas, assim como não sofrer uma limitação exata quanto ao seu conteúdo — pode afetar sobremaneira o trabalhador. Trata-se de mais uma forma de enfraquecer os sindicatos e desmobilizar os trabalhadores em prol do capital, configurando uma clara violação à Constituição Federal de 1988. Nesse sentido, destaca-se os ensinamentos de José Antônio Silva:

> A segunda inconstitucionalidade está relacionada à vulneração do inciso XXVI do art. 7º da CRFB, que prescreve o reconhecimento das convenções e acordos coletivos de trabalho, bem como do inciso III, do art. 8º, que garante ao ente sindical o direito (e o dever) de efetuar a "defesa dos direitos e interesses coletivos ou individuais da categoria, inclusive em questões judiciais ou administrativas".(32)

Há na CF/88 um incentivo à negociação quando realizada coletivamente e mediante intermédio dos sindicatos (art. 7º, XXVI, CF/88), porém essa não prevê subsídio para a modalidade de acordo individual ora estudada, visto que configura clara tentativa de retirar poder dos sindicatos e paulatinamente afastá-los de sua função essencial de defesa dos direitos coletivos ou individuais dos trabalhadores. Dessa forma, evidente que o acordo disciplinado no art. 444, parágrafo único, CLT mitiga o princípio da liberdade sindical, assim como viola a própria CF/88.

c) Princípios da isonomia e da não discriminação

O princípio da isonomia e da não discriminação asseguram o tratamento igualitário aos trabalhadores, prezando pela não distinção de trabalhadores em razão da modalidade

---

(32) SILVA, José Antônio Ribeiro de Oliveira *et al. Comentários à lei da reforma trabalhista*. Dogmática, visão crítica e interpretação constitucional. São Paulo: LTr, 2018. p. 80-83.

de trabalho que exerce (intelectual, técnica, manual), assim como pela não diferenciação por questão de cor, raça, gênero.[33] Esses princípios dialogam com outros, como o princípio da dignidade da pessoa humana e princípio da liberdade, e estão previstos nos art. 7, incisos XXX a XXXIII, da CF/88, *in verbis*:

> Art. 7º São direitos dos trabalhadores urbanos e rurais, além de outros que visem à melhoria de sua condição social: [...]
>
> XXX – proibição de diferença de salários, de exercício de funções e de critério de admissão por motivo de sexo, idade, cor ou estado civil;
>
> XXXI – proibição de qualquer discriminação no tocante a salário e critérios de admissão do trabalhador portador de deficiência;
>
> XXXII – proibição de distinção entre trabalho manual, técnico e intelectual ou entre os profissionais respectivos; [...][34]

Na contramão do disciplinado acima, o art. 444, parágrafo único, CLT cria uma categoria especial de trabalhador, supostamente superior e hipersuficiente, que é a única capaz de realizar modalidade de acordo individual ora em estudo. Diferencia esse trabalhador dos demais, sob critérios de escolaridade e remuneração.

Isso vai de encontro aos princípios acimas mencionados, visto que faz uma clara diferenciação entre aqueles que em tese estão em um patamar superior de escolaridade e renda (considerados em par de igualdade com o empregador e aptos a realizar acordos individuais dessa dimensão) e os demais (considerados frágeis e hipossuficientes).[35]

Perceptível que esse grupo de empregados supostamente "hipersuficiente" corresponde a um percentual pequeno da população brasileira. Pesquisa do IBGE (Instituto Brasileiro de Geografia e Estatística), realizada em 2015, apurou que o salário médio do brasileiro empregado de uma empresa, pública ou privada, era de R$ 2.480,00. Além disso, segundo levantamento da OCDE (Organização para a Cooperação e Desenvolvimento Econômico), também realizado em 2015, apenas 14% dos adultos entre 24 e 64 anos haviam concluído o ensino superior no Brasil.[36]

Não obstante pertencerem a uma minoria que contrasta com a situação da grande massa de trabalhadores e trabalhadoras brasileiros, inadmissível que, por preencher esses dois requisitos (salário e escolaridade), sejam considerados "hipersuficientes" ou capazes de negociar de forma livre o seu contrato de trabalho diretamente com o empregador.

---

(33) VASCONCELOS, Elaine Machado. A Discriminação Nas Relações De Trabalho: A Possibilidade De Inversão Do Ônus Da Prova Como Meio Eficaz De Atingimento Dos Princípios Constitucionais. *Rev. TST*, Brasília, vol. 71, n. 2, maio/ago. 2005.

(34) BRASIL. *Constituição da República Federativa do Brasil de 1988*. In: Portal do Planalto. Disponível em: <http://www.planalto.gov.br/ccivil_03/constituicao/constituicao.htm> Acesso em: 08 maio 2019.

(35) FIORILLO, C. A. P.; OOSTERBEEK, Luiz; BALERA, Wagner. O empregado hipersuficiente sob a perspectiva do direito fundamental da igualdade e da Convenção n. 111 da OIT. Percurso — *Anais do V Congresso Luso-brasileiro de direitos humanos na sociedade da informação*. vol. 03, n. 26, Curitiba, 2018, p. 452-475.

(36) PRIMON, Ana Gabriela de Melo. *Empregado "hipersuficiente" uma aberração da Reforma Trabalhista*. Disponível em: <http://www.justificando.com/2018/02/01/empregado-hipersuficiente-mais-uma-aberracao-da-reforma-trabalhista/> Acesso em: 02 abr. 2019.

Conforme já abordado, não há razão para tal distinção. A todos os trabalhadores deve ser assegurada proteção às suas garantias e direitos trabalhistas, não podendo a lei estabelecer aquele que preenche os requisitos para o manto protetor das normas constitucionais e do direito do trabalho, e aquele que não os precinde. Assim, não deve haver essa separação ou categorização dos trabalhadores em inferiores ou superiores, vulneráveis ou capazes.

A priori, todos os trabalhadores devem ser considerados hipossuficientes, visto que envolvidos em uma relação em que, desde a origem, as partes ocupam polos desiguais, sendo o trabalhador, em regra, o mais vulnerável.(37) Em uma sociedade capitalista isso é indiscutível, visto que a hipossuficiência não se baseia na vulnerabilidade econômica do trabalhador, mas no fato de ele não deter os meios de produção.(38) Nas palavras de Jorge Luiz de Souto Maior:

> Parece-me que um primeiro e importante passo a ser dado na direção da humanização das relações de trabalho dos altos empregados é reconhecer que, mesmo tendo alto padrão de conhecimento técnico e sendo portadores de uma cultura mais elevada que o padrão médio dos demais empregados, não deixam de depender economicamente do emprego (aliás, há uma dependência até moral ao emprego, dada a necessidade natural de manutenção do seu *status* social) e que, por conta disso, submetem-se às regras do jogo capitalista para não perderem sua inserção no mercado. Sua sujeição às condições de trabalho que lhe são impostas pela lógica da produção é inevitável.(39)

A análise do art. 444, parágrafo único, da CLT à luz de princípios tão caros ao nosso ordenamento jurídico deixa perceptível que o dispositivo é incompatível com preceitos constitucionais.

Nesse contexto, destaca-se o enunciado proposto e defendido por Reginaldo Melhado, na 4ª Comissão da 2ª Jornada de Direito Material e Processual do Trabalho, *in verbis*:

> **Enunciado:**
>
> 1. O empregado com diploma de nível superior e salário superior a duas vezes o limite de benefícios da Previdência Social via de regra encontra-se em situação mais frágil que os demais. 2. O parágrafo único do art. 444 da CLT é inconstitucional, por violação ao princípio de isonomia colocado nos arts. 5º e 7º, XXXII, da Carta, não se justificando a o afastamento do princípio da indisponibilidade dos seus direitos fundamentais. 3. O dispositivo legal viola também a Convenção n. 111 da OIT, pois importa discriminação em matéria de emprego e ocupação. 4. A autonomia privada do trabalhador *pseudossuficiente* não pode ab-rogar o sistema de proteção

---

(37) SILVA, José Antônio. *et al. Comentários à lei da reforma trabalhista*. Dogmática, visão crítica e interpretação constitucional. São Paulo: LTr, 2018. p. 80-83.

(38) BOAVENTURA, Paula Cristina Farias. *Os princípios constitucionais do trabalho e a reforma trabalhista*. Trabalho de Conclusão de Curso – Universidade Católica de Salvador, Salvador, 2019.

(39) SOUTO MAIOR, Jorge Luiz. Do direito à desconexão do trabalho. 2003. *Apud* OLIVREIRA, Lourival José de; FIGUEIREDO, Mayra Freire de. A reforma trabalhista e liberdade contratual: o direito ao trabalho construído sob a perspectiva puramente econômica. *Revista de Direito Econômico e Socioambiental*, Curitiba, v. 8, n. 3, p. 93-121, set./dez. 2017. doi: 10.7213/rev.dir.econ.soc.v8i3.18405.

ao trabalho, sendo incongruente, ilógica, imprestável e ineficaz a norma que manda aplicar a essa relação jurídica o art. 611-A da CLT.[40]

A inconstitucionalidade centra-se, em especial, na preponderância conferida a esse acordo individual, na criação de uma categoria de trabalhador "superior/hipersuficiente" e na ausência de uma limitação ao seu alcance e efeitos.

Destaca-se que a supremacia do negociado sobre o legislado deve ser tratada com cautela, sob o risco de se colocar o negociado acima, inclusive, da Constituição — Carta Máxima do nosso ordenamento, de observância obrigatória e parâmetro de validade para todas as demais normas do ordenamento jurídico.[41]

Notório que o ordenamento pátrio visa à proteção do trabalhador e a melhoria de sua condição social. Logo, inadmissível que exista uma negociação dessa magnitude sem o devido controle. Em cenário de prevalência do negociado sobre legislado, o acordo individual do art. 444, parágrafo único, da CLT figura como um verdadeiro passe livre para os empresários e para o capital.

Nesse sentido, o teor do Enunciado n. 1, também aprovado na 2ª Jornada de Direito Material e Processual do Trabalho:

> Comissão 4 – Trabalhadora gestante e trabalhadora lactante. Trabalhador autônomo exclusivo. Hiperssuficiente econômico. Arbitragem e cláusula compromissória. Enunciado 1. Título: TRABALHADOR HIPERSUFICIENTE. ART 444. PARAGRAFO ÚNICO DA CLT. Ementa: I – O PARÁGRAFO ÚNICO DO ART. 444 DA CLT, ACRESCIDO PELA LEI N. 13.467/2017, CONTRARIA OS PRINCÍPIOS DO DIREITO DO TRABALHO, AFRONTA A CONSTITUIÇÃO FEDERAL (ARTS. 5º, *CAPUT*, E 7º, XXXII, ALÉM DE OUTROS) E O SISTEMA INTERNACIONAL DE PROTEÇÃO AO TRABALHO, ESPECIALMENTE A CONVENÇÃO N. 111 DA OIT. II – A NEGOCIAÇÃO INDIVIDUAL SOMENTE PODE PREVALECER SOBRE O INSTRUMENTO COLETIVO SE MAIS FAVORÁVEL AO TRABALHADOR E DESDE QUE NÃO CONTRAVENHA AS DISPOSIÇÕES FUNDAMENTAIS DE PROTEÇÃO AO TRABALHO, SOB PENA DE NULIDADE E DE AFRONTA AO PRINCÍPIO DA PROTEÇÃO (ART. 9º DA CLT C/C O ART. 166, VI, DO CÓDIGO CIVIL).[42]

Ante o exposto, percebe-se que, na forma como previsto, o art. 444, parágrafo único, da CLT é claramente inconstitucional, visto que contrário a inúmeros dispositivos e princípios presentes, explicita e implicitamente, na Carta Magna. Portanto, insustentável a manutenção da modalidade de negociação individual nesses moldes, devendo ser declarada a inconstitucionalidade do referido dispositivo, em sede de controle de constitucionalidade.

---

(40) *Enunciados aprovados na 2ª Jornada*. Ementas e inteiro teor das teses. Comissão 4. Enunciado 1. Enunciados Aglutinados. Disponível em: <http://www.jornadanacional.com.br/listagem-enunciados-aprovados-vis2.asp?ComissaoSel=4>. Acesso em: 29 mar. 2019.

(41) GONÇALVES, Alex Silva; QUIRINO, Regio Hermilton Ribeiro. A Norma Hipotética Fundamental de Hans Kelsen e a Regra de Reconhecimento de Herbert Hart: semelhanças e diferenças entre os critérios de validade do Sistema Jurídico. *Sequência — Publicação do Programa de Pós-Graduação em Direito da UFSC*. v. 39, n. 78, Florianópolis, abr. 2018.

(42) MIZIARA, Raphael. *Organização Internacional do Trabalho* — OIT se manifesta formalmente sobre pontos da Reforma Trabalhista. Disponível em: <http://ostrabalhistas.com.br/organizacao-internacional-do-trabalho-oit-se-manifesta-formalmente-sobre-pontos-da-reforma-trabalhista/>. Acesso em: 08 maio 2019.

3.2. Inconvencionalidade

A Organização Internacional do Trabalho foi fundada em 1919, pelo Tratado de Versalhes, com a finalidade de promover justiça social. Trata-se de uma organização responsável pela formulação e aplicação das normas internacionais do trabalho — Convenções ou Recomendações.

É uma agência das Nações Unidas, sediada em Genebra, com estrutura tripartite (composta por representantes dos governos, organizações empregadores e trabalhadores) e conta atualmente com 183 Estados-membros.(43)

Destaque que há 100 anos o Brasil ingressou na OIT, sendo um de seus membros fundadores. A Constituição Federal de 1934 foi a primeira a abordar, direitos do trabalhador. Ao longo do tempo, os direitos trabalhistas foram ganhando mais força no ordenamento jurídico pátrio, diversas leis surgiram para assegurá-los.

Conforme já tratado em tópico anterior, a Constituição Federal de 1988 já prevê os direitos trabalhistas como direitos fundamentais sociais, havendo diversos dispositivos e princípios constitucionais de proteção ao trabalhador.

Os membros da OIT, desde a sua criação, já adotaram 189 Convenções Internacionais de Trabalho e 205 Recomendações – sobre temas diversos, como emprego, proteção social, recursos humanos, saúde e segurança no trabalho, trabalho marítimo, entre outros. Frise-se que as Convenções, uma vez ratificadas por decisão soberana de um país, passam a fazer parte de seu ordenamento jurídico. Enquanto que as Recomendações são fontes materiais que não integram o direito interno por meio de ratificação, visto que servem apenas de inspiração para o legislador interno.

O Brasil, até o momento, apenas ratificou 97 Convenções — sendo a mais recente a Convenção n. 189, qual seja, Convenção e Recomendação sobre Trabalho Decente para as Trabalhadoras e os Trabalhadores Domésticos, adotada pela OIT em 2011 e ratificada pelo Brasil em 2018, em vigor a partir de fevereiro de 2019.

Ressalta-se que as Convenções Internacionais do Trabalho são considerados tratados de direitos humanos em sentido estrito. De acordo com Mazzuoli, ao serem aprovados pelo direito interno brasileiro, passam a ostentar *status* materialmente constitucional e, a depender da forma como é feita a ratificação, também pode figurar formalmente como texto constitucional:

> Considerando que as convenções internacionais do trabalho são tratados de direitos humanos em sentido estrito, uma vez aprovadas pelo Congresso Nacional, e ratificadas pelo Poder Executivo, passam a integrar a nossa ordem jurídica com *status* materialmente constitucional, por força do art. 5º, § 2º, da Constituição. Se, por sua vez, forem aprovadas pelo *quorum* do § 3º do art. 5º,

(43) *História da OIT. Site* oficial da Organização Internacional do Trabalho. Disponível em: <https://www.ilo.org/brasilia/conheca-a-oit/hist%C3%B3ria/lang—pt/index.htm>. Acesso em: 30 mar. 2019.

tornam-se *formalmente* constitucionais, tendo, porém, em qualquer dos casos, aplicação imediata desde a ratificação. Assim, devem os juízes utilizar as convenções da OIT afastando a lei interna (menos benéfica) contrária à norma internacional, no exercício do controle difuso de convencionalidade.(44)

Já de acordo com a jurisprudência do Supremo Tribunal Federal, os tratados sobre direitos humanos quando ratificados, mediante quórum ordinário, adquirem *status* supralegal e infraconstitucional, pelo que, a priori, afasta a aplicação de toda a legislação ordinária ou complementar com ela conflitante.(45) Por outro lado, o art. 5º, § 3º, CF/88 estabeleceu que ao serem aprovados em cada Casa do Congresso Nacional, em dois turnos, por 3/5 dos votos, serão equivalentes às Emendas Constitucionais (EC).

A propósito, eis a opinião de Hugo Cavalcanti Melo Filho e José Adelmy Acioli:

> Essa estrutura hierárquica trapezoidal determina que a conformação de validade da norma apurada pelo intérprete não se restrinja à verificação de sua compatibilidade vertical e positiva com a Constituição Federal, mas, de forma dupla, também com os Tratados Internacionais de Direitos Humanos ratificados pelo Estado.
>
> Em outras palavras, os Tratados e Convenções Internacionais de Direitos Humanos passam a ser, ao lado da Constituição Federal, fundamentos de validade para as normas jurídicas internas, o que aponta para o exame em paralelo dos controles de constitucionalidade e de convencionalidade das normas jurídicas internas, os quais se identificam tanto com relação às espécies quanto no que concerne ao modo de exercê-los.(46)

Vale ressaltar que o art. 19, 8, da Constituição da OIT determina que sejam aplicadas sempre as normas mais favoráveis aos cidadãos, sejam elas internacionais ou nacionais. Assim, ao haver um conflito entre norma internacional e norma interna, como por exemplo entre Convenção (independentemente da forma pela qual foi ratificada) e CLT, o que irá prosperar será a que for mais benéfica para o trabalhador.(47)

Destarte, é de se destacar que a Organização Internacional do Trabalho — OIT possui poder de controle sobre a aplicação das normas internacionais do trabalho pelos países membros, como é o caso do Brasil. Assim, em Relatório do Comitê de Peritos da OIT sobre

(44) MAZZUOLI, Valerio de Oliveira; Franco Filho, Georgenor de Sousa. Incorporação e aplicação das convenções internacionais da OIT no Brasil. *Revista de Direito do Trabalho*, vol. 167, ano 42, p. 169-182, São Paulo, Revista dos Tribunais, jan./fev. 2016.

(45) GUNTHER, 2017, P.130 *Apud* FIORILLO, C. A. P.; OOSTERBEEK, Luiz; BALERA, Wagner. O empregado hipersuficiente sob a perspectiva do direito fundamental da igualdade e da Convenção 111 da OIT. *Percurso – Anais do V Congresso Luso-brasileiro de direitos humanos na sociedade da informação.* vol. 03, n. 26, Curitiba, 2018, p. 452-475.

(46) MELO FILHO, Hugo C.; ACIOLI, J. A. Ainconvencionalidade formal da Lei n. 13.467/2017. In: SOUTO MAIOR, Jorge Luiz; SEVERO, Valdete Souto (Orgs). *Resistência: aportes teóricos contra o retrocesso trabalhista.* 1 ed. São Paulo: Expressão Popular, 2017. v., p. 1-2.

(47) GUNTHER, 2017, p.130 *Apud* FIORILLO, C. A. P.; OOSTERBEEK, Luiz; BALERA, Wagner. *Op. cit.*, p. 452-475.

a aplicação de Convenções e Recomendações, a organização se manifestou formalmente sobre pontos da Reforma Trabalhista — dentre eles a alteração feita no art. 444 da CLT. Senão vejamos:

> **(ii) Relação entre a negociação coletiva e os contratos individuais de trabalho dos "altos" empregados (art. 444, parágrafo único, da CLT)**
>
> Nesse tópico, o Comitê observou que os "altos" empregados poderão, individualmente, derrogar previsões estabelecidas legalmente ou, também, por negociações coletivas, mediante simples ajuste individual.
>
> Logo, o Comité recordou que disposições que permitem que os contratos individuais de trabalho contenham cláusulas contrárias às contidas em normas coletivas são contrárias à obrigação de promover a negociação coletiva, como manda o art. 4º da Convenção n. 98 da OIT.
>
> Assim, o Comitê requereu ao Governo brasileiro que examine a possibilidade de revisão dessas proposições legais no sentido de adequá-las ao art. 4º da Convenção n. 98.[48]

A Convenção n. 98 versa acerca do direito de sindicalização e negociação coletiva, foi adotada pela OIT em 1949 e ratificada pelo Brasil em 1952, permanecendo em vigor atualmente.[49] Em seu art. 4º, a mencionada Convenção trata da promoção de negociações coletivas, nos seguintes termos:

> Art. 4 - Deverão ser tomadas, se necessário for, medidas apropriadas às condições nacionais, para fomentar e promover o pleno desenvolvimento e utilização dos meios de negociação voluntária entre empregadores ou organizações de empregadores e organizações de trabalhadores com o objetivo de regular, por meio de convenções, os termos e condições de emprego.

Percebe-se que o intuito da Convenção é o de promover e estimular a negociação coletiva entre os atores sociais, assim como fixar limites à atuação legislativa dos signatários, a fim de evitar ofensa a liberdade sindical[50]. Assim, o Estado deve promover medidas para o fomento das negociações voluntárias, que devem ocorrer entre empregadores e organizações de empregados (acordos coletivos de trabalho) ou entre organizações de empregadores e organização de empregados (convenções coletivas). Ou seja, há um incentivo à realização de negociações desde que realizadas coletivamente e em benefício do trabalhador.

O estipulado no art. 444, parágrafo único, da CLT não possui embasamento em tal Convenção, pelo contrário, vai de encontro ao por ela disciplinado, visto que cria modalidade

---

(48) MIZIARA, Raphael. *Organização Internacional do Trabalho* — OIT se manifesta formalmente sobre pontos da Reforma Trabalhista. Disponível em: <http://ostrabalhistas.com.br/organizacao-internacional-do-trabalho-oit-se-manifesta-formalmente-sobre-pontos-da-reforma-trabalhista/>. Acesso em: 08 maio 2019.

(49) *C098* — Direito de sindicalização e de negociação coletiva Site oficial da OIT. Disponível em: <https://www.ilo.org/brasilia/convencoes/WCMS_235188/lang—pt/index.htm>. Acesso em: 31 mar. 2019.

(50) CARDOSO, Jair Aparecido; FAVARETTO, Sandra Helena. A prevalência do negociado sobre o legislado frente ao postulado da vedação do retrocesso social. *Anais do Congresso Brasileiro de Processo Coletivo e Cidadania*, n. 4, p. 190-210, out. 2016.

de acordo individual realizado por "alto" empregado diretamente com o empregador (sem auxílio de organização de empregados), acerca de qualquer tema (podendo ser inclusive *in pejus*) e com preponderância ante negociações coletivas e a lei.

Destaca-se que, conforme enunciado aglutinado, da Comissão 4 da 2ª Jornada Direito Material e Processual do Trabalho (já pontuado em tópico anterior), o art. 444, parágrafo único, da CLT viola também a Convenção n. 111 da OIT, pois importa discriminação em matéria de emprego e ocupação.(51) Por conseguinte, pode-se afirmar que a mencionada negociação individual também viola o art. 26 do Pacto Internacional de Direitos Civis e Políticos e art. 2.2 do Pacto Internacional dos Direitos Económicos, Sociais e Culturais — ambos tratados internacionais de direitos humanos, vigentes no Brasil desde 1992 —, *in verbis*:

> "Pacto Internacional de Direitos Civis e Políticos – Art. 26. Todas as pessoas são iguais perante a lei e têm direito, sem discriminação alguma, a igual proteção da Lei. A este respeito, a lei deverá proibir qualquer forma de discriminação e garantir a todas as pessoas **proteção igual e eficaz** contra qualquer discriminação por motivo de raça, cor, sexo, língua, religião, opinião política ou de outra natureza, origem nacional ou social, **situação económica,** nascimento ou qualquer outra situação." (g.n.)(52)

> "Pacto Internacional dos Direitos Económicos, Sociais e Culturais – Art. 2º 2. Os Estados-Partes do presente Pacto comprometem-se a garantir que os direitos nele enunciados e exercerão em discriminação alguma por motivo de raça, cor, sexo, língua, religião, opinião política ou de outra natureza, origem nacional ou social, **situação económica,** nascimento ou qualquer outra situação."(53)

Outrossim, válido destacar que o art. 444, parágrafo único, da CLT também vai de encontro ao estipulado no art. 23 da Declaração Universal dos Direitos Humanos (1948), o qual disciplina, de certa forma, os princípios da irredutibilidade do salário e liberdade sindical, senão vejamos:

> Art. 23º
>
> 1. Toda a pessoa tem direito ao trabalho, à livre escolha do trabalho, a condições equitativas e satisfatórias de trabalho e à protecção contra o desemprego.
>
> 2. Todos têm direito, sem discriminação alguma, a salário igual por trabalho igual.
>
> 3. Quem trabalha tem direito a uma remuneração equitativa e satisfatória, que lhe permita e à sua família uma existência conforme com a dignidade humana, e completada, se possível, por todos os outros meios de protecção social.

---

(51) *Enunciados aprovados na 2ª Jornada*. Ementas e inteiro teor das teses. Comissão 4. Enunciado 1. Enunciados Aglutinados. Disponível em: <http://www.jornadanacional.com.br/listagem-enunciados-aprovados-vis2.asp?ComissaoSel=4>. Acesso em: 29 mar. 2019.

(52) BRASIL. *Decreto n. 592, de 06 de julho de 1992*. Atos Internacionais. Pacto Internacional sobre Direitos Civis e Políticos. Promulgação. In: Portal do Planalto. Disponível em: <http://www.planalto.gov.br/ccivil_03/decreto/1990-1994/d0592.htm> Acesso em: 08 maio 2019.

(53) BRASIL. *Decreto n. 591, de 06 de julho de 1992*. Atos Internacionais. Pacto Internacional sobre Direitos Econômicos, Sociais e Culturais. Promulgação. In: Portal do Planalto. Disponível em: <http://www.planalto.gov.br/ccivil_03/decreto/1990-1994/d0591.htm>. Acesso em: 08 maio 2019.

4. Toda a pessoa tem o direito de fundar com outras pessoas sindicatos e de se filiar em sindicatos para defesa dos seus interesses.(54)

Em linhas gerais, pode-se dizer que o art. 444, parágrafo único, da CLT, no plano individual, viola o princípio da isonomia, enquanto que no plano coletivo afasta e enfraquece os sindicatos.(55)

Assim, o Brasil ao inserir em seu ordenamento jurídico essa nova modalidade de acordo individual, previsto no art. 444, parágrafo único, da CLT, atua de forma contrária ao disciplinado em Tratados Internacionais de Direitos Humanos por ele ratificados e o estipulado na própria Constituição da OIT.

Em outras palavras, não obstante a violação a preceitos da CF/88 já mencionadas em tópico anterior, o art. 444, parágrafo único, da CLT viola frontalmente a Convenção n. 98 da OIT, a Convenção n. 111 da OIT, o Pacto Internacional de Direitos Civis e Políticos, a Declaração Universal de Direitos Humanos, e o Pacto Internacional dos Direitos Econômicos, Sociais e Culturais, todos tratados sobre direitos humanos de hierarquia supralegal.(56)

A Lei n. 13.467/17, por ser norma ordinária, pode ser submetida ao controle de convencionalidade, conforme visto acima. Uma vez detectado conflito com Convenção Internacional do Trabalho, a norma conflitante, caso verse acerca de condição menos favorável ao trabalhador, perde sua aplicabilidade

> Ou seja, a Lei n. 13.467/2017, responsável pela reforma trabalhista, por tratar-se de uma lei ordinária, é suscetível de incidência do controle de convencionalidade, no decorrer de sua análise e aplicação, caso alguma de suas disposições entrarem em conflito com as disposições encontradas nos tratados internacionais que regulam os direitos humanos, sua aplicabilidade deverá ser afastada, dando prioridade à aplicação das diretrizes encontradas nos tratados internacionais.(57)

Nesse contexto, o art. 444, parágrafo único, da CLT é um desses dispositivos em conflito com Tratados ratificados pelo Brasil, vez que trata de modalidade de acordo individual de caráter discriminador/segregador que pode estipular cláusulas contratuais extremamente maléficas para o trabalhador. Assim, evidente sua inaplicabilidade nesses casos, sob pena de gravíssima violação a texto de hierarquia superior.

---

(54) *Declaração Universal de Direitos Humanos de 1948*. Disponível em: <https://www.google.com/url?sa=t&rct=j&q=&esrc=s&source=web&cd=2&ved=2ahUKEwi0xL-fro3iAhXsF7kGHYqeBCcQFjABegQIBRAC&url=https%3A%2F%2Fnacoesunidas.org%2Fwp-content%2Fuploads%2F2018%2F10%2FDUDH.pdf&usg=AOvVaw0x4Pj2VS8rVNrW50ISJHuO>. Acesso em: 08 maio 2019.

(55) SILVA, José Antônio Ribeiro de Oliveira *et al. Comentários à lei da reforma trabalhista*. Dogmática, visão crítica e interpretação constitucional. São Paulo: LTr, 2018. p. 80-83.

(56) MELO FILHO, Hugo C.; ACIOLI, J. A. A inconvencionalidade formal da Lei n. 13.467/2017. In: SOUTO MAIOR, Jorge Luiz; SEVERO, Valdete Souto (Orgs.). *Resistência:* aportes teóricos contra o retrocesso trabalhista. 1. ed. São Paulo: Expressão Popular, 2017, v., p. 1-2.

(57) FIORILLO, C. A. P.; OOSTERBEEK, Luiz; BALERA, Wagner. O empregado hipersuficiente sob a perspectiva do direito fundamental da igualdade e da Convenção n. 111 da OIT. *Percurso* — Anais do V Congresso Luso-brasileiro de direitos humanos na sociedade da informação, vol. 03, n. 26, Curitiba, 2018, p. 452-475.

Assim, cláusulas que contraponham-se às disposições fundamentais à proteção do trabalho ou tratem de condição lesiva ao trabalhador, devem ser consideradas nulas. Esse deve ser o entendimento seguido, sob pena de ferir de morte o Direito do Trabalho e a própria Constituição.(58)

4. Incompatibilidade principiológica do dispositivo

Acerca dos princípios, é possível afirmar que esses constituem preceitos de essencial relevância para a interpretação e a aplicação do Direito, sendo considerados verdadeiros pilares de sustentação, inclusive, do Direito Trabalhista.

Sabe-se, atualmente, que os princípios têm força normativa e não devem mais ser compreendidos como simples enunciados pragmáticos não vinculantes. Ou seja, hoje os princípios, que constituem importantíssima fonte de direito, possuem característica de norma jurídica e devem ser respeitados.(59)

Dentre os inúmeros princípios do Direito do Trabalho, elencam-se os seguintes, que possuem especial relevância para o tema ora tratado: Princípio da proteção e seus subprincípios; Princípio da irrenunciabilidade; Princípio da inalterabilidade contratual lesiva; e Princípio da imperatividade das normas trabalhistas.

Convém passar à análise da nova modalidade de acordo individual fixado no art. 444, parágrafo único, da CLT, na perspectiva de tais princípios.

a) Princípio da proteção e seus subprincípios

O princípio da proteção ou princípio protetor é considerado um dos mais importantes do Direito do Trabalho e estipula normas imperativas de observância obrigatória nos pactos laborais. Sua finalidade é diminuir a desigualdade existente no pacto de emprego celebrado entre trabalhador — parte hipossuficiente — e empregador. Está previsto, de certa forma, no art. 9º da CLT c/c art. 166, VI do Código Civil (CC), *in verbis*:

> Art. 9º, CLT – Serão nulos de pleno direito os atos praticados com o objetivo de desvirtuar, impedir ou fraudar a aplicação dos preceitos contidos na presente Consolidação.
>
> Art. 166, CC – É nulo o negócio jurídico quando: [...]
>
> VI – tiver por objetivo fraudar lei imperativa;(60)

Esse princípio se subdivide em três, quais sejam, princípio *in dubio* pro operário/misero, princípio da utilização da norma mais favorável e princípio da aplicação da condição mais benéfica.(61) Examinem-se esses dois últimos.

---

(58) VASCONCELLOS, Andréa de Campos. Considerações acerca da tutela empregatícia diante da reforma trabalhista — Lei n. 13.467/17. *Rev. Trib. Reg. Trab. 3ª Reg.*, Belo Horizonte, edição especial, p. 195-201, nov. 2017.

(59) ALEXY, R. *Teoría de los Derechos Fundamentales*. Madrid: Centro de Estudios Constitucionales, 1997, p. 83. *Apud* DELGADO, Mauricio Godinho. *Curso de direito do trabalho 2017*. 16. ed. São Paulo: LTr, 2018. p. 204-207.

(60) BRASIL. *Lei n. 10.406, de 10 de janeiro de 2002*. Institui o Código Civil. In: Portal do Planalto. Disponível em: <http://www.planalto.gov.br/ccivil_03/leis/2002/L10406compilada.htm>. Acesso em: 08 maio 2019.

(61) SARAIVA, Renato; SOUTO, Rafael Tonassi. *Direito do Trabalho Concursos públicos*. 20. ed. Salvador: Editora JusPodivm, 2018. p. 29-35.

O (sub)princípio da utilização da norma mais favorável prevê que sempre deve ser observada e aplicada a norma mais benéfica ao trabalhador. Esse princípio encontra-se mitigado, visto que, atualmente, a CLT fixa ordem de sobreposição de normas que deve ser fielmente seguida, em grau de força ou "hierarquia": 1) Acordo individual realizado pelo empregado "hipersuficiente"; 2) Acordo Coletivo de Trabalho (ACT); 3) Convenção Coletiva de Trabalho (CCT); 4) Lei. Ou seja, o que impera acima de todas as normas legais e negociações coletivas é o acordo individual de trabalho realizado pelo empregado "hipersuficiente", seja ele benéfico ou não para o trabalhador.

Considerando-se que o acordo individual estipulado pelo art. 444, parágrafo único, da CLT, pode ser realizado sem nenhuma limitação, evidente está o conflito com o mencionado princípio. Enquanto o diploma legal referido impõe a necessária sobreposição de normas, na ordem acima, independentemente de caráter valorativo — se mais benéfico ou não —, o princípio estipula a sobreposição de norma mais favorável sempre, independentemente se constante em lei, negociação coletiva ou individual.

Já o (sub)princípio da aplicação da condição mais benéfica versa que as condições mais vantajosas fixadas em contrato de trabalho ou constante em regulamento da empresa devem sempre prevalecer — ainda que texto superveniente estabeleça nível protetivo menor sobre o mesmo tema. Esse princípio dialoga com o anteriormente explicitado, mas importa sobreposição de contrato ou regulamento sobre a norma.

As mesmas considerações feitas em parágrafo anterior devem ser feitas aqui, pois ambos os princípios — da aplicação da norma mais favorável e da condição mais benéfica — ignoram o fato de haver suposta hierarquia ou sobreposição, pois atentam apenas à proteção do trabalhador e à prevalência daquilo que estiver estipulado de forma mais vantajosa para ele.

b) Princípio da irrenunciabilidade

Também chamado de princípio da indisponibilidade de direitos ou princípio da inderrogabilidade, trata da impossibilidade de o trabalhador privar-se voluntariamente de uma ou mais proteções concedidas pelo direito trabalhista em seu benefício. Trata-se de uma verdadeira limitação à autonomia da vontade.

> Tal princípio torna os direitos dos trabalhadores irrenunciáveis, indisponíveis e inderrogáveis, conferindo importante mecanismo de proteção ao obreiro em face da pressão exercida pelo empregador, o qual, muitas vezes, utilizando-se de mecanismos de coação, induz, obriga o trabalhador a dispor contra a vontade de direitos conquistados a suor e trabalho.[62]

Esse princípio é diretamente afetado pela existência de modalidade de acordo individual nos moldes estipulados pela Reforma. Isso porque se intenta impor uma nova hipótese de negociação realizada diretamente entre o empregado e o empregador, em que se pode ajustar,

(62) SARAIVA, Renato; SOUTO, Rafael Tonassi. *Direito do Trabalho Concursos públicos.* 20. ed. Salvador: JusPodivm, 2018. p. 29-35.

em tese, qualquer tema e realizar qualquer modificação contratual. Estipula-se a livre ou total autonomia da vontade.

Percebe-se, portanto, que há um verdadeiro embate entre a nova modalidade de acordo, fixada pela Reforma (art. 444, parágrafo único, CLT), e o princípio acima indicado, visto que limita a autonomia da vontade, enquanto aquele amplia essa autonomia.

c) Princípio da inalterabilidade contratual lesiva

Por sua vez, o princípio da inalterabilidade contratual lesiva, também conhecido como princípio da inalterabilidade *in pejus*, disciplina que ao ajustarem as cláusulas contratuais as partes estão vinculadas aos limites da lei. Significa dizer que também há uma mitigação da livre manifestação de vontade e autonomia das partes.[63]

As partes podem pactuar cláusulas iguais ou melhores (para o empregado) que a lei, mas nunca contra ou em condições menos favoráveis que as previstas na legislação ou nas normas coletivas vigentes (art. 444, *caput*, CLT).

Depois disso, por força do princípio da inalterabilidade lesiva, não poderá haver alteração que traga prejuízo ao trabalhador, consideradas as balizas originais do contrato, ainda que as novas condições respeitem os limites legais ou convencionais.

Esse princípio encontra-se previsto, em certa medida, no art. 468 da CLT que versa acerca da licitude da realização de alterações em contratos individuais de trabalho por mútuo consentimento desde que as condições não resultem, direta ou indiretamente, prejuízos ao empregado, sob pena de nulidade da cláusula infringente desta garantia.

O art. 444 também era considerado um dispositivo modelo da CLT acerca do tema. No entanto, com o advento da Reforma Trabalhista e a inclusão do parágrafo único ao mencionado artigo, não mais é possível citá-lo como paradigma jurídico a corroborar o disciplinado pelo princípio ora estudado.

Conforme já explanado, o *caput* do art. 444, CLT manteve-se inalterado e, portanto, continua a especificar que as relações contratuais trabalhistas são de livre estipulação, contanto que o estipulado não contravenha às disposições de proteção do trabalho, contratos coletivos e decisões de autoridades competentes, *in verbis*:

> Art. 444. As relações contratuais de trabalho podem ser objeto de livre estipulação das partes interessadas em tudo quanto não contravenha às disposições de proteção ao trabalho, aos contratos coletivos que lhes sejam aplicáveis e às decisões das autoridades competentes.[64]

Perceba que antes da Reforma já era possível o empregador e o empregado negociarem certos assuntos da relação de trabalho, contanto que o estipulado fosse mais benéfico ou em melhores condições para o trabalhador e fosse respeitada as leis, Convenção Coletiva de Trabalho e Acordo Coletivo de Trabalho. Ou seja, alterações contratuais em favor do empregado

(63) *Idem.*

(64) BRASIL. *Decreto-lei n. 5.452, de 1º de maio de 1943*. Aprova a Consolidação das Leis do Trabalho. In: Portal do Planalto. Disponível em: <http://www.planalto.gov.br/ccivil_03/decreto-lei/del5452.htm>. Acesso em: 08 maio 2019.

sempre foram/serão válidas e bem vindas, não sendo necessário ser hipersuficiente para gozar dessa prerrogativa.[(65)]

Por sua vez, o parágrafo único, incluído pela Reforma no mencionado artigo, trata de modalidade de acordo individual que, conforme também já tratado, sobrepõe-se às leis e demais normas negociais, bem como não sofre uma limitação clara quanto ao seu conteúdo. Senão vejamos:

> Parágrafo único. A livre estipulação a que se refere o *caput* deste artigo aplica-se às hipóteses previstas no art. 611-A desta Consolidação, com a mesma eficácia legal e preponderância sobre os instrumentos coletivos, no caso de empregado portador de diploma de nível superior e que perceba salário mensal igual ou superior a duas vezes o limite máximo dos benefícios do Regime Geral de Previdência Social. (Incluído pela Lei n. 13.467, de 2017)[(66)]

Assim, a lei o fixa como instrumento de grande força no ordenamento jurídico do Direito do Trabalho, ao passo que não define expressamente sua limitação — à livre estipulação aplica-se ao art. 611-A, da CLT, e apresenta rol meramente exemplificativo, como já demonstrado em tópico anterior, o que demonstra não haver limites para a liberdade de negociação. Isso pode levar ao entendimento de que qualquer coisa pode ser estipulada por meio desse instrumento, inclusive de forma lesiva ao trabalhador.

Destaca-se que a liberdade ampla gera consequências como a existência de acordos/contratos de trabalho com características similares às de contratos de adesão, visto que esses empregados "superiores" estarão sujeitos às deliberações de seus empregadores, ante o temor do desemprego. Eis o entendimento de Maria Almeida sobre o tema:

> O dispositivo possibilita que o empregador estipule cláusulas desfavoráveis a esse segmento estratificado de seus empregados, desconsiderando que essa regra legal se reporta a um dos mais impressionantes contratos de adesão do sistema econômico e social contemporâneo — contrato de emprego — e, por isso, é difícil crer na possibilidade real de negociação direta do empregado com o empregador.[(67)]

Assim, entende-se que a criação dessa nova modalidade de acordo viola o princípio da inalterabilidade contratual lesiva, assim como vai de encontro a outros dispositivos da própria Consolidação das Leis Trabalhistas (como é o caso do art. 468, CLT), visto que, ao não estabelecer limites quanto ao que pode ser negociado, tais acordos podem, em tese, prever clausulas ou condições *in pejus*.

---

(65) PORTO, André; BONFIM, Raphael. *Projeto de Lei n. 8.294:* Flexibilização do art. 444 da CLT. Grupo de Estudos Mundo do Trabalho e Cidadania. Direito — UFES. Disponível em: <https://www.google.com/url?sa=t&rct=j&q=&esrc=s&source=web&cd=10&cad=rja&uact=8&ved=2ahUKEwjvmKeKjabhAhVPHrkGHU25BHAQFjAJegQIBBAC&url=http%3A%2F%2Fwww.periodicos.ufes.br%2Fppgdir-semanajuridica%2Farticle%2Fdownload%2F12754%2F8851&usg=AOvVaw10PmPvuSrXVk4VtVhFppVx>. Acesso em: 10 maio 2019.

(66) BRASIL. *Decreto-lei n. 5.452, de 01 de maio de 1943.* Aprova a Consolidação das Leis do Trabalho. In: Portal do Planalto. Disponível em: <http://www.planalto.gov.br/ccivil_03/decreto-lei/del5452.htm>. Acesso em: 08 maio 2019.

(67) ALMEIDA, Maira Santana Gama de. *Reforma trabalhista:* uma análise à luz dos princípios constitucionais e dos princípios basilares do direito do trabalho. 2018. 100. Trabalho de Conclusão de Curso - Universidade Federal do Rio Grande do Sul. Faculdade de Direito. Curso de Ciências Jurídicas e Sociais, Porto Alegre, 2018.

d) Princípio da imperatividade das normas trabalhistas

O princípio da imperatividade das normas trabalhistas, por sua vez, estabelece que as regras justrabalhistas são essencialmente imperativas e, portanto, não devem, em regra, ter sua regência contratual afastada pela simples manifestação de vontade das partes.

Nas palavras de Maurício Godinho:

> Para este princípio prevalece a *restrição* à autonomia da vontade no contrato trabalhista, em contraponto à diretriz civil de soberania das partes no ajuste das condições contratuais. Esta restrição é tida como instrumento assecuratório eficaz de garantias fundamentais ao trabalhador, em face do desequilíbrio de poderes inerente ao contrato de emprego.(68)

Com o triunfo do negociado sobre o legislado esse princípio quedou consideravelmente mitigado. O texto legal incluído na CLT pela Reforma deixa claro que o país está seguindo uma linha de sobreposição das negociações às regras, abandonando a ideia de imperatividade das normas trabalhistas. Ou seja, o que passa a imperar é a autonomia da vontade das partes na pactuação de acordos e realização de contratos.

A modalidade de acordo do art. 444, parágrafo único, da CLT é um perfeito exemplo disso, visto que modelo de instrumento em que o negociado supera o legislado — e vai além, uma vez que prevê que o negociado individualmente supera também o negociado coletivamente.

Ante essa onda de sobreposição do negociado sobre o legislado na modalidade de negociação individual, originam grandes instabilidade e insegurança jurídicas, uma vez que os trabalhadores sucumbem ao arbítrio das diretrizes de seus empregadores, não mais recebendo a proteção advinda da legislação e demais negociações coletivas.(69)

Quanto ao tema, faz-se necessário retomar a ideia de Robert Alexy de que princípios, em verdade, são normas jurídicas que devem ser respeitadas. Nessa mesma linha leciona Humberto Ávila que, apesar de considerar ambos normas, faz uma distinção entre princípios e regras em razão da natureza do comportamento prescrito em cada um — as regras são normas imediatamente descritivas da conduta a ser adotada (previsão de um comportamento), enquanto que os princípios são normas imediatamente finalísticas (centram-se na busca pela realização de um fim juridicamente relevante).(70)

Com entendimento semelhante, Dworkin também compreende que princípios jurídicos são espécie do gênero norma. Aduz que a diferença entre princípio e regra é de natureza lógico-argumentativa, visto que ambos apontam para decisões particulares acerca

(68) DELGADO, Mauricio Godinho. *Curso de direito do trabalho 2018.* 17. ed. São Paulo: LTr, 2018. p. 218-255.

(69) CARDOSO, Jair Aparecido; FAVARETTO, Sandra Helena. A prevalência do negociado sobre o legislado frente ao postulado da vedação do retrocesso social. *Anais do Congresso Brasileiro de Processo Coletivo e Cidadania*, n. 4, p. 190-210, out. 2016.

(70) BOAVENTURA, Paula Cristina Farias. *Os princípios constitucionais do trabalho e a reforma trabalhista.* 2019. 21. Trabalho de Conclusão de Curso – Universidade Catolica de Salvador, Salvador, 2019.

da obrigação jurídica específica, mas distinguem-se quanto a natureza da orientação que oferecem. Nesse sentido, opina Flávio Quinaud Pedron:

> As regras são aplicáveis à maneira do "tudo ou nada". Dados os fatos que uma regra estipula, então ou a regra é válida, e, nesse caso, a resposta que ela oferece deve ser aceita, ou não é válida, e então nada contribui para a decisão.
>
> Outra característica das regras é que, pelo menos em tese, *todas as exceções podem ser arroladas e quanto mais o forem, mais completo será o enunciado da regra.* As regras, assim, não possuem uma dimensão de importância, de modo que, se duas regras entram em conflito, apenas uma delas fará a subsunção do caso concreto. A decisão de saber qual delas será aplicada e qual será abandonada deve ser tomada recorrendo-se às considerações que estão além das próprias regras. Essas considerações versam, por exemplo, sobre os critérios clássicos de solução de antinomias do positivismo: o critério cronológico, em que a norma posterior prevalece sobre a norma anterior; o critério hierárquico, em que a norma de grau superior prevalece sobre a norma de grau inferior; e o critério da especialidade, em que a norma especial prevalece sobre a norma geral. Assim, não se pode dizer que uma regra é mais importante que outras se faz parte de um mesmo sistema de regras. Logo, uma não suplanta a outra, por ter uma importância maior no caso concreto.
>
> Já os princípios jurídicos, diferentemente das regras, não apresentam as consequências jurídicas que seguem quando as condições de aplicação são dadas. Eles não pretendem, nem mesmo, estabelecer as condições que tornam a sua aplicação necessária. Ao contrário, enunciam uma razão que conduz a um argumento e a uma determinada direção.
>
> É por isso que, com relação aos princípios, não há exceções, pois elas não são, nem mesmo em teoria, suscetíveis de enumeração.[71]

A ideias de Alexy e Dworkin são semelhantes em vários aspectos, assim como muito distintos em outros. O relevante para o presente trabalho é o entendimento pacífico e majoritário de que princípios são verdadeiras normas jurídicas.

Em outras palavras, os princípios são muito além de meras regras de interpretação, visto que passam a ter *status* de norma, força legal e natureza vinculante. Assim, independentemente se implícitos ou expressos, os princípios possuem força normativa e devem ser respeitados.

Assim é que as normas jurídicas que não se harmonizem com os princípios que sustentam a disciplina jurídica que ela integra, por indiscutível incompatibilidade com o sistema jurídico que compõe, "mostra-se vazia em si", por sua essência não encontrar correspondência com a essência do princípio ofendido.[72]

---

(71) PEDRON, Flávio Quinaud. Comentários sobre as interpretações de Alexy e Dworkin. *R. CEJ*, Brasília, n. 30, p. 70-80, jul./set. 2005

(72) MELO FILHO, Hugo. *Inaplicabilidade da Lei n. 13.467/17:* Inconstitucionalidades, inconvencionalidades, incompatibilidade principiológica. No prelo. Acesso ao manuscrito em maio de 2019.

5. O real significado e os efeitos da "prevalência do negociado sobre o legislado"

Inicialmente, válido destacar a prestigiada linha de pesquisa desenvolvida pela Escola Jurídico-Trabalhista Crítica do Recife, que desenvolve novo fundamento de validade para o Direito do Trabalho, no contexto da Sociedade Pós-Industrial.

Segundo essa Escola, o direito do trabalho teria apenas recepcionado os fundamentos da doutrina liberal, o que, em outras palavras, significa que toda disciplina legal existente, em verdade, limita-se à esfera individual, havendo um certo esquecimento quanto as relações coletivas, contrahegemônica e emancipatória do Direito do Trabalho, as quais, inclusive, confundem-se com a própria gênese deste ramo.(73)

Segundo a Teoria Social Crítica, o Direito do Trabalho deve caminhar em direção a três pontos convergentes:

> a) um Direito do Trabalho verdadeiramente universal direcionado à preservação da dignidade humana, no contexto de nova cidadania que conserve o sentido de liberdade real;
>
> b) um direito do trabalho produzido com participação efetiva dos interlocutores válidos;
>
> c) a preservação do seu itinerário histórico-cultural — de caráter político revolucionário, enquanto reserva privilegiada, a fim de que uma nova pauta hermenêutica e teórico-dogmática esteja centrada nas relações coletivas em lugar das relações individuais.(74)

Uma das principais teses levantadas consiste na necessidade de deslocamento do princípio da proteção do contrato individual de trabalho para o eixo central de todas as relações sócio laborais existentes. Trata-se de nova proposta teórico-dogmática que contempla o direito do trabalho como direito humano fundamental, destinado a proteger uma gama de trabalhadores não alcançados, a priori, pela proteção legal.(75)

Sobre o tema, obtempera José Adelmy Acioli:

> A partir das proposições lançadas pelo professor Andrade em sua obra Direito e pós-modernidade Fundamentos para um teoria geral, o tema princípios foi totalmente reelaborado. Com três eixos teóricos bem delineados, argumenta, em primeiro lugar, que a maioria da doutrina clássica vincula os princípios às

(73) ACIOLI, José Adelmy da Silva. *Fundamentos teórico-dogmáticos do princípio da proteção social:* a busca de sua efetivação a partir da economia social e solidária, de uma renda universal garantida e das teorias dos movimentos sociais. Belo Horizonte: RTM, 2018. p. 100 – 107.

(74) ANDRADE, Everaldo Gaspar Lopes de. *Princípios de direito do trabalho e seus fundamentos teórico-filosófico:* problematizando, refutando e deslocando o seu objeto. São Paulo: LTr, 2008. p. 160-164.

(75) ANDRADE, Everaldo Gaspar Lopes de; D'ANGELO, Isabele Bandeira de Moraes. Direito do trabalho e teoria social crítica: um diálogo indispensável entre este campo do direito e os demais saberes sociais. *RBSD — Revista Brasileira de Sociologia do Direito*, v. 3, n. 1, p. 71-96, jan./abr. 2016.

relações individuais de trabalho e olvida do seu tronco mais importante, as relações coletivas ou sindicais. Em segundo lugar, procura justificar os princípios por meio de uma raciocínio indutivo, ou seja, a partir de experiências normativas elaboradas para sedimentar ainda mais o raciocínio anterior, assegura que os princípios aparecem como fundamento de validade deste ramo do direito. A partir dele, o Direito do Trabalho se constituiu como um ramo especial de conhecimento jurídico responsável por reger relações ontologicamente desiguais, razão pela qual concedeu superioridade jurídica a um dos sujeitos reequilibrando as partes na constância dos contratos individuais de trabalho.(76)

De acordo com Everaldo Gaspar Andrade, os princípios apresentados pela teoria clássica não podem ser considerados como fundamentos de validade do Direito do Trabalho, mas apenas de peculiaridades do Direito Individual. Assim, perseguindo diretrizes da Teoria da Ação Comunicativa e da Teoria Social Crítica, realizou nova classificação de princípios gerais dentro de uma fundamentação ético-discursiva.(77)

Dentre os princípios por ele destacados, encontra-se o da prevalência do processo negocial de formação da norma sobre o processo estatal dentro de uma comunidade real de comunicação. Conforme esse princípio, é indispensável haver uma "reconstrução da autonomia privada coletiva a partir da redefinição da pauta hermenêutica das organizações sindicais em atenção aos padrões complexos que caracterizam as hodiernas interações sociais".(78)

Destaca-se que a prevalências das relações negociais coletivas na formação das normas trabalhistas posiciona-se como essencial princípio geral que caracteriza a especialidade do Direito do Trabalho como ramo autônomo da ciência jurídica.

Sobre o tema, José Adelmy Acioli aduz que:

> Em outras palavras, sem uma nova concepção sindical coletiva capaz de produzir instâncias comunicacionais adaptadas à realidade fragmentada do mundo do trabalho da sociedade contemporânea e de entronizar novas pautas discursivas à luta operária, não existirá um processo negocial de norma que alcance satisfatoriamente a universalidade dos trabalhadores, senão apenas uma parte cada vez mais reduzida deles. Para o autor, impõe-se a reestruturação do sindicalismo e a ruptura com os conceitos introduzidos na era do sistema industrial, a fim de permitir o surgimento de outras organizações, como também de lideranças e de multifacetárias categorias horizontalizadas e representativas dos empregados, dos desempregados, dos clandestinos e dos não empregáveis. Somente com a superação desses dilemas será possível a constituição de uma modalidade de comunicação sindical conectada com os espaços sociais reivindicativos hodiernos e com uma nova configuração do ser coletivo do Direito do Trabalho.(79)

---

(76) ACIOLI, José Adelmy da Silva. *Fundamentos teórico-dogmáticos do princípio da proteção social:* a busca de sua efetivação a partir da economia social e solidária, de uma renda universal garantida e das teorias dos movimentos sociais. Belo Horizonte: RTM, 2018. p. 100.107.

(77) ANDRADE, Everaldo Gaspar Lopes de. *Op. cit., loc. cit.*

(78) ACIOLI, José Adelmy da Silva. *Op. cit.*, Belo Horizonte: RTM, 2018. p. 87-94.

(79) ACIOLI, José Adelmy da Silva. *Op. cit.*, p. 100-107.

Ora, perceptível, portanto, a importância da prevalência do negociado sobre o legislado e das relações sindicais sobre as individuais quando há uma igualdade substancial entre os interlocutores reunidos na formação de normas gerais trabalhistas. É necessária a aplicação de tais princípios para se alcançar outras modalidades de trabalho existentes nos dias de hoje e não abrangidas pelos preceitos liberais clássicos. Trata-se de um retorno à origem do direito do trabalho e à realização de adaptações necessárias "à proteção da dignidade humana daqueles que vivem de um trabalho digno e da ressocialização ao projeto social coletivo dos trabalhadores permanentemente excluídos e não empregáveis".(80)

Em outras palavras, a prevalência do negociado é, em verdade, algo extremamente benéfico aos trabalhadores, quando realizado no âmbito coletivo, conforme acima explanado. Deve-se abandonar a ideia de que a sua supremacia ante a legislação é algo maléfico em si. A realização de negociações coletivas podem sim trazer grandes avanços para o Direito do Trabalho, uma vez que proporciona a expansão do aparato normativo para realidades da sociedade até então desacobertadas pelo manto legal.

Ocorre que a Reforma introduziu, de forma inédita, uma modalidade de negociação em formato individual, a qual presume a capacidade de determinados trabalhadores (em razão do salário percebido e da escolaridade) para realizar acordos diretamente com os seus empregadores, sem o auxílio dos sindicatos ou qualquer outro instituto. Ademais, o produto desta negociação comporta a livre estipulação das parte (nos moldes do art. 611-A, CLT, de rol exemplificativo) e possui força superior às leis e negociações coletivas. Logo, perceptível que, nesse caso, a prevalência do negociado não deve prosperar.

Da forma como previsto no texto legal introduzido pela Reforma, as partes possuem livre autonomia da vontade, não havendo uma clara delimitação quanto ao conteúdo que pode ou não ser tratado por meio dessa negociação individual. Assim, nos termos como fixado, o negociado individualmente não merece prevalecer ante negociado coletivamente ou a lei, principalmente quando fixar cláusulas *in pejus*.

Nesse contexto, válido destacar que em recente decisão do Supremo Tribunal Federal, proferida em 03/05/19, no âmbito da ARE n. 1.121.633, foi negada a fixação de nova roupagem ao conteúdo do Tema n. 1.046 de repercussão geral, que trata dos limites da negociação coletiva, que haviam sido fixados no julgamento do RE n. 590.415.

Desse julgamento (RE n. 590.415), importante mencionar trecho de voto do Ministro Roberto Barroso, que versa acerca da limitação da autonomia da vontade em razão da assimetria de poder entre os sujeitos da relação de trabalho, *in verbis*:

> II. LIMITAÇÃO DA AUTONOMIA DA VONTADE DO EMPREGADO EM RAZÃO DA ASSIMETRIA DE PODER ENTRE OS SUJEITOS DA RELAÇÃO INDIVIDUAL DE TRABALHO. 8. O direito individual do trabalho tem na relação de trabalho, estabelecida entre o empregador e a pessoa física do empregado, o elemento básico a partir do qual constrói os institutos e regras de interpretação. Justamente porque **se reconhece, no âmbito das relações individuais, a desigualdade econômica e de poder entre as partes, as normas que regem tais relações são voltadas à tutela**

(80) ACIOLI, José Adelmy da Silva. *Op. cit.*, p. 87-94.

do trabalhador. Entende-se que **a situação de inferioridade do empregado compromete o livre exercício da autonomia individual da vontade e que, nesse contexto, regras de origem heterônoma — produzidas pelo Estado — desempenham um papel primordial de defesa da parte hipossuficiente.** Também por isso a aplicação do direito rege-se pelo **princípio da proteção**, optando-se pela **norma mais favorável ao trabalhador na interpretação e na solução de antinomias**. 9. **Essa lógica protetiva está presente na Constituição**, que consagrou um grande número de dispositivos à garantia de direitos trabalhistas no âmbito das relações individuais. Essa mesma lógica encontra-se presente no art. 477, § 2º, da CLT e na Súmula n. 330 do TST, quando se determina que a quitação tem eficácia liberatória exclusivamente quanto às parcelas consignadas no recibo, independentemente de ter sido concedida em termos mais amplos. 10. Não se espera que o empregado, no momento da rescisão de seu contrato, tenha condições de avaliar se as parcelas e valores indicados no termo de rescisão correspondem efetivamente a todas as verbas a que faria jus. Considera-se que a condição de subordinação, a desinformação ou a necessidade podem levá-lo a agir em prejuízo próprio. Por isso, a quitação, no âmbito das relações individuais, produz efeitos limitados. Entretanto, tal assimetria entre empregador e empregados não se coloca — ao menos não com a mesma força — nas relações coletivas. (RE n. 590.415/ SC – SANTA CATARINA. Relator: Min. ROBERTO BARROSO. Julgamento: 30.04.2015. Órgão Julgador: Tribunal Pleno) (g.n.)

Segundo Jorge Luiz de Souto Maior, o STF, por meio do mencionado voto, fixou entendimento de que o fortalecimento do negociado sobre o legislado não representa um passe livre para os empregadores, visto que esses, detentores do poder econômico, não poderiam colocar os trabalhadores e os sindicatos em situação de submissão aos seus comandos. O Supremo teria deixado explícito que a prevalência do negociado sobre o legislado não configura uma instrumentalização de renúncia de direitos. Senão vejamos:

Quando valorizou o negociado, o STF (no mesmo processo: RE n. 590.415), por conseguinte, firmou posição no sentido de que a simples manutenção do emprego não é suficiente para justificar uma condição de trabalho diferente daquela prevista em lei, impondo-se a concessão de vantagens compensatórias específicas e deixou fora de qualquer possibilidade negocial os direitos "indisponíveis", que constituíssem "patamar civilizatório mínimo" do trabalhador, além de definir que não se consideram como legítimas quaisquer cláusulas que gerem "condições aviltantes de trabalho", atentem "contra a saúde ou a segurança no trabalho", ou promovam fraude ao reconhecimento da relação de emprego.

> Nos termos do entendimento do STF, portanto, não se pode acolher como válida norma coletiva que meramente reduza direitos trabalhistas ou que piore as condições de trabalho, sem qualquer tipo de compensação, até porque o *"caput"* do art. 7º da Constituição Federal deixa claro que os direitos e institutos trabalhistas, dentre eles a negociação coletiva, são instrumentos de "melhoria da condição social dos trabalhadores".[81]

Apesar de ainda não haver formação de jurisprudência pacífica quanto à aplicabilidade das cláusulas fixadas nos acordos individuais do art. 444, parágrafo único, da CLT,

(81) SOUTO MAIOR, Jorge Luiz. *"Reforma" Trabalhista no STF:* duas decisões importantes. Disponível em: <https://www.jorgesoutomaior.com/blog/reforma-trabalhista-no-stf-duas-decisoes-importantes>. Acesso em: 05 maio 2019.

entende-se que, se o STF continuar nessa mesma linha de entendimento, essa modalidade de negociação individual não subsistirá no ordenamento.

Conforme já analisado, há visível inconstitucionalidade e inconvencionalidade do art. 444, parágrafo único, da CLT. Tal dispositivo viola diversos princípios constitucionais e legais, assim como preceitos fixados em Tratados Internacionais de Direitos Humanos ratificadas pelo Brasil. Prima-se pela declaração de inconstitucionalidade ou inconvencionalidade de tal dispositivo e sua não aplicabilidade.

Até decisão a respeito da inconstitucionalidade ou não do referido artigo legal, os juízes devem atuar de forma ativa, especialmente em sede de controle difuso de constitucionalidade, declarando, ante o caso, concreto a nulidade do acordo como um todo (visto que verdadeiro contrato de adesão disfarçado) ou, pelo menos, a nulidade das cláusulas que fixem condições não benéficas ao trabalhador.

Conclusão

Historicamente, percebe-se que os liberais adotaram (e ainda adotam) um bonito discurso acerca das oportunidades geradas pelo capitalismo e do desenvolvimento social que se pode atingir por meio desse modelo econômico.

Tendo como exemplo a Revolução Industrial, percebe-se que, na prática, essas idealizações não se tornaram realidade, ou melhor, se tornaram apenas para parcela ínfima da sociedade. Constata-se que, para os detentores dos meios de produção, ou seja, os empregadores, que estavam numa posição de poder, esse modelo foi perfeito para o seu enriquecimento por meio da produção em massa. Porém, para o restante da população, não detentora de meios de produção, esse modelo provocou alienação, exploração e insegurança.

A ausência ou a flexibilização dos direitos trabalhistas expõe o trabalhador, parte hipossuficiente da relação, a uma situação de completa vulnerabilidade. Essa conclusão pode ser extraída de diversos exemplos históricos, como da Revolução Industrial brevemente analisada, assim como de vários exemplos atuais, como os consequentes das modificações realizadas pela Reforma Trabalhista.

Percebe-se que a história é cíclica. Os "erros" cometidos são ciclicamente repetidos por diversas facetas. Há uma aparência de inovação nos feitos, mas, em verdade, a essência é a mesma de atos anteriores.

Séculos separam a Revolução Industrial do momento atual, porém é possível elencar muitas similitudes. A começar pela manutenção de um capitalismo selvagem, e a contínua presença dos ideais liberais permeando a sociedade.

A República Federativa do Brasil tem enfrentado diversas mutações nos últimos anos. Havia um crescente debate acerca do abandono do Estado Liberal, e o desenvolvimento de um Estado Social e Democrático de Direito.

Após modificações no plano político, pode-se dizer que o projeto de construção de um Estado Social foi interrompido e que a efervescência política, assim como a ampliação de ideais liberais e ultraconservadores, estão trazendo à tona instrumentos de reconstrução de um estado mínimo e enaltecimento do mercado.

A Lei n. 13.467/2017, conhecidamente chamada de Reforma Trabalhista, alterou significativamente o art. 444, parágrafo único, da CLT, que passou a figurar como importante exemplo de dispositivo que enaltece negativamente a prevalência do negociado sobre o legislado.

Conforme já exposto no bojo do presente trabalho, o mencionado artigo prevê modalidade de acordo individual realizado por trabalhadores considerados "hipersuficientes" (ante critérios de escolaridade e salário) que se sobrepõe à lei e às negociações coletivas. Esse acordo é realizado diretamente entre o empregado e o empregador, sem auxílio de sindicatos, e pode versar, em tese, sobre qualquer tema, prevendo cláusulas com condições benéficas ou maléficas aos trabalhadores.

A Reforma retoma a ideia da total autonomia da vontade e da livre estipulação contratual nas relações de trabalho, sem que haja um controle, seja pelo Estado, seja por organizações de defesa dos direitos dos trabalhadores. Ou seja, como fixada, tal modalidade de negociação individual prevê um passe livre para o capitalismo selvagem, para o retorno da exploração baseada no contratualismo livre e desembaraçado.

A prevalência do negociado sobre o legislado pode ser extremamente benéfica, mas nem sempre o será. No presente caso, o dispositivo alterado pela Reforma introduziu modalidade de sobreposição do negociado sobre legislado sem limites, que, por sua abrangência e significativa hierarquia ante as demais normas, viola diversos direitos fundamentais constitucionalmente previstos.

Dentre as consequências da flexibilização dos direitos trabalhistas e da supremacia do negociado, especificamente quanto à utilização de acordos individuais de trabalho, nos termos do art. 444, da CLT, na vida dos trabalhadores brasileiros, pode-se citar: a) enfraquecimento dos sindicatos; b) desmonte dos movimentos sindicais, c) distinção ou segregação entre trabalhadores; d) precarização das relações de trabalho.

Perceptível que o mencionado artigo viola princípios fundamentais — como a dignidade da pessoa humana, garantias mínimas ao trabalhadores, entre muitos outros — e gera uma espécie de trabalhador distinta dos demais, violando o princípio da igualdade e não discriminação. Isso significa que viola diversas normas constitucionais, assim como dispositivos de Tratados Internacionais de Direitos Humanos ratificados pelo Brasil. Trata-se, portanto, de dispositivo claramente inconstitucional e inconvencional.

Apesar de haver significativos pronunciamentos nesse sentido — Parecer da OIT em controle de convencionalidade e Enunciados em Jornadas Trabalhistas —, o art. 444, parágrafo único, da CLT ainda não foi formalmente declarado inconstitucional, em sede de controle concentrado de constitucionalidade, até a data de hoje.

Considerando-se que a Reforma trabalhista entrou em vigor apenas em novembro/2017, ainda não há muitas decisões judiciais ou formação de jurisprudência pacífica quanto à aplicabilidade das cláusulas fixadas nos acordos individuais ora estudados. No entanto, prima-se, até decisão acerca da inconstitucionalidade, pela atuação ativa dos magistrados em defesa dos interesses dos trabalhadores, a fim de que, ante o caso concreto, declarem a nulidade do acordo como um todo (visto que verdadeiro contrato de adesão disfarçado) ou, pelo menos, declare a nulidade das cláusulas que fixem condições não benéficas ao trabalhador.

Ante todo o exposto, é evidente que se trata de instituto que, nos termos em que estipulado em lei, não deve ser aplicado em sua integralidade, sob pena de ofensa direta a Constituição, Tratados Internacionais de Direitos Humanos e princípios do Direito do Trabalho. É necessário, em verdade, a declaração de inconstitucionalidade ou inconvencionalidade do dispositivo, ou, ao menos, a modificação de seu texto legal, para que reste adequado às demais normas do ordenamento jurídico pátrio.

Referências bibliográficas

ACIOLI, José Adelmy da Silva. Fundamentos teórico-dogmáticos do princípio da proteção social: a busca de sua efetivação a partir da economia social e solidária, de uma renda universal garantida e das teorias dos movimentos sociais. Belo Horizonte: RTM, 2018.

AGUIAR, Adriana; IGNACIO, Laura; OLIVON, Beatriz. *Negociação direta poderá gerar novas ações judiciais*. Disponível em: <http://www.granadeiro.adv.br/destaque/2017/05/29/negociacao-direta-podera-gerar-novas-acoes-judiciais>. Acesso em: 29 jan. 2019.

ALEXY, R. *Teoría de los Derechos Fundamentales*. Madrid: Centro de Estudios Constitucionales, 1997, p. 83. *Apud* DELGADO, Mauricio Godinho. *Curso de direito do trabalho 2017*. 16. ed. São Paulo: LTr, 2018.

ALMEIDA, Maira Santana Gama de. *Reforma trabalhista:* uma análise à luz dos princípios constitucionais e dos princípios basilares do direito do trabalho. 2018. 100. Trabalho de Conclusão de Curso – Universidade Federal do Rio Grande do Sul. Faculdade de Direito. Curso de Ciências Jurídicas e Sociais, Porto Alegre, 2018.

ANDRADE, Everaldo Gaspar Lopes de. *Princípios de direito do trabalho e seus fundamentos teórico--filosófico:* problematizando, refutando e deslocando o seu objeto. São Paulo: LTr, 2008.

ANDRADE, Everaldo Gaspar Lopes de; D'ANGELO, Isabele Bandeira de Moraes. Direito do trabalho e teoria social crítica: um diálogo indispensável entre este campo do direito e os demais saberes sociais. *RBSD – Revista Brasileira de Sociologia do Direito*, v. 3, n. 1, p. 71-96, jan./abr. 2016.

BOAVENTURA, Paula Cristina Farias. *Os princípios constitucionais do trabalho e a reforma trabalhista*. 2019. 21. Trabalho de Conclusão de Curso – Universidade Católica de Salvador, Salvador, 2019.

BRASIL. *Constituição da República Federativa do Brasil de 1988*. In: Portal do Planalto. Disponível em: <http://www.planalto.gov.br/ccivil_03/constituicao/constituicao.htm>. Acesso em: 08 maio 2019.

______. *Decreto-lei n. 5.452, de 1º de maio de 1943*. Aprova a Consolidação das Leis do Trabalho. In: Portal do Planalto. Disponível em: <http://www.planalto.gov.br/ccivil_03/decreto-lei/del5452.htm>. Acesso em: 08 maio 2019.

______. *Decreto n. 591, de 06 de julho de 1992*. Atos Internacionais. Pacto Internacional sobre Direitos Econômicos, Sociais e Culturais. Promulgação. In: Portal do Planalto. Disponível em: <http://www.planalto.gov.br/ccivil_03/decreto/1990-1994/d0591.htm> Acesso em: 08 maio 2019.

______. *Decreto n. 592, de 06 de julho de 1992.* Atos Internacionais. Pacto Internacional sobre Direitos Civis e Políticos. Promulgação. In: Portal do Planalto. Disponível em: <http://www.planalto.gov.br/ccivil_03/decreto/1990-1994/d0592.htm>. Acesso em: 08 maio 2019.

______. *Lei n. 10.406, de 10 de janeiro de 2002.* Institui o Código Civil. In: Portal do Planalto. Disponível em: <http://www.planalto.gov.br/ccivil_03/leis/2002/L10406compilada.htm>. Acesso em: 08 maio 2019.

C098 — Direito de sindicalização e de negociação coletiva Site oficial da OIT. Disponível em: <https://www.ilo.org/brasilia/convencoes/WCMS_235188/lang—pt/index.htm> Acesso em: 31 mar. 2019.

CARDOSO, Jair Aparecido; FAVARETTO, Sandra Helena. A prevalência do negociado sobre o legislado frente ao postulado da vedação do retrocesso social. *Anais do Congresso Brasileiro de Processo Coletivo e Cidadania*, n. 4, p. 190-210, out. 2016.

CARRION, Eduardo. *CLT — Art. 444 — Livre negociação entre empregadores e empregados.* Disponível em: <http://www.eduardocarrion.com.br/artigos.asp?mypk3=385>. Acesso em: 31 jan. 2019.

Declaração Universal de Direitos Humanos de 1948. Disponível em: <https://www.google.com/url?sa=t&rct=j&q=&esrc=s&source=web&cd=2&ved=2ahUKEwi0xL-fro3iAhXsaoSel=4>. Acesso em: 08 maio 2019.

DELGADO, Mauricio Godinho. *Curso de direito do trabalho 2017.* 16. ed. São Paulo: LTr, 2018.

______. *Curso de direito do trabalho 2018.* 17. ed. São Paulo: LTr, 2018.

______. Curso de direito do trabalho. 17. ed. São Paulo: LTr, 2018. *Apud* CALVO, Adriana. *Reflexões jurídicas sobre a nova figura do empregado hipersuficiente trazida pela reforma trabalhista.* Disponível em: <http://www.sincovaga.com.br/reflexoes-juridicas-sobre-a-nova-figura-do-empregado-hipersuficiente-trazida-pela-reforma-trabalhista/>. Acesso em: 20 mar. 2019.

DIAS, Neuriberg. Relação do movimento sindical com os Poderes. *Boletim do DIAP — Departamento Intersindical de Assessoria Parlamentar*, ano XXVI, n. 317, jan. 2019.

Enunciados aprovados na 2ª Jornada. Ementas e inteiro teor das teses. Comissão 4. Enunciado 1. Enunciados Aglutinados. Disponível em: <http://www.jornadanacional.com.br/listagem-enunciados-aprovados-vis2.asp?ComissF7kGHYqeBCcQFjABegQIBRAC&url=https%3A%2F%2Fnacoesunidas.org%2Fwp-content%2Fuploads%2F2018%2F10%2FDUDH.pdf&usg=AOvVaw0x4Pj2VS8rVNrW50lSJHuO>. Acesso em: 08 maio 2019.

FIORILLO, C. A. P.; OOSTERBEEK, Luiz; BALERA, Wagner. O empregado hipersuficiente sob a perspectiva do direito fundamental da igualdade e da Convenção 111 da OIT. *Percurso* — Anais do V Congresso Luso-brasileiro de direitos humanos na sociedade da informação. vol.03, n. 26, Curitiba, 2018.

GALLEGO, Esther Solano. Populismo de direita. In: ALVES, Giovanni *et al* (Coord.). *Enciclopédia do Golpe*. Vol. I. Bauru: Canal 6, 2017. p. 199-210.

GARCIA, Gustavo. *Saiba como cada senador votou sobre a reforma trabalhista.* Disponível em: <https://g1.globo.com/politica/noticia/saiba-como-cada-senador-votou-sobre-a-reforma-trabalhista.ghtml>. Acesso em: 24 jan. 2019.

GONÇALVES, Alex Silva; QUIRINO, Regio Hermilton Ribeiro. A Norma Hipotética Fundamental de Hans Kelsen e a Regra de Reconhecimento de Herbert Hart: semelhanças e diferenças entre os critérios de validade do Sistema Jurídico. *Sequência — Publicação do Programa de Pós-Graduação em Direito da UFSC*, v. 39, n. 78, Florianópolis, abr. 2018.

GUNTHER, 2017, P. *Apud* FIORILLO, C. A. P.; OOSTERBEEK, Luiz; BALERA, Wagner. O empregado hipersuficiente sob a perspectiva do direito fundamental da igualdade e da Convenção n. 111 da OIT. *Percurso — Anais do V Congresso Luso-brasileiro de direitos humanos na sociedade da informação*, vol. 03, n. 26, Curitiba, 2018. p. 452-475.

História da OIT. Site oficial da Organização Internacional do Trabalho. Disponível em: <https://www.ilo.org/brasilia/conheca-a-oit/hist%C3%B3ria/lang—pt/index.htm> Acesso em: 30 mar. 2019.

LUPION, Bruno. *O que Temer promete mudar na reforma trabalhista depois de aprovada*. Disponível em: <https://www.nexojornal.com.br/expresso/2017/06/29/O-que-Temer-promete-mudar-na-reforma-trabalhista-depois-de-aprovada>. Acesso em: 24 jan. 2019.

MAZZUOLI, Valerio de Oliveira; Franco Filho, Georgenor de Sousa. Incorporação e aplicação das convenções internacionais da OIT no Brasil. *Revista de Direito do Trabalho*, vol. 167, ano 42, p. 169-182. São Paulo, Revista dos Tribunais, jan./fev. 2016.

MELO FILHO, Hugo C.; ACIOLI, J. A. A inconvencionalidade formal da Lei n. 13.467/2017. In: SOUTO MAIOR, Jorge Luiz; SEVERO, Valdete Souto (Orgs.). *Resistência:* aportes teóricos contra o retrocesso trabalhista. 1. ed. São Paulo: Expressão Popular, 2017.

______. *Inaplicabilidade da Lei n. 13.467/17:* Inconstitucionalidades, inconvencionalidades, incompatibilidade principiológica. No prelo. Acesso ao manuscrito em maio de 2019.

MIRANDA, Fernando Hugo R. *A nova figura legal da contrapartida em negociações coletivas*. Disponível em: <https://institutodc.com.br/artigos/a-nova-figura-legal-da-contrapartida-em-negociacoes-coletivas/> Acesso em: 31 jan. 2019.

MIZIARA, Raphael. *Organização Internacional do Trabalho* — OIT se manifesta formalmente sobre pontos da Reforma Trabalhista. Disponível em: <http://ostrabalhistas.com.br/organizacao-internacional-do-trabalho-oit-se-manifesta-formalmente-sobre-pontos-da-reforma-trabalhista/>. Acesso em: 08 maio 2019.

Nota Técnica n. 1, de 27 de abril de 2018, do Ministério Público do Trabalho. Disponível em: <https://admin.cut.org.br/system/uploads/ck/Nota%20Tecnica%20-%20CONALIS-MPT-Contribuicao%20Sindical.pdf>. Acesso em: 04 fev. 2019.

NOVELINO, Marcelo; CUNHA JÚNIOR, Dirley da. *Constituição Federal para concursos*. 9. ed. Salvador: JusPodivm. 2018.

NUZZI, Vitor. *Enfraquecimento dos sindicatos retrai negociação coletiva, afirma juiz*. Disponível em: <https://www.redebrasilatual.com.br/trabalho/2018/12/enfraquecimento-dos-sindicatos-retrai-negociacao-coletiva-afirma-juiz>. Acesso em: 05 fev. 2019.

OLIVREIRA, Lourival José de; FIGUEIREDO, Mayra Freire de. A reforma trabalhista e liberdade contratual: o direito ao trabalho construído sob a perspectiva puramente econômica. *Revista de Direito Econômico e Socioambiental*, Curitiba, v. 8, n. 3, p. 93- 121, set./dez. 2017. doi: 10.7213/rev.dir.econ.soc.v8i3.18405.

Ordem dos Advogados do Brasil – Conselho Federal. *Proposição n. 49.0000.2017.004049-7/COP.* Parecer sobre o projeto de lei da reforma trabalhista, aprovado na Câmara dos Deputados (PL n. 6.787/2016 – Câmara Federal e PLC n. 38/2017 – Senado Federal). Disponível em: <https://www.google.com/url?sa=t&rct=j&q=&esrc=s&source=web&cd=2&ved=2ahUKEwjr-aDbzY3iAhVKGbkGHWcUDzgQFjABegQIARAC&url=http%3A%2F%2Fs.oab.org.br%2Farquivos%2F2017%2F06%2Freforma-trabalhista-preliminares-inconstitucionalidades.pdf&usg=AOvVaw0jaGGqr6ZCKaKyOIwi7nF2>. Acesso em: 08 maio 2019.

PEDRON, Flávio Quinaud. Comentários sobre as interpretações de Alexy e Dworkin. *R. CEJ*, Brasília, n. 30, p. 70-80, jul./set. 2005.

PORTO, André; BONFIM, Raphael. *Projeto de Lei n. 8.294: Flexibilização do art. 444 da CLT*. Grupo de Estudos Mundo do Trabalho e Cidadania. Direito — UFES. Disponível em: <https://www.google.com/url?sa=t&rct=j&q=&esrc=s&source=web&cd=10&cad=rja&uact=8&ved=2ahUKEwjvmKeKjabhAhVPHrkGHU25BHAQFjAJegQIBBAC&url=http%3A%2F%2Fwww.periodicos.ufes.br%2Fppgdir-semanajuridica%2Farticle%2Fdownload%2F12754%2F8851&usg=AOvVaw10PmPvuSrX>. Acesso em: 10 maio 2019.

PRIMON, Ana Gabriela de Melo. *Empregado "hipersuficiente" uma aberração da Reforma Trabalhista.* Disponível em: <http://www.justificando.com/2018/02/01/empregado-hipersuficiente-mais-uma-aberracao-da-reforma-trabalhista/>. Acesso em: 02 abr. 2019.

Rádio Câmara. *Reforma Trabalhista:* negociação coletiva e contribuição sindical – Bloco 4. Disponível em: <http://www2.camara.leg.br/camaranoticias/radio/materias/REPORTAGEM-ESPECIAL/560953-REFORMA-TRABALHISTA-NEGOCIACAO-COLETIVA-E-CONTRIBUICAO-SINDICAL—-BLOCO-4.html>. Acesso em: 05 fev. 2019.

RAMOS, Eduardo; DIONÍSIO, Anderson. A falácia da "modernização" da legislação trabalhista: o negociado sobre o legislado. In: RAMOS, G. T. [*et al.*] (Orgs.). *A classe trabalhadora e a resistência ao golpe de 2016.* Bauru: Canal 6, 2016.

Reforma trabalhista completa um ano sob questionamentos e sem desfecho. *Senado notícias.* Disponível em: <https://www12.senado.leg.br/noticias/materias/2018/11/09/reforma-trabalhista-completa-um-ano-sob-questionamentos-e-sem-desfecho>. Acesso em: 08 maio 2019.

RENZETII, Nelto Luiz. *Reforma traz benefícios ao trabalhador ao aumentar autonomia e poder de negociação.* Disponível em: <https://www.conjur.com.br/2017-ago-12/nelto-renzetti-reforma-traz-beneficios-aumentar-autonomia>. Acesso em: 31 jan. 2019.

RICARDO, Jonathan Guedes da Silva. O GIRO DA ECONOMIA NOS GOVERNOS LULA, DILMA E TEMER: da euforia ao rombo nas contas públicas no Palácio do Planalto. *Revista Estação Científica*, Juiz de Fora, n. 19, jan./jun. 2018.

SARAIVA, Renato; SOUTO, Rafael Tonassi. *Direito do Trabalho Concursos públicos.* 20 ed. Salvador: JusPodivm, 2018.

SILVA, Gisa. Negociado sobre o legislado. Realidade e Risco. In: RAMOS, G.T [*et al.*] (Orgs.). *A classe trabalhadora e a resistência ao golpe de 2016.* Bauru: Canal 6, 2016.

SILVA, José Antônio Ribeiro de Oliveira *et al. Comentários à lei da reforma trabalhista.* Dogmática, visão crítica e interpretação constitucional. São Paulo: LTr, 2018.

SOUTO MAIOR, Jorge Luiz. *"Reforma" Trabalhista no STF:* duas decisões importantes. Disponível em: <https://www.jorgesoutomaior.com/blog/reforma-trabalhista-no-stf-duas-decisoes-importantes>. Acesso em: 08 maio 2019.

______. *O negócio é falar mal da CTL.* Disponível em: <https://blogdaboitempo.com.br/2016/08/29/o-negocio-e-falar-mal-da-clt/>. Acesso em: 08 maio 2019.

______. *Do direito à desconexão do trabalho.* 2003. *Apud* OLIVREIRA, Lourival José de; FIGUEIREDO, Mayra Freire de. A reforma trabalhista e liberdade contratual: o direito ao trabalho construído sob a perspectiva puramente econômica. *Revista de Direito Econômico e Socioambiental*, Curitiba, v. 8, n. 3, p. 93- 121, set./dez. 2017. doi: 10.7213/rev.dir.econ.soc.v8i3.18405.

VASCONCELLOS, Andréa de Campos. Considerações acerca da tutela empregatícia diante da reforma trabalhista – Lei n. 13.467/17. *Rev. Trib. Reg. Trab. 3a Reg.*, Belo Horizonte, edição especial, p. 195-201, nov. 2017

VASCONCELOS, Elaine Machado. A Discriminação nas Relações de Trabalho: A Possibilidade de Inversão do Ônus da Prova como Meio Eficaz de Atingimento dos Princípios Constitucionais. *Rev. TST*, Brasília, vol. 71, n 2, maio/ago. 2005.

XIMENES, Antônia. *Reforma Trabalhista:* Empregado Hipersuficiente. SERÁ? Livre autonomia – Art. 444, Parágrafo Único da CLT. Disponível em: <https://antoniaximenes.jusbrasil.com.br/artigos/533821143/reforma-trabalhista-empregado-hipersuficie>. Acesso em: 10 maio 2019.

Direitos Sociais no Brasil e Doutrina Franciscana[1]

Hugo Cavalcanti Melo Filho

Nas economias periféricas ou dependentes do capitalismo internacional, como é o caso do Brasil, a superexploração da força de trabalho mediante o pagamento de baixos salários e precarização das relações laborais marca a trajetória da classe trabalhadora. É assim que se satisfaz a demanda do capitalismo global por acumulação em níveis máximos, nos locais de frágil resistência ao despotismo do capital.

As forças que golpearam a democracia brasileira, em 2016, e assumiram o comando do país estavam determinadas a instaurar um modelo de superexploração da classe trabalhadora. Em julho de 2017 foi aprovada a denominada "reforma" trabalhista, que compõe, ao lado da Emenda Constitucional que limitou gastos públicos em políticas sociais por vinte anos e da Reforma da Previdência, o arcabouço ultraliberal de destruição dos direitos sociais no Brasil.

Flagrantemente ofensiva aos fundamentos da República (dignidade da pessoa humana, valor social do trabalho) e aos seus objetivos fundamentais (construir uma sociedade livre, justa e solidária; erradicar a pobreza e a marginalização e reduzir as desigualdades sociais; promover o bem de todos) e, em especial, ao princípio da progressividade social, hospedado no art. 7º da Constituição da República, a lei é inconstitucional, *in totum*.

Por outro lado, a nova lei não guarda compatibilidade vertical com os tratados internacionais de direitos humanos, inclusive várias Convenções da Organização Internacional do Trabalho, normas de hierarquia supralegal. Também não se coaduna com nenhum dos princípios que presidem o Direito do Trabalho, o que faz dela uma verdadeira aberração jurídica.

A nova legislação trabalhista é fiel à lógica do sistema do lucro e da acumulação de riquezas, pela drástica redução do custo do valor-trabalho, necessária à ampliação dos ganhos do capital. Em uma palavra, a denominada "reforma trabalhista" de 2017 recolocou as relações capital-trabalho nos patamares prevalecentes no século XIX.

(1) Apresentação feita na Pontifícia Academia das Ciências Sociais, por ocasião da Cúpula Panamericana de Juízas e Juízes sobre Direitos Sociais e Doutrina Franciscana, no Vaticano, em junho de 2019.

No último dia 15 de maio completaram-se 128 anos de publicação da *Rerum Novarum*, Encíclica que deu início à sistematização do pensamento social católico, conhecido mais tarde como Doutrina Social da Igreja. "A Igreja, no contexto em que o Papa Leão XIII escreveu a Encíclica *Rerum Novarum*, havia começado, timidamente, um diálogo com a modernidade, reconhecendo a importância de analisar questões econômicas, políticas, sociais e culturais, e posicionar-se diante delas de modo mais lúcido e eficiente"(2).

> *"A Doutrina Social da Igreja é fruto de uma construção histórico-teológica que se vem atualizdando desde a Rerum Novarum. Muitos documentos pontifícios deram sequência ao tratamento de questões sociais, tais como: Encíclica Quadragésimo Anno* de Pio XI (1931); Mensagens de Rádio de Pio XII (1941 e 1951); Encíclicas *Mater et Magistra* (1961) e *Pacem in Terris* (1963), de João XXIII; Encíclica *Populorum Progressio* (1967) e da Carta Apostólica *Octogesima Adveniens* (1971), de Paulo VI; Encíclicas *Laborem Exercens* (1981), *Sollicitudo Rei Socialis* (1987) e *Centesimus Annus* (1991), de João Paulo II; Encíclica *Caritas in Veritate* (2009), de Bento XVI; Exortação Apostólica *Evangelli Gaudium* (2014) e *Encíclica Laudato Si* (2015), do Papa Francisco."(3)

A Exortação Apostólica *Evangelii gaudium* é um verdadeiro manifesto do pontificado de Francisco. "Ele expressa um ponto de vista preciso sobre a crise global e sobre como responder à demanda de verdadeira justiça e de paz. A sua Exortação não é um documento político, mas se refere a um ponto de vista preciso ao que ofende a dignidade da pessoa e dos povos".(4)

Na Exortação, o Pontífice critica explicitamente o "fetichismo do dinheiro" e a "ditadura de uma economia sem rosto e sem um objetivo verdadeiramente humano", que considera a versão atual da "adoração do antigo bezerro de ouro". Classifica de "injusto na sua raiz" o atual sistema econômico, "esta economia que mata" em virtude da prevalência da "lei do mais forte". Condena a cultura do "descartável", na qual "os excluídos não são 'explorados', mas resíduos, 'sobras'". Pugna pelo fim da "autonomia absoluta dos mercados e da especulação financeira" e o ataque "às causas estruturais da desigualdade social", sem o que "não se resolverão os problemas do mundo e, em definitivo, problema algum", pois é na "desigualdade social" que estão as raízes dos males sociais: "A economia não pode mais recorrer a remédios que são um novo veneno, como quando se pretende aumentar a rentabilidade reduzindo o mercado de trabalho e criando assim novos excluídos", adverte. Francisco denúncia a "nova tirania invisível, às vezes virtual" de um "mercado divinizado", marcado por "especulação

(2) Opinião do Bispo de Jales, dom Reginaldo Andrietta, retirada de entrevista concedida ao informativo da CNBB. Disponível em: <http://www.cnbb.org.br/a-doutrina-social-da-igreja-e-uma-construcao-historico-teologica-que-se-atualiza-sempre/>. Acesso em: 29 maio 2019.

(3) *Idem.*

(4) Cf. Reportagem de Roberto Monteforte, publicada no jornal *L'Unità*, 26 nov. 2013, reproduzida em: <http://www.ihu.unisinos.br/171-noticias/noticias-2013/526116-para-francisco-esta-economia-mata>. Acesso em: 29 maio 2019.

financeira", "corrupção ramificada", "evasão fiscal egoísta". De acordo com o Papa, a propriedade privada só se legitima se esta "servir melhor o bem comum".(5)

Nos três discursos dirigidos aos Movimentos Populares nos encontros em Roma, em 2014, em Santa Cruz, em 2015, e de novo em Roma, em 2016, o Papa reiterou a sua visão de mundo. Segundo Gianni La Bella, o objetivo de Francisco é "pôr fim ao histórico divórcio entre ética e economia, reconhecendo a imoralidade da atividade econômica quando esta se reduz unicamente à ideia de que 'negócio é negócio"(6). Para Marco Roncalli, "os três textos bergoglianos (...) aproximam-se de uma espécie de manifesto do tipo ***Rerum Novarum*** do século XXI, com a diferença de fazer com que os movimentos hoje se sintam representados pelo Papa Francisco, "empurrando-os a viradas mais radicais na Doutrina Social católica e, entre outras coisas, sem fazer da fé um requisito para participar desse tipo de agregações e encontros".(7)

Ainda na semana passada, em missa na Casa Santa Marta, o Papa afirmou que explorar o trabalhador é pecado mortal. Inspirado na Leitura de São Tiago apóstolo, que reivindica o salário dos trabalhadores que cultivaram a terra dos ricos e não foram pagos e o seu clamor chega aos ouvidos do Senhor, Francisco destacou que Tiago usa expressões contundentes para falar aos ricos, sem meias palavras, condenando a "riqueza apodrecida", como fez Jesus. As riquezas "nos levam embora a harmonia com os irmãos, o amor ao próximo, nos fazem egoístas": *"para salvar os grandes capitais deixam as pessoas sem trabalho. Vai contra o segundo mandamento e quem faz isto: "Ai de vós!" Ai de vocês que exploram as pessoas, que exploram o trabalho, que pagam de maneira informal, que não pagam a contribuição para a aposentadoria, que não dão férias. Ai de vós! Fazer "economias", fraudar o que se deve pagar, o salário, é pecado, é pecado"*(8).

Não seria necessário muito esforço para demonstrar a adequação da crítica do Papa Francisco à realidade social brasileira. Nesse quadro, Juízes do Trabalho brasileiros, comprometidos com a superação das desigualdades sociais e com o Estado Social de Direito vêm travando uma dura luta contra a tentativa de desmonte da tímida tutela estatal dos trabalhadores existente até 2017. Não tem sido fácil. O Supremo Tribunal Federal, até aqui, não tem demonstrado sensibilidade em relação às flagrantes inconstitucionalidades fixadas pela "reforma trabalhista" e, nisso, tem sido seguido pelos tribunais inferiores.

---

(5) *Idem.*

(6) *Apud* Marco Roncalli. Disponível em: <http://www.ihu.unisinos.br/78-noticias/572360-terra-teto-trabalho-a-doutrina-social-do-papa-francisco>. Acesso em: 29 maio 2019.

(7) Reportagem de Marco Roncalli, publicada por *Vatican Insider*, 03 out. 2017, e reproduzida em: <http://www.ihu.unisinos.br/78-noticias/572360-terra-teto-trabalho-a-doutrina-social-do-papa-francisco>, em tradução de Moisés Sbardelotto. Acesso em: 29 maio 2019.

(8) Informações disponíveis em: <https://www.vaticannews.va/pt/papa-francisco/missa-santa-marta/2018-05/papa-santa-marta-exploracao-trabalho-pecado-mortal.html?fbclid=IwAR2yrbz6ezvQGIiaBjnNe3GGQ0Xg73zAI5b_DON7LACvoeWtPgc5DYE7aiM>, em tradução de Moisés Sbardelotto. Acesso em: 29 maio 2019.

Alguns juízos trabalhistas se converteram em verdadeiras trincheiras de resistência. Procuramos afastar a aplicação de normas inconstitucionais e inconvencionais, e de dispositivos esvaziados pela incompatibilidade com os princípios que presidem o Direito do Trabalho.

Um dos propósitos centrais dos reformadores de 2017 foi o de reduzir a relevância institucional da Justiça do Trabalho, seja pela asfixia orçamentária, seja pela criação de obstáculos ao acesso dos trabalhadores à jurisdição.

Quanto ao primeiro aspecto, ainda em 2016, por ocasião da elaboração do Orçamento da União de 2017, o relator da matéria, Deputado Ricardo Barros, reduziu drasticamente as dotações da Justiça do Trabalho, chegando à diminuição de 90% das verbas de investimento. Desde então, a Justiça do Trabalho vem dependendo da compensação de limite do Poder Executivo para os outros Poderes. Na semana passada, o governo Bolsonaro informou ao Conselho Superior da Justiça do Trabalho que não haverá compensação em 2020, com o que o **orçamento da Justiça do Trabalho será reduzido em R$ 1,7 bilhão para o próximo exercício**. É difícil imaginar como poderão funcionar os tribunais trabalhistas em tais circunstâncias.

Para além disso, a "reforma trabalhista" alterou as regras relativas à concessão da gratuidade da justiça para o trabalhador pobre, passando a exigir que ele arque com os custos da sucumbência, como honorários advocatícios, honorários periciais e custas processuais, bastando para isso que venha a receber qualquer valor na ação em que foi sucumbente — mesmo parcialmente — ou em qualquer outra, pelo período de cinco anos. A alteração, de imediato, reduziu o volume de demandas trabalhistas, em nível nacional, na ordem de 40%, em média. Isto porque os trabalhadores passaram a temer o revés em feitos onde se fosse discutir matéria de comprovação mais complexa, como a caracterização de insalubridade ou periculosidade e de dano moral. Um empecilho absurdo e incompatível com a Constituição brasileira.

Os direitos fundamentais sociais são inerentes à dignidade humana. Todos os poderes do estado, incluído o judicial, deveriam acentuar a tutela desses direitos. Crises mundiais, mudanças de paradigmas produtivos, nada terá o condão de alterar esta verdade. É urgente e necessária a discussão das consequências jurídicas e sociais da reiterada inobservância desses direitos, nomeadamente dos direitos trabalhistas, como despedidas discriminatórias, degradação das condições de trabalho, desregulamentação, flexibilização, precarização das relações de emprego. É preciso combater este flagelo, resultado global do ultraliberalismo, a difusão da injustiça e a pobreza em todo mundo.

Não há tempo a perder. A história, como sempre, mantém sua ambiguidade, atuando em direções opostas: em direção à paz ou em direção à guerra, à liberdade ou à opressão. A via da paz e da liberdade passa pela proteção dos direitos sociais do homem. Não se pode negar que a via é difícil. Mas não há alternativas.

Reforma Trabalhista Via Supremo Tribunal Federal: Precarização dos Direitos Trabalhistas e Violação de Princípios Constitucionais e Trabalhistas Chancelados pela Suprema Corte[1]

Ítalo Henrique de Souza Lopes

1. Introdução

O presente artigo trará algumas reflexões sobre a postura do Supremo Tribunal Federal em recentes julgados com efeitos de repercussão geral que confrontam direitos trabalhistas até então consagrados no nosso ordenamento jurídico.

Iniciando-se com uma análise sobre a origem e função do STF, serão analisadas algumas características de uma Suprema Corte Constitucional e seu dever perante a Constituição Federal e dos princípios norteadores nela adotados.

Será feita uma breve abordagem do Princípio do não retrocesso social, visto que este se reveste de extrema importância para melhor compreensão do atual fenômeno da derrocada dos direitos trabalhistas, uma vez que também são direitos e garantias fundamentais protegidos no corpo constitucional. Com aporte teórico do constitucionalista Canotilho, será feito um comparativo dos efeitos decorrentes de tal princípio na própria concepção do Direito do Trabalho, como ramo do saber jurídico de natureza protetiva ao trabalhador.

O período escolhido para análise deste artigo compreende os anos de 2014 até 2016, justamente pelo acirramento da instabilidade política do Brasil, originada na eleição presidencial de 2014 — uma das mais polarizadas na breve história da democracia no Brasil-, no impedimento da Presidenta legitimamente eleita, Dilma Rousseff, em 2016, e na consequente tomada de poder do então vice Michel Temer.

Este período iniciou uma nova agenda política no país, principalmente com várias medidas de austeridade contra a população. Entre tais medidas, verificam-se anúncios de uma iminente reforma trabalhista, que se vislumbra com clareza nos recentes posicionamentos do STF, ao julgar Recursos Extraordinários, Ações Diretas de Inconstitucionalidade, entre outras.

---

(1) Monografia Final apresentada como Requisito Parcial para conclusão do curso de especialização em Direito do Trabalho pela Universidade Federal de Pernambuco — UFPE, em 2017.

Afigura-se uma Suprema Corte expondo de forma prejudicial uma gama de direitos que, em tese, deveria resguardar, por meio de todas as possibilidades legais a ela conferida.

Tais decisões serão contrapostas à análise dos princípios do direito do trabalho, para apontar algumas distorções sobre o papel do STF enquanto guardião da Constituição Federal e também alertar quanto ao perigo de se mexer em direitos trabalhistas sem se apresentar contrapontos ou compensações que possam manter ou melhorar a condição de vida do trabalhador.

2. Supremo Tribunal Federal como a Corte Constitucional no Brasil

O Supremo Tribunal Federal, órgão máximo do Poder Judiciário do Brasil, estampa quase que diariamente as capas de jornais e dos principais meios de notícias virtuais. Notoriedade esta oriunda de sua atuação perante a instabilidade política em que o país se encontra e também da amplitude de repercussão das suas decisões sobre os mais diversos temas.

Surgido junto com a história da República, o STF teve a sua origem no Decreto n. 510 de 22 de Junho de 1890, durante a vigência da Constituição Provisória, superando o que antes era conhecido como Supremo Tribunal de Justiça da Constituição Imperial. Afastando o Poder Moderador, que, desde 1824, impedia o pleno desenvolvimento do órgão como responsável pelo controle jurisdicional da Constituição, o STF passou a ter mais autonomia sendo inclusive incumbido do poder de declarar a inconstitucionalidade das leis. Iniciava-se, assim, outra página da história jurídica brasileira, qual seja, a do controle jurisdicional da constitucionalidade das leis no Brasil (ROCHA, 1997, p. 185).

Desde sua instituição enquanto órgão jurídico, o STF, através das Constituições Brasileiras, desempenhou o exercício da jurisdição constitucional como instância maior do controle difuso e também do controle abstrato. Contudo, apenas no ano de 1988, com a promulgação da "Constituição Cidadã", consolidou-se a previsão legal do STF como protótipo de Corte Constitucional do Brasil, ao atribuir-lhe a condição de guardião da Constituição Federal, deslocando parte do exercício da competência do contencioso do direito federal comum ao Superior Tribunal de Justiça.

Com esta nova configuração legal, o STF é instado como o inquestionável defensor dos Direitos Fundamentais, os quais englobam também as garantias individuais e coletivas do Direito do Trabalho, pois

> o que se pretende e se espera de um tribunal que receba a incumbência de ser guardião da Constituição é que ele se converta no verdadeiro executor da vontade constituinte, transformando-se no mais lídimo intérprete da Lei Maior, inclusive exercendo o controle dos atos do poder constituinte derivado, a quem se atribui a tarefa de reformar o texto constitucional, o qual, na condição de poder constituído, encontra-se limitado juridicamente pelo constituinte originário (ROCHA, 1997, p. 190).

Observa-se, em seguida, que, na seara dos Direitos Trabalhistas, o STF tem decidido sobre pontos de extrema relevância tanto na ordem individual como coletiva do Direito do Trabalho. Tais decisões apontam para um caminho distinto das competências legais atribuídas pela Constituição Cidadã, visto que "o Supremo Tribunal Federal encarregado de diversas questões que se afastam de sua função precípua de 'guarda da Constituição' (art. 102, *caput*) e em certa medida prejudicando o bom desempenho desta atribuição." (VIEIRA, 1994, p. 85)

Tais decisões recebem várias críticas, inclusive sobre o próprio perfil dos magistrados no país e do operador do Direito em si, visto que a formação privatista se sobrepõe à formação coletiva nos currículos acadêmicos das Faculdades de Direito nas universidades pátrias, entre outros fatores de ordem sócio-política. Contudo, este não é o cerne da presente exposição.

Com o advento da Constituição Federal de 1988 e a reformulação legal das competências do STJ, o STF perdeu parte de suas competências e atribuições. Isto imediatamente trouxe à tona o debate da necessidade (ou não) da criação de um Tribunal Constitucional deslocado da estrutura do Poder Judiciário para exercer o papel de Corte Constitucional, quando a instituição da reserva da apreciação apenas das questões de jurisdição constitucional poderia tornar concreta a função de guardião da Constituição e assim como a verdadeira Corte Constitucional do Brasil, nos moldes clássicos (ROCHA, 1997, p. 190).

Superado o debate com a dispensabilidade da criação de uma Corte deslocada do Poder Judiciário, entende-se que o Supremo Tribunal Federal, em que pesem as diversas atribuições legais a ele conferidas, exerce o papel de Corte constitucional, dentro da jurisdição brasileira.

O Ministro do Supremo Tribunal Federal, Luís Roberto Barroso (BARROSO, 2016, p. 5), ao analisar o modelo de controle jurisdicional no nosso país traz alguns elementos que inflexionam diretamente nas características e nos diferentes papéis desempenhados pela Suprema Corte Brasileira.

Com a abordagem do sistema híbrido de controle constitucional à ampla legitimação ativa para propositura de ações diretas perante o STF e a cultura de convocar audiências públicas e de transmitir julgamentos pela televisão aberta, Barroso listou três principais papéis exercidos pela nossa Suprema Corte após indicar tais características.

O primeiro deles seria o papel contramajoritário, que com o objetivo proteger direitos fundamentais e a democracia, atribui aos juízes (cidadãos não eleitos) as possibilidades de se sobreporem à interpretação da Constituição e das leis, as invalidando caso identifiquem aplicações distorcidas ou distintas da natureza teleológica das nossas garantias sociais, mesmo contra a vontade das maiorias. O principal objetivo é proteger os Direitos Sociais e fundamentais ante as instabilidades conjunturais que possam afetar as suas aplicabilidades no país (BARROSO, 2016, p. 5).

Outra característica pertinente às cortes constitucionais é o papel representativo "para atender demandas sociais que não forem satisfeitas a tempo e a hora pelo Poder Legislativo" (BARROSO, 2016, p. 6) ou também para "integrar a ordem jurídica em situações de omissão inconstitucional do legislador" (BARROSO, 2016, p. 6). Em outras palavras, é materializar o direito constitucionalmente assegurado através da atividade jurisdicional ante a inércia do Poder Legislativo.

Por fim, nas palavras do Ministro Barroso, há também o papel iluminista, pois "devem promover em nome dos valores racionais, certos avanços civilizatórios e empurrar a história" (BARROSO, 2016, p. 8). São entendimentos de vanguarda que colocam o Poder Judiciário como protagonista de alguns avanços oriundos da interpretação principiológica da nossa Constituição Federal, promovendo sempre avanços e garantindo direitos. É a afirmação como vanguarda social.

Pode-se, sem dúvidas, atribuir ao STF tais papéis, como até mesmo desdobramentos do princípio do não retrocesso social, pois não tem mais o Poder Judiciário como mero reprodutor de lei, como outrora pensado na visão tripartite de Montesquieu, mas sim como Poder garantidor dos direitos e garantias fundamentais, ressignificando a própria teoria clássica da tripartição dos poderes.

Por outro lado, o papel do STF no contexto político social dos tempos atuais e as próprias características de uma Suprema Corte no Brasil traz, necessariamente, uma problematização quando contrapostos tais elementos constitucionais, políticos e teleológicos, com decisões que apontam um claro retrocesso na seara de direitos e garantias fundamentais trabalhistas, estas elevadas constitucionalmente à ordem dos Direitos Sociais.

3. O princípio do não retrocesso social na ordem dos direitos e garantias individuais e coletivos do direito do trabalho

Impossível estudar no Brasil os Direitos Fundamentais sem uma análise do Direito Constitucional pátrio. Um rápido estudo nos capítulos das garantias fundamentais aponta que proteger tais direitos também significa proteger os direitos adquiridos e se opor sistematicamente às medidas restritivas destes, em prol da dignidade da pessoa humana.

Estudado principalmente por Constitucionalistas e pouco abordado pela doutrina clássica do Direito do Trabalho, o Princípio do não retrocesso social

pode formular-se assim: o núcleo essencial dos direitos sociais já realizados e efetivado através de medidas legislativas (...) deve considerar-se constitucionalmente garantido, sendo inconstitucionais quaisquer medidas estaduais que, sem a criação de outros esquemas alternativos ou compensatórios, se traduzam na prática, numa 'anulação', 'revogação', ou 'aniquilação' pura e simples desse núcleo essencial (CANOTILHO, 2002, p. 337-338).

Muito mais do que um princípio na ordem do Direito Constitucional do Brasil, o não retrocesso social ganha uma amplitude de importância justamente se contextualizado em um período com graves ameaças às garantias historicamente conquistadas pelos trabalhadores. Funciona como um norteamento jurídico para embasar as teses que visam a proteger os direitos principalmente nos períodos de mudanças e transformações na sociedade, tal qual vive atualmente o Brasil.

Conquistado com a Constituição de 1988, o Estado Democrático Social elevou ao nível de garantia fundamental inerente a todos os cidadãos uma seara de direitos, individuais e coletivos, que devem, em tese, sempre avançar e jamais retroceder.

Significa que todas as conquistas já alçadas não devem perpassar debates excludentes ou reducionistas, mas sempre em ritmo de expansão para abarcar as várias faces da vida do cidadão na plenitude de sua dignidade. Assim, "uma vez obtido um determinado grau de realização, passam a constituir, simultaneamente, uma garantia institucional e um direito subjetivo" (CANOTILHO, 2002, p. 336-337).

Tal princípio confere às garantias fundamentais certa estabilidade, mas não uma estabilidade conservadora e estática, mas uma forma de garantir a segurança jurídica dos avanços conquistados no sentido de impulsionar extensão dos direitos e coibir tentativas de retrocesso.

É uma ideia ligada ao constitucionalismo dirigente (CANOTILHO, 2002) para assim estabelecer tarefas de ações futuras do Estado, com o objetivo de ampliar o alcance aos direitos e reduzir as desigualdades no sentido de também proteger a confiança do cidadão na continuidade da ordem jurídica, tanto é que

> "em razão disso, tanto a legislação como as decisões judiciais não podem abandonar os avanços que se deram ao longo desses anos de aplicação do direito constitucional com a finalidade de concretizar os direitos fundamentais." (CEZAR, 2011)

Tal concepção dialoga diretamente com a atual postura do Supremo Tribunal Federal, quando julgou ações cujas decisões tiveram repercussão geral e impuseram uma agenda negativa de Direitos Trabalhistas, diferentemente da concepção garantidora de direitos da Constituição vigente e da própria natureza protetiva da legislação e dos princípios trabalhistas.

Para além do modelo de Estado Democrático de Direito, o Direito do Trabalho também é abarcado no texto constitucional, como se pode, por exemplo, extrair do art. 7º da Constituição Federal de 1988, que, no seu *caput*, diz "São direitos dos trabalhadores urbanos e rurais, além de outros que visem à melhoria de sua condição social".

O legislador elencou, desta forma, um rol mínimo de direitos, mas deixou claro que outros pontos também podem ser elevados a tal patamar, desde que melhorem a condição de vida do trabalhador. Ou seja, veda, de forma expressa, qualquer ideia de retrocesso social tanto na seara dos direitos individuais como nos coletivos ali previstos.

Como afirmado por Canotilho, quaisquer medidas que visem a excluir, sem ofertar uma alternativa ou compensação nos direitos, já se tornam inconstitucionais por si só (CANOTILHO, 2002, p. 337-338). E tais medidas não necessariamente se restringem às legislações constitucionais, infraconstitucionais ou congêneres. Também podem ser estendidas às decisões judiciais, em especial as proferidas pelo STF, visto que os efeitos de repercussão geral impõem uma dinâmica imperativa na aplicação (ou rechaçamento) das leis nos diversos casos concretos litigados em todo país.

Em tese, sendo ofertada alguma alternativa compensatória, a inconstitucionalidade da retirada de alguns direitos poderia ser contornada, desde que, na prática, se verificasse uma melhoria na condição do trabalhador.

Como, no atual contexto político, tanto os projetos de leis como as decisões de repercussão geral do STF apenas restringiram direitos, verifica-se uma tendência negativa em que os retrocessos são cada vez mais flagrantes, pondo em risco a concretização da própria natureza teleológica da Constituição vigente.

Emerge uma contradição em termos. O STF, ora outorgado como guardião da Constituição, titular do controle jurisdicional e órgão máximo representativo do Poder Judiciário nacional protagoniza, na contramão do espírito da Constituição Federal qu deve resguardar, uma série de retrocessos na seara dos direitos trabalhistas, e aponta uma tendência desconexa do princípio do não retrocesso social.

Como conhecido no ditado popular, "as galinhas" (direitos trabalhistas) estão sendo vigiadas pelas "raposas" (STF) e, no final das contas, as retiradas de direitos não estão sendo compensadas por medidas que a conjuntura econômica e política exigem. Há apenas a retirada, a flexibilização, a precarização sem o devido contraponto, compensação e aporte jurídico.

4. Reforma trabalhista no Brasil via decisões do STF e a violação de princípios do direito do trabalho

Inicialmente, cabe ressaltar a impossibilidade de analisar todas as decisões já tomadas pelo Supremo Tribunal Federal que tenham algum tipo de impacto na seara dos Direitos Trabalhistas. Como Corte Constitucional responsável pela Guarda da Constituição, não seria de se espantar a constatação de que há centenas, quiçá milhares de decisões em torno deste tema.

Contudo, o presente estudo optou por selecionar 08 (oito) decisões prolatadas entre os anos de 2014 até 2016 devido à crise política e econômica no qual vivencia o país, desde uma acirrada e polarizada eleição presidencial de 2014 até o impedimento da Presidenta legitimamente eleita Dilma Rousseff em 2016 e a consequente tomada de poder pelo então vice Michel Temer.

Este período certamente demarcará muitas páginas nos futuros livros de história. A política brasileira vive uma conturbação que, inexoravelmente, está acarretando profundas mudanças que muito há de prejudicar a vida da população, em especial dos trabalhadores.

Na contramão da natureza da atual Constituição, observa-se o STF como principal agente de uma gama de retrocessos. Retrocessos estes que violam, aprioristicamente, o já explanado Princípio do não retrocesso social, ao impor uma agenda negativa de direitos como se estivesse caminhando para trás *"que nem carangueijo"*, como o bom e velho ditado pernambucano.

Consequentemente, são constatadas violações também em diversos princípios específicos do Direito do Trabalho, pois este ramo do saber jurídico não convive de forma harmoniosa com qualquer medida não protetiva do trabalhador, bem como preceitua o princípio do não retrocesso social na mais ampla ordem constitucional.

Pois bem, no dia 13 de novembro de 2014, em sede de Recurso Extraordinário em Agravo sob o n. 709.212, o plenário do STF decidiu pela inconstitucionalidade dos arts. 23, § 5º,da Lei n. 8.036/1990 e 55 do Regulamento do FGTS (Fundo de Garantia do Tempo de Serviço) aprovado pelo Decreto n. 99.684/1990 na parte que ressalvam o "privilégio do FGTS à prescrição trintenária" (STF, 2014, RE n. 709.212/DF).

Segundo o relator, o entendimento de que a cobrança das verbas referentes ao FGTS contem com o prazo prescricional de 30 (trinta) anos violaria o dispositivo do art. 7º, XXIX da Constituição Federal no qual prevê a prescrição de 05 (cinco) anos para a cobrança de verbas trabalhistas, tanto dos trabalhadores urbanos quanto dos rurais.

Ora, analisado sob a ótica do princípio do não retrocesso social e do princípio da aplicação da norma mais favorável, não seria possível aqui expor a restrição deste direito, com base na Constituição Federal. Muito pelo contrário, a conquista das lutas sindicais para resguardar ao trabalhador a garantia do resgate das suas contribuições a título de FGTS nas hipóteses legais no prazo de 30 (trinta) anos foi uma forma de assegurar a garantia financeira no caso de dispensa arbitrária após anos de dedicação ao seu labor.

Impor, sob a esfera de repercussão geral, a prescrição quinquenal nas verbas de FGTS expõe uma condição mais maléfica e exalta um grave retrocesso social, desvirtuando toda atribuição constitucional atribuída ao STF. E, independentemente da hierarquia das normas, em caso de conflitos de aplicabilidade, o Direito do Trabalho, na sua gênese, evoca a prevalência da norma mais favorável, mesmo que haja uma subversão hierárquica das normas. Preceito este, obviamente, não respeitado pela referida decisão.

Já no ano de 2015, mais especificamente no dia 16 de Abril, o STF confirmou, em decisão nos autos da Ação Direta de Inconstitucionalidade sob o n. 1923/DF conferindo interpretação conforme à Constituição à Lei n. 9.648/98 e ao art. 24, XXIV da Lei n. 8.666/93 incluído pela Lei n. 9.648/98 para que entidades privadas, conhecidas como Organizações Sociais (OSs) possam prestar serviços públicos na área de ensino, pesquisa científica, desenvolvimento tecnológico, meio ambiente, cultura e saúde (STF, 2015, ADI n. 1.923/DF). Em outras palavras, permitiu uma flexibilização na contratação de trabalhadores no serviço público impondo uma terceirização indireta, indubitavelmente, mais precarizante do trabalho dos que prestam serviços remunerados por verbas públicas.

Constitui-se, sem dúvidas, em mais uma decisão elencada no rol das que afrontam diretamente a vedação do retrocesso social, visto que houve uma permissão legal de contratação de trabalhadores com condições mais degradantes dentro do serviço público. Há, pelo regime adotado, uma redução das garantias trabalhistas (e administrativas) e, portanto, violação ao fator finalístico da proteção social do trabalhador.

Outra decisão de grande polêmica nacional e também julgada no mesmo mês da anterior, só que no dia 30, foi a validação de cláusula de quitação geral ampla e irrestrita das verbas trabalhistas na adesão de Plano de Dispensa Incentivada (PDIs). Ora, conforme ementa do Recurso Extraordinário de n. 590.415/SC,

> a transação extrajudicial que importa rescisão do contrato de trabalho, em razão de adesão voluntária do empregado a plano de dispensa incentivada, enseja quitação ampla e irrestrita

de todas as parcelas objeto de emprego, caso essa condição tenha constado expressamente do acordo coletivo que aprovou o plano, bem como dos demais instrumentos celebrados com o empregado. (STF, 2015, RE n. 590.415)

O referido objeto da decisão foi validado pelo entendimento de que as partes celebrantes do referido acordo coletivo eram equivalentes, visto que houve mediação do sindicato profissional junto à empresa, ou seja, órgãos coletivos e representativos de ambas as categorias. Desta forma, seria legítima tal renúncia de direitos sob os termos do referido plano.

Registra-se, assim, mais uma decisão que questiona, ou melhor, viola princípios trabalhistas como o da Indisponibilidade e o da Irrenunciabilidade das verbas trabalhistas. Mesmo diante do acordo coletivo, as verbas não alcançadas pelo Plano de Dispensa Incentivada não poderiam ser imunes às reivindicações legais em sede de reclamação trabalhista. Não há o que se cogitar a possibilidade de renúncia ou disponibilidade das verbas trabalhistas, pois tais direitos, considerados até mesmo como categoria de Direito Humano Fundamental (ANDRADE, 2008, p. 224), não podem ser objetos de transição sem uma contraprestação equivalente ou mais benéfica para o trabalhador. Trata-se de mais uma agenda negativa e de mais um inquestionável retrocesso.

No mês de Setembro de 2015, mais precisamente no dia 13, já na vigência do controverso governo do Presidente Michel Temer que, entre várias medidas, anunciou uma Reforma Trabalhista sob a alegação de criar mecanismos para a geração de mais empregos, o Ministro Teori Zavaski, no Recurso Extraordinário n. 895.759, reformou acórdão do TST e entendeu legítima a prevalência de acordo coletivo sobre regra legal prevista na Consolidação das Leis do Trabalho. Foi o caso do famigerado "negociado sobre o legislado" (STF, 2015, RE n. 895.759).

Ora, tal prevalência já era permitida desde que estivesse dentro da comunidade real de comunicação (ANDRADE, 2008, p. 236), ou seja, resultasse na condição mais benéfica. Atribuir de forma irrestrita a prioridade do negociado sobre o legislado implode toda a Legislação Trabalhista e crava, de forma definitiva e irremediável, a lápide do maior retrocesso na seara dos direitos trabalhistas, afastando de vez a noção de Estado que deve promover o crescimento de garantias e direitos.

A Justiça do Trabalho, como órgão jurisdicional, também não escapou das "irreverentes" decisões do STF. Após aprovação do corte na ordem de 90% (noventa por cento) nas despesas de investimentos e 24% (vinte e quatro por cento) no custeio através da Lei Orçamentária Anual (Lei n. 13.255/16), a Associação Nacional dos Magistrados da Justiça do Trabalho (Anamatra) ajuizou uma Ação Direta de Inconstitucionalidade sob o n. 5.468 na esperança de evitar tais cortes orçamentários e preservar a autonomia a independência do Poder Judiciário.

No entanto, o Ministro Luiz Fux julgou improcedente a referida ADI sob o pretexto de que o Judiciário não pode intervir na autonomia do Poder Legislativo ao debater e votar as Leis Orçamentárias (STF, 2016 ADI n. 5.468).

Muito se questionou e ainda se questiona sobre a idoneidade desta decisão, visto que alguns consideram como retaliação e prenúncio da reforma trabalhista que estaria engatilhada no âmago do atual governo. Por outro lado, o que não se pode questionar é a certeza de que a chancela deste drástico corte orçamentário irá prejudicar a concretização de várias garantias e direitos fundamentais, uma vez que os Direitos Individuais e Coletivos do Trabalho foram alçados a esta condição na Constituição. Mais um retrocesso "não vedado" pelo guardião da Constituição Federal.

Mais uma série extensa de princípios e direitos trabalhistas violados, tais como o acesso à justiça e da própria concepção do Direito do Trabalho como Direito Humano (ANDRADE, 2008, p. 224).

Mais recentemente, no dia 15 de outubro de 2016, em sede de liminar concedida em medida cautelar na Ação de Descumprimento de Preceito Fundamental sob o n. 323, o Ministro Gilmar Mendes suspendeu os efeitos da Súmula n. 277 do Tribunal Superior do Trabalho. A referida súmula prevê a integração de normas coletivas ao contrato de trabalho e também destaca que a modificação ou supressão de tais normais só poderão ser feitas via nova norma coletiva, ou seja, no caso um novo acordo ou convenção coletiva. Em outras palavras, enquanto não se firma nova negociação coletiva, os efeitos da norma anterior avançam sobre o tempo.

O Ministro Gilmar Mendes, ao conceder esta liminar suspendendo todos os processos cujo objeto de litigância seja direitos previstos na ultratividade das normas coletivas, deixa milhares de trabalhadores desprotegidos e à mercê de insegurança jurídica muito grande, pois estão sendo atualmente prejudicados pela ausência de negociação coletiva dos sindicatos profissionais e econômicos. Na referida decisão, o Ministro afirma que:

> em relação ao pedido liminar, ressalto que não tenho dúvidas de que a suspensão do andamento de processos é medida extrema que deve ser adotada apenas em circunstâncias especiais. Em juízo inicial, todavia, as razões declinadas pela requerente, bem como a reiterada aplicação do entendimento judicial consolidado na atual redação da Súmula n. 277 do TST, são questões que aparentam possuir relevância jurídica suficiente a ensejar o acolhimento do pedido. Da análise do caso extrai-se indubitavelmente que se tem como insustentável o entendimento jurisdicional conferido pelos tribunais trabalhistas ao interpretar arbitrariamente a norma constitucional. (STF, ADPF n. 323, 2016)

Com todo respeito ao Ministro relator da decisão, percebemos que há um equívoco na afirmação de que os Tribunais Trabalhistas tenham interpretado de forma arbitrária os preceitos constitucionais. Muito pelo contrário. O que vimos era uma interpretação com base em preceitos teleológicos constitucionais e que resguardava os trabalhadores de quaisquer perdas de direitos, garantindo uma estabilidade de previsão das suas vantagens já incorporadas no seu contrato de trabalho.

Hoje vive-se uma era de incertezas diante desta suspensão dos efeitos da Súmula n. 277, do Tribunal Superior do Trabalho, que certamente ignoram todos os valores decorrentes dos princípios da vedação do retrocesso social e da proteção social dos trabalhadores.

Logo depois, no dia 26 de Outubro de 2016, o STF considerou ilegal a possibilidade de desaposentação no Recurso Extraordinário sob o número 381.367, privando o trabalhador aposentado de pedir revisão do seu benefício caso volte a trabalhar. O argumento central da decisão que justificou a ilegalidade foi de que tal possibilidade não estaria prevista na Constituição. (STF, RE n. 381.367, 2016)

Seria este de fato um argumento suficiente para tão drástica medida? Ou a omissão legislativa impede o Judiciário de exercer seu papel na sociedade de promover os direitos e garantias fundamentais?

Em tempos de crise política e econômica não é raro observar aposentados retornando ao mercado de trabalho para complementar suas rendas e garantir o sustento digno de sua família. Milhares de idosos certamente passarão por situações adversas diante deste cenário.

Por fim, prolatada no dia 27 de Outubro de 2016, no Recurso Extraordinário n. 693.456/RJ, com relatoria do Ministro Dias Tófoli, esta decisão permitiu o corte de vencimentos dos servidores em greve. Nas palavras do relator:

> a administração pública deve proceder ao desconto dos dias de paralisação decorrentes do exercício do direito de greve pelos servidores públicos, em virtude da suspensão do vínculo funcional que dela decorre, permitida a compensação em caso de acordo. (STF RE n. 693.456, 2016)

No voto fica claro que o Direito de Greve dos Servidores Públicos foi prejudicado pela ausência de legislação específica para regulamentação do dispositivo constitucional. Na ebulição do caldeirão político do país em que vários direitos são retirados ou precarizados, atacar o direito de greve demonstra de forma cabal a postura controversa do STF perante a própria Constituição Federal que em tese deveria guardar.

Impor, de forma vergonhosa, ao servidor, a escolha entre a possibilidade de prover seu sustento ou aderir à greve para lutar contra a onda precarizante de direitos extrapola qualquer visão de razoabilidade.

A conjuntura política do Brasil desafia qualquer mente racional. É necessária muita altivez e resiliência ao fenômeno de desmonte de direitos, ou melhor, à prejudicial reforma trabalhista que ora se vivencia.

Por tais mudanças serem protagonizadas pelo Judiciário, por meio das decisões proferidas pelo STF, muitas vezes passam despercebidas ou silenciosas diante do imaginário social, visto que os holofotes midiáticos focam, sobretudo, na atividade legislativa do Congresso Nacional e do Executivo.

Essas decisões se distanciam "cada vez mais a jurisprudência dos objetivos e do projeto de Constituição que tinha por base a defesa de direitos sociais e de liberdades públicas. Estamos, de fato, vivendo um período de desconstitucionalização promovida pelo STF, por meio de decisões como essa." (BARBOSA, 2016).

Outra pauta também importante, mas que ainda não foi julgada, é a constitucionalidade da terceirização ampla e irrestrita, seja ela meio ou fim da atividade empresarial/econômica. Agendado para julgamento no mês de Novembro de 2016, depois de bastante pressão dos movimentos sindicais e sociais pelo país, foi retirada de pauta e encontra-se em pendência de apreciação. Contudo, a conclusão natural para desfecho desta história ao observar a tendência precarizante do Direito do Trabalho nas decisões do STF é pela procedência da expansão da Terceirização. Aguarde-se.

E, no final das contas, vivencia-se um holocausto sistemático dos direitos fundamentais, em especial os de natureza trabalhista. A resposta dos tempos de crise no Brasil está sendo pela forma de precarização desenfreada de conquistas já alcançadas, violando o âmago do constitucionalismo cidadão e de todos os princípios e finalidades do Direito do Trabalho, pois há uma clara inversão e distorção dos valores jurídicos já consagrados. Na contramão dos avanços sociais, exsurgem danosos e talvez irreparáveis retrocessos.

5. A Reforma Trabalhista (Lei n. 13.467/2017) e os diálogos com a atuação do Supremo Tribunal Federal

Como já explanado nos tópicos anteriores, houve uma série de decisões proferidas pelo Supremo Tribunal Federal em matéria trabalhista que destoou dos cânones principiológicos deste ramo jurídico e gerou impactos de ordem negativa nas repercussões jurídicas das relações de trabalho, especialmente as de emprego no país, visto que foram majoritariamente desfavoráveis à condição de dignidade do trabalhador.

Tal dimensão ganhou notoriedade justamente pelos efeitos de repercussão geral obtido com tais decisões. Contudo, o interesse do Supremo Tribunal Federal acerca das matérias trabalhistas já vem sendo observado há bastante tempo. O portal *"Nexo Jornal"*, ao analisar decisões do plenário do STF entre os meses de agosto de 2007 e fevereiro de 2017, concluiu no referido levantamento que as matérias de ordem trabalhistas ocupam o segundo lugar no *ranking* das decisões ali prolatadas. É no mínimo "curioso que haja muito mais normas sobre Direito Tributário do que sobre Direito do Trabalho na Constituição Federal de 1988, mas haja muito mais decisões sobre Direito do Trabalho?" (PORTO, 2017).

Esse interesse exacerbado de matéria trabalhista na rotina do plenário do Supremo Tribunal Feral chamou a atenção de vários estudiosos, principalmente quando as decisões de mérito passaram a corresponder, em primazia, as demandas e anseios empresariais.

Um caso paradigmático foi justamente o teor da decisão proferida no Recurso Extraordinário n. 590.415. Em primeira instância, o juiz do trabalho condenou a empresa ao pagamento de horas *in itinere*. Tal entendimento foi ratificado no respectivo Tribunal Regional do Trabalho e, posteriormente, no Tribunal Superior do Trabalho, consolidando um entendimento até então pacificado da Justiça do Trabalho referente à matéria. Instado a se manifestar através da relatoria do então Ministro Teori Zavascki, nove anos após a propositura da ação, o STF, através de decisão monocrática, exclui a referida condenação e já aponta, claramente, sinais de disposição para alterar jurisprudência construída pelo TST.

A partir daí, em meio ao tumulto político do país, foi intensificada as decisões de ordem trabalhistas na trajetória da flexibilização de direitos conquistados a duras penas, conforme explanado no capítulo anterior. Tal posicionamento coloca em xeque o próprio papel do Supremo Tribunal Federal como guardião da Constituição, visto que se transformou em "mera instância recursal trabalhista" (SOUTO MAIOR, 2017), haja vista os inúmeros princípios constitucionais e de ordem trabalhistas sumariamente violados especialmente nas decisões de repercussão geral.

Esta tendência, além de estar cravada nas ementas dos votos analisados no capítulo anterior também foram alvo de diálogo entre Ministros da Suprema Corte, pois

> "na paradigmática sessão do dia 14.09.2016, o Ministro Luís Roberto Barroso, chamando o Ministro Marco Aurélio de Melo ao diálogo, disse: "toda tendência do Direito do Trabalho contemporâneo é no sentido da flexibilização das relações e da coletivização das discussões". E o Ministro Marco Aurélio completou: "Fato. Mais dia menos dia nós vamos ter que partir para essa reforma." (SOUTO MAIOR, 2017).

Resta inconteste, pois, a legitimidade dos agentes que promovem críticas à atuação do STF por ver sua respectiva independência funcional abalada, principalmente quando as decisões correspondem aos anseios do mercado econômico de forma sistemática promovendo até então a reforma trabalhista pelo Poder Judiciário, visto que os objetivos de eliminar a intermediação estatal e entregar o controle da força de trabalho ao mercado estavam, paulatinamente, sendo alcançados.

Não obstante, a onda precarizante de direitos trabalhistas não ficou restrita à atuação do STF. Em meio à instabilidade política promovida pelo afastamento da Presidenta eleita Dilma Rousseff, o vice presidente Michel Temer passou a assumir uma agenda pró poder econômico a ponto de anunciar a defender reformas que fossem "modernizar" as relações produtivas e a condição do trabalhador.

Tramitada em tempo recorde em meio aos escândalos de corrupção e denúncias ao questionável processo conhecido como *impeachment*, no dia 13 de julho de 2017, foi sancionada a referida Lei n. 13.467/2017, conhecida como a Reforma Trabalhista com cerca de 132 (cento e trinta e duas) páginas e mais de 200 (duzentas) alterações nos dispositivos da CLT. Tal concepção passou a ser avaliada não apenas como uma simples reforma, "mas de uma alteração profunda do modo de produção e nas relações de trabalho no Brasil e todas no mesmo sentido de atendimento de demandas empresariais" (SOUTO MAIOR, 2017).

Sem a necessidade de se ater ao notório procedimento anti-democrático da tramitação da referida reforma, visto que não houve o devido debate e oitiva dos setores interessados na sociedade, se faz salutar a análise de como tais transformações nos direitos trabalhistas foram, em boa parte, pavimentadas por decisões prévias do STF.

Vejamos, por exemplo, o famigerado pilar da reforma que foi a "prevalência do negociado sobre o legislado". Decidido pelo Ministro Teori Zavascki em sede de Recurso Extraordinário n. 895.749 a prevalência do negociado sobre o legislado ganhou aporte jurídico por decisão da Suprema Corte. Tal concepção serviu como motor de um veículo que só fez acelerar até a formalização deste instituto com a Reforma Trabalhista conforme a nova redação dada ao art. 611-A da Consolidação das Leis do Trabalho: "A convenção ou o acordo coletivo de trabalho tem força de lei quando dispuser sobre: (...)".

O ponto da ultratividade dos instrumentos coletivos (acordos ou convenções coletivas) até então previstos na Súmula n. 277 do Tribunal Superior do Trabalho já tinha sido apreciada anteriormente pelo STF no julgamento da ADPF n. 323 em 14 de outubro de 2016 e passou, logo em seguida, a ser positivada na Reforma Trabalhista, também no art. 611-A, VI, visto que a extensão dos efeitos do instrumento coletivo firmado está adstrito ao prazo que for instituído. Na prática, com o desmonte do atual modelo sindical, muitas categorias apresentam dificuldades de representação e organicidade para manter em dias as negociações e acordos coletivas. Desta forma, os efeitos da ultratividade resguardariam os trabalhadores das eventualidades e a reforma trabalhista acaba de encerrar tal garantia, exigindo uma sucessão de acordos e negociações para manter as obrigações em dia, sob pena de retrocesso de direitos até então garantidos.

Esses dois pontos, anteriormente chancelados pelo STF e hoje positivados pela Reforma Trabalhista, são os pilares da tendência de flexibilização no qual o STF firmou protagonismo em plena crise política e institucional do país. Pressionado pelas demandas empresariais, ou melhor, acolhendo o pleito das demandas empresariais, visto que também houve pressão por via das centrais sindicais e dos trabalhadores organizados no país, podemos considerar o STF como o agente político que impulsionou a legitimação da tendência flexibilizadora oriunda do ultra-liberalismo e da acumulação flexível. A restruturação produtiva segue a passos acelerados no aprofundamento da discrepância entre os direitos dos trabalhadores e a ampliação dos lucros e da mais valia entre os trabalhadores. Por outro lado,

> a questão é: o que o STF entenderá? Infelizmente, todos já sabemos a resposta. Se a reforma passar, após longas cizânias, haverá uma desconstrução do Direito do Trabalho como o conhecemos. E a Justiça do Trabalho, rebelde, provavelmente será colocada na mira dos canhões por declarar inconstitucional ou interpretar conforme a Constituição Federal os termos da reforma. A reforma é apenas a primeira batalha de uma longa guerra que está por vir (BRUXEL, 2016).

O cenário encontra-se adverso. As consequências de tamanha reforma ainda hão de ser mensuradas, bem como a própria autonomia, independência funcional e liberdade do STF serão devidamente questionados ao longo da história, pois não é democraticamente concebível observar a Suprema Corte deste país ter voz protagonista na onda da política de sub empregos, do exarcebamento do individualismo das discrepantes relações de trabalho e afastamento dos valores da solidariedade social.

Por fim, as instituições deste país podem até seguir um rumo distinto dos anseios da classe trabalhadora, porém a capacidade de se reinventar e ditar novos rumos sempre foi característica fundamente dos trabalhadores organizados em todo mundo e não seria diferente no Brasil.

6. Conclusão

O Supremo Tribunal Federal deveria, em razão de suas competências legais, ser o maior protagonista na defesa dos direitos sociais. Tal dever inclui, necessariamente, a garantia de proteger os direitos trabalhistas, estes considerados até mesmo como direitos humanos, pois estão elencados no rol das garantias fundamentais da constituição cidadã.

Norteado pelo princípio geral da vedação do retrocesso social, a Constituição Federal promulgada em 1988 tem o dever jurídico de promover avanços civilizatórios ao promover Direitos Sociais e ocasionar sua expansão. E, por sua vez, o STF como de Corte Constitucional tem o dever de coibir, através do controle jurisdicional de constitucionalidade, qualquer tendência que aponte perda de direitos e garantias.

Tais elementos, entrelaçados no espírito da constituição vigente, parecem não ser suficientes para lidar com tamanho retrocesso em Direitos Trabalhistas na atual conjuntura política do nosso país. No meio de uma grande instabilidade, decorrente de uma eleição presidencial acirrada e muito polarizada em 2015 e com o impedimento da Presidenta democraticamente eleita em 2016, uma nova agenda política foi instaurada no país que interfere diretamente na estabilidade dos direitos trabalhistas.

Desde então, o Supremo Tribunal Federal vem surpreendendo (de forma negativa) ao cravar decisões com efeitos de repercussão geral que sistematicamente retira conquistas históricas de Direito dos Trabalhadores. Sem passar pelo crivo de um processo legislativo, direitos como a prescrição trintenária do FGTS, ultratividade dos acordos coletivos, desaposentação, greve no serviço público, entre outros, foram categoricamente retirados da classe trabalhadora brasileira.

As consequências da precarização das condições de vida dos trabalhadores afetados por tais medidas também geram uma descrença da segurança jurídica perante a suposta estabilidade dos Direitos Trabalhistas. Como dito por Maria Lúcia Barbosa, "não dá mais para confiar ao STF o respeito à Constituição. Novas articulações e alternativas devem surgir a partir da luta daqueles que buscam uma sociedade mais justa." (BARBOSA, 2016).

Conclui-se, portanto, que o STF não mais exerce com fidelidade orgânica seu papel de guardião da Constituição Federal. A descrença se catalisa diante das posturas equivocadas da Suprema Corte, ao reiterar entendimentos danosos, que violam o conjunto dos princípios do Direito do Trabalho, subvertendo toda a lógica protecionista deste ramo do conhecimento jurídico.

Quando formulado para subverter a hierarquia das normas em prol do trabalhador, o Direito do Trabalho vivencia uma grande crise. Entendimentos com viés privatista estão se sobrepondo à ordem coletiva, quando o STF aplica entendimentos destoantes da proteção social do trabalho.

Resta, portanto, exercer com parcimônia bastante resistência e vigiar com firmeza a defesa destes direitos. É inconcebível, depois de todo o histórico de lutas e conquistas, virar, para trás, a página da história. É necessário apontar caminhos e novas fórmulas para contornar as flexibilizações da atual conjuntura e firmar o Direito do Trabalho como protagonista na expansão contínua de direitos e jamais como agente precarizante.

Referências

ANDRADE, Everaldo Gaspar Lopes de. *Princípios de Direito do Trabalho:* Fundamentos Teóricos-Filosóficos. São Paulo: LTr, 2008. p. 224-236.

BARBOSA, Maria Lúcia. *O STF como Protagonista no Retrocesso do Direito de Greve do Servidor e da Possível Terceirização em um Estado de Desconstitucionalização*. Recife, 14 nov. 2016. Disponível em: <http://emporiododireito.com.br/o-stf-como-protagonista-no-retrocesso-do-direito-de-greve-do-servidor/>. Acesso em: 10 dez. 2016.

BARROSO, Luís Roberto. *Contramajoritário, Representativo e Iluminista:* Os Papéis das Cortes Constitucionais nas Democracias Contemporâneas. Brasília, 08 jun. 2016. Disponível em: <http://s.conjur.com.br/dl/notas-palestra-luis-robertobarroso.pdf>. Acesso em: 13 dez. 2016.

BRASIL. Supremo Tribunal Federal. *Recurso Extraordinário em Agravo n. 709.212*, do Plenário do Supremo Tribunal Federal, Brasília, DF, 13 nov. 2014.

______. *Ação Direta de Inconstitucionalidade n. 1923*, do Plenário do Supremo Tribunal Federal, Brasília, DF, 16 abr. 2015.

______. *Recurso Extraordinário n. 590.415/SC*, do Plenário do Supremo Tribunal Federal, Brasília, DF, 30 abr. 2015.

______. *Recurso Extraordinário n. 895.759*, do Plenário do Supremo Tribunal Federal, Brasília, DF, 13 set. 2015.

______. *Ação Direta de Inconstitucionalidade n. 5.468*, do Plenário do Supremo Tribunal Federal, Brasília, DF, 29 jun. 2016.

______. *Ação de Descumprimento de Preceito Fundamental n. 323*, do Plenário do Supremo Tribunal Federal, Brasília, DF, 15 out. 2016.

______. *Recurso Extraordinário n. 381.367*, do Plenário do Supremo Tribunal Federal, Brasília, DF, 26 out. 2016.

______. *Recurso Extraordinário n. 693.456*, do Plenário do Supremo Tribunal Federal, Brasília, DF, 27 out. 2016.

BRUXEL, Charles da Costa. *Comentários, artigo por artigo, à Proposta de Reforma Trabalhista do Governo Temer (PL 6787/2016)*. Fortaleza: JusBrasil, 2016.

CANOTILHO, José Joaquim. *Direito Constitucional e Teoria da Constituição*. Coimbra: Almedina, 2002. p. 336-338.

CEZAR, Renata. *Direitos Sociais Frente ao Princípio da Proibição do Retrocesso Social.* São Paulo, 18 ago. 2011. Disponível em: <http://www.direitonet.com.br/artigos/exibir/6963/Direitos-sociais-frente-ao-Principio-da-Proibicao-do-Retrocesso-Social>. Acesso em: 13 dez. 2016.

PORTO, Lorena. *Encontro dos Magistrados do Trabalho da 6ª Região*, 2017, Porto de Galinhas, Ipojuca.

SOUTO MAIOR, Jorge Luiz. O STF em matéria trabalhista e o curioso caso de Benjamin Button. *Revista eletrônica [do] Tribunal Regional do Trabalho da 9ª Região*, Curitiba, PR, v. 6, n. 57, p. 58-68, fev. 2017.

ROCHA, Fernando Luiz Ximenes. O Supremo Tribunal Federal como Corte Constitucional. *Revista de Informação Legislativa*, Brasília, v. 134, n. 135, p. 185-190, jul./set. 1997.

VIEIRA, Oscar Vilhena. *O Supremo Tribunal Federal:* Jurisprudência Política. São Paulo: Revista dos Tribunais, 1994. p. 85.

Trabalho Análogo à Escravidão na Relação de Emprego Pós-Moderna: Da Indignação ao Conformismo(1)

Isabella Neves Barbosa do Rêgo

Introdução

O presente trabalho tem como principal escopo analisar os contornos do trabalho escravo, a sua larga transformação na seara legislativa e moral, juntamente com as maquiagens introduzidas pelo sistema capitalista para continuar utilizando-se de mão de obra forçada e barata.

Importante ressaltar que apesar de legalmente não ser mais possível obrigar alguém a trabalhar de maneira forçada, na prática é sabido que não é isso que acontece. De acordo com o "*The 2018 Global Slavery Index*", índice publicado pela WalkFree e apresentado na ONU, o Brasil possui cerca de 370 mil pessoas escravizadas e lidera o ranking na América Latina(2). Importante ressaltar que para essa pesquisa, escravidão foi interpretada como um conjunto de conceitos jurídicos, que abrange o trabalho forçado, a servidão por dívida, o tráfico de seres humanos, as práticas semelhantes à escravidão e o casamento forçado.

Será utilizado, neste trabalho, o método dedutivo, com revisão bibliográfica, de modo que, acerca de cada uma das temáticas abordadas neste estudo serão trazidos entendimentos doutrinários e dados de pesquisas promovidas por entidades a ONU. Ressalte-se, ainda, que, para o regular desenvolvimento deste trabalho, foram conjugados, principalmente, conceitos de Direito Constitucional, Direito do Trabalho e Direitos Humanos, sem prejuízo da utilização pontual de conceitos provenientes de outros ramos do Direito.

Será levado em consideração, também, o método priori-dedutivo, partindo-se da explicação geral acerca da garantia de direitos aos aqui defendidos, com foco principalmente para nos Direitos Fundamentais e do Trabalho e acerca da ineficiência de uma concreta proteção a essas pessoas em situação de vulnerabilidade, mas cuja temática é ainda tão pouco explorado pelos autores nacionais.

---

(1) Monografia apresentada como Trabalho de Conclusão do Curso de Bacharelado em Direito do Trabalho pela UFPE, em 2019.

(2) WALK FREE FOUNDATION. *The 2018 Global SlaveryIndex*. Disponível em: <https://www.walkfreefoundation.org/news/resource/the-global-slavery-index-2018/>. Acesso em: 20 out. 2019.

Primeiramente, como base estrutural desta pesquisa, será feita uma explanação do recente passado escravocrata brasileiro, que foi um dos últimos países do mundo a abolir a escravidão, e a consequência dessa herança escravista nas relações empregatícias atuais. Ademais, se analisará o período pós abolição, no qual mesmo que formalmente não mais aceito, o trabalho continuou a ocorrer que maneira danosa à dignidade da pessoa humana, privilegiado uns em detrimento a outros.

Em um segundo momento, será abordado o tema dos direitos fundamentais de segunda geração, como os sociais e os trabalhistas, que são globalmente aceitos e que, na teoria, são respeitados pelas nações. Nessa temática, levantar-se-á a ideia do dever social da indignação frente ao desrespeito a esses direitos, no qual faz com que normalmente os indivíduos se indignam com situações precárias de trabalho. Na contramão dessa indignação, haverá uma análise da correlação entre o consumismo e o conformismo diante dessas situações, deixando clara a influência da sociedade do consumo com a utilização desenfreada do trabalho forçado e degradante.

Posteriormente, haverá uma análise do poder das grandes marcas, com enfoque na indústria têxtil, que maquiam a realidade de suas produções através do *marketing* e da estratificação da linha de produção, fruindo-se da mão de obra de países subdesenvolvidos para baratear seus custos.

Por fim, serão analisadas as formas de retaliações ao trabalho análogo à escravidão nas grandes empresas, através do estudo de caso emblemática no sistema jurídico brasileiro e pontuando os principais óbices para a real abolição do trabalho forçado no país, que apesar de ser considerado crime no papel, na prática ainda precisa avançar bastante.

1. Breve análise da história escravocrata brasileira

1.1. Período de escravidão legalmente aceito

Primordialmente, faz-se mister lembrar que o trabalho escravo é um mal que assola o Brasil antes mesmo da declaração de independência do país e foi por muito tempo a maior forma de mão de obra da colônia portuguesa. Devido a esse infeliz precedente histórico de um país marcado pelo trabalho forçado, essa temática é bastante discutida desde cedo nas salas de aulas e nos livros, o que mesmo assim não é suficiente para pagar a dívida histórica do Brasil.

Isso porque, além de não ter existido quase nenhuma política reparadora aos descendentes do povo escravizado, a Lei Áurea é interpretada como um marco que encerrou todo o trabalho escravo no país, o que se sabe que é uma falácia.

Como citado, o trabalho escravo está intimamente ligado à formação do Brasil, haja vista a predominância dessa forma de trabalho em detrimento de outras, que praticamente não existia na colônia. Nota-se que perspectivas econômicas e sociais do período escravagista são bastante discutidas na doutrina nacional e nas salas de aula, o que faz com que esse fenômeno seja enxergado muito mais pelo seu viés sociológico e econômico do que jurídico(3), como se a posterior Lei Áurea fosse o primeiro diploma legal que tratou sobre o assunto.

No entanto, deve-se enfatizar que, principalmente depois da independência, a escravidão era respaldada pela legislação pátria, que inclusive conseguia conciliar de forma indireta uma Constituição de cunho liberal, com vários direitos fundamentais garantidos em seu texto, com esse sistema que, em teoria, iria de confronto direto com tais ditames.

Destaca-se que a independência brasileira não foi resultado de uma revolução social, mas sim de um golpe interno da própria coroa portuguesa, logo, não era premissa do novo Estado instaurado a alteração do *status quo ante*, que, pelo contrário, não rompeu com as "estruturas sociais e econômicas vigentes no período histórico anterior (...) conferindo-se poderes políticos à aristocracia rural brasileira"(4)

Porém, a Constituição de 1824 foi pensada em um momento histórico posterior as revoluções burguesas, em que as Constituições europeias eram fundadas no liberalismo e, por essa razão, não poderia ter em seu corpo a consagração expressa do regime escravocrata. Nesse contexto, o constituinte de 1824, ao definir quem são os cidadãos brasileiros, se referiu tão somente aos brasileiros ingênuos ou libertos, sendo ingênuos os que nasceram livres e libertos os que foram libertados, o que excluiu de forma indireta os que não tinham sido.

Nesse sentido, quando a Constituição Imperial programou os direitos fundamentais, ela o fez apenas para os cidadãos, como pode ser observado no diploma:

> Art.179. A inviolabilidade dos Direitos Civis, e Politicos dos **Cidadãos** Brazileiros, que tem por base a liberdade, a segurança individual, e a propriedade, é garantida pela Constituição do Imperio, pela maneira seguinte.I. Nenhum **Cidadão** pode ser obrigado a fazer, ou deixar de fazer alguma cousa, senão em virtude da Lei. (...) (grifos nossos)

Logo, com essa espécie de drible legislativo o novo Estado conseguiu manter as estruturas vigentes desde a colonização, preconizando o trabalho escravo em detrimento do trabalho livre, já que era esse tipo de mão de obra que sustentava a economia do país.

Nota-se que a regra geral é que o homem seja livre, já que não tinha no Brasil uma lei que autorizou expressamente a escravidão, mas sim leis que faziam referência as pessoas escravizadas. Logo, a legalização da escravidão se deu a partir da prática, do tempo e, depois, a partir das leis que se referiam a esse tipo de trabalho.

Importante se faz, neste momento, conceituar o que entendemos como trabalho escravo em sua modalidade clássica, ou seja, esse trabalho escravo que era aceito tanto no âmbito social, como no jurídico. Percebe-se que o escravo era um ser não livre, era considerado um objeto e uma verdadeira propriedade do senhor.

---

(3) CAMPELLO, André Emmanuel Batista Barreto. *A escravidão no Império do Brasil:* perspectivas jurídicas. Disponível em: <https://www.sinprofaz.org.br/artigos/a-escravidao-no-imperio-do-brasil-perspectivas-juridicas/>. Acesso em: 05 out. 2019.

(4) CAMPELLO, André Emmanuel Batista Barreto. *Op. cit.*

Por ser considerado propriedade de quem o comprava, ele podia ser vendido, trocado e utilizado da forma que bem entendesse seu proprietário. Observa-se a conceituação do ser escravo, por Jaime Pinsky:

> "A escravidão se caracteriza por sujeitar um homem ao outro, de forma completa: o escravo não é apenas propriedade do senhor, mas também sua vontade está sujeita à autoridade do dono e seu trabalho pode ser obtido até pela força."(5)

Dessa maneira, observa-se que no trabalho forçado instaurado no início do período capitalista, segundo Holloway (2003, p. 51-52, *apud* LIRA, 2006, p. 19-20), havia uma dominação de poder entre as pessoas de tal forma que àqueles que lhe era negado a qualidade de pessoa (os escravos) eram propriedades de outra pessoa, que tinha o poder-dever de usar a força ou a ameaça contra quem se rejeitasse a trabalhar.

Deve-se destacar que, a despeito de o escravo não ter liberdade nem formal e nem material, justamente porque era considerado uma propriedade, era dever do seu "dono" fornecer moradia e alimentação, com a finalidade de viabilizar as condições mínimas para que ele continuasse a trabalhar e a gerar lucro.

Em suma, por mais desumano que os escravos fossem tratados e apesar de não possuírem nenhum direito, era interessante para o seu dono os manter vivos e em condições de trabalhar, haja vista eram eles que traziam lucro para os senhores, em sua maioria, donos de engenho.

1.2. O trabalho análogo à escravidão após a Lei Áurea

Nota-se que a Lei Áurea, assinado pela princesa Isabel em 13 de maio de 1888, entrou para a história do país como o marco que aboliu a escravatura. Os livros de história nacionais mais clássicos relatam, inclusive, que por deliberação da própria princesa é que ela teria acabado com a escravidão que já perdurava mais de mais de 300 anos no país.

Porém, como se sabe, a abolição não foi fruto de mera bondade da monarca, mas sim de uma construção histórica, política e econômica, além de uma grande pressão internacional, o que tornou o sistema insustentável. Nesse sentido, e com a finalidade de demonstrar o momento histórico vivido nesse período, cumpre observar as palavras do pernambucano Joaquim Nabuco:

> O Abolicionismo é um protesto contra essa triste perspectiva, contra o expediente de entregar à morte a solução de um problema, que não é só de justiça e consciência moral, mas também de previdência política. Além disso, o nosso sistema está por demais estragado para poder sofrer impunemente a ação prolongada da escravidão. Cada ano desse regime que degrada a nação toda, por causa de alguns indivíduos, há de ser-lhe fatal, e se hoje basta, talvez, o influxo de uma nova geração educada em outros princípios, para determinar a reação

(5) PINSKY, Jaime. *A escravidão no Brasil*. 21. ed. São Paulo: Contexto, 2010. p. 8.

> e fazer o corpo entrar de novo no processo, retardado e depois suspenso, do crescimento natural.[(6)]

O que interessava a coroa e a elite, nesse momento, não era acabar com a exploração e a violação dos direitos da população escravizada como defendiam os abolicionistas como Joaquim Nabuco, mas sim se adequar ao mundo contemporâneo e capitalista, cujo trabalho "livre" é a maior dádiva que o homem pode ter.

Por essa razão, é que devemos nos questionar sobre os limites dessa libertação da população negra e os seus reflexos na sociedade brasileira atual, haja vista apesar de livres, eles não possuíam casa, comida e trabalho. Assim, com a proibição do trabalho escravo no país, os recém libertos teriam que procurar onde morar, o que comer e qual atividade desempenhar para tanto.

Todavia, após a assinatura da Lei Áurea os ex-escravos, formados principalmente pela população negra, não foram a primeira opção de mão de obra, haja vista que para a sociedade da época eles não tinham qualificação para tanto. Logo, as pessoas que antes trabalhavam de graça agora precisavam ser contratadas pelos fazendeiros que, por sua vez, preferiam pagar a outras pessoas, principalmente as recém-chegadas da Europa.

É possível observar que essa época se intensificou a imigração para o Brasil, já que começou a se "importar" trabalhadores assalariados, principalmente italianos, japoneses e alemães.

Logo, a população libertada não foi inserida no mercado de trabalho assalariado, pelo contrário, as lavouras de café brasileiras, que era a economia em ascensão na época, começou a divulgar seus postos de trabalho em países estrangeiros, atraindo os locais para o Brasil em busca de uma melhora de vida.

No entanto, por conta dessa onda imigratória incentivada pelos próprios empresários locais, aos ex-escravos não foi dada a oportunidade de trabalhar, sobrando-lhes quase nada. Ora, os ex-escravos passaram de mão de obra forçada e gratuita serem totalmente marginalizados, não possuindo sequer o direito de trabalhar.

A total ausência de políticas públicas para fornecer educação ou inseri-los no mercado de trabalho gerou o que é um dos maiores problemas sociais do país atualmente: a desigualdade social. Observa-se que também foi nesse contexto que nasceram as primeiras favelas do país, uma vez que por não terem para onde ir, passou-se a ocupar os morros e lugares periféricos dos grandes centro urbanos, locais que eram rejeitados pela população rica.

É nesse ponto que se faz o questionamento: para quem e para que foi feita a proibição do trabalho escravo? E do que adianta ter liberdade meramente formal, se não lhes foram dados os mecanismos para viver com dignidade? Do que vale a liberdade sem a vida?

Na necessidade de se manter vivo a população marginalizada subordinou-se aos caprichos de quem oferecia emprego, uma vez que a lei da oferta e da demanda passou a vigorar

---

(6) NABUCO, Joaquim. *O Abolicionismo*. São Paulo: Publifolha, 2000. p. 4. Disponível em: <http://www.dominiopublico.gov.br/download/texto/bv000127.pdf>. Acesso em: 20 out. 2019.

a todo vapor: de um lado a chegada de imigrantes e a população recém liberta que procuravam uma forma de se sustentar e de outro um mercado que não absorvia toda essa mão de obra e que tinha uma nítida preferência de contratar os primeiros.

O liberalismo defendido na Réplica Velha ajudou a criar esse ambiente em que apesar de liberta, boa parte da população não foi aceita pela sociedade e nem pelo mercado de trabalho, o que gerou uma camada social marginalizada e a consequente onda de subempregos.

É nesse contexto social desde o começo do século passado que se torna possível chegar no que se conhece do Brasil do século XXI, no qual de um lado existe uma população ainda marginalizada e com poucas ou nenhuma perspectiva de mudança de vida e de outro lado a mesma elite predominantemente branca que concentra para si a riqueza do país e os meios de produção, além de possuir o monopólio político e social, garantindo para si todas as oportunidades.

Mesmo sem perceber, as antigas correntes foram substituídas gradativamente pela necessidade de sobreviver e aceitar qualquer trabalho por isso, ao passo que as senzalas foram substituídas pelos morros e as casas grandes por prédios de luxo em bairros nobres.

Todavia, caso, como citado desde o começo desse trabalho, até os dias atuais o trabalho forçado ainda assola no Brasil e no mundo, o que diferencia os existentes desde antes da idade Moderna e o do século XXI?

2. Trabalho forçado e a quebra de paradigma na sociedade pós-moderna

2.1. Do dever social da indignação

Cumpre salientar que, depois da onda dos direitos liberais, conhecidos como direitos fundamentais de primeira dimensão, o qual limitava o Estado a assegurar a liberdade, a propriedade, direitos civis e políticos e possuía caráter negativo(7), existiu um aclame populacional no mundo todo para que outros direitos também fossem assegurados, principalmente os que se relacionavam com a dignidade da pessoa humana. Isso ocorreu por conta da precariedade vivida pelos trabalhadores urbanos na época, que não possuíam nenhum direito amparado, laboravam em ambientes insalubres, além de não possuírem controle de jornada. Foi nesse contexto, portanto que surgiu a segunda geração de direitos, como preceitua a doutrina pátria:

> O descaso para com os problemas sociais, (...), associado às pressões decorrentes da industrialização em marcha, o impacto do crescimento demográfico e o agravamento das disparidades no interior da sociedade, tudo isso gerou novas reivindicações, impondo ao Estado um papel ativo na realização da justiça social. O ideal absenteísta do Estado liberal não respondia, satisfatoriamente, às exigências do momento. Uma nova compreensão do relacionamento Estado/sociedade levou os Poderes Públicos a assumir o dever de operar para que a sociedade lograsse superar as suas angústias estruturais. Daí o progressivo estabelecimento pelos Estados de seguros sociais variados, importando intervenção

(7) NOVELINO, Marcelo. *Direito Constitucional*. 3. ed. São Paulo: Método, 2009. p. 362.

> intensa na vida econômica e a orientação das ações estatais por objetivos de justiça social. Como consequência, uma diferente pletora de direitos ganhou espaço no catálogo dos direitos fundamentais — direitos que não mais correspondem a uma pretensão de abstenção do Estado, mas que o obrigam a prestações positivas.[8]

Consagrou-se, portanto, os direitos sociais, econômicos e culturais, os quais são direitos de titularidade coletiva e com caráter positivo, já que exigem atuações positivas do Estado[9].

A segunda dimensão de Direitos Fundamentais tem como base a luta pela liberdade real, pela igualdade não apenas formal, mas também material e a busca por direitos à assistência social, saúde, educação, lazer e ao trabalho digno[10]. Nesse contexto cresceu ao redor do mundo a ideia de eliminação do trabalho forçado, já que esse passou a ser visto com maus olhos, pois seria a maximização da ausência de um trabalho digno.

Por essa razão, um dos pilares mais importantes que a Organização Mundial do Trabalho (OIT) prega é o combate ao trabalho forçado ou análogo ao escravo, porque além de ser uma violação a um direito humano fundamental, também é um obstáculo para o desenvolvimento dos países que possuem esse tipo de trabalho.

Nesse diapasão, a Organização definiu o que é trabalho forçado no início do artigo segundo da Convenção n. 29, nos seguintes termos:

> Art. 2 – 1. Para os fins da presente convenção, a expressão 'trabalho forçado ou obrigatório' designará todo trabalho ou serviço exigido de um indivíduo sob ameaça de qualquer penalidade e para o qual ele não se ofereceu de espontânea vontade.[11]

Nota-se que a intenção desse conceito foi ser o mais abrangente possível, com a finalidade de contemplar tanto o trabalho forçado legalmente aceito nas culturas locais — por exemplo, o existente no Brasil antes da Lei Áurea — como os que ocorrem ilegalmente e de forma maquiada até os dias atuais.

No período pós Primeira Guerra Mundial, com o surgimento da Sociedade das Nações, a objeção ao trabalho forçado se intensificou com os tratados de paz firmados pelos países vencedores, que colocaram a escravidão como uma das questões centrais, na qual precisava ser resolvida no plano interno dos países, com a finalidade de promover uma melhor convivência entre as nações.

> (...) os organismos internacionais surgidos depois da Primeira Guerra Mundial lidaram com a questão da escravidão e com o trabalho forçado, criando âmbitos para discutir essas práticas, assim como um arcabouço legal internacional para tratar disso. Para poder estabelecer esses espaços de discussão e reflexão sobre

(8) MENDES, Gilmar Ferreira. *Curso de direito constitucional*. 7. ed. rev. e atual. São Paulo: Saraiva, 2012. p. 206.

(9) NOVELINO, Marcelo. *Op cit.*, p. 362.

(10) MENDES, Gilmar Ferreira. *Op cit.*, p. 206.

(11) Convenção n. 29 — *Abolição do Trabalho Forçado*. Disponível em: <https://www.diap.org.br/images/stories/OIT/convencao029.pdf>. Acesso em: 16 out. 2019.

> a escravidão, foram definidas as áreas de incumbência entre a Sociedade de Nações (SdN) e a Organização Internacional do Trabalho (OIT). A primeira lidou com o tráfico de pessoas e a escravidão, definida esta como a propriedade da pessoa. A OIT especializou-se no trabalho forçado e no trabalho nativo.[12]

Assim, gerou-se na sociedade um sentimento de repulsa ao trabalho escravo devido a história colonial de graves desmontes dos direitos humanos. Todos os países democratas passaram a defender tanto a liberdade quanto a igualdade de direitos, o que incluía também o direito a trabalhar e a trabalhar de forma digna.

Vive-se, portanto, em uma época que é impensável conhecer alguém que seja a favor do trabalho forçado ou em condições subumanas, principalmente nos grandes centros urbanos e nos países mais ricos. Há, portanto, um dever social de rejeitar tudo o que for cruel com o homem, ou seja, tudo que sujeite outrem a situações extremas e de exploração.

Depois dos supracitados direitos adquiridos pela população e principalmente pelos trabalhadores, ficou muito difícil, nos países desenvolvidos, a regressão das condições de trabalho, pois além de poder gerar uma má imagem na comunidade internacional, isso impulsionaria um desgaste político entre a população, o governo e os empreendedores.

Logo, diante da indignação da sociedade dos países mais desenvolvidos economicamente, e que já garantem a sua população um bom amparo trabalhista, o desmonte dessa estrutura jurídica é penosa demais, uma vez que a grande maioria dos cidadãos já está ciente dos seus direitos, além de existirem grandes resistências devido ao movimento sindical articulado.

Diante disso, o sistema capitalista precisou reinventar a forma de lhe dar com o trabalho, afinal para obter o máximo de lucro é necessário que a produção seja de larga escala e que a mão de obra seja barata. Assim, como manter um empregado em países com grande proteção aos direitos trabalhistas encarecia a mão de obra, as grandes marcas passaram a utilizar-se de artifícios para driblar as legislações e obter mais lucro, contratando a mão de obra de países cuja legislação não possui proteção trabalhistas, o que aumentou demasiadamente o trabalho análogo ao escravo no globo.

2.2. Relação do consumo com o conformismo

Apesar da larga repressão existente ao trabalho forçado nos grandes centros urbanos e nos países mais ricos, ironicamente grande maioria dos produtos consumidos nesses locais é fruto do trabalho escravo. A pergunta que se vem em mente é como essa ironia acontece? Será que as mesmas pessoas que criticam, mas consomem produtos oriundos do trabalho escravo estão cientes disso?

---

(12) FERRERAS, Norberto. *A escravidão depois da escravidão:* a questão do trabalho compulsório na constituição das organizações internacionais no período de entreguerras. Disponível em: <http://www.scielo.br/pdf/tem/v22n41/1413-7704-tem-22-41-00488.pdf>. Acesso em: 16 out. 2019.

Não é muito difícil encontrar, atualmente, formas de identificar quais marcas utilizam o trabalho escravo em sua produção, haja vista existirem várias reportagens que retratam essa realidade, através de dados disponibilizados pela própria fiscalização trabalhista. Além disso, existe um aplicativo para celulares, chamado de "Moda Livre", que tem como principal escopo avaliar as marcas e sua relação com o trabalho escravo: quais são as que possuem mecanismo de combate, as que já foram flagradas pelos fiscais doo Ministério do Trabalho e Emprego (MTE), as que já foram denunciadas ou condenadas administrativamente ou perante a justiça devido a utilização desse tipo de mão de obra em sua cadeia de produção.

Presume-se, portanto, que os consumidores no geral, principalmente aqueles instruídos o suficiente para ser contra o trabalho escravo, tem a total capacidade de tomar conhecimento de que lojas se utilizam desse trabalho.

Como, a despeito de toda a suposta repressão ao trabalho forçado a população continua a consumir e dar lucro as empresas que têm grande parte de sua produção oriunda dessa relação de subemprego?

A resposta está no poder do *marketing* atrelado ao desenfreado desejo consumista da sociedade pós-moderna. As grandes marcas utilizam-se da propaganda como mecanismo de defesa para maquiar o que está por trás dos seus produtos: o trabalho forçado e um total desrespeito aos direitos humanos.

É notória a presença da propaganda como massa de manobra em vários momentos da história do mundo moderno, relacionando-a quase sempre a uma figura ditatorial que toma o poder em determinada região e se utiliza de anúncios gananciosos ao seu favor para ludibriar a população. Seu objetivo principal é eliminar as cabeças pensantes, qual seja, os pensamentos críticos da população, para que essa população passe a acreditar que a verdade é aquela veiculada pela propaganda. Vejamos o papel do marketing na persuasão das pessoas:

> Na sua origem e no impacto desejado junto ao público, a propaganda tem como principal objetivo veicular uma imagem homogênea, coerente e causal da realidade, profundamente implicada numa perspectiva de salvaguarda e defesa das opções, ações e condições do regime político dominante. Pretende eliminar qualquer tipo de dissonâncias ou incoerências capazes de suscitar o pensamento crítico ou a análise desconfiada dos elementos representados. Almeja, explícita ou implicitamente, construir e manter um discurso do poder que aproveita os materiais da realidade como signos de um conjunto alargado de ideias e sentimentos (bem-estar, sucesso, esperança, etc.). No fundo, a propaganda aproveita a necessidade constante do ser humano em conhecer-se e conhecer o seu mundo para, afunilando as oportunidades de representação e discussão da realidade, domesticar o entendimento pela domesticação dos fatos e eventos reais, subjugados a apertadas grilhetas que determinam o que a realidade é e não é.[13]

---

(13) Mala, Tatyana de Amaral. *Imagens e Propaganda Política na Ditadura Civil-Militar (1964-1979)*. São Paulo: Paco Editorial, 2018, p. 15. Disponível em: <https://books.google.com.br/books?id=yM96DwaaQBaJ&pg=PT25&dq=o+uso+da+propaganda+ditaduras&hl=pt-BR&sa=X&ved=0ahUKEwiKk S1rrLlahXXHLkGHaleaTcQ6aEIKDaa#v=onepage&q&f=false>. Acesso em: 20 out. 2019.

No entanto, não podemos pensar que o uso dos meios de comunicação como forma de persuasão e propagação de uma ideia ficou limitada tão somente aos regimes autoritários: mesmo vivendo em sociedades democráticas ainda somos todos os dias bombardeados de informações que nos influenciam a agir e a pensar de determinada maneira.

Importante perceber que quem tem interesse em patrocinar essa propagação de ideias no sistema democrático não é mais o Estado e seus governantes em suas regiões de influência, mas sim, de forma global e generalizada, o próprio modo de produção capitalista, representado principalmente pelas grandes empresas.

É notório que são as marcas e empresas que se respaldam dos meios de comunicação e propaganda para passar á população a mensagem que é interessante para elas, cujo escopo maior seria oferecer determinado produto e convencer os consumidores de que não só aquele produto é especial e essencial, como também que o consumidor se tornará mais especial e mais importante ao adquirir determinado produto. As informações veiculadas passam a ideia de serem verdades absolutas, as quais além de eliminar as possíveis incertezas sobre aquele produto, faz afastar qualquer o crítico daquele consumidor, que apenas objetiva adquirir o produto.

Neste trabalho, vamos dar maior enfoque na influência que as grandes marcas têxteis possuem através do uso da propaganda para influenciar o consumismo desenfreado e sua correlação com conformismo de quem a consome. Isso porque, a indústria da moda tem o poder de obscurecer "a reflexão dos consumidores que, ao fazerem suas compras, sentem-se como que entrando em outro mundo: de beleza e fantasia, em busca da sua própria satisfação"(14).

Logo, o sentimento de satisfação pessoal que o mundo da moda e do consumismo traz aos seus consumidores consegue ir além da suposta moralidade, pois toma uma proporção que é melhor se sentir bem e se sentir inserida na sociedade do que pensar nas consequências que esses atos podem causar.

Nesse sentido, a sociedade do consumo do mundo pós-moderno é a sociedade em que é mais importante ter do que ser, pois é o que você consome que irá determinar em que camada social você está inserido, o que forma uma certa estrutura de privilégio, na qual quem tem mais necessariamente tem mais influência. Vejamos o que pensa os estudos sobre a sociedade de consumo:

> Baudrillard (1995) caracteriza a sociedade contemporânea pelo consumo massivo de bens e serviços, um mundo rodeado por objetos, e não por pessoas, no qual o homem criou os objetos e agora se sente dominado por eles, vivendo por e para os objetos. O autor afirma que o consumidor valoriza o objeto não pela funcionalidade prática, mas pelo que sua aquisição significa socialmente, pois

(14) OLIVEIRA, Thais Carvalho de. *ENTRE AS TRAMAS DA INDÚSTRIA DA MODA:* Argumentos sobre o trabalho escravo contemporâneo na sociedade de consumo. 2016, p. 9. Disponível em: <https://repositorio.ufu.br/bitstream/123456789/17621/1/EntreTramasIndustria.pdf>. Acesso em: 20 out. 2019.

> o objeto do consumo é primeiramente um signo que cumpre uma função de representação social para o indivíduo, a fim de categorizar os indivíduos socialmente, conforme suas aquisições.(15)

Na sociedade em que estamos inseridos as pessoas tem a necessidade de ter determinado objeto não pela função que ele exerce, mas sim pelo *status* que ele representa. Isso acontece porque as marcas precisam convencer aos consumidores que, por mais que você já tenha um produto muito similar àquele, o produto novo ainda assim é especial, não pela sua funcionalidade, mas sim pelo valor agregado a ele.

É através desse raciocínio que as grandes marcas, principalmente as ligadas à moda, persuadem o mesmo consumidor a ter, por exemplo, várias blusas pretas, muitas vezes da mesma marca: o que se vende não é o produto, mas sim o que ele representa.

É também nesse sentido de vender um produto que na teoria teria a mesma funcionabilidade que outro mais antigo, que cria-se o sistema de envelhecimento dos bens, pelo qual o design dita uma nova moda que torna os produtos ultrapassados aos olhos dos consumidores, que automaticamente precisam adquirir novos produtos para se sentirem aceitos e inseridos socialmente.(16)

Nesse sistema, a indústria têxtil se destacou e evoluiu bastante, haja vista a ideia de que a roupa é considerada a segunda pele que todas as pessoas escolhem usar diariamente: é através da vestimenta que se cria a primeira imagem de determinada pessoa, sendo, portanto um utensílio que se tornou essencial na vida dos seres humanos.

A necessidade de consumir atrelada com o *marketing* que essas empresas utilizam para conseguir persuadir mais clientes é o suficiente para que a *pseudo* indignação e combate ao trabalho escravo seja desmontado. O fenômeno da glamourização das marcas e o que ela representa faz com que ter o produto seja mais importante do que de onde ele veio.

Isso não ocorre porque os consumidores não se importem com o trabalho análogo ao escravo, mas sim porque que para a grande maioria deles essa é uma realidade distante e que em nada se confunde com a mensagem que a marca transmite ao público e ao glamour vinculadas a elas. Nesse sentido fundamenta Abílio, em seu trabalho sobre subempregos e imagem das empresas:

> É essencial pensar em três movimentos que são parte de um mesmo processo: o obscurecimento das relações de produção e a realização da marca enquanto fetiche da mercadoria (Marx,1982, Livro I, tomo I) nas suas formas contemporâneas; um segundo movimento, de uma potencialização dessa fetichização, quando a marca parece autonomizar-se do próprio produto; e então considerarmos como nesse duplo movimento a marca aparece como agregadora de valor.(17)

---

(15) *Ibidem*, p. 23.

(16) OLIVEIRA, Thais Carvalho de. *Op cit.*, p. 27.

(17) ABILIO, Ludmila Costhek. *O* make-up *do trabalho:* uma empresa e um milhão de revendedoras de cosméticos. Campinas, SP: [s.n.], 2011. p. 128.

A "fetichização" da marca e a necessidade de possuir determinado produto pelo o que ele representa na sociedade acaba por tornar esquecida a cadeia de produção do mesmo, já que além de distante da realidade da maioria dos consumidores. Logo, podemos afirmar que a propaganda se tornou uma espécie de maquiagem utilizada pelas empresas para blindar toda a degradação das relações escravistas em sua linha de produção, fazendo com que o produto chegue nas lojas dos *shoppings* e dos grandes centros urbanos como representação do próprio glamour que a marca transparece, e não como imagem do trabalho forçado.

Nessa diapasão, deve-se observar que o trabalho escravo não interfere tão somente na seara do direito do trabalho, como também na dos direitos humanos e em toda a economia do país, haja vista que, por mais distante que aconteça o trabalho forçado, mesmo que ele ocorra logo no início da linha de produção, o produto resultado dele consegue chegar na "prateleira" de todos os brasileiros e brasileiros, que acabam por consumi-lo.

3. O poder das grandes Marcas

3.1. Sistema capitalista e a divisão da mão de obra

É notório que o sistema capitalista, com a finalidade de continuar obtendo o máximo de lucro possível, sempre se reinventa e se adequa a nova realidade imposta. Nesse sentido, as empresas, ao perceberem que manter a produção nos seus países sede, que normalmente é algum país que possui um alto grau de escolaridade e desenvolvimento social, era custoso demais para elas, justamente por conta dos direitos trabalhistas conquistados pela população, passou a utilizar a mão de obra de países mais pobres. Isso porque esses países economicamente mais frágeis ainda não avançaram na conquista dos direitos de segunda geração, supracitados.

Interessante perceber que, apesar dos custos de produção terem aumentado significadamente no passar dos anos, o valor das peças de roupa comercializadas não aumentou, pelo contrário, diminuiu. Ora, isso é reflexo do barateamento da mão de obra, porque como o valor dos produtos utilizados nas fabricações vem aumentando, não restam dúvidas de que as empresas, para continuarem a lucrar, cortam do orçamento de quem está na parte mais frágil dessa relação: seus trabalhadores.

Logo, se torna mais rentável para as grandes empresas concentrar as suas produções em locais em que ela gaste menos com a mão de obra do que em seus países de origem. Por conta disso, uma pesquisa revela que na década entre 1950 e 1960 mais de 95% das roupas comercializadas nos Estados Unidos da América eram produzidas por industriais locais, ao passo que, atualmente, 97% dos produtos comercializados no país são produzidos fora dele[18], quase sempre em países periféricos do globo.

Vale ressaltar que o que tornou possível para as empresas essa divisão global do trabalho, onde uma peça de roupa é pensada em Nova York ou em Milão, mas produzida em

(18) *O Verdadeiro Custo*. Direção: Andrew Morgan. Estados Unidos da América. 2015. Disponível em: <https://www.dailymotion.com/video/x3aztjb>. Acesso em: 17 out. 2019.

países como a China ou Bangladesh foi o fenômeno da globalização. Esse fenômeno pode ser definido como sendo "um processo de interconexão financeira, econômica, social, política e cultural"[(19)] que foi impulsionado pelos meios de comunicação e "pela incorporação institucional de tecnologias da informação e da comunicação"[(20)].

Porém, além disso, a globalização influencia na criação de um mercado mundial o que afetou diretamente nas políticas internas de empregos, haja vista que a abertura das fronteiras para o mercado global, influenciou também a abertura das fronteiras para as condições de trabalho. Esse fato ocorre, pois, para que um país consiga se inserir no mercado global é necessário que ele esteja hábil a concorrer com outros países e a maneira mais fácil de fazer isso é flexibilizando os direitos trabalhistas.

Nesse diapasão, pode-se afirmar que o sistema capitalista aliado com os meios de comunicação e as novas tecnologias criaram um mundo globalizado, o qual impulsionou o mercado global e tornou ainda mais precária a relação trabalhista. Por isso o estudioso sobre o tema, Dirceu M. Coutinho, desenvolveu a ideia de que a globalização seria uma "Trilogia do Desemprego", que consiste na reunião da Flexibilização da legislação trabalhista, da grande produtividade atrelada a Tecnologia e da Liberalização desenfreada do comércio internacional.[(21)]

Nessa sequência, explica que:

> A globalização não é meio, é fim. Ela é consequência natural da liberalização do comércio internacional, combinada com o avanço da tecnologia e com a desregulamentação e/ou flexibilização das normas da economia interna de cada país.[(22)]

Logo, a forma como o mundo está interligado também influenciou o desenvolvimento do capitalismo no século XXI, que observou nessa conexão mundial uma maneira de continuar o seu imperialismo, obtendo mais lucro e ao mesmo tempo conseguindo diminuir o valor em que seus produtos chegam aos consumidores finais.

É nesse sentido que o professor de sociologia do trabalho e doutrinador, Ricardo Antunes, leciona:

> (...) no contexto do capitalismo mundializado, dado pela transnacionalização do capital e de seu sistema produtivo, a configuração do mundo do trabalho é cada vez mais transnacional. Com a reconfiguração, tanto do espaço quanto do tempo de produção, novas regiões industriais emergem e muitas desaparecem, além de inserirem-se cada vez mais no mercado mundial (...).[(23)]

---

(19) ZAYAS, Emilio López-Barajas. *O Paradigma da Educação Continuada*. Tradução de Alexandre Salvaterra. São Paulo: Editora Penso, 2012. p. 137.

(20) *Idem.*

(21) COUTINHO, Dirceu M. *Entenda Globalização*. 2. ed. São Paulo: Aduaneiras, 2009. p. 11.

(22) *Idem.*

(23) ANTUNES, Ricardo. *As mutações no mundo do trabalho na era da mundialização do capital.* Campinas: 2004. vol. 25, p. 341. Disponível em: <http://www.cedes.unicamp.br>. Acesso em: 22 out. 2019.

Para ele a cadeia produtiva está paulatinamente ultrapassando as fronteiras, o que gera uma divisão internacional da mão de obra, pois os produtos têm cada parte de uma fabricação oriunda de um determinado lugar, qual seja, o mais rentável às empresas transnacionais. Completa, ainda, seu raciocínio ao afirmar que:

> Esse processo de mundialização produtiva desenvolve uma classe trabalhadora que mescla sua dimensão local, regional, nacional com a esfera internacional. Assim como o capital se transnacionalizou, há um complexo processo de ampliação das fronteiras no interior do mundo do trabalho. Assim como o capital dispõe de seus organismos internacionais, a ação dos trabalhadores deve ser cada vez mais internacionalizada.(24)

Esse fenômeno da internacionalização da mão de obra ocorre em função da terceirização da produção, seguindo a lógica de que, quanto mais terceirizada e distante dos seus *designers* e consumidores a peça for produzida, mais barata ela será vendida. A produção globalizada significa que a fabricação das roupas foi terceirizada para países cuja economia não é tão forte e, consequentemente, não possui políticas que garantam uma ampla segurança de direitos humanos ou trabalhistas, o que legitima o emprego em locais degradantes e sob um custo muito inferior.

Para continuarem inseridos nesse mercado global, as economias dessas nações acabam por se submeter às condições que os grandes grupos econômicos mundias impõem: ou abaixam o preço da produção, ou as empresas vão adquirir produtos de países que conseguem produzir mais barato(25). Acontece que, por não ter como baratear ainda mais a produção, as *factorings* responsável por essa produção acabam por retirar de quem estar no polo mais frágil dessa relação.

É a partir dessa globalização da produção que surgem as *fast fashion*, lojas especializadas em não só produzir de forma rápida, mas também vender. Como a cadeia produtiva das roupas está a cada momento mais rápida, essas lojas também precisam vender de forma proporcional. Logo, investem na ideia de que a moda se transforma rápido e que para os consumidores estarem inseridos nos padrões que a sociedade impõe, é necessário consumir cada vez mais rápido, uma vez que os produtos são baratos e atrativos.

Esse é o exemplo da Zara, loja que como dita no capítulo anterior utiliza-se de estratégias de *marketing* para vender o mais rápido e o mais barato possível e por isso necessitou transformar suas linhas de produções, utilizando-se de subempregos e da falta de proteção e de fiscalização dos direitos trabalhistas de países mais pobres.

Logo, quem paga o preço por esses produtos vendidos a baixo custo para a população dos países desenvolvidos e dos grandes centros urbanos são esses trabalhadores.

---

(24) ANTUNES, Ricardo. *Op cit.*, p. 341.

(25) *O Verdadeiro Custo*. Direção: Andrew Morgan. Estados Unidos da América. 2015. Disponível em: <https://www.dailymotion.com/video/x3aztjb>. Acesso em: 17 out. 2019.

3.2. Exploração da mão de obra no Brasil

É nesse cenário que o trabalho análogo ao escravo se desenvolve no século XXI: longe dos seus consumidores finais, que em sua maioria são contra esse tipo de exploração, e da forma mais degradante possível, pois vendem a falsa ideia de que os trabalhadores são livres e assalariados.

Ocorre que, diferente do que se pensa, essas *factorings* que se utilizam do trabalho forçado não estão localizados apenas em países asiáticos ou estão distantes da realidade brasileira: essa exploração também acontece todos os dias no país.

Estima-se que 0,08% da população vive sob o regime escravocrata, dado que deixa o Brasil na 51º posição dos países que mais escravizam no mundo, conforme estudo realizado em 2016 pela Fundação Walk Free[(26)],e o segmento da indústria têxtil e de confecções é um dos maiores responsáveis por essa estatística.

É bem verdade que os países asiáticos são responsáveis por quase 70% da produção têxtil e de vestiário mundial, em destaque para a China, que concentra mais da metade dessa indústria têxtil, e países como índia, Paquistão e Indonésia. Porém, o Brasil também está nesses rankings, sendo o quinto maior produtor têxtil e o quarto maior produtor de peças do mundo.[(27)]

Nesse sentido, por mais que o Brasil ocupe uma posição de destaque no *ranking* mundial de produção têxtil, no contexto globalizado que analisamos no item anterior, é difícil para manter a competitividade com países como a China, no qual o trabalhador ganha em média apenas US$ 0,54 por hora[(28)]. Por essa razão, a indústria local brasileira está sempre em busca de meios para baratear a mão de obra.

O maior impasse é que esse barateamento só pode se dar de duas formas: ou atenuando a proteção que o Estado promove aos trabalhadores, através das leis ou burlando os ditames legislativos. Ou seja, em ambas as opções quem vai pagar os custos é o próprio trabalhador.

Logo, no Brasil, as empresas do ramo da moda passaram a enganar o sistema jurídico e as fiscalizações trabalhistas, com a finalidade de baratear os custos e empregar trabalhadores em regime análogo ao escravo, com a imposição de jornadas extravagantes, bem acima da prevista legalmente, em locais com pouca ou nenhuma segurança e higienização básica necessária para se laborar e com salário irrisórios.

É nesse contexto que surge no país o *sweating system*, que consiste em locais de trabalho muito semelhantes a residências, mas que na verdade abriga trabalhadores sob condições degradantes de trabalho[(29)]. Nota-se, ainda, a inserção no mercado brasileiro do *factory system*,

---

(26) WALK FREE FOUNDATION. *The 2018 Global SlaveryIndex.* Disponível em: <https://www.walkfreefoundation.org/news/resource/the-global-slavery-index-2018/>. Acesso em: 20 out. 2019.

(27) GOTEX SHOW, 2017. Disponível em: <http://gotexshow.com.br/mercado/>. Acesso em: 23 out. 2019.

(28) COUTINHO, Dirceu M. *Op cit.*, p. 11.

(29) NOCCHI, Andrea Saint Pastous; VELLOSO, Gabriel Napoleão; FAVA, Marcos Neves. *Trabalho escravo contemporâneo:* o desafio de superar a negação. 2. ed. São Paulo: LTr, 2011. p. 77 *apud* RUSSO, Andrea Cerqueira. *A escravidão*

que é um modelo de trabalho no qual os trabalhadores deixam de laborar em suas residências para laborarem nas em fábricas[30], sob o pretexto de que isso melhoraria suas condições de trabalho, fato que, como demonstrado, não aconteceu.

Através desses sistemas, foram instaladas no território nacional fábricas que abrigam trabalhadores em situação análoga ao escravo, principalmente estrangeiros refugiados ou que vieram para o país com o intuito de ter uma melhoria na condição de vida. Esse é caso de bolivianos, que migraram para São Paulo e por não ter muitas opções, acabam se sujeitando a um trabalho exaustivo e degradante.

Pegamos como exemplo o caso da Rede Espanhola Inditex, conhecida pela famosa marca de roupa Zara, que, como demonstrado no capítulo segundo desse trabalho, já foi flagrada mais de uma vez utilizando-se de trabalho análogo ao escravo na sua produção no Brasil, por conta do degradante estado em que seus funcionários laboravam e pelo ambiente em que eram submetidos a trabalhar.

Esses funcionários são provenientes, principalmente, da Bolívia e do Peru e, por falta de opção e necessidade de trabalhar, acabam por entrar no ramo têxtil, passando a laborar por, primeiramente, para quitar os custos da passagem e hospedagem para o Brasil que a empresa arcou. Logo, esses estrangeiros já saem dos seus países com "dívidas" para com o empregador, já que eles bancam a vinda dos trabalhadores para o Brasil, com passagens, documentação necessária e alguns "vales" referente ao período em que eles já se encontram no Brasil, o que só faz com que a dívida seja cada vez maior.

Devido a grande influência da empresa no ramo da moda mundial, a repercussão do caso de flagrante que aconteceu aqui no Brasil ganhou muito destaque nas manchetes. O que mais impressiona é que das três vezes em que foram flagrados trabalhadores da empresa nessas condições, duas das oficinas estavam localizadas no Centro de São Paulo e na Zona Norte da cidade, ou seja, em locais do grande centro urbano paulista, o que poderia chamar atenção facilmente de quem ali habita.

Ocorre que essas fábricas, apesar de estarem localizadas em locais de grande circulação de pessoas, tem um formato que não deixa muitas suspeitas: em seu exterior aparentam serem casas residências comuns, tendo como peculiaridade o fato das janelas estarem sempre fechadas e cobertas por tecidos escuros, o que impede a visão do que acontece dentro da casa; em seu interior, por outro lado, a imagem é degradante, pois possuem locais de trabalho extremamente apertados, sem circulação de ar, com fios a amostra e sujeira por toda a parte.

De acordo com os dados da ONG Brasil de Fato, em 2011 a Superintendência Regional do Trabalho e Emprego de São Paulo (SRTE/SP) realizou três inspeções em uma das principais *factorings* que fornece roupas para a famosa marca, a empresa Aha. A primeira dessas

Contemporânea Analisada á Luz da Industria Têxtil. 2017. Disponível em: <https://conteudojuridico.com.br/consulta/Artigos/51076/a-escravidao-contemporanea-analisada-a-luz-da-industria-textil>. Acesso em: 22 out. 2019.

(30) MANTOUX, Paul. *The Industrial Revolution in The Eighteen Century*. An outline of the beginnings of the modern factoring system in Englad. Tradução de Marjorie Vernon. Abingdon: Routledge, 2006. p. 29.

inspeções ocorreu no interior do estado de São Paulo, em Americana, e teve como resultado a libertação de 52 trabalhadores que estavam sob regime de escravidão. Depois dessa, mais duas inspeções foram realizadas no capital do estado, obtendo como resultado a liberação de 15 pessoas, sendo uma delas inclusive um adolescente de 14 anos que já laborava em condições degradantes[(31)].

Importante ressaltar que nessas inspeções foram possíveis observar várias irregularidades em relação a legislação trabalhista brasileira, por abrigar trabalho de adolescente, jornadas extraordinárias de até 16 horas diárias e desrespeito também ao direito de liberdade e da dignidade da pessoa humana, pois além de terem descontos ilegais em seus salários, eles eram cobrados por itens que consumiam.

A situação era tão séria que chegou a existir cárcere privado dos trabalhadores: eles eram proibidos de deixar o local em que laboravam sem a prévia autorização. Um dos trabalhadores relatou, inclusive, que a autorização só era concedida em casos extremamente urgentes.

Na inspeção, observou-se, ainda, a total falta de cumprimento aos ditames de Saúde e Segurança do Trabalho, haja vista o risco de incêndio por manter todas as janelas fechadas, não ter extintor de incêndio além de possuir diversos tecidos espalhados pelos ambientes, juntamente com a fiação das máquinas. Além disso, por conta da total falta de estrutura elétrica, os trabalhadores eram obrigados a tomar banhos frios.

Vale ressaltar que a situação é de tanta precariedade que até mesmo os equipamentos básicos para a atividade de costura não estavam em condições ideais: as máquinas tinham sua correia exposta e não eram aterradas, o que colocava em risco não só as costureiras, mas também seus filhos que estavam no mesmo ambiente.

No caso em estudo, ainda ocorreu uma nítida discriminação racial com o povo indígena, o que acarretou, inclusive, um dos quarenta e oito autos de infração lavrados pelo Ministério do Trabalho e Emprego na época. Isso se caracterizou pois, ao passo que todos os trabalhadores brasileiros que estavam laborando na cadeia produtiva da empresa tinham sua Carteira de Trabalho e Previdência Social anotada, os imigrantes indígenas laboravam em total desconformidade com a legislação trabalhista, conforme as condições narradas.

Como relatado, esse sistema de fabricação, que além de ocorrer em locais que se assemelham com casas residências, usam o trabalho forçado, precário e sem respeitar qualquer medida de segurança ou saúde do trabalho é vantajoso para as empresas de roupa pois barateia a produção de seus produtos. A exploração da mão de obra barata é o que sustenta todo o sistema do *fast fashion* e possibilita que a Zara e tantas outras empresas do ramo têxtil possam vender peças com preços cada vez mais barato e com a qualidade boa, o que atrai muitos consumidores.

---

(31) REPÓRTER BRASIL. *Roupas da Zara são fabricadas com mão de obra escrava*. 16 ago. 2011. Disponível em: <https://reporterbrasil.org.br/2011/08/roupas-da-zara-sao-fabricadas-com-mao-de-obra-escrava/>. Acesso em: 25 out. 2019.

4. O Sistema de retaliações jurídicas e sociais ao trabalho forçado nas grandes empresas

4.1. Análise de caso no sistema jurídico brasileiro

Os autos de infração oriundos das inspeções feitas na empresa intermediária da Zara, chamada Aha, realizadas em 2011 desencadeou em uma Ação Anulatória proposta pela própria empresa contra a União, com a finalidade de anular os referidos autos. Nos autos do processo, que foi distribuído na 3ª Vara do Trabalho de São Paulo sob o número 0001662-91.2012.502.0003, pleiteou-se, em suma, que ao Autos de Infração fossem anulados, que o seu nome não fosse incluído na lista suja do Ministério do Trabalho e Emprego e que a responsabilidade pelos empregados da empresa intermediária Aha não fosse configurada(32).

Apesar do esforço da empresa para comprovar que não seria responsável pelos funcionários resgatados em trabalho análogo ao escravo, defendendo que os empregados eram da empresa intermediária, entendeu-se, em juízo, que a sua responsabilidade dela seria direta, pois tratava-se de uma fraude. Em sua tese inicial, a Zara Brasil Ltda alega que o contrato de intermediação entre ela e a Aha Industria e Comércio Ltda é legal, o que implicaria na subordinação dos empregados à empresa terceirizada, que inclusive também forneceria roupas para outras lojas.

No entanto, nos autos não foi comprovada a independência financeira da Aha, o que tornou difícil caracterizar a tese defendida pela autora que esta seria uma empresa autônoma. Além disso, ficou demonstrado que mais de 90% da produção da Aha é adquirida pela Zara, fato que comprova a desproporção do poder econômico entre as duas: a famosa marca de roupa frauda um contrato com uma empresa intermediária para tentar burlar os ditames legais e não ver seu nome vinculado à essa forma de subemprego.

Nesse sentido, restou-se configurado ainda que a empresa intermediadora não tinha porte para ser uma grande fornecedora e que a Zara estava perfeitamente ciente do estado degradante que os trabalhadores da suposta intermediadora laboravam, haja vista a existência de auditorias sistemáticas realizadas pela empresa. Além disso, nas oficinas fiscalizadas as costureiras trabalhavam exclusivamente na fabricação de produtos da Zara e também percebiam seus reduzidos salários de repasses oriundos da própria empresa.

Logo, em juízo ficou comprovada a fraude da intermediação, porque diante das provas dos autos havia subordinação direta entre os funcionários explorados pelo trabalho forçado e a empresa Zara. Nesse sentido, ao refutar o argumento da empresa de que havia celebrado um contrato de boa-fé com a fornecedora e que não tinha ciência do que acontecia nas oficinas, o Meritíssimo juiz afirmou em sua sentença que a empresa:

> não teve como explicar o motivo de, sem uma nova revolução industrial, com imenso aperfeiçoamento no maquinário, a contratada conseguir elevar sua pro-

(32) REPÓRTER BRASIL. *Íntegra da sentença judicial em que Zara é responsabilizada por escravidão.* 14 abr. 2014. Disponível em: <https://reporterbrasil.org.br/2014/04/integra-da-sentenca-judicial-em-que-zara-e-responsabilizada-por-escravidao/>. Acesso em: 25 out. 2019.

> dução, simultaneamente reduzindo tão fortemente sua mão de obra. Não se olvide a dimensão global dos negócios da autora, tornando, muito mais que implausível, absolutamente inverossímil a versão de que sua auditoria teria sido lograda em sua boa-fé. Não seria crível tamanha incúria da auditoria empresarial, salvo se realizada somente pro forma, para acobertar o que era meramente uma simulação. Sua asserção de que a Zara não controla o que é pago aos subcontratados revela um posicionamento muito cômodo para a empresa, pois se permite estipular os preços que lhe convierem, não interessando se, para tanto, faz-se necessário extrair a vitalidade dos trabalhadores sem a devida contraprestação[33].

Diante do exposto, o juízo julgou improcedente a demanda da Empresa, considerando-a responsável pelos trabalhadores encontrados laborando de maneira análoga ao escravo. Ainda, criticou o fato da empresa querer justificar que não é responsável pelo trabalho escravo ao apresentar o Termo de Ajustamento de Conduta (TAC) firmado pela empresa junto ao Ministério Público do Trabalho que, apesar de ser uma atitude positiva não exclui a exploração ocorrida por anos.

Nota-se que, por ter sido um caso emblemático que envolveu uma grande marca de roupa presente não só na realidade brasileira, mas também mundial, a retaliação da justiça local ao ocorrido ganhou muitas repercussões no mundo todo[34], o que fez com que a própria central espanhola declarasse sua repressão ao trabalho escravo, alegando não ser conivente com esse tipo de subemeprego.

4.2. Óbices práticos para a efetiva abolição do trabalho análogo à escravidão no país

Como demonstrado ao longo desse trabalho, a legislação brasileira está repleta de mecanismos que afastam, ou que deveriam afastar, a incidência de trabalhos degradantes.

Nota-se também, sanções na seara penalista, na qual o art. 149 do Código Penal Brasileiro prescreve que reduzir alguém a condição análoga á escravo, submetendo-o a trabalhos forçados, a jornada exaustiva, a condições degradantes de trabalho ou restringindo a locomoção em razão de dívida contraída, culmina em pena de dois a oito anos. Além disso, incorrer também quem cecear o uso de qualquer meio de transporte por parte do trabalhador, com a finalidade de mantê-lo preso no local de trabalho ou mantiver vigilância ostensiva no local de trabalho ou se apoderar de documentos ou objetos pessoais do trabalho[35].

---

(33) REPÓRTER BRASIL. *Íntegra da sentença judicial em que Zara é responsabilizada por escravidão.* 14 abr. 2014. Disponível em: <https://reporterbrasil.org.br/2014/04/integra-da-sentenca-judicial-em-que-zara-e-responsabilizada-por-escravidao/>. Acesso em: 25 out. 2019.

(34) RUSSO, Andrea Cerqueira. *A escravidão Contemporânea Analisada á Luz da Industria Têxtil.* 2017. Disponível em: <https://conteudojuridico.com.br/consulta/Artigos/51076/a-escravidao-contemporanea-analisada-a-luz-da-industria-textil>. Acesso em: 22 out. 2019.

(35) BRASIL. Código Penal. *Decreto-lei n. 2.848, de 07 de dezembro de 1940.* Disponível em: <http://www.planalto.gov.br/ccivil_03/decreto-lei/del2848compilado.htm>. Acesso em: 23 out. 2019.

Ainda, vale ressaltar a Emenda Constitucional n. 81 de 2014, na qual adicionou à Constituição pátria mais uma maneira de expropriação da propriedade, que é quando o Estado toma uma propriedade particular sem qualquer indenização ao seu proprietário(36). Depois dessa emenda, a Constituição pátria passou a garantir que a propriedade urbana ou rural onde forem encontradas trabalho análogo ao escravo fossem expropriadas, com a finalidade de serem incluídas no programa de Reforma Agrária.

No entanto, apesar do bom respaldo na Constituição Federal e nas leis esparsas do país, o trabalho forçado e degradante, como analisado, continua a existir do país. Isso acontece muito por conta das maquiagens que as grandes empresas usam para não serem vistas como causadora disso e devido ao conformismo que a sociedade capitalista e consumista consegue gerar, mas também por conta da necessidade de uma incrementação às políticas fiscalizatórias.

Nesse sentido, um Estado com um grande aparato para realizar Inspeções do Trabalho pode melhorar bastante essa realidade, pois além de poder incrementar melhorias no local de trabalho, a sua ação preventiva juntamente com os trabalhadores e os empregadores pode evitar que situações de trabalho degradantes e exploratórios ocorram no país.

Uma das maneiras mais eficazes de se observar as empresas que utilizam-se de trabalho análogo a escravidão é através da "lista suja" divulgada pelo Poder Executivo, na qual reúne as empresas e pessoas que usam trabalho escravo. Na última lista divulgada pelo governo, em janeiro de 2019 foram enquadradas 202 pessoas físicas ou empresas que usam esse tipo de exploração, conforme lista divulgada(37)

Essa lista, no entanto, sofreu restrições durante o Governo Temer, em 2017, uma vez que o mesmo baixou uma portaria na qual previa que a Lista Suja dependeria de uma determinação expressa do ministro do Trabalho, vinculado ao governo. Na época, o governo federal alegou que a medida seria positiva para aprimorar e dar segurança jurídica à atuação do Estado Brasileiro. Depois de receber rígidas críticas da população, o governo revogou essa medida e voltou a estabelecer critérios mais rigorosos para os empregadores, para definir as condições degradantes dos empregados.

Vale ressaltar, ainda, que os recentes golpes à autonomia da justiça do trabalho, que após a Reforma Trabalhista de 2017 passou a receber um volume bem mais escasso de processos, dos sindicatos, que devido ao fim da obrigatoriedade da contribuição sindical tiveram seus recursos drenados, e do Ministério do Trabalho, Emprego e Previdência (MTE), que o atual Governo Bolsonaro extinguiu e distribuiu as suas funções em três ministérios: o da Economia, da Cidadania e da Justiça.

Conclusão

Depreende-se, pois, que o trabalho análogo á escravidão na conjuntura atual é fruto do sistema capitalista e de sua cultura consumista que necessita de uma produção cada

(36) MENDES, Gilmar Ferreira. *Curso de direito constitucional.* 12. ed. rev. e atual. São Paulo: Saraiva, 2017. p. 304.

(37) Cadastro de Empregadores que tenham submetido trabalhadores a condições análogas à de escravo. 17 jan. 2019. Disponível em: <https://d37iydjzbdkvr9.cloudfront.net/arquivos/2019/01/21/cadastro-de-empregadores-2019-1-17.pdf>. Acesso em: 25 out. 2019.

vez mais rápida e barata para se adequar à velocidade em que a moda se transforma e que a população consome. Portanto, para produzirem com rapidez e da maneira mais rápida possível, as grandes marcas da indústria têxtil escondem sua forma exploratória de produção nos países periféricos do globo, utilizando-se de subempregos e da necessidade da população mais carente.

Assim, a exploração da mão de obra barata é o alicerce do sistema do *fast fashion*, o qual usa a estratégia de vender os produtos com preços baixos para atrair a população. Além disso, as grandes marcas do ramo da moda utilizam o *marketing* ao seu favor, com o escopo de maquiar o que realmente está atrás de todo o glamour que essas lojas demonstram para seus clientes.

Ademais, a chamada "fetichização" da marca é pensada para blindar o ciclo produtivo de seus produtos, o que gera um esquecimento na maioria da população, a qual está mais interessada em adquirir determinado produto do que analisar todos os reflexos que isso pode gerar. Logo, a degradação das relações escravistas nas grandes produções têxtil é olvidada no momento em que o produto chega nas lojas dos *shoppings* e dos grandes centros urbanos, pois nesse momento ele representa o glamour de sua marca transparece.

Portanto, podemos concluir que o trabalho escravo vivido na sociedade atual não interfere tão somente no direito do trabalho e nos direitos humanos, mas ele é fruto de todo um sistema capitalista e monetário que visa exclusivamente o lucro e a melhoria econômica, sem se importar com o que isso pode gerar para outras pessoas.

Por mais que o Brasil esteja bem amparado nos termos legislativos, é preciso ainda se investir nas formas de investigar a existência de trabalho forçado no território nacional, além de conscientizar a população para não consumir das marcas que utilizam da exploração de seus trabalhadores na produção.

Referências bibliográficas

ABILIO, Ludmila Costhek. *O* make-up *do trabalho:* uma empresa e um milhão de revendedoras de cosméticos. Campinas, SP: [s.n.], 2011.

ANTUNES, Ricardo. *As mutações no mundo do trabalho na era da mundialização do capital.* Campinas: 2004. vol. 25. Disponível em: <http://www.cedes.unicamp.br>. Acesso em: 22 out. 2019.

BRASIL. Código Penal. *Decreto-lei n. 2.848, de 07 de dezembro de 1940.* Disponível em: <http://www.planalto.gov.br/ccivil_03/decreto-lei/del2848compilado.htm>. Acesso em: 23 out. 2019.

Cadastro de Empregadores que tenham submetido trabalhadores a condições análogas à de escravo. 17 jan. 2019. Disponível em: <https://d37iydjzbdkvr9.cloudfront.net/arquivos/2019/01/21/cadastro-de-empregadores-2019-1-17.pdf>. Acesso em: 25 out. 2019.

CAMPELLO, André Emmanuel Batista Barreto. *A escravidão no Império do Brasil:* perspectivas jurídicas. Disponível em: <https://www.sinprofaz.org.br/artigos/a-escravidao-no-imperio-do-brasil-perspectivas-juridicas/ Acesso em: 05 out. 2019.

Convenção n. 29 – *Abolição do Trabalho Forçado.* Disponível em: <https://www.diap.org.br/images/stories/OIT/convencao029.pdf>. Acesso em: 16 out. 2019.

COUTINHO, Dirceu M. *Entenda Globalização*. 2. ed. São Paulo: Aduaneiras, 2009.

DELGADO, Mauricio Godinho. *Curso de direito do trabalho*. 16. ed. rev. e ampl. São Paulo: LTr, 2017.

FERRERAS. Noberto O. *A escravidão depois da escravidão:* a questão do trabalho compulsório na constituição das organizações internacionais no período de entreguerras. Disponível em: <http://www.scielo.br/pdf/tem/v22n41/1413-7704-tem-22-41-00488.pdf>. Acesso em: 16 out. 2019.

GOMES, Ângela de Castro. *Cidadania e direitos do trabalho*. Jorge Zahar Editora, Rio de Janeiro, 2002.

______. Questão social e historiografia no Brasil do pós-1980: notas para um debate. *Estudos Históricos*, vol. 2, n. 34, 2004.

GOTEX SHOW, 2017. Disponível em: <http://gotexshow.com.br/mercado/>. Acesso em: 23 out. 2019.

LIRA, Fernanda Barreto. *A greve político-revolucionária e a emancipação social:* do novo internacionalismo operário ao estado-novíssimo-movimento-social. 2006. Disponível em: <https://repositorio.ufpe.br/bitstream/123456789/4623/1/arquivo6013_1.pdf>. Acesso em: 21 out. 2019.

MAIA, Tatyana de Amaral. *Imagens e Propaganda Política na Ditadura Civil-Militar (1964-1979)*. São Paulo: Paco Editorial, 2018. Disponível em: <https://books.google.com.br/books?id=yM96DwAAQBAJ&pg=PT25&dq=o+uso+da+propaganda+ditaduras&hl=pt-BR&sa=X&ved=0ahUKEwiKkS1rrLlAhXXHLkGHaIeATcQ6AEIKDAA#v=onepage&q&f=false>. Acesso em: 20 out. 2019.

MANTOUX, Paul. *The Industrial Revolution in The Eighteen Century*. An outline of the beginnings of the modern factoring system in Englad. Tradução de Marjorie Vernon. Abingdon: Routledge, 2006.

MENDES, Gilmar Ferreira. *Curso de direito constitucional*. 7. ed. rev. e atual. São Paulo: Saraiva, 2012.

______. *Curso de direito constitucional*. 12. ed. rev. e atual. São Paulo: Saraiva, 2017.

NABUCO, Joaquim. *O Abolicionismo*. São Paulo: Publifolha, 2000. Disponível em: <http://www.dominiopublico.gov.br/download/texto/bv000127.pdf>. Acesso em: 20 out. 2019.

NOCCHI, Andrea Saint Pastous; VELLOSO, Gabriel Napoleão; FAVA, Marcos Neves. *Trabalho escravo contemporâneo:* o desafio de superar a negação. 2. ed. São Paulo: LTr, 2011, *apud* RUSSO, Andrea Cerqueira. *A escravidão Contemporânea Analisada á Luz da Industria Têxtil*. 2017. Disponível em: <https://conteudojuridico.com.br/consulta/Artigos/51076/a-escravidao-contemporanea-analisada-a-luz-da-industria-textil>. Acesso em: 22 out. 2019.

NOVELINO, Marcelo. *Direito Constitucional*. 3. ed. São Paulo: Método, 2009.

OLIVEIRA, Thais Carvalho de. *Entre as Tramas da Indústria da Moda:* Argumentos sobre o trabalho escravo contemporâneo na sociedade de consumo. 2016. Disponível em: <https://repositorio.ufu.br/bitstream/123456789/17621/1/EntreTramasIndustria.pdf>. Acesso em: 20 out. 2019.

O Verdadeiro Custo. Direção: Andrew Morgan. Estados Unidos da América. 2015. Disponível em: <https://www.dailymotion.com/video/x3aztjb>. Acesso em: 17 out. 2019.

PINSKY, Jaime. *A escravidão no Brasil*. 21. ed. São Paulo: Contexto, 2010.

REPÓRTER BRASIL. *Íntegra da sentença judicial em que Zara é responsabilizada por escravidão*. 14/04/2014. Disponível em: <https://reporterbrasil.org.br/2014/04/integra-da-sentenca-judicial-em-que-zara-e-responsabilizada-por-escravidao/>. Acesso em: 25 out. 2019.

______. *Roupas da Zara são fabricadas com mão de obra escrava.* 16 ago. 2011. Disponível em: <https://reporterbrasil.org.br/2011/08/roupas-da-zara-sao-fabricadas-com-mao-de-obra-escrava/>. Acesso em: 25 out. 2019.

RUSSO, Andrea Cerqueira. *A escravidão Contemporânea Analisada á Luz da Industria Têxtil.* 2017. Disponível em: <https://conteudojuridico.com.br/consulta/Artigos/51076/a-escravidao-contemporanea-analisada-a-luz-da-industria-textil>. Acesso em: 22 out. 2019.

SITE DO MPT. *Cartilha do Trabalho Escravo.* Disponível em: <http://portal.mpt.mp.br/wps/wcm/connect/portal_mpt/11344af7-b9d7-4fcc-8ebe-8e56b5905129/Cartilha%2BAlterada_3-1.pdf?MOD=AJPERES&CONVERT_TO=url&CACHEID=ROOTWORKSPACE.Z18_395C1BO0K89D40AM2L613R2000-11344af7-b9d7-4fcc-8ebe-8e56b5905129-kQBZvTc>. Acesso em: 20 out. 2019.

WALK FREE FOUNDATION. *The 2018 Global Slavery Index.* Disponível em: <https://www.walkfreefoundation.org/news/resource/the-global-slavery-index-2018/>. Acesso em: 20 out. 2019.

ZAYAS, Emilio López-Barajas. *O Paradigma da Educação Continuada.* Tradução de Alexandre Salvaterra. São Paulo/SP: Editora Penso, 2012.

A Precarização Laboral em Matéria de Duração do Trabalho e a Necessidade de Controle Idôneo da Jornada[1]

João Guilherme Vieira Melo

A limitação da jornada de trabalho sempre foi a principal bandeira da classe trabalhadora, desde os primórdios do modelo de produção capitalista, manifestada nas lutas travadas pelos sindicatos, ainda no século XIX.

Não por acaso, as primeiras normas de índole trabalhista trataram, exatamente, da limitação da jornada de trabalho. O Peel's Act, de 1802, diploma legal britânico foi o primeiro a fixar certas restrições ao trabalho dos menores, inclusive quanto à duração do trabalho. Também na Grã-Bretanha foi produzida a primeira norma de caráter geral, de limitação da jornada de trabalho, em 10 horas, em 1849.

Em nível constitucional, a primazia é reconhecida à Constituição Mexicana de 1917, que, no art. 123, previa, entre outros direitos, jornada máxima de 8 horas; jornada noturna de 6 horas; proibição do trabalho aos menores de 14 anos e jornada máxima de 06 horas aos maiores de 14 e menores de 16 anos; um dia de descanso para cada 6 trabalhados[2].

A criação da Organização Internacional do Trabalho também influenciou a limitação de jornada nos estados-membros, uma vez que, ainda em 1919, a Convenção n. 1 da OIT, que limitou a oito horas diárias e 48 horas semanais a duração do trabalho dos empregados da indústria[3].

No Brasil, a segunda lei regulamentadora do trabalho subordinado (a primeira foi a lei de férias – 1926) foi o Código de Menores, de 1927, que estabeleceu uma jornada máxima de seis horas, com uma hora de intervalo, para os trabalhadores menores de 18 anos[4].

(1) Pré-projeto de Trabalho de Conclusão de Curso (excertos) apresentado à Faculdade de Direito Do Recife – UFPE, como requisito básico para a conclusão do Curso de Direito, apresentado em outubro de 2020. Co-orientação do Prof. Dr. Carlo Benito Cosentino.

(2) PRADO, Maria Ligia; PELLEGRINO, Gabriela. *História da América Latina*. 1 ed. São Paulo: Contexto, 2014.

(3) Convenção n. 1 da OIT. Disponível em: <https://www.ilo.org/dyn/normlex/en/f?p=NORMLEXPUB:12100:0::NO:12100:P12100_INSTRUMENT_ID:312146:NO>.

(4) Cf. RAMOS FILHO, Wilson. *Direito Capitalista do Trabalho:* história, mitos e perspectivas no Brasil. São Paulo: LTr, 2012. p. 65.

Mas a previsão de uma jornada máxima de trabalho, em caráter geral, somente se deu com a promulgação da Constituição da República de 1934, que fixou, no art. 121, a jornada ordinária dos trabalhadores em 8 horas diárias, limitado o trabalho a seis dias na semana, uma vez que assegurou, ainda, o direito ao repouso semanal(5).

A Consolidação das Leis do Trabalho, quanto ao tema jornada de trabalho, fixou parâmetros consentâneos com a Constituição vigente, de 1937, que fixou parâmetros idênticos aos da Carta de 1934.

Por mais de quarenta anos, as normas trabalhistas não sofreram alteração, no que concerne à jornada de trabalho. Somente com a Carta de 1988, significativas alterações foram promovidas: a redução da duração semanal do trabalho para 44 horas, a ampliação do adicional de horas extras para 50%, no mínimo, a redução da jornada em turnos ininterruptos de revezamento para seis horas, a possibilidade de compensação de jornada por acordo ou convenção coletiva.

Já na década de 1990, as Leis números 8.923 e 8.966, ambas de 1994, promoveram relevantes alterações nos arts. 71 e 62 da CLT, respectivamente. A primeira acrescentou o ao art. 71, para impor ao empregador a remuneração o período correspondente ao intervalo intrajornada, com acréscimo de 50% sobre o valor da remuneração da hora normal, quando não o concedesse integralmente ao empregado. Já a segunda, excluiu das hipóteses de não observância dos limites de jornada os vigias (para os quais se admitira jornada de dez horas) e os estivadores e capatazes. Restaram excluídos, apenas, os empregados que exercem atividade externa incompatível com a fixação de horário de trabalho e os gerentes, exercentes de cargos de gestão, diretores e chefes de departamento ou filial.

No curso do governo de Fernando Henrique Cardoso, a produção normativa no âmbito trabalhista se voltou ao atendimento aos preceitos neoliberais e, assim, várias alterações relacionadas à duração do trabalho foram feitas na CLT.

A Lei n. 9.601/98 alterou o § 2º do art. 59 da CLT, para permitir a compensação do excesso de jornada em até 120 dias, adotando-se o instituto do banco de horas. Até então a compensação teria que ocorrer na mesma semana em que se dera o excesso. No mesmo ano, nova alteração foi dada pela Medida Provisória 2.164, ampliando o prazo de compensação para um ano e vedando a prestação de horas extras por empregados sob o regime de tempo parcial.

A mesma Medida provisória instituiu o contrato de trabalho de jornada a tempo parcial, introduzindo o art. 58-A na CLT. Tal artigo estabelecia que tal regime de contratação não admitia duração superior a vinte e cinco horas semanais e que o salário a ser pago aos empregados sob o regime de tempo parcial seria proporcional à jornada destes, considerados os empregados que cumprissem as mesmas funções em tempo integral. Por fim, a adoção do regime para os trabalhadores que já eram empregados ao tempo da Medida Provisória dependeria de negociação coletiva e posterior opção pessoal do empregado.

---

(5) Disponível em: <http://www.planalto.gov.br/ccivil_03/constituicao/constituicao34.htm>.

A Lei n. 10.243/2001 acrescentou dois parágrafos ao art. 58 da CLT. O primeiro para eximir de pagamento e desconto as variações de horário no registro de ponto não excedentes de cinco minutos, observado o limite máximo de dez minutos diários. O segundo, para descaracterizar como jornada de trabalho o tempo gasto pelo empregado na ida e no retorno ao local de trabalho, salvo quando se tratar de local de difícil acesso ou não servido por transporte público e no caso de o empregador fornecer a condução.

Em 2006, a Lei Complementar n. 123/06 autorizou a fixação, por acordo ou convenção coletiva, o tempo médio despendido pelo empregado no percurso para o trabalho, para fins de remuneração, no caso de microempresas e empresas de pequeno porte. Isso se deu pela introdução do § 3º ao art. 58 da CLT.

Mas a alteração realmente relevante, quanto ao tema jornada de trabalho, ocorrida nos governos do Partido dos Trabalhadores (2003 a 2016) foi feita pela Emenda Constitucional n. 72/2013 e pela Lei Complementar n. 150/2015, que trataram da condição do empregado doméstico.

A EC n. 72 assegurou aos empregados domésticos diversos direitos previstos no art. 7º da Constituição, entre eles, no que concerne ao tema sub exame, jornada de oito horas e duração semanal do trabalho de 44 horas, repouso semanal remunerado, preferencialmente aos domingos, e adicional de horas extras de, no mínimo, 50%. E ainda, "atendidas as condições estabelecidas em lei e observada a simplificação do cumprimento das obrigações tributárias, principais e acessórias, decorrentes da relação de trabalho e suas peculiaridades", a remuneração do trabalho noturno superior à do diurno.

A regulamentação da alteração constitucional veio com a Lei Complementar n. 150/15. Além do que já foi mencionado, a referida lei complementar admitiu a instituição de regime de compensação de horas, mediante acordo escrito entre empregador e empregado, se o excesso de horas de um dia for compensado em outro dia, dispensando-se, assim, o pagamento do adicional de horas extras. Ainda assim, as primeiras 40 horas extraordinárias serão remuneradas (podendo ser deduzidas as horas não trabalhadas durante o mês) e as que excederem essas 40, poderão ser compensadas no período máximo de um ano.

É obrigatório o registro do horário de trabalho do empregado doméstico por qualquer meio manual, mecânico ou eletrônico, desde que idôneo.

De acordo com a norma, os intervalos, o tempo de repouso, as horas não trabalhadas, os feriados e os domingos livres em que o empregado que mora no local de trabalho nele permaneça não serão computados como horário de trabalho. Mas a remuneração do trabalho aos domingos e feriados (observada a Lei n. 605/49), desde que não compensado em outro dia, será remunerado em dobro, além da remuneração relativa ao repouso semanal, que será de, no mínimo, 24 horas consecutivas, preferencialmente aos domingos.

A lei previu intervalos intra e interjornadas, além de descanso semanal remunerado. O intervalo intrajornada terá duração de uma a duas horas (salvo a redução a 30 minutos, mediante acordo prévio escrito). Este intervalo pode ser dividido em dois períodos, no caso de empregados que morem na casa do patrão, sendo que cada um deles terá, no mínimo, uma hora, observado o limite de quatro horas ao dia. Já o intervalo interjornadas será de 11 horas consecutivas, no mínimo.

As regras sobre trabalho noturno seguiram as diretrizes da CLT: será considerado noturno o trabalho executado entre as 22 horas de um dia e as 5 horas do dia seguinte; hora noturna com duração de 52 (cinquenta e dois) minutos e 30 (trinta) segundos; adicional noturno de, no mínimo, 20% sobre o valor da hora diurna.

Admite-se a contratação de empregado doméstico para trabalho em regime de tempo parcial, com duração semanal não superior a vinte e cinco horas. Poderá haver acordo escrito para a prestação de uma hora extra diária.

Também é permitida a fixação de escala de 12 horas de trabalho por 36 de descanso, cumpridos ou indenizados os intervalos, mediante acordo escrito. E no caso de o empregado acompanhar o empregador em viagem, por força de acrodo escrito, serão consideradas como de jornada apenas as horas efetivamente trabalhadas no período, acrescidas de adicional de, no mínimo, 25% sobre o valor do salário-hora normal. Este adicional pode ser convertido em tempo no banco de horas, por opção do empregado.

A Lei n. 13.467/2017, resultante da denominada Reforma Trabalhista, promoveu profunda alteração na Consolidação das Leis do Trabalho, precarizando o trabalho no Brasil. Sobre a temática abordada, a referida lei alterou os arts. 4º, 58, 58-A, 59, 60, 61, 62 e 1º, e introduziu os arts. 59-A e 59-B na CLT. O § 2º do art. 4º passou a especificar, como tempo em que o trabalhador não está à disposição do empregador, e, assim, não computado como período extraordinário o que exceder a jornada normal, a permanência do empregado no local de trabalho para buscar proteção pessoal, para práticas religiosas; descanso; lazer; estudo; alimentação; atividades de relacionamento social; higiene pessoal; troca de roupa ou uniforme, quando não houver obrigatoriedade de realizar a troca na empresa.

O *caput* do art. 58 foi alterado para desconsiderar, em qualquer hipótese, o tempo de percurso como tempo à disposição do empregador, e, assim, integrante da jornada de trabalho. Com o mesmo propósito, foi revogado o § 3º do art. 58.

Já a nova redação do art. 58-A ampliou para até trinta horas semanais a duração do trabalho em jornada parcial, sem a possibilidade de horas suplementares semanais, ou até vinte e seis horas semanais, com a possibilidade de acréscimo de até seis horas suplementares semanais. No caso de quantidade semanal inferior a vinte e seis horas, poderão ser acrescidas até seis horas extras semanais ao fixado no contrato. Admite-se a compensação das horas extraordinárias, desde que isso ocorra na semana subsequente àquela em que se deu o excesso. Caso contrário, o pagamento das horas extras, com adicional de 50%, deve ser feito na folha de pagamento do mês subsequente.

A alteração da redação do *caput* do art. 59 não trouxe mudanças no regramento da matéria ali disciplinada. Mas o § 5º passou a admitir expressamente a pactuação de banco de horas por acordo individual escrito, desde que o prazo de compensação não ultrapasse seis meses. E o novo § 6º veio autorizar a pactuação por acordo individual, inclusive tácito, se a compensação ocorrer no mesmo mês.

Com a introdução do art. 59-A, a Lei n. 13.467/17 autorizou a fixação de escala de 12 horas de trabalho por trinta e seis de descanso, inclusive sem a necessidade de concessão de intervalos, que poderão ser indenizados. Por cima, o parágrafo único dá por compensados os feriados e prorrogações noturnas trabalhados, bem assim remunerado o repouso semanal, no caso de pactuação de tal escala.

Prosseguiu o legislador no avanço contra os direitos dos trabalhadores, para estatuir, no novo art. 59-B, que quando o empregador não observar as exigências legais para a compensação de jornada, inclusive quando estabelecida por acordo tácito, não estará obrigado a pagar as horas excedentes à jornada diária, bastando pagar o adicional de horas extras, no caso de não ser ultrapassada a duração semanal do trabalho. E no parágrafo único contrariou entendimento cristalizado em súmula do Tribunal Superior do trabalho, dispondo que a prestação de horas extras habituais não descaracteriza o acordo de compensação de jornada e o banco de horas.

O novel parágrafo único do art. 60 dispensa licença prévia das autoridades competentes em matéria de higiene do trabalho a prorrogação de jornada em escala de doze horas de trabalho por trinta e seis horas ininterruptas de descanso 12x36h, em atividades insalubres.

O parágrafo único do art. 61 foi alterado para dispensar a comunicação à autoridade competente em matéria de trabalho, ou a justificação à fiscalização do trabalho, da prorrogação da jornada no caso de necessidade imperiosa, em caso de força maior ou quando necessária para atender à realização ou conclusão de serviços inadiáveis ou cuja inexecução possa acarretar prejuízo manifesto ao empregador.

Acrescentou-se o inciso III ao art. 62, que indica a exclusão dos empregados em regime de teletrabalho do regime previsto no capítulo "Da duração do trabalho".

Outra alteração prejudicial aos trabalhadores e que, também representa avanço sobre entendimento sumulado do TST, ocorreu no § 4º do art. 71. Agora, a não concessão ou a concessão parcial do intervalo intrajornada mínimo implica o pagamento, de natureza indenizatória (não mais salarial), apenas do período suprimido (não mais o tempo integral do intervalo), com acréscimo de 50% sobre o valor da remuneração da hora normal de trabalho.

A Lei n. 13.874/19 alterou o art. 74 da CLT, que trata do registro de jornada. Simplificou o texto, reduzindo o teor do *caput* e revogando o § 1º. O mais importante, ampliou de 10 para 20 o número de empregados a partir do qual a empresa será obrigada a controlar a jornada de trabalho, com a anotação dos horários de entrada e saída. Além disso, o registro manual, mecânico ou eletrônico, em poder do empregado, valerá, também para o horário dos empregados que exerçam o trabalho fora do estabelecimento da empresa. Por fim, restou autorizada a utilização de registro de ponto por exceção à jornada regular de trabalho, mediante acordo individual escrito, convenção coletiva ou acordo coletivo de trabalho (§ 4º).

A Medida Provisória n. 905/19 chegou a promover alterações nos arts. 67, 68 e 70 da CLT, sobre trabalho aos domingos e feriados, mas foi revogada pela Medida Provisória n. 955/20.

Uma das alterações mais relevantes promovidas pela Lei n. 13.467/17 foi a instituição do contrato de trabalho intermitente, no art. 552-A da CLT. Por essa modalidade contratual, o empregado receberá salário pelas horas efetivamente trabalhadas, não se computando o período de inatividade a este fim. Assegura-se salário não inferior ao salário mínimo/hora ou àquele devido aos demais empregados do estabelecimento que exerçam a mesma função em contrato intermitente ou não, que será pago ao final de cada período de prestação de serviço, compondo-se a remuneração de salário das horas trabalhadas, férias proporcionais com acréscimo de um terço; décimo terceiro salário proporcional; repouso semanal remunerado; e adicionais legais.

Também merece destaque, na seara abordada nesta pesquisa, a introdução do art. 611-A, consagrando a prevalência do negociado sobre o legislado, nas disposições, além de outros temas, sobre, pacto quanto à jornada de trabalho, observados os limites constitucionais; banco de horas anual; intervalo intrajornada, respeitado o limite mínimo de trinta minutos para jornadas superiores a seis horas; teletrabalho, regime de sobreaviso, e trabalho intermitente; modalidade de registro de jornada de trabalho; troca do dia de feriado; prorrogação de jornada em ambientes insalubres, sem licença prévia das autoridades competentes do Ministério do Trabalho;

Este é o quadro normativo atual.

A partir do quadro delineado, podemos agrupar os trabalhadores, quanto às regras sobre duração do trabalho que lhes são aplicadas, nos seguintes grupos: a) empregados com jornada ordinária típica; b) empregados inseridos em turnos ininterruptos de revezamento; c) contratados para jornada de trabalho a tempo parcial; d) empregados típicos não abrangidos pelo regime previsto na CLT; e) empregados domésticos; f) trabalhadores rurais; g) contratados para trabalho intermitente; h) contratados para escalas de 12 horas de trabalho por 36 horas de descanso.

Para cada um desses grupos há regras distintas, no que concerne à fixação da jornada e, em alguns, quanto ao controle e ao registro.

Não é difícil perceber que as alterações realizadas na legislação trabalhista nas últimas três décadas, quanto ao tema duração do trabalho, foram todas destinadas a permitir a ampliação da jornada de trabalho pelo empregador, sem, necessariamente, o correspondente pagamento do excesso com acréscimo salarial (escala de 12x36h, banco de horas, etc.). Ou a utilização de mão de obra estritamente nos momentos de necessidade empresarial, mediante pagamento apenas das horas efetivamente trabalhadas (trabalho intermitente, jornada a tempo parcial, etc.).

Por outro lado, as alterações flexibilizaram o controle e registro de jornada a cargo do empregador. As empresas com menos de 20 empregados sequer precisam manter controle de jornada. As demais poderão realizar o registro de ponto por exceção à jornada regular de trabalho, possiblidade historicamente rejeitada pela jurisprudência[6].

Isso representa um duro golpe para os trabalhadores. Em primeiro lugar, 91,41% das empresas brasileiras têm menos de 20 empregados, e são empregadoras de 12.809.880 trabalhadores, 27,47% do total de empregados formais[7]. Em segundo lugar, as empresas são contumazes sonegadores de horas extras trabalhadas, razão pela qual centenas de milhares de reclamações trabalhistas no Brasil têm por objeto o pagamento de horas extras, repouso semanal, feriados e intervalos, etc.[8]. Para piorar, a jurisprudência do Tribunal Superior do Trabalho foi sendo construída de modo extremamente complacente em relação aos empregadores, no que respeita ao ônus da prova quanto à jornada, em processos trabalhistas.

A Súmula n. 338 do TST indica que a não apresentação injustificada dos controles de frequência gera presunção relativa de veracidade da jornada de trabalho, a qual pode ser elidida por prova em contrário. O mesmo pode ocorrer quanto à veracidade da jornada de trabalho prevista em instrumento normativo.[9]

Sobre o teor da Súmula n. 338 do TST. COUTINHO e MELO FILHO (2009:145) construíram a seguinte crítica:

> Ora, o art. 74, § 2º, da CLT impõe à empresa com mais de dez empregados a obrigação de controlar sua jornada de trabalho, anotando os horários de entrada e saída.
>
> É claro que a obrigação de manter os registros de jornada conduz à obrigação de os exibir, quando solicitado pela autoridade competente, seja dos órgãos de fiscalização do trabalho, seja dos órgãos jurisdicionais.
>
> Nos termos doa art. 358, I, do Código de Processo Civil, o juiz não admitirá a recusa na exibição de documento que a parte tiver obrigação legal de exibir.
>
> Por outro lado, o art. 359 da Lei Processual determina que o juiz admita como verdadeiros os fatos que por meio do documento a parte pretendia provar, se o requerido não efetuar a exibição, nem fizer qualquer declaração, ou se a recusa for havida por ilegítima.

---

(6) REGISTRO DE PONTO POR EXCEÇÃO. O sistema de registro de ponto por exceção, adotado pela reclamada, afigura-se inválido, porquanto impede o controle real da jornada de trabalho desempenhada pelo empregado, afrontando, ainda, a regra constante no art. 74, § 2º, da CLT, a qual dispõe acerca da obrigatoriedade de anotação da hora de entrada e de saída dos empregados. (TRT-4 – ROT: 00207832220175040732, Data de Julgamento: 11.10.2019, 2ª Turma)

(7) Cf. Relatório Anual de Informações Sociais — RAIS 2018. Em 2018 havia 46.631.115 trabalhadores com vínculo formal de emprego no Brasil em 3.439.216 empresas com empregados. Das que têm empregados, 3.144.061 têm menos de 20 empregados, representando 91,41% das empresas empregadoras, que estão, assim, dispensadas do controle de jornada. Disponível em: <http://pdet.mte.gov.br/images/rais2018/nacionais/3-sumario.pdf>.

(8) Horas Extras/Adicional de Horas Extras 372.021; Horas Extras 335.742; Intervalo Intrajornada/Adicional de Hora Extra 310.008; Horas Extras Reflexos 283.293; Intervalo Intrajornada 220.605; Adicional Noturno 145.726; Repouso Semanal Remunerado e Feriado 93.835; Intervalo Interjornadas 93.016. Cf. Tribunal Superior do Trabalho. Disponível em: <http://www.tst.jus.br/web/estatistica>.

(9) Disponível em: <https://www.tst.jus.br/documents/10157/63002/LivroInternet+%281%29.pdf/f24990a5-a0b3-f2b3-131a-504c08dace3f?t=1591316052743>.

> A própria Súmula n. 338 parte do pressuposto da "não apresentação injustificada". Ou seja, nos casos em que o empregador não apresenta os registros e não se justifica. Hipótese, portanto, de automática admissão como verdadeiros os fatos alegados na peça vestibular. Qual a razão de se permitir ao empregador, ainda assim, que produza prova em contrário, quando, nos termos do art. 357 do CPC, somente nos casos em que a parte afirma que não possui o documento é que o juiz permitirá a produção de prova? E, por força do art. 74, § 2º, da CLT, não é dado ao empregador não possuir os registros de frequência.
>
> Assim, parece-nos evidentemente afrontosa à CLT e à Lei Processual Civil a possibilidade de produção de prova, no caso examinado, conforme autoriza a inovadora Súmula do TST.

O Tribunal Superior do Trabalho também consolidou em jurisprudência o entendimento de que o empregador pode apresentar em juízo controles de jornada por ele produzidos unilateralmente, sem a conferência e assinatura do empregado. Por todas, veja-se a decisão abaixo:

> CARTÕES DE PONTO APÓCRIFOS. VALIDADE. A ausência de assinatura do trabalhador nos cartões de ponto traduz vício formal, que não enseja, por si só, sua invalidação, na medida em que tal exigência não encontra respaldo legal. Precedentes desta Corte. Agravo de instrumento conhecido e desprovido. (TST-AIRR:1004402720165010022, 3ª T., rel. Alberto Bresciani. Publicação em 26.6.2020)

Em resumo, empresas com menos de 20 empregados não precisam promover controle de jornada e, assim, delas não será exigida a apresentação de documentos a isso relativos. A prova do trabalho em sobrejornada em juízo será ônus dos empregados, nos exatos termos do art. 818, I, da CLT.

As empresas com vinte ou mais empregados, assim como os empregadores domésticos, continuam obrigados a promover o controle de jornada. Mas, como visto, poderão fazê-lo por exceção; se deixarem de apresentar os registros em juízo, ainda assim poderão produzir prova oral sobre o tema; poderão apresentar registros produzidos unilateralmente, apócrifos. Tudo em prejuízo do empregado demandante.

Assim, é urgente e necessário que se ofereça aos trabalhadores brasileiros instrumentos idôneos de controle de jornada, que facilitem o acompanhamento da quantidade de horas trabalhadas, feriados, domingos, crédito em banco de horas, entre outros. Principalmente, elementos que possam ser utilizados como prova nos processos trabalhistas. A tecnologia hoje disponível, como se sabe, pode ser utilizada a este fim.

Atualmente, existem diversos aplicativos, como o Mywork, destinados ao controle de jornada, porém voltados aos propósitos patronais. Há até aplicativo destinado aos trabalhadores, com uma série de recursos para registrar o ponto, controlar o saldo do banco de horas, calcular o valor de horas extras, etc., como o Ponto Fácil. Mas se trata de aplicativo de uso pessoal do empregado e não como registro que possa ser oposto ao do empregador ou mesmo utilizado em juízo, uma vez que não há como assegurar que os dados coletados sejam idôneos.

O propósito deste trabalho, de natureza interdisciplinar, é projetar um aplicativo móvel destinado ao controle de jornada pelo empregado, que produza registros idôneos dos momentos de entrada e saída do trabalho, bem como dos intervalos intrajornada, a fim de subsidiar o trabalho da fiscalização do trabalho e, principalmente, produzir prova nos processos trabalhistas.

Aplicativo móvel, mais conhecido pela abreviatura app, nada mais é do que um *software* especialmente desenvolvido para instalação em dispositivos eletrônicos móveis, principalmente *smartphones*. Como se sabe, tais aplicativos estão disponíveis em lojas on-line para instalação no dispositivo eletrônico, uns gratuitos, outros pagos. O usuário pode descarregar os aplicativos de várias plataformas de distribuição de software móvel.

A esta altura, a humanidade sabe que aplicativos oferecem uma infinidade de possibilidades em termos de funcionalidades. E a produção de um app não demanda, necessariamente, profundo conhecimento na área. Existem diversas ferramentas *on line* que ajudam o usuário a criar um aplicativo sem precisar ter muitos conhecimentos técnicos. Por exemplo, o serviço "Fábrica de aplicativos" permite "que o usuário crie um aplicativo (...) mesmo sem entender nada de programação. O objetivo do serviço é proporcionar aos interessados uma tecnologia que permita a criação de apps de forma simples e gratuita"[(10)].

Neste momento, cumpre indicar, apenas, as linhas gerais do aplicativo a ser projetado no desenvolvimento deste trabalho.

Em primeiro lugar, o aplicativo deve servir tanto à situação em que o empregador adote um mecanismo qualquer de frequência, quanto à hipótese em que não o faça, seja por estar desobrigado a controlar, seja por outra razão qualquer.

Na primeira hipótese, o aplicativo deverá estar dotado de mecanismo para evitar fraudes do empregador. Não custa registrar que, em juízo, um dos argumentos mais utilizados pelos advogados de empregados para impugnar documentos de controle de frequência é o de que os empregadores os obrigam a trabalhar antes e, principalmente, após os registros de entrada e saída, respectivamente.

É de conhecimento geral que, entre as inúmeras funcionalidades oferecidas por aplicativos móveis está, exatamente, a de geolocalização. O *app* de controle de jornada a ser projetado deverá conter a ferramenta de geolocalização, para acusar a presença do trabalhador no local de trabalho, após um determinado tempo após a chegada sem que tenha havido o registro de entrada e, também, para cancelar o registro de saída realizado se, após determinado tempo, o empregado continuaer no local de trabalho.

A funcionalidade de geolocalização será a principal ferramenta para o registro idôneo de frequência, mesmo no caso de o empregador não concordar com a adoção do aplicativo. Com ela, após cinco minutos, por exemplo, da chegada do trabalhador no local de trabalho,

(10) Cf. NASCIMENTO, William. 5 ferramentas para criar um aplicativo. Disponível em: <https://canaltech.com.br/apps/como-criar-um-aplicativo/>. Outros serviços apontados no artigo: AppsBuilder; AppMachine; Goode Barber; ShoutEm.

previamente definido no *app*, o registro de entrada será feito. E cinco minutos após o empregado deixar o local de trabalho, haverá o registro da saída.

Os parâmetros acima delineados deverão ser adaptados às diversas possibilidades de relações empregatícias (empregados com jornada ordinária típica; turnos ininterruptos de revezamento; jornada de trabalho a tempo parcial; trabalhadores externos; empregados domésticos; trabalhadores rurais; trabalho intermitente, etc).

A fim de atribuir validade, inalterabilidade e reconhecimento de idoneidade dos registros feitos pelo aplicativo, o aplicativo utilizará a *blockchain*, "um sistema que permite rastrear o envio e recebimento de alguns tipos de informação pela *internet*". De forma simplificada, *blockchain* são "pedaços de código gerados online que carregam informações conectadas — como blocos de dados que formam uma corrente — daí o nome"(11).

Foi a *blockchain* que permitiu a existência de criptomoedas e as transações realizadas com elas. Mas "a *blockchain* também pode ser usada para validação de documentos (...), transações financeiras, comercialização de músicas ou filmes, rastreamento de remessas e até votos"(12).

Trata-se de tecnologia comprovadamente segura, porque é quase impossível invadi-la, pois a rede é dotada de diversas camadas de segurança e não se centraliza em nenhum lugar. E se o sistema detecta que uma invasão está sendo tentada, trava, automática e imediatamente.

O advento de um aplicativo móvel como o aqui projetado e a sua utilização no controle de frequência de empregados representará solução para os graves problemas atuais de controle pelos empregados de suas próprias jornadas, de fiscalização pelos Auditores do Trabalho e, principalmente, de produção de prova em juízo, especialmente pelos empregados demandantes, cada vez mais sobrecarregados da obrigação de provar excessos de jornada, não concessão de intervalos, trabalhos em dias de repouso e em feriados, labor em horário noturno, dada a flexibilização promovida pelas alterações promovidas na CLT, no que concerne à responsabilidade do empregador de registrar os horários de entrada e saída dos respectivos empregados.

Referências

BEZERRA LEITE, Carlos Henrique. *Curso de Direito do Trabalho*. 11. ed. São Paulo: Saraiva, 2019.

BRASIL. *Constituição dos Estados Unidos do Brasil, 1934*. Disponível em: <http://www.planalto.gov.br/ccivil_03/constituicao/constituicao34.htm>.

BRASIL. *Relatório Anual de Informações Sociais – RAIS 2018*. Disponível em: <http://pdet.mte.gov.br/images/rais2018/nacionais/3-sumario.pdf>.

---

(11) Cf. O que é *blockchain*: uma explicação simples. Disponível em: <https://blog.nubank.com.br/o-que-e-blockchain/>.

(12) *Idem*.

COUTINHO, Grijalbo; MELO FILHO, Hugo. O ativismo judicial do TST domo Fator de flexibilização do Direito do Trabalho no Brasil. In: COUTINHO, Grijalbo; MELO FILHO *et al* (Orgs.).. *O mundo do trabalho*. vol. 1. São Paulo: LTr, 2009.

DELGADO, Mauricio Godinho. *Curso de Direito do Trabalho*. 18. ed. São Paulo: LTr, 2019.

GIL, A. C. (1991). *Métodos e técnicas de pesquisa social*. 3. ed. São Paulo: Atlas.

LAKATOS, E. M.; MARCONI, M. A. (1991). *Fundamentos de metodologia científica*. 3. ed. São Paulo: Atlas.

NASCIMENTO, William. *5 ferramentas para criar um aplicativo*. Disponível em: <https://canaltech.com.br/apps/como-criar-um-aplicativo/>.

ORGANIZAÇÃO INTERNACIONAL DO TRABALHO. *Convenção Internacional do Trabalho n. 1*. Disponível em: <https://www.ilo.org/dyn/normlex/en/f?p=NORMLEXPUB:12100:0::NO:12100:P12100_INSTRUMENT_ID:312146:NO>.

PRADO, Maria Ligia; PELLEGRINO, Gabriela. *História da América Latina*. 1. ed. São Paulo: Contexto, 2014

RAMOS FILHO, Wilson. *Direito Capitalista do Trabalho:* história, mitos e perspectivas no Brasil. São Paulo: LTr, 2012.

SOUTO MAIOR, Jorge Luyiz. *História do Direito do Trabalho no Brasil*. São Paulo: LTr, 2017.

SÜSSEKIND, Arnaldo. *Direito Constitucional do Trabalho*. Rio de Janeiro: Renovar, 1999.

Outros sítios visitados

<http://www.tst.jus.br/web/estatistica>.

<https://www.tst.jus.br/documents/10157/63002/LivroInternet+%281%29.pdf/f24990a5-a0b3-f2b3-131a-504c08dace3f?t=1591316052743>.

<https://olhardigital.com.br/fique_seguro/noticia/voce-sabe-o-que-e-o-qr-code-a-gente-explica/90319>.

<https://blog.nubank.com.br/o-que-e-blockchain/>.

O Sindicalismo Negocial e a Reforma Trabalhista: Uma Relação de Causa e Efeito[1]

Juliana de Araújo Gallindo Pinto

Introdução

A Reforma Trabalhista, nome popularmente adotado pela Lei n. 13.467/17, promoveu significativas alterações legislativas na Consolidação das Leis do Trabalho (CLT). O texto legal foi elaborado e votado num contexto de crise de representatividade política, notadamente em virtude de ter sido de iniciativa do Ex-Presidente da República, Michel Temer, cujo exercício do referido cargo é rodeado por questionamentos acerca da sua legitimidade. Essa dubiedade se dá especialmente pelo fato de ele ter assumido o referido cargo como sucessor da Ex-Presidenta Dilma Rousseff, que, por sua vez, sofreu *impeachment* com fortes evidências de manobras políticas as quais, muitos argumentam, configuram indícios de golpe parlamentar.

Em termos de conteúdo, a Reforma Trabalhista trouxe grandes impactos, tanto no que se refere ao Direito Individual, quanto no que se refere ao Direito Coletivo do Trabalho. O tom geral das regras trazidas pela legislação reformista é, evidentemente, benéfico ao empregador, pois que se presta a flexibilizar, ou mesmo, retirar direitos sociais dos trabalhadores conquistados, a duras penas, ao longo dos anos. Em diversos pontos da Reforma, estudiosos do Direito identificam situações de inconstitucionalidade, além de também poder ser argumentada a violação de diversas Convenções da Organização Internacional do Trabalho (OIT).

Nesta pesquisa, contudo, o foco da análise realizada foram as modificações estrategicamente perpetradas pela Reforma Trabalhista naquilo que se refere ao Direito Coletivo. A escolha por delimitar o tema nos contornos acima referidos ocorreu em virtude do entendimento de que o movimento sindical foi aquele que deu origem ao Direito do Trabalho enquanto ramo autônomo do Direito. Foi justamente em virtude da organização e luta dos trabalhadores que as primeiras leis de proteção do trabalho foram criadas. Assim sendo, a história do Direito do Trabalho é a história da luta dos trabalhadores. E é por isso que as modificações que ocorrem no mundo do trabalho — seja o mundo dos fatos, seja o mundo legal – possuem uma inerente relação com o nível de organização, engajamento e consciência

(1) Monografia final apresentada como Requisito Parcial para conclusão do curso de especialização em Direito do Trabalho pela Universidade Federal de Pernambuco — UFPE, em 2020.

dos trabalhadores enquanto seres sociais capazes de, unidos, promoverem modificações em prol de melhores condições de prestação de serviço e de vida.

Para atingir o objetivo almejado, qual seja, o de verificar a relação entre o conteúdo da Reforma Trabalhista e o nível de organização dos sindicatos no período que a antecedeu, esta pesquisa foi metodologicamente organizada em três partes.

O primeiro Capítulo buscou introduzir quais foram as principais alterações promovidas pela Reforma no âmbito das entidades sindicais. Essa exposição teve como finalidade precípua a demonstração do aprofundamento da situação de crise em que o movimento sindical está hoje inserido. Dentre as diversas modificações perpetradas, três foram consideradas as mais relevantes para o agravamento da desorganização dos sindicatos: a prevalência do negociado sobre o legislado; a retirada da obrigatoriedade da contribuição sindical, e, mais especificamente, a divergência acerca da necessidade de anuência individual do trabalhador para a cobrança da referida verba; e a fragmentação dos sindicatos pela permissão da terceirização irrestrita e da jornada intermitente.

No Capítulo 2 buscou-se trazer à tona o fundamento principal que justifica existência das entidades sindicais, quais sejam a união, o engajamento e a organização de trabalhadores direcionados à emancipação de suas condições materiais. Para compreender, portanto, as razões de existência dos sindicatos, foram utilizados os conceitos de classe, luta de classes, consciência de classe e ação sindical revolucionária. Tais definições se prestaram a explicar que as entidades sindicais teriam um papel central na organização dos trabalhadores para o fomento de uma postura contestatória, emancipatória e revolucionária. Identifica-se, portanto, nas entidades sindicais, o núcleo de organização com capacidade de modificação das condições que estruturam as opressões de classe. Este Capítulo é imprescindível, portanto, para rememorar o porquê da existência e da importância das entidades sindicais, servindo, inclusive, para comparar o sindicalismo revolucionário e o negocial, adotado atualmente pelo país, e, nesses termos, identificar os pontos em que este último fora falho.

Por fim, no Capítulo 3, passou-se a analisar mais precisamente o percurso geral do sindicalismo brasileiro, e as consequências da adoção de uma política de negociação, em detrimento de um posicionamento autônomo e contestatório do movimento sindical. Explora-se a noção de crise de representatividade, a qual se alastrou no âmbito político, e também, no âmbito sindical. Neste ponto, foi possível compreender a verdadeira relação de causalidade entre o sindicalismo negocial e as condições políticas que resultaram na Reforma Trabalhista. Em última análise, portanto, e diante do cenário legislativo posto, este trabalho buscou alternativas para a ressignificação da Reforma Trabalhista.

1. A reforma trabalhista e seus impactos nas entidades sindicais

1.1. A flexibilização das relações de trabalho e a desregulamentação de direitos: O que significa a prevalência do negociado sobre o legislado?

Popularmente conhecida como Reforma Trabalhista, a Lei n. 13.467 de 13 de julho de 2017, foi o resultado de um Projeto de Lei de iniciativa do Poder Executivo — elaborado, portanto, pelo então Presidente da República Michel Temer —, e apresentado à Câmara dos Deputados em dezembro de 2016.

O Projeto de Lei surge em meio a um contexto histórico de crise de representação política, mormente ter sido apresentado apenas quatro meses após o fim do processo de *impeachment* da ex-Presidenta da República, Dilma Rousseff.

Para além dos questionamentos acerca da legitimidade do governo de Michel Temer em si, cujos fundamentos se encontram na controvérsia sobre a existência de base jurídica para ocorrência do *impeachment*, é de se indagar acerca da legitimidade da própria Reforma Trabalhista. Isso porque, sobre a Lei n. 13.467/2017, que ataca não apenas a estrutura da legislação trabalhista brasileira, mas também as bases em que o Direito do Trabalho se apoia, não houve suficiente divulgação de informações, nem mesmo efetivo debate com a sociedade.

Como consequência do apressado trâmite legislativo — o qual durou apenas cerca de 7 meses, tempo bastante reduzido, especialmente considerando a magnitude das transformações efetuadas — é possível verificar dentre os mais diversos operadores do Direito do Trabalho — advogados, juízes e membros do Ministério Público do Trabalho[(2)] — bem como dentre o posicionamento de organizações nacionais e internacionais, tais como a CUT[(3)] e a OIT[(4)], duras e arrazoadas críticas às modificações trazidas pela nova norma.

Em confronto com a realidade, o objetivo prenunciado da Reforma Trabalhista, qual seja, o de "adequar a legislação às novas relações de trabalho" simplesmente não se sustenta. Análises realizadas a partir de dados coletados durante o primeiro ano de vigência da norma demonstram o que os críticos já diziam: as alterações legais não trazem respostas adequadas para lidar com os desafios atuais do mundo do trabalho. Não houve aumento do emprego, mas sim, uma preocupante redução de postos de trabalho formais, com consequente aumento de trabalhos temporários, terceirizados e intermitentes, além de significativo enfraquecimento dos sindicatos[(5)].

Após essa breve exposição sobre o contexto em que se desenvolveu a Reforma Trabalhista, é possível adentrar mais especificamente no ponto central deste tópico: as modificações realizadas no âmbito coletivo do Direito do Trabalho. Por óbvio, não há que se falar em esgotamento do tema. Pelo contrário, dentre as diversas alterações perpetradas, foram identificadas aquelas que podem ter tido maior influência no desmantelamento das entidades

(2) Advogados, magistrados e membros do MP se unem em crítica à reforma trabalhista em debate no IAB. *MIGALHAS*, 2017. Disponível em: <https://www.migalhas.com.br/Quentes/17,MI270845,51045-Advogados+magistrados+e+membros+do+MP+se+unem+em+critica+a+reforma>. Acesso em: 20 jan. 2020.

(3) CUT explica porque Reforma Trabalhista é desastre completo. *CUT*, 2017. Disponível em: <https://www.cut.org.br/noticias/cut-explica-porque-reforma-trabalhista-e-desastre-completo-para-o-trabalhador-e598>. Acesso em: 20 jan. 2020.

(4) RODRIGUES, Alex. OIT volta a analisar reforma trabalhista brasileira. *AGÊNCIA BRASIL*, 2019. Disponível em: <http://agenciabrasil.ebc.com.br/economia/noticia/2019-06/oit-volta-analisar-reforma-trabalhista-brasileira>. Acesso em: 20 jan. 2020.

(5) FUTEMA, Fabiana. Um ano depois, reforma trabalhista não gera empregos esperados. *VEJA*, 2018. Disponível em: <https://veja.abril.com.br/economia/um-ano-depois-reforma-trabalhista-nao-gera-empregos-esperados/>. Acesso em: 20 jan. 2020.

sindicais. São elas a prevalência da convenção ou acordo coletivo do trabalho sobre a lei, a necessidade de anuência individual do empregado para cobrança da contribuição sindical e a permissão legal para o trabalho intermitente e para a ampliação da terceirização — esta última concretizada pela Lei n. 13.429, de 31 de março de 2017.

É verdade que o Direito do Trabalho, desde sua origem, carrega consigo uma evidente tensão, uma vez que disciplina relações estabelecidas entre empregados e empregadores — cujos interesses são necessariamente antagônicos. Neste sentido, esse ramo do Direito tem como objetivo "integrar os interesses dos trabalhadores, aspecto protetor, na ordem capitalista, limitando apenas em certa medida, aspecto transacional, a exploração da força de trabalho."(6)

A capacidade que o Direito do Trabalho possui, contudo, de impor barreiras a essa exploração, tem se mostrado, ela própria, bastante limitada. O que se tem observado, desde a década de 1990 no Brasil — e até mesmo antes disto, nos países centrais —, com o crescimento de perspectivas neoliberais, é a tendência de desregulamentação dos direitos trabalhistas e flexibilização das relações de trabalho(7).

Esta é, sem dúvidas, a palavra de ordem da Reforma Trabalhista: flexibilização. Em termos gerais, isso significa que a alteração legislativa ora em comento, teve como objetivo principal adotar medidas capazes de adaptar as relações de trabalho às modificações que ocorrem nas condições de produção, as quais são ditadas pelo mercado e pela demanda. Esta mencionada adaptação significa, em termos gerais, para os empregadores, maiores poderes de determinação das condições de trabalho. E, inversamente, para os empregados, a redução de direitos capazes de lhes garantir maior estabilidade no emprego — ou mesmo, a ausência de relações de emprego nos moldes tradicionais, considerando, conforme já anteriormente mencionado, o crescimento de postos de trabalho intermitente, terceirizado ou temporário, notadamente precarizados — bem como a perda, ou no mínimo, o enfraquecimento de seu poder de negociação.

José Dari Krein classifica a flexibilização em três tipos: a numérica ou qualitativa, a funcional e a procedimental, senão veja-se:

> Por Flexibilidade numérica ou quantitativa entendemos a ampliação da liberdade das empresas para empregar e demitir de acordo com as suas necessidades de produção, dentro de uma estratégia de diminuição de custos. Ela pode acontecer tanto para trabalhadores já empregados, com a terceirização e sub-contratação, como para trabalhadores novos, através de contratos "atípicos" (trabalho temporário, parcial, auto-emprego, consultoria, a domicilio, tele-trabalho) e ilegais

(6) GUAMÁN HERNÁNDEZ, Adoración; ILLUECA BALLESTER, Héctor. *El huracán neoliberal: una reforma laboral contra el trabajo.* p. 14. Disponível em: <http://biblioteca.clacso.edu.ar/Espana/ceps/20161219041012/pdf_155.pdf>. Acesso em: 20 jan. 2020.

(7) KREIN, José Dari. *A reforma trabalhista de FHC:* análise de sua efetividade. Disponível em: <https://core.ac.uk/download/pdf/79069974.pdf>. Acesso em: 20 jan. 2020.

> (sem registro em carteira), ou pelo aumento do trabalho clandestino não registrado (trabalho estrangeiro, escravo e em casa). (...) Por Flexibilidade funcional compreende-se, em síntese, a flexibilidade introduzida no mercado interno de trabalho com o objetivo de possibilitar o ajuste do uso da força de trabalho, o que pode ocorrer de forma independente e paralela à alteração via negociação coletiva ou lei. (...) Por flexibilidade procedimental são entendidas as iniciativas que facilitam um deslocamento das definições na forma de determinação do uso e da remuneração do trabalho e de solução dos conflitos, proporcionando maior poder às empresas em detrimento dos espaços públicos e estatais.(8)

Ao analisar as novidades legislativas do ano de 2017, quais sejam, a Lei n. 13.467/2017 e a Lei n. 13.429/2017, é possível identificar tanto a flexibilidade numérica, cujas expressões mais evidentes são a previsão legal do trabalho intermitente e da terceirização irrestrita, quanto a funcional, com o aumento das possibilidades de acordo individual entre empregados e empregadores, e a procedimental, cujo ápice é a possibilidade de, mediante convenção ou acordo coletivo, serem estabelecidas condições de trabalho que prevalecem sobre a legislação estatal.

A participação imediata dos destinatários na elaboração das normas que regem suas relações é uma particularidade do Direito do Trabalho em relação ao Direito Comum. A produção de normas autônomas, que hoje ocorre através das convenções e acordos coletivos, pode ser vista na própria origem do Direito Laboral. Isso porque este ramo do Direito surge a partir do movimento orgânico de associação de trabalhadores em torno de uma finalidade comum: a reivindicação de melhores condições de trabalho. Organizados, os trabalhadores possuíam maior força de barganha em relação aos empregadores, bem como conseguiam exercer pressão para que o Estado interviesse nessas relações, criando normas legais protetivas.

Assim sendo, é fácil perceber que acordos e convenções coletivas são instrumentos nascidos a partir de uma lógica de conquista de direitos pelos trabalhadores. Nesse sentido, a Constituição da República de 1988, ao inserir o reconhecimento dos referidos institutos em seu art. 7º, o qual consagra os direitos dos trabalhadores urbanos e rurais, não o fez senão com o objetivo de estimular o aumento do patamar de direitos individuais e sociais trabalhistas da classe trabalhadora brasileira. É este, inclusive, o entendimento de Mauricio Godinho Delgado, que determina:

> Afinal, a negociação coletiva trabalhista consiste em um instrumento de democratização do poder e da riqueza no âmbito da sociedade civil; é importante veículo institucionalizado para a busca da maior democratização e inclusão socioeconômica das pessoas humanas na sociedade civil. Entretanto, se não exercer esse papel — ao invés, passando a se transmutar em mecanismo de rebaixamento das condições de vida e trabalho da pessoa humana trabalhadora

---

(8) KREIN, José Dari. *A reforma trabalhista de FHC:* análise de sua efetividade. Disponível em: <https://core.ac.uk/download/pdf/79069974.pdf>. Acesso em: 20 jan. 2020.

—, ela se encontrará desfigurada, descaracterizada, posta distante de sua função histórica, lógica e teleológica no Direito Coletivo do Trabalho.(9)

Indo de encontro à finalidade de existência da negociação coletiva, a Reforma Trabalhista deixa claro o seu objetivo de permitir que, através de acordos e convenções, sejam estabelecidos direitos aquém daqueles previstos na legislação. Para melhor compreender o tema, é imprescindível uma análise comparada entre os arts. 611-A e 611-B da CLT, introduzidos pela nova norma, a qual se pretende fazer nas próximas linhas.

O *caput* do art. 611-A determina a prevalência da convenção e do acordo coletivo sobre a lei quando estes dispuserem sobre os temas elencados nos incisos daquele dispositivo legal. Logo em seguida, no *caput* do art. 611-B, está escrito que a supressão ou redução dos direitos previstos nos incisos seguintes constituem objeto ilícito de convenção ou acordo coletivo de trabalho. Note-se, neste último caso, que é possível tratar dos temas em negociação coletiva, desde que para dispor sobre o modo de gozo de tais direitos.

Ora, por óbvio que acordos e convenções coletivas são instrumentos válidos para criar condições de trabalho em patamar superior ao legal. Este é, inclusive, o motivo pelo qual a negociação coletiva é reconhecida constitucionalmente. Contudo, ao prever os direitos que, se tratados em negociação coletiva, tem prevalência sobre a lei, e, em seguida, direitos que não podem ser reduzidos ou suprimidos, a Reforma quis consagrar a possibilidade de acordos e convenções coletivas reduzirem ou suprimirem os direitos de que tratam os incisos do art. 611-A. Esta é a consequência lógica da interpretação sistemática dos dispositivos legais acima comentados.

Estudiosos atentos à doutrina acerca da interpretação do Direito do Trabalho costumam destacar, como forma de amenizar os efeitos danosos da aplicação de tal regra, o princípio da norma mais favorável. Segundo este princípio basilar, se sobre o caso concreto há possibilidade de incidência de duas normas distintas, deve-se privilegiar aquela que é mais favorável ao obreiro. Assim, havendo negociação coletiva suprimindo ou reduzindo, abaixo do patamar legal, algum direito do trabalhador, seria possível aplicar a lei mais benéfica como forma de impedir o retrocesso previsto no acordo ou na convenção.

Acontece que a Reforma Trabalhista também possui uma resposta para contrapor tal argumentação. Ela se encontra no § 3º do art. 8º da CLT, o qual prevê que o exame, pela Justiça do Trabalho, das convenções ou acordos coletivos deverá se ater aos elementos essenciais do negócio jurídico, pautando-se pelo princípio da intervenção mínima na autonomia da vontade coletiva. Sendo assim, os Juízes do Trabalho, deparando-se com o caso concreto de conflito originado por previsões constantes em acordos ou convenções coletivas, não poderiam analisar o conteúdo da negociação, mas apenas os aspectos relacionados à capacidade dos agentes envolvidos, à licitude, possibilidade e determinação do seu objeto e sua forma.

(9) DELGADO, Mauricio Godinho. *Curso de Direito do Trabalho*. 16. ed. São Paulo: LTr, 2017. p. 1.567.

É de se reconhecer a patente inconstitucionalidade do § 3º do art. 8º da CLT[(10)] ora em comento. O dispositivo legal, além de tentar restringir uma das funções inerentes ao Poder Judiciário, qual seja, a de interpretar a lei, também viola o princípio da inafastabilidade da jurisdição, constitucionalmente garantido, ao pretender impedir a apreciação pela Justiça do Trabalho do conteúdo das negociações coletivas. Contudo, apesar de entender ser o dispositivo inconstitucional, sua apresentação é imprescindível para que se retrate o quadro geral pintado pela Reforma Trabalhista.

Conclui-se, portanto, que a intenção das modificações legislativas é a flexibilização das relações de trabalho, através da possibilidade de desregulamentação dos direitos. Ressalta-se a sagacidade do mecanismo previsto: a lei protetiva continua existindo, mas na prática se torna inaplicável, em virtude da possibilidade de normas autônomas menos benéficas ao trabalhador se sobreporem a ela.

1.2. O financiamento das entidades sindicais e o debate acerca da necessidade de anuência individual do empregado para cobrança da contribuição sindical

Diante do caótico cenário apresentado no tópico anterior, a solução, apesar de talvez parecer óbvia, é de difícil execução. Ora, se a Reforma Trabalhista conferiu tantos poderes à negociação coletiva, bastaria que as entidades sindicais não permitissem a inclusão, em convenções ou acordos coletivos de trabalho, de normas menos benéficas aos obreiros.

Contudo, sabe-se que a questão não é simples assim. Se a ação sindical já enfrentava, antes mesmo das modificações reformistas, diversos desafios no que se refere à capacidade de promoção da emancipação dos trabalhadores, a nova legislação apresenta um arcabouço de regras que minam ainda mais o potencial das entidades sindicais. Dentre elas, se destacam a retirada da obrigatoriedade da contribuição sindical — com a consequente necessidade de anuência prévia e expressa do empregado para a cobrança — e a permissão para o trabalho intermitente e terceirização. É sobre elas que se pretende discorrer a seguir.

A contribuição sindical, prevista na CLT desde 1943 e cujo regramento consta dos arts. 580 e seguintes daquela consolidação, é uma das quatro formas de financiamento do sistema sindical previstas em lei. Apesar da existência de divergências doutrinárias e jurisprudenciais acerca de sua natureza jurídica, até a Reforma Trabalhista, era pacífico que a referida contribuição possuía natureza tributária, de matriz parafiscal, e devia, portanto, ser cobrada de todos — empregados, sindicalizados ou não, empregadores e profissionais liberais.

Vale ressaltar que a existência da contribuição sindical obrigatória, nos termos regulados pela CLT antes da alteração reformista, não era plenamente defendida nem pelos juristas, nem pelos movimentos sindicais, uma vez que era considerada uma afronta à liberdade de associação sindical, garantida no art. 8º da Constituição de 1988. Ao tratar sobre as

(10) ASSOCIAÇÃO NACIONAL DOS MAGISTRADOS DO TRABALHO. 2ª Jornada de direito material e processual do trabalho. *XIX Congresso Nacional dos Magistrados da Justiça do Trabalho*. Conamat: enunciado n. 2. Brasília, 2018. Disponível em: <https://www.anamatra.org.br/attachments/article/27175/livreto_RT_Jornada_19_Conamat_site.pdf>. Acesso em: 21 jan. 2020.

antinomias presentes no referido dispositivo constitucional, Everaldo Gaspar explica que a existência de uma contribuição obrigatória, criada sob a lógica do sindicalismo corporativo do Estado Novo, não se coaduna com os princípios consagrados da *Constituição Cidadã*[11]. Ademais, o autor informa que, à época da Constituinte, o fim do instituto já era objeto de debate:

> Havia também um consenso entre os juristas e uma forte inclinação das lideranças sindicais progressistas e de esquerda, no sentido de acabar com a contribuição sindical compulsória. Inclusive, alguns sindicatos filiados à CUT, sobretudo aqueles que se localizavam no ABC paulista, se negaram, em determinados momentos, a assumir essa responsabilidade. Essa recusa gerou o ajuizamento de vários mandados de segurança interpostos por federações e confederações, para exigir que os sindicatos de primeiro grau efetuassem os respectivos recolhimentos. Houve, por fim, em diversas etapas da constituinte, um sentimento dos parlamentares em proceder a sua exclusão do ordenamento jurídico.[12]

De maneira geral, a defesa da liberdade de associação e autonomia dos sindicatos passa pela ideia de que o sistema sindical deve ser autossustentável. De modo ideal, portanto, o financiamento deste sistema seria realizado a partir de contribuições discutidas e votadas em assembleias de trabalhadores. Assim, seria possível fomentar uma ação sindical mais efetiva e representativa, estimulada pela organização e engajamento consciente dos obreiros. Além do que, a autonomia financeira das entidades sindicais também contribuiria para uma atuação livre de influências e interesses externos.

Não é esse o caso, contudo, da realidade brasileira. Especificamente quanto à contribuição sindical, esta estava sendo obrigatoriamente cobrada desde sua instituição, na década de 1940. Com isso se quer dizer que, para o bem ou para o mal, as entidades sindicais existentes já estavam estruturadas financeiramente sob a lógica de uma receita regular, cujo montante era previsto ou previsível. Ainda que seja imperioso reconhecer a contradição da existência de uma contribuição compulsória diante dos princípios da liberdade e autonomia sindicais, também é preciso ter em mente que a alteração reformista, da forma como foi realizada, desfalcou profundamente o financiamento dos sindicatos, aos quais restará, portanto, a incumbência de se reinventarem.

A Reforma Trabalhista não apenas pôs fim à obrigatoriedade da contribuição sindical, mas também condicionou sua cobrança à autorização prévia e expressa do trabalhador. Contudo, não deixou claro se tal autorização seria necessariamente individual ou poderia ocorrer de forma coletiva. Tal omissão causa verdadeira insegurança jurídica nos casos de cobrança da referida verba.

---

(11) ANDRADE, Everaldo Gaspar Lopes de. As antinomias do art. 8º da Constituição Federal: um contraponto à doutrina dominante. In: *Revista do Tribunal Regional do Trabalho da 8ª Região*, v. 44, n. 86, p. 107-123, jan./jun. 2011.

(12) *Idem.*

Neste ponto, importa mencionar que o tema sobre o qual gira em torno a argumentação deste trabalho não é propriamente a constitucionalidade do fim da obrigatoriedade da contribuição sindical — a qual já foi, inclusive, objeto da ADI n. 5.794/DF, tendo sido considerada constitucional pelo Supremo Tribunal Federal — nem a exposição da divergência sobre a necessidade de criação de uma regra de transição que garantisse passagem mais branda e melhor articulada para o fim da compulsoriedade da contribuição. Apesar de reconhecer a importância dos pontos acima mencionados, o que se pretende discutir neste momento é o condicionamento da cobrança da contribuição sindical à anuência individual do obreiro.

O art. 579 da CLT determina que o desconto da contribuição sindical está condicionado à autorização prévia e expressa dos que participarem de uma determinada categoria econômica ou profissional, ou de uma profissão liberal, em favor do sindicato representativo da mesma categoria ou profissão. Note-se que o texto de lei condiciona o desconto à autorização prévia e expressa dos obreiros, mas não menciona que tal anuência deva ser necessariamente individual. Diante desse cenário, alguns sindicatos passaram a inserir, nas convenções coletivas, a previsão de possibilidade de instituição de contribuições a serem cobradas dos trabalhadores da categoria, e cuja anuência seria realizada coletivamente, em assembleia que garantisse a participação de todos.

Esse modo de proceder dos sindicatos foi ratificado pelo Ministério Público do Trabalho, que, através da Coordenadoria Nacional de Promoção da Liberdade Sindical, emitiu Nota Técnica datada de 26 de outubro de 2018, reconhecendo e defendendo a validade de tal conduta:

> 33. Nos termos do art. 462 da CLT, o desconto sobre o salário do trabalhador é permitido quando previamente estabelecido em instrumento normativo (acordo ou convenção coletiva de trabalho).
>
> 34. O desconto em folha de contribuição devida ao sindicato também é regulado pelo art. 545 da CLT, cuja redação estabelece o requisito "devidamente autorizados".
>
> 35. O art. 611-B, XXVI, da CLT, acrescido pela Lei n. 13.467/17, estabelece o requisito de validade "expressa e prévia autorização" da cláusula que dispõe sobre cobrança ou desconto salarial no âmbito de instrumento coletivo.
>
> 36. Nas seis oportunidades em que o legislador recorreu ao requisito da prévia e expressa autorização, em nenhuma delas se apura as expressões individual ou coletiva (CLT, arts. 578, 579, 582, 583, 602, 611-B, XXVI).
>
> 37. Desta forma, a "autorização prévia e expressa" para desconto em folha da contribuição devida ao sindicato poderá ser tanto coletiva, quanto individual, nos termos deliberados em assembleia convocada pelo sindicato, assegurada a participação de todos os integrantes da categoria, associados ou não associados (CF, art. 8º, III e VI, e CLT, art. 462 e 611).[13]

Em sentido oposto ao entendimento do órgão ministerial, e no intuito de impedir a inserção de cláusulas em negociações coletivas que permitissem a cobrança de contribuições

---

(13) Ministério Público do Trabalho. *Nota técnica n. 2, de 26 de outubro de 2018*. Contribuição estabelecida em acordo ou convenção coletiva de trabalho. Disponível em: <https://www.conjur.com.br/dl/mpt-publica-nota-afronta-reforma.pdf>. Acesso em: 21 jan. 2020.

sindicais após anuência coletiva ocorrida em assembleia, foi editada a Medida Provisória n. 873 de 1º de março de 2019, que alterou o art. 579 da CLT. A norma veio a inserir os § 1º e §2º, os quais determinavam que a autorização prévia do pagamento da contribuição sindical do empregado deveria ser individual, expressa e por escrito, e que seria nula a cláusula normativa que fixasse a compulsoriedade ou obrigatoriedade de recolhimento a empregados ou empregadores, ainda que referendada por negociação coletiva, assembleia geral, ou qualquer outro meio previsto no estatuto da entidade sindical. A referida Medida Provisória, contudo, perdeu a vigência, de modo que continua em vigor a determinação original da Reforma Trabalhista.

Por fim, vale mencionar que o Supremo Tribunal Federal tem se posicionado majoritariamente contra à autorização coletiva para o desconto da contribuição, por entender que esta possibilidade esvaziaria a decisão da ADI n. 5.794/DF. É o que se pode inferir a partir das decisões proferidas nas seguintes Reclamações: Rcl n. 36.933/SP(14) e Rcl n. 36.761/PB(15), de relatoria do Min. Ricardo Lewandowski; Rcl n. 35.639/SP(16), de relatoria do Min. Alexandre de Moraes; Rcl n. 35.612/RS(17), de relatoria do Min. Celso de Mello; e a Rcl n. 35.391/RS(18), de relatoria do Min. Edson Fachin.

Em posicionamento diverso, contudo, o Min. Roberto Barroso, em sede de decisão monocrática na Rcl n. 35.501/RS — a qual se insurge contra acórdão que julgou procedente a delegação à assembleia geral sindical o poder de decidir acerca da cobrança de contribuição sindical a todos os membros da categoria —, entendeu que não haveria óbice à autorização coletiva para instituição da contribuição sindical, não visualizando, portanto, violação à ADI n. 5.794/DF:

> O acórdão reclamado não negou o caráter facultativo da contribuição sindical, instituído pela Lei n. 13.467/2017, em substituição à anterior compulsoriedade dessa receita sindical. Tampouco afastou a exigência de prévia e expressa autorização para a realização do desconto da contribuição sindical. Ao contrário, o acórdão reclamado tão somente considerou que o requisito de autorização prévia, prevista nos arts. 545 e 582 da CLT, é igualmente guarnecido por meio de deliberação em assembleia geral, convocada prévia e especificamente para tanto. O Plenário da Suprema Corte, em nenhum momento, abordou a possibilidade ou não de que a autorização

---

(14) BRASIL. Supremo Tribunal Federal. *Reclamação n. 36.933*. Relator: Ministro Ricardo Lewandowski. Brasília, 2019. Decisão publicada no DJE n. 213, divulgado em 30.09.2019. Disponível em: <http://portal.stf.jus.br/processos/downloadPeca.asp?id=15341324894&ext=.pdf>. Acesso em: 20 jan. 2020.

(15) BRASIL. Supremo Tribunal Federal. *Reclamação n. 36.761*. Relator: Ministro Ricardo Lewandowski. Brasília, 2019. Decisão publicada no DJE n. 203, divulgado em 18.09.2019. Disponível em: <http://portal.stf.jus.br/processos/downloadPeca.asp?id=15341176684&ext=.pdf>. Acesso em: 20 jan. 2020.

(16) BRASIL. Supremo Tribunal Federal. *Reclamação n. 35.639*. Relator: Ministro Ricardo Lewandowski. Brasília, 2019. Decisão publicada no DJE n. 167, divulgado em 31.07.2019. Disponível em: <http://portal.stf.jus.br/processos/downloadPeca.asp?id=15340544936&ext=.pdf>. Acesso em: 20 jan. 2020.

(17) BRASIL. Supremo Tribunal Federal. *Reclamação n. 35.612*. Relator: Ministro Celso de Mello. Brasília, 2019. Decisão publicada no DJE n. 167, divulgado em 31.07.2019. Disponível em: <http://portal.stf.jus.br/processos/downloadPeca.asp?id=15340537342&ext=.pdf>. Acesso em: 21 jan. 2020.

(18) BRASIL. Supremo Tribunal Federal. *Reclamação n. 35.391*. Relator: Ministro Edson Fachin. Brasília, 2019. Decisão publicada no DJE n. 167, divulgado em 31.07.2019. Disponível em: <http://portal.stf.jus.br/processos/downloadPeca.asp?id=15340525789&ext=.pdf>. Acesso em: 21 jan. 2020.

para o desconto da contribuição sindical se efetive por meio de assembleia geral. Também no acórdão da ADI n. 5.794/DF, em nenhum trecho, afirmou a necessidade de autorização **individual**.(19)

No mesmo sentido do que afirma o Ministro, este trabalho defende que a possibilidade de estabelecimento de contribuição mediante anuência coletiva não implica em um retorno por vias indiretas à obrigatoriedade da contribuição. O que pretende garantir, é, na realidade, que o financiamento das entidades sindicais possa ser definido pelos trabalhadores de maneira coletiva, impulsionando, assim, o engajamento e participação dos interessados em uma ação sindical emancipatória.

1.3. A terceirização irrestrita e o contrato intermitente de trabalho: A fragmentação dos sindicatos

As modificações na legislação trabalhista ocorridas em 2017 trouxeram consigo diversos dispositivos que, na prática, resultam na precarização das relações de trabalho. Além daquelas já mencionadas anteriormente, quais sejam, a prevalência do negociado sobre o legislado e a retirada da obrigatoriedade da contribuição sindical com a suposta necessidade de autorização individual para sua cobrança, neste tópico foram eleitas alterações que, apesar de estarem inseridas no âmbito de estudo do Direito Individual do Trabalho, repercutem amplamente nas entidades sindicais. São elas a permissão para o contrato de trabalho intermitente e a ampliação das possibilidades de terceirização dos serviços, concretizados a partir das Leis ns. 13.467/2017 e 13.429/17.

O contrato de trabalho intermitente é aquele no qual a prestação de serviços não é contínua, ocorrendo com alternância de períodos de atividade e de inatividade. O trabalhador não sabe exatamente quando será chamado, nem mesmo o tempo da sua próxima jornada de trabalho. Por óbvio, apenas recebe o valor correspondente ao período em que houve prestação de serviços. Para o empregador, o trabalho intermitente significa a possibilidade de redução dos custos de produção, tendo em vista que o valor da mão de obra poderá ser inteiramente adequado às suas necessidades. Para o trabalhador, contudo, implica em uma situação extrema de insegurança e de submissão à liberalidade do contratante. A imprevisibilidade da convocação para o trabalho afeta não apenas o planejamento financeiro da vida do obreiro, mas também suas relações sociais e familiares, bem como sua saúde mental. Trata-se da consagração da subsunção da vida ao capital:

O trabalho intermitente, por sua vez, implica, fundamentalmente, na radicalização extrema da subsunção do trabalho ao capital. Em um contrato comum de emprego, o trabalhador é apêndice da acumulação em períodos de tempo determinados, durante a jornada de trabalho, de modo que ele tende a poder programar e desfrutar a sua vida fora do serviço. No trabalho intermitente, o empregado não tem qualquer renda fixa, portanto, nenhuma garantia de sobrevivência. Sua reprodução, inclusive física, depende das convocações (incertas)

---

(19) BRASIL. Supremo Tribunal Federal. *Reclamação n. 35.501*. Relator: Ministro Roberto Barroso. Brasília, 2019. Decisão publicada no DJE n. 140, divulgado em 27.06.2019. Disponível em: <http://portal.stf.jus.br/processos/downloadPeca.asp?id=15341869835&ext=.pdf>. Acesso em: 21 jan. 2020.

por determinados períodos (incertos) para trabalhar e obter algum rendimento. Destarte, sua vulnerabilidade é brutalmente ampliada de forma que, mesmo que formalmente ele possa recusar um chamado para trabalhar, a tendência é que sua vida passe a ser completamente subordinada à espera dessa convocação. O resultado é que, da subsunção do trabalho ao capital durante a jornada, passa-se à subsunção da totalidade da vida do trabalhador ao capital. A vida do indivíduo tende a ser um apêndice da dinâmica do capital, uma eterna espera por um chamado para trabalhar.[20]

Além dos óbvios prejuízos individuais causados pela contratação intermitente, a sazonalidade da prestação de serviços neste contrato atípico também implica em prejuízos do ponto de vista coletivo. A alta rotatividade de empregados e a ausência de continuidade de convívio entre eles impede a formação de uma identificação comum, o que mitiga ainda mais a possibilidade de uma organização coletiva concreta.

Nesta mesma linha, a permissão para a terceirização irrestrita significa que o empregador poderá contratar empresa terceira para intermediar a prestação de serviços, ainda que o objeto dessa prestação seja sua atividade-fim, sem que isso implique em vínculo empregatício entre a empresa tomadora dos serviços e os prestadores. A terceirização já é prática comum no Brasil. Porém, antes da Lei n. 13.429/2017 havia limites quanto ao seu objeto, tendo em vista que apenas as atividades-meio poderiam ser terceirizadas. Trabalhadores empregados e terceirizados, muitas vezes, prestam serviço na mesma localidade, mas possuem condições de trabalho diversas, além de pertencerem à categorias diferentes. Tudo isso contribui para o aumento da fragmentação das bases sindicais:

No caso brasileiro constata-se, então, uma verdadeira epidemia nas últimas duas décadas, que contaminou a indústria, os serviços, a agricultura, o serviço público, generalizando-se também não só para as atividades-meio, mas também para as atividades-fim. Desse modo, evidencia-se, através das mais distintas modalidades da terceirização, novas condições de trabalho que definem trabalhadores de "primeira" e "segunda" categorias, que revela a distinção ou a condição de inferioridade e desigualdade. As diferenças acentuam-se também nas jornadas mais prolongadas, nos ritmos e intensidade do trabalho, nos níveis mais altos de rotatividade (turn over), nos salários reduzidos, nas condições de insegurança, insalubridade, entre tantas outras. Assim, a terceirização aumenta ainda mais a fragmentação, a heterogeneização e a divisão intraclasse trabalhadora, ampliando a concorrência entre os que trabalham no mesmo espaço produtivo. Impõe, dessa forma, uma pulverização dos sindicatos, fazendo com que não raro, em uma mesma empresa, os trabalhadores dos diferentes setores terceirizados (como limpeza, vigilância, alimentação, manutenção etc.) tenham representação sindical diferenciada, fragmentando ainda mais suas possibilidades de organização, união, solidariedade e resistência de classe.[21]

---

(20) FILGUEIRAS, Victor. BISPO, Bruna. COUTINHO, Pablo. A reforma trabalhista como reforço a tendências recentes no mercado de trabalho. In: KREIN, José Dari; GIMENEZ, Denis Marracci; SANTOS, Anselmo Luis dos (Orgs.). *Dimensões críticas da reforma trabalhista no Brasil.* Campinas: Curt Nimuendajú, 2018. p. 130.

(21) ANTUNES, Ricardo; PRAUN, Luci. A sociedade dos adoecimentos no trabalho. *Serv. Soc. Soc.*, São Paulo, n. 123, p. 407-427, set. 2015. Disponível em: <http://www.scielo.br/scielo.php?script=sci_arttext&pid=S0101-66282015000300407&lng=pt&nrm=iso>. Acesso em: 20 jan. 2020.

Considerando que a Reforma Trabalhista autorizou medidas cujo efeito, direto ou indireto, foi a desestruturação dos sindicatos e de sua capacidade de negociação, e, ao mesmo tempo, consagrou a prevalência do negociado sobre o legislado, possibilitando a redução de direitos legalmente garantidos, é impossível não chegar à conclusão de que a legislação reformista representa um verdadeiro retrocesso social para os trabalhadores.

O presente capítulo buscou apresentar uma visão geral dos impactos causados pela Reforma Trabalhista no âmbito das entidades sindicais. Este é o ponto de partida. O cenário aqui detalhado em relação à ação sindical é, sem dúvidas, de crise. As entidades sindicais, enquanto organizações, precisam buscar maneiras de se manterem relevantes e atuantes na defesa dos trabalhadores. Nesses momentos, um olhar atencioso aos fundamentos da existência dos sindicatos pode lançar luz sobre quais as medidas a serem tomadas a fim de impedir o total retrocesso social para o qual a nova legislação abriu as portas. É o que se pretende fazer a seguir.

2. Um retorno à origem: Reflexões acerca da razão da existência das entidades sindicais

2.1. A classe trabalhadora e a consciência de classe: aspectos fundamentais da organização dos trabalhadores

Se é verdade que a história das sociedades é a história das lutas de classes[(22)], não será por outra perspectiva que se deve analisar a formação da classe trabalhadora, quem a constitui, e a importância de sua atuação consciente e organizada. Utilizar a luta de classes como ponto de partida para entender a sociedade é perceber a sua importância estrutural para a forma como funcionam as relações travadas no meio social.

Tomando como premissa essa noção, é possível argumentar que, na história da humanidade existiram basicamente, cada época a seu modo, duas classes antagônicas, com interesses opostos, cuja dinâmica, no campo da produção, dava conta de explicar a realidade social. Uma dessas classes seria constituída pelos proprietários dos meios de produção, enquanto a outra, pelos produtores diretos da riqueza.

Diante disso, afirma-se que a existência de uma classe está intrinsecamente associada à de sua antagônica. É por isso que, para compreender a formação do proletariado, é preciso também olhar para a classe burguesa, e o papel fundamental que ela desempenhou na transição do modo de produção feudal para o modo de produção capitalista. Essa passagem, conforme nos mostra a história, acabou por modificar a estrutura de organização da sociedade, no geral, e a divisão do trabalho, em particular.

A análise do modo de produção nos mostra a maneira como se dá a interação entre as forças produtivas e as relações de produção que se estabelecem nas sociedades. No modo de produção feudal, as relações de produção se fundamentavam na servidão. Havia o senhor feudal, proprietário das terras rurais, e seus servos, que viviam nessas terras, e produziam para

(22) MARX, Karl; ENGELS., Friedrich. *Manifesto comunista*. São Paulo: Boitempo, 2005. p. 40.

garantir sua sobrevivência, devendo aos senhores feudais, tributos relacionados à essa produção. Apesar de não serem os proprietários da terra, o vínculo que os servos estabeleciam com ela era, em certo sentido, perene, especialmente se comparado, por exemplo, ao vínculo entre um trabalhador assalariado e o seu emprego.

As relações de produção que caracterizam o capitalismo, por sua vez, se fundamentam no trabalho assalariado. O trabalhador, diferentemente do servo, não produz diretamente os bens que vão garantir sua subsistência. Ele vende, portanto, sua força de trabalho, utilizando-se de instrumentos que não possui, para produzir bens para o consumo alheio, e, em troca, recebe salário. Em outras palavras: o trabalhador é o produtor, que não detém os meios de sua produção. Estes, por sua vez, são de propriedade do capitalista, que, para produzir, necessita empregar a força de trabalho alheia. Essa relação atesta o que antes foi dito acerca da inerente vinculação dessas classes antagônicas: nem a burguesia consegue produzir sem o proletariado, nem o proletariado consegue fazê-lo sem necessariamente se vincular ao capital. Nesse sentido, Friedrich Engels afirma, em nota à edição inglesa do Manifesto Comunista, que burguesia é "a classe dos capitalistas modernos, proprietários dos meios de produção social que empregam o trabalho assalariado", enquanto proletariado seria "a classe dos assalariados modernos que, não tendo meios próprios de produção, são obrigados a vender sua força de trabalho para sobreviver."(23)

Interessante notar o ponto inicial de formação dessas aludidas classes antagônicas. Nesse sentido, a autora Silvia Federici, em *O Calibã e a Bruxa,* percorre detalhadamente o caminho da transição do feudalismo para o capitalismo, destacando os diversos aspectos desse período tão heterogêneo. Em um ponto específico de sua análise, a autora identifica como fator fundamental para o desenvolvimento do capitalismo a expropriação de terra dos camponeses — que ocorreu de diversas formas(24), sendo uma das mais conhecidas, a política de cercamento da Inglaterra — e a imposição do trabalho forçado.(25) Desse modo, passou-se da economia de subsistência que vigorava na Europa, caracterizada pela produção-para-o-uso, para a economia de mercado, caracterizada pela produção-para-o-mercado. Essa transição, na perspectiva da referida autora, não pode ser entendida como fruto de uma libertação da servidão feudal, mas sim, do próprio capital. É o que afirma, nos seguintes termos:

> O que se "libertou" foi o capital, na mesma medida em que a terra estava agora "livre" para funcionar como meio de acumulação e exploração, e não mais como meio de subsistência. Libertados foram os proprietários de terra, que agora podiam despejar sobre os trabalhadores a maior parte do custo de sua reprodução, dando-lhes acesso a alguns meios de subsistência apenas quando estavam diretamente empregados. Quando não havia trabalho disponível ou

---

(23) MARX, Karl; ENGELS, Friedrich. *Manifesto comunista*. São Paulo: Boitempo, 2005. p. 40.

(24) Silvia Federici entende por expropriação a perda de terra que ocorre contra a vontade do indivíduo ou da comunidade, de forma a minar a sua possibilidade de subsistência. Inclui no conceito, portanto, o despejo de inquilinos, o aumento de aluguel e impostos por parte do Estado, a venda de terras por endividamento, a guerra e a reforma religiosa.

(25) FEDERICI, Silvia. *O calibã e a bruxa:* mulheres, corpo e acumulação primitiva. São Paulo: Elefante, 2017. p. 125.

> esse trabalho não era lucrativo o bastante — como, por exemplo, em épocas de crises comerciais ou agrarias —, os trabalhadores podiam, ao contrário, ser despedidos e abandonados à própria sorte para morrer de fome. A separação entre os trabalhadores e seus meios de subsistência, assim como sua nova dependência das relações monetárias, significou também que o salário real agora podia ser reduzido, ao mesmo tempo que o trabalho feminino podia ser mais desvalorizado com relação ao masculino por meio da manipulação monetária. Não e coincidência, então, que, assim que a terra começou a ser privatizada, os preços dos alimentos, que durante dois séculos haviam permanecido estacionados, passaram a aumentar.(26)

Sendo assim, a partir do momento em que o trabalhador ficou alheio à terra e aos meios de produção e reprodução de sua própria subsistência, iniciou-se a formação do que se conhece hoje por proletariado. No entanto a existência histórica da classe trabalhadora não coincide com o momento em que essa classe se reconhece como tal. Nesse sentido, vale citar a formulação do autor E.P. Thompson, que, ao defender a classe como uma categoria histórica, percebe que a consciência de classe apenas se dá após um processo que passa, inicialmente, pela estruturação social da classe, e, posteriormente pela percepção daqueles que pertencem à mesma classe de experiências em comum relacionadas a este pertencimento:

> As pessoas se encontram em uma sociedade estruturada de modos determinados (crucialmente, mas não exclusivamente, em relações de produção), experimentam a exploração (ou a necessidade de manter o poder sobre os explorados), identificam pontos de interesse antagônicos, começam a lutar por essas questões e no processo de luta se descobrem como classe, e chegam a conhecer essa descoberta como consciência de classe. A classe e a consciência de classe são sempre as últimas, não as primeiras, fases do processo histórico real.(27)

Note-se que a consciência de classe seria, portanto, o resultado de uma percepção da realidade fática. As condições materiais existem objetivamente, e são independentes dos sujeitos. Contudo, a partir das experiências vividas em sociedade, estes, enquanto seres sociais que são, realizam uma "leitura" dessas condições objetivas e tomam para si conclusões acerca da realidade, as quais estarão, como é de se presumir, condicionadas pelo contexto histórico e social em que estão inseridos. A capacidade acima descrita de analisar a realidade social "em si" e toma-la "para si" consiste no processo de formação de consciência.

Diante disso, é possível entender a razão pela qual a consciência de classe é tão importante para a organizações dos trabalhadores. Se o sujeito social é capaz de reproduzir a realidade em sua consciência, apropriando-se dela, também será por esse caminho que poderão ser promovidas as modificações da realidade que visem a emancipação dos trabalhadores. Tomando

---

(26) FEDERICI, Silvia. *O calibã e a bruxa:* mulheres, corpo e acumulação primitiva. São Paulo: Elefante, 2017. p. 146-147.

(27) THOMPSON, Edward Palmer. *Tradición, revuelta y consciencia de clase:* estudios sobre la crisis de la sociedad preindustrial. Barcelona: Editorial Crítica, 1989. p. 37.

consciência, portanto, o ser social pode pensar novas condições de vida. Nesse sentido, tem-se que

> (...) a consciência é também produto da realidade, está permanentemente impregnada de aspectos da realidade concreta. Mas, sua característica principal revela-se na capacidade de o sujeito tencionar essa realidade, tomar as coisas "para si", apropriar-se da realidade já existente para produzir novos contextos e significados, para impor uma intencionalidade, a partir de suas próprias necessidades. Estamos diante de um ser histórico, nunca totalmente liberto das demandas de uma realidade concreta, mas aberto à possibilidade de se apropriar "para si" dessa mesma realidade e transformá-la.[28]

O processo de tomada de consciência da classe trabalhadora pode ser compreendido a partir da perspectiva de desmistificação da realidade. Explica-se: consoante dito anteriormente, a percepção das condições fáticas está, invariavelmente, relacionada ao contexto histórico e social em que o ser está inserido. No modo de produção capitalista, essa percepção se inicia a partir do que se chama de "vida cotidiana". Nesta, predomina o senso comum, impregnado pela ideologia hegemônica, qual seja, a capitalista. Assim sendo, as relações de exploração que se estabelecem a partir desse modelo econômico (e são a ele inerentes) são vistas como naturais. Impera, portanto, o pensamento de que as "coisas são como são, e é assim que deve ser". Isso ocorre porque, antes de tomar consciência, o sujeito apenas consegue perceber a realidade fática de maneira individual e imediata, e não se entende capaz de ser um agente transformador da sociedade. Assimila essa ideologia hegemônica em todos os níveis — político, econômico, cultural, artístico — e sequer percebe que existe espaço para mudança. A vida cotidiana é, portanto, o espaço em que se concretiza a alienação do trabalhador de seu próprio ser social.

A percepção da vida cotidiana condicionada pela ideologia hegemônica tem como resultado uma falsa consciência. Os seres sociais percebem uma realidade mascarada pelos subterfúgios utilizados com a finalidade de produzir consenso a partir da internalização das ideias e valores que possibilitem a manutenção do *status quo*. É assim que,

> (...) para tornar as ideias da classe dominante em ideias *dominantes*, a "ideologia burguesa" na *forma de ver e viver a realidade* e os valores burgueses em *valores socialmente aceitos*, a burguesia precisa de alguns artifícios, como a *naturalização* e o *ocultamento* da realidade social (tornando os processos sociais como coisas naturais e incompreensíveis ao sujeitos), a *fetichização* (que atribui às coisas, à mercadoria, fundamentalmente, propriedades supostamente "naturais", como se não fossem produto dos sujeitos históricos, da história) e a *reificação* (como um aspecto da alienação, que "coisifica" os sujeitos e as relações sociais, ou seja, os transforma em coisas, mercadorias, dominadas pelas leis "naturais" do mercado. (...) a ideologia (hegemônica) representa a ideologia (a maneira de ver o

(28) EUZÉBISOS FILHO, Antonio. *Sujeito e consciência:* entre a alienação e a emancipação. Tese (tese em psicologia). Pontifícia Universidade Católica de Campinas. Campinas, 2010. p. 43.

mundo e de se comportar nele) dos interesses das classes hegemônica, tendo porém que ocultar esse fato e a desigualdade de classes, portanto, a exploração, a dominação, os fundamentos da desigualdade e da pobreza. Faz isso *segmentando* o real (por exemplo, a pobreza é vista como um fenômeno independente da acumulação de capital), *neutralizando* os fenômenos (por exemplo, aceitando o desemprego como um fenômeno natural), *reificando* as relações sociais (a relação salarial, por exemplo, é interpretada como transação comercial, regida pelas "leis do mercado"), *fetichizando* as coisas (o Estado e o mercado passam a ser vistos como sujeitos).[29]

A superação da referida falsa consciência é possível a partir da organização dos trabalhadores, visto que esta proporciona uma vivência coletiva, uma troca de experiência com aqueles que ocupam lugares semelhantes no processo produtivo, e, uma noção força proveniente da união. É certo que a insurgência individual contra a situação das coisas não é capaz de produzir modificações estruturais. Sem dúvidas, a ação coletiva é necessária para tanto. Contudo, essa noção só se torna possível quando, a partir da situação fática, os trabalhadores começam a atuar de maneira reivindicatória.

A importância da organização sindical, consoante será mais detalhadamente abordado no próximo tópico, está relacionada à superação da alienação produzida pelas máscaras da hegemonia burguesa. Antes de adentrar mais especificamente neste tema, no entanto, importante ressaltar, mais uma vez, que o processo de tomada de consciência de classe, o qual está sendo aqui abordado, não é linear, não é homogêneo, e não é perene no tempo. Com isso se quer dizer que, se houve um momento na história em que se pode identificar uma forte tendência na direção da classe operaria apropriar-se da realidade no intuito de transformá-la, este momento está no passado.

Considerando as condições fáticas que se apresentam nos dias de hoje, notadamente pelo aprofundamento de perspectivas neoliberais, pelo capitalismo financeiro, e pela crescente precarização das relações de trabalho — tendências estas que tomam proporção global —, a organização dos trabalhadores, hoje, possui grandes desafios. As máscaras referidas anteriormente ainda permanecem, e talvez, elas possuam a habilidade de melhor esconder a realidade social atual.

2.2. A organização dos trabalhadores como instrumento de transformação da realidade

Consoante a análise iniciada no tópico anterior, a consciência reivindicatória que nasce a partir da necessidade da classe trabalhadora de buscar melhores condições de trabalho deu origem às lutas sindicais. Estas consistem, portanto, em um movimento orgânico, a partir da insatisfação dos operários com as condições de trabalho vigentes na época. Isso porque inicialmente, a prestação de serviços dos trabalhadores assalariados não era controlada pelo Estado. Não havia, por exemplo, legislação protetiva que limitasse a jornada, ou garantisse o

(29) MONTAÑO, Carlos; DURIGUETTO, Maria Lucia. *Estado, classe e movimento social.* São Paulo: Cortez, 2010. p. 107-108.

pagamento de salário mínimo. Reinava, portanto, a vontade do capitalista, que contratava e demitia a partir das necessidades da sua produção, restando ao trabalhador, pelo menos em primeiro momento, a simples aceitação das circunstâncias impostas.

Contudo, conforme já pontuado, os operários começaram a adotar uma postura reivindicatória, a qual ocorria, necessariamente, de modo coletivo. Nesse ponto, é importante fazer algumas considerações acerca da questão da consciência de classe e de suas possiblidades emancipatórias. Essa noção é importante ao analisar as perspectivas que podem ser adotadas na luta sindical. Sendo assim, a referida luta pode se apresentar como reformista ou como revolucionária. A luta sindical reformista é, em termos de capacidade de promoção da emancipação da sociedade, limitada. Melhor dizendo, ela não se propõe a este objetivo, posto que, sua intenção seria, em verdade, buscar melhores condições para a venda da força de trabalho dos operários. Não há, portanto, em seu horizonte, a mudança estrutural do modo de produção capitalista. A luta sindical revolucionária, por sua vez, seria fruto de uma transição da consciência de classe em si para a consciência de classe para si. Nesse sentido, a classe operária, ao apropriar-se da realidade, promoveria a modificação das condições materiais em que está inserida. Ou seja, essa classe seria precisamente a responsável pelo fim do modo de produção capitalista.

Ao tratar sobre o movimento operário, na obra intitulada *A situação da classe trabalhadora na Inglaterra*, Engels, após realizar um apanhado histórico do movimento operário, desde seu início relacionado à criminalidade, até o reconhecimento estatal da viabilidade de associação dos operários, percebe o caráter limitado das associações operárias que atuam a partir de uma lógica meramente reivindicatória.

Para fins de elucidação do tema, importante pontuar aqui alguns aspectos trazidos pelo autor no referido texto. Nesse sentido, argumenta que, precipuamente, a revolta operária contra a classe burguesa assumiu a forma de crime. Contudo, uma vez que se tratavam de ações criminosas isoladas, praticadas individualmente, não tinham elas efeito sistemático, nem representavam o posicionamento geral dos trabalhadores. Posteriormente, a insurgência dos operários foi direcionada às máquinas, uma vez que estas representavam, de maneira imediata, a perda dos postos de trabalho e a consequente redução na qualidade de vida da classe operária como um todo, em virtude do desemprego.

A organização dos trabalhadores passou a ter maior expressão quando foi reconhecida legalmente. Antes, união de operários para a defesa de seus interesses era proibida, o que não significa dizer que estes não estavam organizados, mas que, em virtude da clandestinidade da situação, suas ações eram inibidas, por medo da represália. Em todo caso, a permissão legal para a associação de trabalhadores, além de retirar a clandestinidade das organizações, também traçou os limites legais de atuação destas. Nesse sentido, a legalização da associação de operários representou, ao mesmo tempo, o aumento do número de associações em virtude da possibilidade de os trabalhadores se organizarem de maneira aberta, bem como a limitação de suas formas de atuação. O direito garantiu a liberdade de associação, mas não para que os empregados tomassem toda e qualquer atitude para salvaguardar seus interesses. Pelo contrário, determinou quais ações eram legais e quais não poderiam ser adotadas por eles.

Ao fim de sua análise acerca das formas de revolta do movimento operário, Engels conclui que o protesto contra a classe burguesa, da forma como foi realizado até então, não havia conseguido promover grandes mudanças estruturais. Contudo, não foi em vão, uma vez que tornou o campo fértil para tal objetivo. Isso porque, em sua opinião, a eficácia dessa insurgência seria a de limitar a avidez da burguesia, estimular a oposição dos operários contra ela, e possibilitar a compreensão destes no sentido de que, para acabar com a opressão de classes, são necessárias não só as associações operárias e greves, mas sim uma articulação maior, com objetivos mais amplos.[30] Nesse sentido, Marx e Engels defendem a organização de trabalhadores não apenas vinculada ao trabalho, conformadas em entidades sindicais, mas também a nível político, a partir da constituição de um partido. O que foi até agora aduzido pode ser verificado a partir do trecho abaixo, extraído do Manifesto Comunista:

> Os operários começam a formar coalisões contra os burgueses e atuam em comum na defesa de seus salários; chegam a fundar associações permanentes a fim de se precaverem de insurreições eventuais. Aqui e ali a luta irrompe em motim. De tempos em tempos os operários triunfam, mas é um triunfo efêmero. O verdadeiro resultado de suas lutas não é o êxito imediato, mas a união cada vez mais ampla dos trabalhadores. Esta união é facilitada pelo crescimento dos meios de comunicação criados pela grande indústria e que permitem o contato entre operários de diferentes localidades. Basta, porém, este contato para concentrar as numerosas lutas locais, que têm o mesmo caráter em toda parte, em uma luta nacional, uma luta de classes. Mas toda luta de classes é uma luta política. (...) A organização do proletariado em classe e, portanto, em partido político, é incessantemente destruída pela concorrência que fazem entre si os próprios operários. Mas renasce sempre, e cada vez mais forte, mais sólida, mais poderosa. Aproveita-se das divisões internas da burguesia para obrigá-la ao reconhecimento legal de certos interesses da classe operária, como, por exemplo, a lei da jornada de dez horas de trabalho na Inglaterra.
>
> Importante frisar que o ponto de vista exposto no presente trabalho, especialmente no que se refere à consciência de classe e aos objetivos da luta sindical tem, notadamente, seus fundamentos na teoria marxista. Contudo, de se notar que não só o pensamento deste autor influenciou a atuação dos sindicatos. Pelo contrário, existiram — e existem, até hoje — diversas correntes que inspiram o sindicalismo. Sobre elas, vale tecer algumas considerações.

Segundo Ricardo Antunes[31], é possível falar em, pelo menos, cinco concepções do sindicalismo: a anarquista, a reformista, a cristã, a corporativista e a comunista. A tendência anarquista parte do pressuposto de que a sociedade capitalista não pode ser reformada, sendo

(30) ENGELS, Friedrich. *A situação da classe trabalhadora na Inglaterra*. São Paulo: Boitempo, 2010. p. 253.

(31) ANTUNES, Ricardo. *O que é o Sindicalismo*. São Paulo: Brasiliense, 1979. p. 23-32.

necessária a luta revolucionária. Assim, entende pela adoção da ação direta nos locais de trabalho e de greves gerais, e enxergam nos sindicatos uma importância central no processo de emancipação social, tanto como organização de luta, quanto como núcleo da sociedade. Contudo, e neste ponto resta a crucial diferença em relação à corrente comunista, defendiam a prática exclusivamente econômica, rechaçando a necessidade de luta política através da organização partidária.

A corrente reformista, por sua vez, é não revolucionária, ou seja, entende que os sindicatos possuem como função a busca por condições de vida mais benéficas para os trabalhadores, dentro do sistema capitalista. O maior expoente dessa corrente é o sindicalismo norte-americano. Nessa mesma perspectiva, há o sindicalismo cristão, que entende que a melhoria das condições de vida da classe trabalhadora passaria pela colaboração entre as organizações sindicais e a burguesia, sendo imprescindível o desenvolvimento do capitalismo para que este se tornasse um sistema "justo e equitativo".

Também há que se falar na corrente corporativista, a qual teve forte influência no sindicalismo brasileiro. Sua origem está relacionada ao Fascismo Italiano, e seus moldes foram delimitados na *Carta Del Lavoro*, decretada por Mussolini. Sendo assim, os sindicatos corporativos eram como que órgãos do Estado fascista, os quais expressavam "a política da paz social, da colaboração entre as classes, conciliando o trabalho a capital, negando violentamente a existência da luta de classes, com o nítido objetivo de garantir a acumulação capitalista em larga escala e com um alto grau de exploração da classe operária".(32)

Por fim, a concepção comunista de sindicalismo, a qual, conforme mencionado anteriormente, foi abordada neste trabalho, entende a organização dos trabalhadores em sindicatos como um dos passos para a aquisição da consciência de classe, capaz de transformar a sociedade. Nesse ponto, a partir da concepção comunista, é necessário que os sindicatos detenham uma atenção especial para a formação ideológica e política dos trabalhadores, as quais seriam imprescindíveis para a compreensão da sociedade de maneira não alienada e, consequentemente, para o entendimento acerca da necessidade de mudanças estruturais do modo de produção capitalista. Assim como a corrente anarquista, o sindicalismo comunista defende a ação direta e a prática de greves gerais. Contudo, enxerga a organização política dos trabalhadores, através da formação de partidos, como ferramenta necessária para atingir os objetivos acima mencionados.

A breve exposição sobre as correntes que influenciam o sindicalismo foi realizada não apenas a título de informação, mas também para deixar claras as diferenças que circundam os pensamentos acerca das possibilidades de atuação dos sindicatos. Essas diferentes concepções serão importantes para entender as razões pelas quais o sindicalismo negocial, abordado no próximo capítulo, influenciou a crise de representação pela qual passam os trabalhadores atualmente.

---

(32) ANTUNES, Ricardo. *O que é o Sindicalismo*. São Paulo: Brasiliense, 1979. p. 29.

Antes, contudo, de finalizar este capítulo, e passar a uma análise mais específica sobre a condição do sindicalismo no Brasil, importante pontuar a situação atual da consciência de classe no mundo. Isso porque, considerando a sociedade globalizada, entende-se que esta acaba tendo contorno similares em todo o globo, apesar das particularidades de cada país. Nesse sentido, é possível perceber que, atualmente, as reinvindicações dos trabalhadores tem se afastado cada vez mais de uma postura contra o capital, e ficado mais aproximada de pleitos práticos para satisfação de necessidades imediatas. Essa descaracterização da postura revolucionária da atuação sindical tem aberto espaço para a desregulação dos direitos sociais conquistados. No Brasil, consoante mencionado no capítulo anterior, a Reforma Trabalhista surge como fruto desse cenário.

3. A política de conciliação de classes enquanto fator de desorganização dos trabalhadores

3.1. A reforma trabalhista como resultado do sindicalismo negocial

No capítulo anterior, além de terem sido abordadas as questões da luta de classes e da consciência de classe como aspectos essenciais para a organização dos trabalhadores, também foram mencionadas as principais correntes que, ao longo dos anos, influenciaram a ação dos sindicatos. Nesse sentido, é possível identificar, no Brasil, o predomínio, cada uma a seu tempo, de três delas: inicialmente, a anarquista e a comunista, e, posteriormente, no período do Estado Novo, a corporativista — cujos resquícios, até hoje, permanecem.

A primeira fase do sindicalismo brasileiro, que abrange, aproximadamente, o período entre 1890 a 1930, foi fortemente influenciada pelo pensamento anarquista. Esta está associada à política de incentivo de imigração de estrangeiros, notadamente, italianos, espanhóis e portugueses, após o fim da escravidão. Ao chegarem no país, acabaram trazendo consigo tais ideologias, as quais estavam bastante difundidas em seus países de origem. A militância dos operários estrangeiros se baseava em de duas linhas fundamentais do anarquismo, quais sejam, o anarcossindicalismo e o anarcocomunismo:

Voltava-se o anarcossindicalismo para o engajamento dos trabalhadores e militantes nas organizações sindicais e nos movimentos operários. Foi iniciada, inclusive, a publicação de um jornal denominado Amigo do Povo, com um alinhamento político nitidamente sindicalista, já que o sindicato era considerado um núcleo de resistência e luta dos trabalhadores por melhorias profissionais e econômicas, constituído pelos próprios trabalhadores e sem interferências externas. Esse novo modelo de agremiação substitui as associações de caráter assistencialista e beneficente existentes até então. Os anarcocomunistas faziam o contraponto à outra corrente, sob o argumento de que as reivindicações de caráter trabalhista poderiam vir a obscurecer o objetivo maior, a preparação para a revolução social, que poria termo ao regime capitalista de produção. A despeito dessa divergência, as correntes políticas implementavam seus ideais por meio da mesma estratégia de luta política: a ação direta, consistente na admissão da livre iniciativa — autonomia do indivíduo — e na solidariedade. A ação direta opõe-se ao parlamentarismo ou a qualquer outra forma de representação política: a libertação somente adviria da gestão direta de seus interesses, pelo proletariado. É dessa concepção que se originam as estratégias como o boicote, a sabotagem e a greve.[33]

A influência do anarquismo arrefeceu em virtude das diversas perseguições sofridas pelos militantes — através de prisões e deportações —, bem como por conta da competição com os comunistas pela direção dos sindicatos. O golpe fatal, contudo, para ambas as correntes, foi a intervenção estatal nas organizações sindicais, prevista pela legislação do Estado Novo. Os sindicatos passaram a ser espécies de órgãos de colaboração com o poder público, cujo objetivo era a solidariedade social. Com isso, o Estado Novo pretendia apagar a noção de luta de classes, e fomentar a ideologia da colaboração entre empregadores e trabalhadores, e, principalmente, entre estes e o poder público. Tudo isso, supostamente, em prol do desenvolvimento nacional. Tal condição, contudo, se prestou a impor o controle estatal na atuação dos sindicatos, impedindo sua plena autonomia, o que, por óbvio, não beneficia em nada o trabalhador. O nível da influência do Estado nas entidades sindicais pode ser inferido a partir do trecho abaixo:

> Para uma categoria profissional ou econômica pudesse criar um sindicato deveria primeiro fundar uma associação profissional — chamada organização pré-sindical — e pedir ao Ministro do Trabalho a sua transformação em sindicato, ou melhor, pedir-lhe uma carta de reconhecimento. O pedido deveria vir acompanhado da cópia dos estatutos. Estes, por sua vez, deveriam conter (art. 518, § 1º, "*e*") "a afirmação de que a associação agirá como órgão de colaboração com os poderes públicos e as demais associações no sentido da solidariedade social e da subordinação aos interesses econômicos ou profissionais ao interesse nacional". Eram condições para o funcionamento do sindicato (art. 521, "*d*"), "proibição de qualquer propaganda de doutrinas incompatíveis com as instituições e os interesses na Nação, bem como de candidaturas a cargos eletivos estranhos ao Sindicato".[34]

As limitações impostas pelo Estado aos sindicatos, os quais se viam impossibilitados de atuar como organizações autônomas, encontraram uma barreira no que ficou conhecido como o novo sindicalismo. Este surgiu no final da década de 1970, e teve na década seguinte um momento de grande expressão. Em verdade, o período que compreende os anos de 1980 a 1988 foram bastante importantes em termos de luta política e sindical. Estes anos foram marcados pelo surgimento do Partido dos Trabalhadores (PT), da Central Única dos Trabalhadores (CUT), do Movimento Sem Terra (MST), da campanha para a redemocratização do país, e, enfim, pela promulgação de uma nova Constituição.

---

(33) ANDRADE, Everaldo Gaspar Lopes de; LIRA, Fernanda Barreto; D'ANGELO, Isabele Bandeira de Moraes. A história da formação operária e do sindicalismo brasileiros: da experiência anarquista ao sindicalismo pós-constituinte: dos novos movimentos sociais às teorias dos movimentos sociais. *Revista de Direito do Trabalho*, São Paulo, v. 41, n. 163, p. 73-104, maio/jun. 2015. p. 78.

(34) ANDRADE, Everaldo Gaspar Lopes de; LIRA, Fernanda Barreto; D'ANGELO, Isabele Bandeira de Moraes. A história da formação operária e do sindicalismo brasileiros: da experiência anarquista ao sindicalismo pós-constituinte: dos novos movimentos sociais às teorias dos movimentos sociais. *Revista de direito do trabalho*, São Paulo, v. 41, n. 163, p. 73-104, maio/jun. 2015. p. 86.

Ricardo Antunes, ao analisar o tema, explica que o novo sindicalismo surge no intuito de recuperar o sindicalismo de classe, e se opõe veementemente, ao modelo oficial, que propugna a conciliação e a colaboração. O autor defende que a criação da Central Única dos Trabalhadores foi resultado dessa nova tendência:

> A nova central nasceu, portanto, da associação de diversas forças com tradições sindicais distintas — sindicalistas independentes, oposições sindicais, militantes da pastoral operária, setores da esquerda tradicional que romperam com o sindicalismo político vigente no pré-1964 —, todas com o objetivo de construir um sindicalismo autônomo, em oposição ao atrelamento das entidades sindicais às estruturas do Estado e, desse modo, exercer uma nova prática que propugnava a liberdade e a autonomia sindicais, além de amplo direito de greve. Dessa forma, o sindicalismo cutista nasceu rejeitando as formas de conciliação de classe, defendendo — especialmente durante o período de sua formação, ao longo da década de 1980 — uma ação sindical mais combativa nos enfrentamentos dos trabalhadores com governos e patrões.(35)

Considerando o papel representativo que a CUT tem em relação a atuação sindical, os caminhos por ela percorridos após a sua criação podem ser vistos como paradigma para o que ocorreu com os sindicatos de forma geral.

Nesse sentido, após a promissora década de 1980, na qual o sindicalismo pareceu retomar os rumos de uma atuação mais voltada para a emancipação dos trabalhadores, a década de 1990 surge como um balde de água fria. Isso porque, nesse período, com as eleições para Presidência da República de Fernando Collor de Mello e, posteriormente, Fernando Henrique Cardoso, houve uma abertura de espaço para o desenvolvimento de políticas neoliberais. Estas podem ser resumidas na privatização das empresas estatais, na abertura para o capital estrangeiro e na atuação do capitalismo financeiro, as quais, juntas, perpetraram significativas mudanças no mundo do trabalho, e, por conseguinte, na atuação sindical.

Com o deslocamento econômico introduzido pela ideologia neoliberal, os sindicatos recuaram em sua atuação combativa, e passaram a adotar uma postura mais negocial — o que, consoante mencionado no capítulo anterior, acabou por limitar as possibilidades de ampliação das conquistas dessas organizações e abriu espaço para a desregulamentação de direitos sociais. Ricardo Antunes nomeia essa postura de "sindicalismo negocial de Estado"(36), a qual teve início, conforme mencionado, a partir da década de 1990, e se desenvolveu nos anos seguintes, inclusive, durante o tempo em que representantes do Partido dos Trabalhadores ocupou a Presidência da República.

A vitória de Lula, líder de um partido político de esquerda, originado do sindicalismo, para atuar como chefe do Poder Executivo Federal, trazia consigo possibilidades reais de mudança para o país. Contudo, não só o PT não tinha as mesmas características que o conformavam

(35) ANTUNES, Ricardo. *O privilégio da servidão:* o novo proletariado de serviços na era digital. São Paulo: Boitempo, 2018. n.p.

(36) *Idem.*

na época de sua criação — havia se tornado mais brando em seus objetivos, ou seja, mais conforme ao capital —, como também o país, e o mundo, tinham entrado na rota das concepções neoliberais. De fato, durante a década de 1990, e, em virtude da derrota de 1989, o PT procurou ampliar suas alianças políticas, bem como adotar posturas mais moderadas em suas plataformas eleitorais. Lula, ao chegar, em 2002, à Presidência da República, se deparou com um cenário complexo: de um lado, havia as emergentes demandas de uma sociedade fortemente marcada pela desigualdade e concentração de renda; de outro, as exigências de conformidade ao capital financeiro, para o qual o país tinha aberto as portas na década anterior. Por fim, outro importante fator de influência na política adotada era a sua própria governabilidade. Isso porque os setores tradicionais da política brasileira também exerciam pressão para que seus pautas fossem atendidas, o que garantia as bases do apoio. Foi, então, adotado o "jogo duplo": de um lado, fez-se concessões às exigências do mercado — o que pode ser evidenciado pela "Carta aos brasileiros", a qual garantia a observância aos ditames do FMI e setores financeiros internacionais, a manutenção da concentração fundiária, ao incentivo aos fundos privados de pensão, a determinação de cobrança de imposto de trabalhadores aposentados e a remuneração dos capitais financeiro, principalmente, mas também industrial e o vinculado ao agronegócio[(37)]; de outro, tentou-se atuar frente à população que constituía sua base eleitoral, notadamente mediante a adoção do programa "Fome Zero" e expansão do "Bolsa Família".

Diante desse cenário, o sindicalismo tinha uma escolha a realizar: ou apoiava as medidas do governo ou exercia oposição, naquilo que coubesse, em relação a ele, contribuindo, nesse sentido, para consolidar sua autonomia:

> Por parte do sindicalismo, se pôs o desafio de encarar esse projeto de governo como uma oportunidade histórica, seja no sentido de estancar o processo anterior de subtração de direitos sociais, seja no sentido de começar a reverter as desigualdades estruturais presentes historicamente no país. Se apresentaram, a grosso modo, duas opções: consolidar-se como sujeito político autônomo, determinado a disputar, diante de condições e oportunidades político--institucionais inéditas, os destinos do país, ou dar o crédito ao governo como fundamental artífice desta iniciativa, identificando-se como parte dela. A primeira opção incorria no risco de contribuir para minar as bases de apoio ao governo e, assim, cair por terra uma oportunidade histórica. A segunda opção, por sua vez, trazia consigo o risco de comprometer sua própria representatividade e autenticidade, passando a ganhar ares de entidades oficiais, uma situação muito mais difícil de sustentar quanto mais o governo (e sua expressão partidária) viesse a assumir compromissos contraditórios com suas reivindicações históricas.[(38)]

De modo geral, a opção adotada pelo sindicalismo foi a primeira, qual seja, o alinhamento com o governo, que o fez abandonar postura contestatória adotada na década

(37) ANTUNES, Ricardo. *O privilégio da servidão:* o novo proletariado de serviços na era digital. São Paulo: Boitempo, 2018. n.p.

(38) ARAÚJO, Angela Maria Carneiro; OLIVEIRA, Roberto Veras de. El sindicalismo brasileño en la era de Lula. *Revista Trabajo*, año 5, n. 8. p. 83-112. p. 93. Disponível em: <https://www.researchgate.net/publication/293657364_EL_SINDICALISMO_BRASILENO_EN_LA_ERA_DE_LULA>. Acesso em: 28 fev. 2020.

de 1980, e reforçou um posicionamento que priorizava a negociação visando a conciliação entre trabalhadores e empregadores, e que, por isso, escondia a inerente luta entre essas classes. Líderes da CUT, bem como da Força Sindical — ambas centrais sindicais que se posicionaram a favor do governo — exerceram cargos em diversos ministérios do governo Lula. As centrais sindicais também passaram, a partir da Lei n. 11.648/2008, a receber 10% da contribuição sindical — verba esta que, consoante abordado no primeiro capítulo, perdeu seu caráter obrigatório com a Reforma Trabalhista — o que resultou numa maior influência por parte do Estado nessas entidades.

Essa escolha por seguir a política de conciliação de classes adotada pelo Executivo Federal acabou por causar um esvaziamento da relevância do sindicalismo para a política, bem como uma crise de representação dos trabalhadores. Isso porque, ao não se posicionar de maneira contestatória, as entidades sindicais passaram a não mais defender verdadeiramente os interesses da classe trabalhadora, cedendo às pressões dos empregadores, os quais, por sua vez, têm suas demandas condicionadas pelas necessidades de produção e pelas leis do mercado. Assim sendo, os trabalhadores passaram a não se sentir mais representados pelas ações sindicais, e, consequentemente, perderam, dentro de si, o sentimento de união e a expectativa de modificações reais em suas condições de vida através da atuação sindical.

A crise de representação não ocorreu apenas no campo do sindicalismo, mas também no campo político. Nesse ponto, fica evidente a correlação entre o enfraquecimento do movimento sindical em virtude da adoção de uma política negocial condizente com a conciliação de classes promovida pelo governo, e a abertura, no campo político, para cooptação das forças sociais pelos interesses hegemônicos do capital. É o que se pode inferir a partir da análise dos acontecimentos que culminaram no processo de impeachment da ex-Presidenta Dilma Rousseff.

O ponto de origem do processo histórico acima referido pode ser identificado nas manifestações de Junho de 2013. As reivindicações realizadas naquele período eram extremamente variadas, tendo delas participado desde setores politizados da sociedade — tais como entidades sindicais, partidos políticos de esquerda e movimentos sociais — como também camadas mais conservadoras da população, relacionadas ao pensamento político da direita. Contudo, em virtude da ausência de capacidade de mobilização coletiva por parte dos representantes da esquerda no geral, e, especificamente, do movimento sindical, as possibilidades trazidas pela efervescência de junho de 2013 foram subordinadas ao público sem compromisso político, e não organizado. O potencial emancipatório do período foi, portanto, cooptado, o que deu início à onda de conservadorismo que tomou o país nos anos seguintes.

É possível conjecturar acerca dos motivos pelos quais a mobilização promovida pelos movimentos sociais em geral (e aqui, também está incluso, em virtude do contexto, o movimento sindical) não foi eficaz, e permitiu a abertura de espaço para a introdução e disseminação de ideias de extrema-direita, as quais, por conseguinte, mudaram o rumo do país. A socióloga Sabrina Fernandes, na obra *Sintomas Mórbidos: A encruzilhada da esquerda brasileira*, identifica a política de conciliação de classes como um dos principais motivos que impedem a construção de uma consciência de classe no país, a qual, consoante explicado no Capítulo anterior, é a premissa básica para a construção de um sindicalismo revolucionário e emancipatório:

> Em vez de contribuir para o processo revolucionário "estabelecendo e mantendo uma continuidade de luta de oposição", os protestos de Junho de 2013 absorveram sentimentos antagônicos em um espetáculo de vozes que vinham de fora do trabalho contínuo de organização. Mesmo o trabalho básico de organização foi prejudicado por anos de enfraquecimento das relações solidárias. A conciliação de classes promovida pelo Lulismo, em que se supunha a possibilidade de casar uma maior inclusão social (aliviando a pobreza) e o crescimento econômico nos moldes ditados pela burguesia nacional, não teve impacto apenas econômico. Além de falhar economicamente, como vimos quando do rompimento dessa burguesia com as concessões que deviam ao Lulismo, a conciliação também impactou a consciência de classes no Brasil. Uma das premissas do projeto era delimitar que não haveria como promover desenvolvimento e melhorias sociais no Brasil sem tal pacto, o que barrou utopias, minou projetos alternativos e vinculou a visão popular da esquerda como gestor da ordem social. Esse impacto foi sentido pela base social do campo, mas também pelas lideranças políticas e intelectuais. O antagonismo de classe sumiu do vernáculo da esquerda hegemônica e foi substituído por apelos a sacrifícios temporários, paciência política, e normalização das relações cordiais com o mercado.(39)

Após os acontecimentos de junho de 2013, a crise de representatividade na qual o Brasil esteve inserido ficou evidente. O "evento" serviu para trazê-la à tona. Os acontecimentos posteriores a ele nos mostram que, foi justamente neste período que foram fomentadas as condições materiais que possibilitaram a ocorrência do impeachment da ex-Presidenta Dilma, e, posteriormente, durante o governo de seu sucessor, Michel Temer, a elaboração de modificações legais que se prestaram, em síntese, a subtrair direitos dos trabalhadores. Tudo isso ocorreu sem que houvesse uma efetiva oposição organizada, nem pelos movimentos sociais em geral, nem pelo movimento sindical, especificamente. Em outras palavras: a Reforma Trabalhista foi aprovada sem resistência da classe trabalhadora.

Argumenta-se, neste trabalho, que a situação tomou esses contornos precisamente em virtude da postura negocial e conciliatória adotada pelas entidades sindicais, que, por sua vez, seguiam o direcionamento do Governo Federal. O sindicalismo negocial, portanto, enfraqueceu não só o poder de ação dos sindicatos, como também, seu poder de mobilizar os trabalhadores em prol de uma causa. Foi determinante, portanto, para a desorganização da classe operária brasileira. Sendo assim, não apenas o texto da legislação reformista permite inferir uma verdadeira ausência de poder político da classe trabalhadora — o qual apenas poderia ser alcançado mediante a organização dos trabalhadores, conforme se demonstrou

(39) FERNANDES, Sabrina. *Sintomas mórbidos:* a encruzilhada da esquerda brasileira. São Paulo: Autonomia Literária, 2019. p. 100.

no Capítulo anterior —, mas também o simples fato de ter a Reforma sido aprovada sem grandes revoltas populares.

Diante desse cenário, o movimento sindical atualmente precisa encontrar os caminhos que o permitam voltar para o curso de uma verdadeira conscientização, o que só se poderá realizar retomando a postura combativa e revolucionária que tais organizações devem possuir.

3.2. A retomada do poder das entidades sindicais: como ressignificar a Reforma Trabalhista em favor dos trabalhadores

A parte inicial deste trabalho mostrou, de maneira geral, quais foram as principais modificações trazidas pela Reforma Trabalhista no que tange as entidades sindicais. Dentre elas foram apontadas: a prevalência do negociado pelo legislado, a divergência acerca da necessidade de anuência individual do trabalhador para a cobrança da contribuição sindical, e, por fim a permissão para a terceirização irrestrita e o trabalho intermitente.

A segunda parte desta pesquisa, por sua vez, demonstra que a força dos trabalhadores advém de sua organização consciente e destinada a uma finalidade emancipatória. Nesse sentido, não bastaria apenas a busca por melhores condições de trabalho, e sim, pela modificação estrutural da situação material em que os trabalhadores estão inseridos. A organização, a união e o engajamento dos trabalhadores permitiria o desenvolvimento de uma consciência de classe, a qual é imprescindível para combater as consequências nefastas que a Reforma Trabalhista já produz desde que entrou em vigor.

Ato contínuo, este trabalho segue para demonstrar a validade de sua hipótese inicial, qual seja, a efetiva existência de nexo de causalidade entre a política de conciliação de classes, traduzida no mundo do trabalho pelo sindicalismo negocial, e a Reforma Trabalhista. É por isso que, para ressignificá-la, no intuito de beneficiar os trabalhadores, não há apenas uma ação possível. Em verdade, será necessária a adoção de diversas medidas que envolvam a própria classe dos trabalhadores, as entidades sindicais, e, também, o Poder que detém a função de interpretar e aplicar a lei: o Judiciário.

Os temas mencionados no Capítulo 1 não foram retomados em vão neste tópico. O intuito de sua abordagem é utiliza-los como exemplos para que se possa pensar alternativas viáveis acerca de como lidar com a legislação reformista. Sendo assim, inicia-se mencionando as possibilidades a serem desenvolvidas pelo próprio Estado, na forma de Poder Judiciário.

É certo que a Reforma Trabalhista trouxe diversos pontos cuja constitucionalidade é posta em cheque, especialmente por aqueles que estudam e conhecem o Direito do Trabalho. A análise detalhada dessas questões foi propositalmente excluída desta pesquisa, tendo em vista a necessidade de enfoque no estudo daquilo que é seu interesse principal: as organizações dos trabalhadores. No entanto, neste ponto específico, que trata acerca das possíveis formas de ressignificação da Reforma Trabalhista, não se pode deixar de falar do papel que o Poder Judiciário deverá exercer na identificação e declaração das diversas inconstitucionalidades apresentadas pela legislação reformista — seja ela no âmbito do Direito Individual ou Coletivo. Neste sentido, o órgão julgador, efetivamente comprometido com a Constituição e com o Direito do Trabalho, possui o dever de atuar com justiça e sabedoria social, e, consequentemente de declarar a inconstitucionalidade da lei reformada nos pontos cabíveis.

Ademais, ainda no que se refere à atuação do Poder Judiciário, devem os intérpretes prezar pela utilização de um dos princípios mais básicos do Direito do Trabalho, qual seja, o princípio da proteção ao trabalhador, bem como o seu desdobramento: o princípio da interpretação mais benéfica. Sendo assim, seria possível garantir que na aplicação das normas reformistas, quando passíveis de mais de uma interpretação, privilegiar-se-ia aquela que melhor atendesse aos interesses dos obreiros.

Contudo, em alguns casos, o Poder Judiciário tem se posicionado na contramão do que determina o referido princípio. É o que ocorre, por exemplo, com a questão acerca da permissão para o desconto de contribuição sindical, consoante já pontuado no Capítulo 1. Acontece que, ao não permitir a anuência coletiva para a ocorrência do desconto referente à contribuição sindical, o Poder Judiciário, que detém o exercício em potencial de um papel de destaque na interpretação da Reforma em benefício do trabalhador, acaba por ferir a autonomia dos sindicatos, e contribuir para o seu enfraquecimento.

Por outro lado, é certo que a ressignificação da Reforma Trabalhista não será restrita às declarações de inconstitucionalidade e as eventuais interpretações mais benéficas por parte do Poder Judiciário. Na verdade, o agente com maior potencial de realiza-la é, justamente, a organização sindical. Para isso, contudo, serão necessárias reformulações em sua forma de agir e de mobilizar os trabalhadores.

Nesse sentido, retoma-se aqui, mais uma vez, outra modificação trazida pela reforma: a permissão para o trabalho intermitente e para a terceirização irrestrita. Segundo Ricardo Antunes este é um dos problemas centrais a serem enfrentados pelo sindicalismo na atualidade. No entendimento do autor, para enfrentá-lo seria necessário "romper a barreira social que separa a classe trabalhadora "estável", em franco processo de redução, dos trabalhadores e trabalhadoras intermitentes, em tempo parcial, precarizados, subempregados e desempregados[(40)]". Desta forma, por exemplo, não haveria que se falar em separação entre sindicato da categoria, sindicato de terceirizados e sindicato dos intermitentes. Sendo assim, no intuito de fomentar a união e lutar contra a fragmentação entidades sindicais, tais organizações deveriam, na medida do possível, representar de forma mais plena a totalidade da classe trabalhadora.

Por fim, há que se mencionar talvez a regra mais conhecida da Reforma Trabalhista, qual seja, aquela que determina a prevalência do negociado sobre o legislado. Essa determinação é emblemática pois sua introdução no ordenamento jurídico, consoante já pontuado no Capítulo 1, teve a clara intenção de permitir a inserção, em acordo ou convenções coletivos de trabalho, a previsão de direitos abaixo dos níveis legalmente garantidos. Contudo, sob a perspectiva de um sindicalismo autônomo, revolucionário e forte, com efetivo poder de

(40) ANTUNES, Ricardo. *O privilégio da servidão:* o novo proletariado de serviços na era digital. São Paulo: Boitempo, 2018. n.p.

luta, e mais, composto por trabalhadores conscientes acerca das questões de classe, tal norma poderia significar a abertura para caminhos reais de ganhos para a classe trabalhadora. A retomada, portanto, da pungência sindical, é o meio mais eficaz de ressignificar a Reforma.

Ora, um sindicato autônomo, verdadeiramente engajado com seus compromissos representativos, cujos trabalhadores tivessem consciência de classe e interesse efetivo em se organizar para atingir seus objetivos jamais permitiria que qualquer acordo ou convenção coletiva estipulasse condições menos benéficas para os operários. Pelo contrário, eles teriam capacidade de efetivamente alcançar melhores patamares não apenas para o desempenho de suas funções, como também para sua própria qualidade de vida.

Sabe-se que a reorganização dos trabalhadores, nesse sentido, não é tarefa fácil, especialmente diante de todas as circunstâncias que o mundo do trabalho apresenta hoje em dia. Conforme já aduzido, os sindicatos precisam encontrar meios de se reinventar, e de recuperar sua capacidade de mobilização social. Nesse sentido, tem-se que a resposta pode estar na incorporação dos movimentos sociais às lutas de classes travadas pelo sindicalismo. Melhor dizendo: o movimento sindical deve estar em constante debate e articulação com os movimentos sociais, especialmente porque suas pautas possuem um interesse final em comum, qual seja, a emancipação da sociedade.

Nesse sentido, a atuação sindical, para recuperar sua força, e combater de maneira eficaz os prejuízos da legislação reformista, deve estar pautada não apenas na luta de classes, mas também em questões de gênero, raça, etnia e ecologia. Dessa forma, o poder de agregação dos sindicatos se amplia, e, do mesmo modo, a sua força para promover as mudanças estruturais tão necessárias no mundo capitalista.

Conclusão

Este trabalho teve como objetivo principal analisar a existência de uma relação de causa e efeito entre a Reforma Trabalhista e o sindicalismo negocial, fruto da política de conciliação de classes adotada pelo Governo Federal nos últimos anos. A ideia inicial se originou de uma inquietação quanto a um ponto específico da Reforma Trabalhista, qual seja, a previsão de prevalência do negociado sobre o legislado. Isso porque, na teoria, essa possibilidade privilegiaria a atuação sindical, conferindo às entidades autonomia para determinar melhores condições de trabalho para a categoria por elas representadas.

Contudo, ao iniciar o estudo sobre o tema, percebeu-se que, em realidade, nas condições em que se encontravam as entidades sindicais e a crise no mundo do trabalho, e, diante do modo como a regra foi prevista em lei, o verdadeiro intuito de tal determinação era possibilitar a redução, abaixo do patamar legal, por meio de acordos e convenções coletivos de trabalho, os direitos sociais dos trabalhadores. Nesse sentido, é inevitável indagar acerca dos demais pontos que a Reforma Trabalhista visou se aproveitar da desorganização dos trabalhadores, ou mesmo, intensifica-la. Por isso, inicialmente, pretendeu este trabalho realizar um apanhado geral das principais modificações reformistas que impactaram as entidades sindicais.

Posteriormente, a partir de conceitos relacionados à consciência de classe, visou-se demonstrar que a força do movimento sindical resta justamente na organização dos trabalhadores em prol de uma postura não apenas reivindicatória, mas sim revolucionária. A partir do desenvolvimento dessa percepção, foi possível identificar que, no Brasil, durante os últimos anos, tem sido praticado o que se convencionou chamar de sindicalismo negocial, o qual esconde a luta de classes, e adota um posicionamento não combativo. O resultado disto é uma verdadeira crise de representatividade dos sindicatos, os quais não conseguem atuar defendendo os interesses dos seus representados — a classe trabalhadora — e seu enfraquecimento como ator capaz de colocar em jogo os interesses políticos dessa classe.

Sendo assim, a análise aqui realizada leva à conclusão que, de fato, as condições de elaboração, e o próprio conteúdo da Reforma Trabalhista possuem conexão direta com a prática sindical que esconde a luta entre as classes e privilegia uma postura acanhada e negocial por parte dos sindicatos.

A importância deste trabalho pode ser reconhecida pela percepção de que, para começar a resolução de um problema é preciso identifica-lo precisamente. Não se quer com isso dizer que a crise do mundo do trabalho hoje será resolvida pela adoção de uma única prática. Contudo, ao entender a origem dos caminhos que desembocaram nas atuais condições de trabalho no Brasil, é possível compreender por onde começar a solucioná-las.

Assim sendo, espera-se que os argumentos e resultados desenvolvidos e encontrados neste trabalho possam, de alguma forma, contribuir para a adoção de medidas práticas no sentido de repensar o movimento sindical, incorporando a ele as diversas pautas dos demais movimentos sociais, de maneira a agregar cada vez mais a classe trabalhadora, e, enfim, retomar o curso de uma verdadeira consciência de classe destinada à emancipação.

Ademais, almeja-se que este trabalho possa servir de inspiração para que futuras pesquisas sejam realizadas, agregando conceitos importantes e explorando, mais profundamente, os debates aqui realizados.

Referências bibliográficas

ADVOGADOS, magistrados e membros do MP se unem em crítica à reforma trabalhista em debate no IAB. *MIGALHAS*, 2017. Disponível em: <https://www.migalhas.com.br/Quentes/17,MI270845,51045-Advogados+magistrados+e+membros+do+MP+se+unem+em+critica+a+reforma>. Acesso em: 20 jan. 2020.

ANDRADE, Everaldo Gaspar Lopes de. As antinomias do art. 8º da Constituição federal: um contraponto à doutrina dominante. In: *Revista do Tribunal Regional do Trabalho da 8ª Região*, v. 44, n. 86, p. 107-123, jan./jun. 2011.

______. As antinomias do arti. 8º da Constituição Federal: um contraponto à doutrina dominante. In: *Revista do Tribunal Regional do Trabalho da 8ª Região*, v. 44, n. 86, p. 107-123, jan./jun. 2011.

ANDRADE, Everaldo Gaspar Lopes de; LIRA, Fernanda Barreto; D'ANGELO, Isabele Bandeira de Moraes. A história da formação operária e do sindicalismo brasileiros: da experiência anarquista ao sindicalismo pós-constituinte: dos novos movimentos sociais às teorias dos movimentos sociais. *Revista de direito do trabalho*, São Paulo, v. 41, n. 163, p. 73-104, maio/jun. 2015.

ANTUNES, Ricardo. *O privilégio da servidão:* o novo proletariado de serviços na era digital. São Paulo: Boitempo, 2018. n.p.

______. *O que é o Sindicalismo*. São Paulo: Brasiliense, 1979. p. 23-32.

______; PRAUN, Luci. A sociedade dos adoecimentos no trabalho. *Serv. Soc. Soc.*, São Paulo, n. 123, p. 407-427, set. 2015 . Disponível em: <http://www.scielo.br/scielo.php?script=sci_arttext&pid=S0101-66282015000300407&lng=pt&nrm=iso>. Acesso em: 20 jan. 2020.

ARAÚJO, Angela Maria Carneiro; OLIVEIRA, Roberto Veras de. El sindicalismo brasileño en la era de Lula. *Revista Trabajo*, año 5, n. 8. p. 83-112. p. 93. Disponível em: <https://www.researchgate.nct/publication/293657364_EL_SINDICALISMO_BRASILENO_EN_LA_ERA_DE_LULA>. Acesso em: 28 fev. 2020.

ASSOCIAÇÃO NACIONAL DOS MAGISTRADOS DO TRABALHO. 2ª Jornada de direito material e processual do trabalho. XIX Congresso Nacional dos Magistrados da Justiça do Trabalho. *Conamat: enunciado n. 2*. Brasília, 2018. Disponível em: <https://www.anamatra.org.br/attachments/article/27175/livreto_RT_Jornada_19_Conamat_site.pdf>. Acesso em: 21 jan. 2020.

BRASIL. Supremo Tribunal Federal. *Reclamação n. 35.391*. Relator: Ministro Edson Fachin. Brasília, 2019. Decisão publicada no DJE n. 167, divulgado em 31.07.2019. Disponível em: <http://portal.stf.jus.br/processos/downloadPeca.asp?id=15340525789&ext=.pdf>. Acesso em: 21 jan. 2020.

______. Supremo Tribunal Federal. *Reclamação n. 35.501*. Relator: Ministro Roberto Barroso. Brasília, 2019. Decisão publicada no DJE n. 140, divulgado em 27.06.2019. Disponível em: <http://portal.stf.jus.br/processos/downloadPeca.asp?id=15341869835&ext=.pdf>. Acesso em: 21 jan. 2020.

______. Supremo Tribunal Federal. *Reclamação n. 35.612*. Relator: Ministro Celso de Mello. Brasília, 2019. Decisão publicada no DJE n. 167, divulgado em 31.07.2019. Disponível em: <http://portal.stf.jus.br/processos/downloadPeca.asp?id=15340537342&ext=.pdf>. Acesso em: 21 jan. 2020.

______. Supremo Tribunal Federal. *Reclamação n. 35.639*. Relator: Ministro Ricardo Lewandowski. Brasília, 2019. Decisão publicada no DJE n. 167, divulgado em 31.07.2019. Disponível em: <http://portal.stf.jus.br/processos/downloadPeca.asp?id=15340544936&ext=.pdf>. Acesso em: 20 jan. 2020.

______. Supremo Tribunal Federal. *Reclamação n. 36.761*. Relator: Ministro Ricardo Lewandowski. Brasília, 2019. Decisão publicada no DJE n. 203, divulgado em 18.09.2019. Disponível em: <http://portal.stf.jus.br/processos/downloadPeca.asp?id=15341176684&ext=.pdf>. Acesso em: 20 jan. 2020.

______. Supremo Tribunal Federal. *Reclamação n. 36.933*. Relator: Ministro Ricardo Lewandowski. Brasília, 2019. Decisão publicada no DJE n. 213, divulgado em 30.09.2019. Disponível em: <http://portal.stf.jus.br/processos/downloadPeca.asp?id=15341324894&ext=.pdf>. Acesso em: 20 jan. 2020.

CUT explica porque Reforma Trabalhista é desastre completo. *CUT*, 2017. Disponível em: <https://www.cut.org.br/noticias/cut-explica-porque-reforma-trabalhista-e-desastre-completo-para-o-trabalhador-e598>. Acesso em: 20 jan. 2020.

DELGADO, Mauricio Godinho. *Curso de Direito do Trabalho*. 16. ed. São Paulo: LTr, 2017.

ENGELS, Friedrich. *A situação da classe trabalhadora na Inglaterra*. São Paulo: Boitempo, 2010.

EUZÉBIOS FILHO, Antonio. *Sujeito e consciência:* entre a alienação e a emancipação. Tese (tese em psicologia). Pontifícia Universidade Católica de Campinas. Campinas, 2010.

FEDERICI, Silvia. *O calibã e a bruxa:* mulheres, corpo e acumulação primitiva. São Paulo: Elefante, 2017.

FERNANDES, Sabrina. *Sintomas mórbidos:* a encruzilhada da esquerda brasileira. São Paulo: Autonomia Literária, 2019.

FILGUEIRAS, Victor; BISPO, Bruna. COUTINHO, Pablo. A reforma trabalhista como reforço a tendências recentes no mercado de trabalho. In: KREIN, José Dari; GIMENEZ, Denis Marracci; SANTOS, Anselmo Luis dos (Orgs.). *Dimensões críticas da reforma trabalhista no Brasil.* Campinas: Curt Nimuendajú, 2018.

FUTEMA, Fabiana. Um ano depois, reforma trabalhista não gera empregos esperados. *VEJA*, 2018. Disponível em: <https://veja.abril.com.br/economia/um-ano-depois-reforma-trabalhista-nao-gera-empregos-esperados/>. Acesso em: 20 jan. 2020.

Guamán Hernández, Adoración; Illueca Ballester, Héctor. *El huracán neoliberal:* una reforma laboral contra el trabajo. p. 14. Disponível em: <http://biblioteca.clacso.edu.ar/Espana/ceps/20161219041012/pdf_155.pdf>. Acesso em: 20 jan. 2020.

KREIN, José Dari. *A reforma trabalhista de FHC:* análise de sua efetividade. Disponível em: <https://core.ac.uk/download/pdf/79069974.pdf>. Acesso em: 20 jan. 2020.

MARX, Karl.; ENGELS, Friedrich. *Manifesto comunista.* São Paulo: Boitempo, 2005.

MINISTÉRIO PÚBLICO DO TRABALHO. *Nota técnica n. 2, de 26 de outubro de 2018.* Contribuição estabelecida em acordo ou convenção coletiva de trabalho. Disponível em: <https://www.conjur.com.br/dl/mpt-publica-nota-afronta-reforma.pdf>. Acesso em: 21 jan. 2020.

MONTAÑO, Carlos; DURIGUETTO, Maria Lucia. *Estado, classe e movimento social.* São Paulo: Cortez, 2010.

RODRIGUES, Alex. OIT volta a analisar reforma trabalhista brasileira. *AGÊNCIA BRASIL*, 2019. Disponível em:<http://agenciabrasil.ebc.com.br/economia/noticia/2019-06/oit-volta-analisar-reforma-trabalhista-brasileira>. Acesso em: 20 jan. 2020.

THOMPSON, Edward Palmer. La sociedad inglesa del siglo XVIII: ¿lucha de clases sin clases? In: *Tradición, revuelta y consciencia de clase:* estudios sobre la crisis de la sociedad preindustrial. Barcelona: Editorial Crítica, 1989.

O Tramento Normativo Conferido ao Trabalhador Portador de Deficiência no Brasil: À Luz do Princípio Constitucional da Igualdade e do Estatuto da Pessoa com Deficiência[1]

Maria Cecília Lapa de Araújo Silva

1. Introdução

O Trabalho da Pessoa com Deficiência e seu tratamento normativo no Brasil, passa, inquestionavelmente pela análise do princípio da igualdade, inserido pelo legislador Constituinte Originário, no art. 5º da Carta Magna de 1988. Alçado à categoria de Direito Fundamental, a igualdade é a todos garantida, sem qualquer distinção.

Além da garantia genérica, contida no *caput* do art. 5º, da CF/88, o desenvolvimento doutrinário e jurisprudencial, subdividiu o referido princípio em três dimensões, sendo: Igualdade formal (art. 5º, *caput*, da CF/88), visando a proibição de privilégios e tratamentos discriminatórios; Igualdade material (art. 3º, I da CF/88), princípio fundamental da República Federativa do Brasil, buscar a construção de uma sociedade livre justa e solidária e; Igualdade como reconhecimento, objetivando o tratamento isonômico entre as pessoas em situação de vulnerabilidade (art. 3º, IV). Pelo conteúdo do art. 3º, I e IV, da CF/88, consideramos que tanto o legislador infraconstitucional, quanto o aplicador do direito está autorizado a buscar igualdade material.

Diante disto, o próprio texto constitucional: Proíbe discriminação quanto a admissão e ao salário do trabalhador portador de deficiência (art. 7º, XXXI); Reversa percentual de cargos em concursos públicos (art. 37, VIII); Garante, contagem especial de tempo de serviço aos servidores portadores de deficiência (art. 40, § 4º-A); Assegura, preferência para o pagamento dos precatórios (art. 100, § 2º); Possibilita Lei Complementar prevendo critérios mais benéficos quanto a idade e tempo de contribuição do trabalhador portador de deficiência (art. 201, § 1º, I); Garante assistência social, cristalizada na habilitação e reabilitação da pessoa com deficiência (art. 203, IV), entre várias outras garantidas minudenciadas no primeiro capítulo deste trabalho.

(1) Monografia Final apresentada como Requisito Parcial para Conclusão do Curso de Especialização em Direito do Trabalho pela UFPE, em 2020.

A Constituição Federal de 1988, prevê ainda procedimento especial de internalização dos tratados e convenções internacionais, que versem sobre Direitos Humanos, garantindo *status* de emenda constitucional. Desenvolvida ao longo do trabalho, a internacionalização da Convenção Sobre os Direitos da Pessoas com Deficiência, obedeceu ao rito previsto no art. 5º, § 3º, da CF, portanto, goza de *status* de norma material e formalmente constitucional. Com este ato, o Brasil, assume um compromisso em âmbito internacional, para melhoria da qualidade de vida das Pessoas Portadoras de Deficiência.

Alguns anos após, inspirado da Convenção Sobre os Direitos das Pessoas com Deficiência, entra em vigor a Lei n. 13.146 de 2015, promovendo alterações de grande relevância sobre o tema. Notadamente quanto a capacidade dos Portadores de Deficiência, prevista na Lei n. 10.046 de 2020 — Código Civil Brasileiro.

A Lei n. 13.146 de 2015, retira a Pessoa com Deficiência, do rol dos incapazes, previsto nos arts. 3º e 4ª do Código Civil Brasileiro de 2020. Pessoas nessas condições, hoje, gozam de plena capacidade civil. No entanto, o Estatuto prevê a possibilidade de curatela extraordinária e específica ao curatelado (art. 84, §1º), excluindo expressamente o direito ao trabalho (art. 84, §3º). Os reflexos da alteração legislativa foram tratados no corpo deste trabalho, notadamente quanto a contratação, manutenção e extinção do contrato de trabalho da Pessoa Portadora de Deficiência.

Discorrendo sobre as normas especiais de proteção aos Trabalhadores com Deficiência, abordamos: O Trabalho em Colocação Seletiva, previsto no Decreto-lei n. 3.298 de 1999; O Trabalho Protegido em Oficinas de produção e Oficinas Terapêuticas, com previsão na Lei n. 8.069 de 1990 e no Decreto-lei n. 3.298 de 1999; O Trabalho em Regime de Economia Familiar, previsto na Lei n. 8.213 de 1991 e; O Sistema de Cotas nos Contratos de Trabalho Stricto Sensu, previsto na Lei n. 8.213 de 1991. Todas as espécies de contrato de trabalho, descritas, mostram-se como reais medidas garantidoras do Princípio da Igualdade, em sua vertente material.

2. Tratamento normativo da pessoa com deficiência no Brasil

2.1. Constituição da República

A análise do tratamento normativo conferido às Pessoas com Deficiência, no Brasil, passa inquestionavelmente pelo princípio da igualdade, adotado pela Constituição Federal de 1988, notadamente no art. 5º, *caput*. Em texto publicado na Revista Direito e Práxis, ano de 2016, o hoje Ministro do Supremo Tribunal Federal, Luís Roberto Barroso e a Mestre em Direito Público, Aline Osório, apontaram a existência de três dimensões do princípio da "igualdade", todos previstos constitucionalmente.

Para os autores, é possível identificar no texto constitucional de 1988 três dimensões do princípio da igualdade. São eles: Igualdade formal, protegendo contra privilégios e tratamentos discriminatórios (art. 5º, *caput*, da CF/88); Igualdade Material, visando bem estar social e redistribuição de recursos (art. 3º, I, da CF/88); Por fim, Igualdade como reconhecimento, buscando equilíbrio, no tratamento jurídico fornecido às minorias (art. 3º, IV). Vejamos nas palavras dos autores citados:

> "1. Uma nota teórica: três dimensões da igualdade. A igualdade constitui um direito fundamental e integra o contudo essencial da ideia de democracia. Da dignidade humana resulta que todas as pessoas são fins em si mesmas, possuem o mesmo valor e merecem, por essa razão, igual respeito e consideração. A igualdade veda a hierarquização dos indivíduos e as desequiparações infundadas, mas impõe a neutralização das injustiças históricas, econômicas e sociais, bem como o respeito à diferença. Em torno de sua maior ou menor centralidade nos arranjos institucionais, bem como no papel do Estado na sua promoção, dividiram-se as principais ideologias e correntes políticas dos últimos séculos. No mundo contemporâneo, a igualdade se expressa particularmente em três dimensões: a igualdade formal, que funciona como proteção contra a existência de privilégios e tratamentos discriminatórios; a igualdade material, que corresponde às demandas por redistribuição de poder, riqueza e bem estar social; e a igualdade como reconhecimento, significando o respeito às minorias, sua identidade e suas diferenças, sejam raciais, religiosas, sexuais ou quaisquer outras. A Constituição brasileira de 1988 contempla essas três dimensões da igualdade. A igualdade formal vem prevista no art. 5º, *caput*: "todos são iguais perante a lei, sem distinção de qualquer natureza". Já a igualdade como redistribuição decorre de objetivos da República, como "construir uma sociedade livre, justa e solidária" (art. 3º, I) e "erradicar a pobreza e a marginalização e reduzir as desigualdades sociais e regionais" (art. 3º, III). Por fim, a igualdade como reconhecimento tem seu lastro em outros dos objetivos fundamentais do país: "promover o bem de todos, sem preconceitos de origem, raça, sexo, cor, idade e quaisquer outras formas de discriminação" (art. 3º, IV) (BARROSO; OSORIO, 2016).

Igualdade formal, como prevista no art. 5º da Constituição Federal, busca tratamento igualitário a todos. Sem dificuldade, notamos que sua aplicação no contexto social de natural desigualdade, não é capaz de promover justiça social almejada. Tratar igualmente pessoas em natural contexto de desigualdade, seria promover uma verdadeira injustiça institucionalizada.

Já o conceito de igualdade material, notadamente quando falamos em demandas de redistribuição de poder, riqueza e com isto, promoção do bem estar social, mostra-se consideravelmente mais adequado a sociedade heterogênea em que naturalmente vivemos. Como dito pelos autores citados acima, constituem objetivos da República Federativa do Brasil, a construção de uma sociedade justa, livre e solidária (art. 3º. I). Assim, acreditamos que, o tratamento desigual, porém isonômico, conferido as Pessoas Portadoras de Deficiência, adequa-se ao espírito da Constituição Federal de 1988, notadamente, quanto à solidariedade.

Discorrendo sobre o tema, Lutiana Nacur Lorentz, defende a aplicação da igualdade material às relações jurídicas e sociais, para ela, deve-se buscar *"igualdade por meio da lei"*.

Dessa forma, entendemos que, fundamentado na legislação, cabe ao aplicador do direito conferir tratamento desigual aos que necessitem. Vejamos o que diz a citada autora:

> Finalmente, a norma igualdade pode e deve ser lida atualmente por meio da expressão "igualdade por meio da lei", implicando a possibilidade de criação da dimensão do direito material, por meio de regras e princípios, de tratamentos diferenciados para pessoas ou grupos que apresentem desigualdades reais em relação ao resto da sociedade, para que assim ao final, todos possam ter uma igualdade real. Porém, para esta autora, esses tratamentos diferenciados têm de ter proêmio constitucional. [...] Conclui-se que a igualdade como norma constitucional deve ser lida como a obrigatoriedade de tratamento isonômico a todos os cidadãos e a possibilidade de tratamentos diferenciados pessoas ou grupos que, por sua qualidade diferencial ou desequilíbrio fático em relação ao resto da sociedade, necessitam de um tratamento diferenciado, justamente porque igualdade pressupõe o respeito e a preservação das diferenças individuais e grupais ou da diversidade que é inerente à natureza humana. Porém, este tratamento diferenciado só é admissível se o conjunto de regras e princípios constitucionais o autorizarem e dentro de uma dimensão de direito material. Evidentemente, esta possibilidade de tratamento diferenciado a determinadas pessoas ou grupos não pode ser aleatória, e tampouco discriminatória em sentido negativo (LORENTZ, 2006, p. 27).

Até aqui, podemos concluir que a Constituição Federal de 1988 e por conseguinte todo ordenamento jurídico, autorizam a aplicação do princípio da igualdade em sentido material, nas relações jurídicas e sociais. É o que se extrai do art. 3º, I, CF/88 ao afirmar ser objetivo fundamental da República Federativa do Brasil, a construção de uma sociedade livre, justa e solidária.

Mais a diante, o texto constitucional, no Título II – Dos Direitos e Garantias Fundamentais, Capítulo I – Dos direitos e deveres individuais e coletivos, em seu art. 5º, § 1º, prevê a aplicabilidade imediata das normas definidoras dos direitos e garantias fundamentais. Mais a diante, no rol dos direitos sociais, o art. 7º, XXXI, proíbe, qualquer discriminação quanto a admissão e ao salário do trabalhar portador de deficiência.

As relações de trabalho, contam com especial proteção Constitucional, posto que gozam de *status* de direito fundamental. O doutrinador, Marcelo Novelino, discorrendo sobre o tema, afirma:

> No âmbito das relações de trabalho, os direitos fundamentais decorrem dos valores liberdade e igualdade e são voltados à proteção da integridade física, psicológica e moral do trabalhador, a fim de lhes assegurar uma existência digna. A Constituição de 1988 estabeleceu, em seu art. 7º, uma série de direitos sociais fundamentais protetivos dos trabalhadores — subordinados, assalariados e que prestam pessoalmente serviços de caráter permanente — em suas relações laborais. O extenso rol expressamente contemplado no dispositivo é

exemplificativo, como se depreende da expressão "além de outros que visem à melhoria de sua condição social". Não exclui, portanto, outros direitos fundamentais consagrados no próprio texto constitucional e nas leis trabalhistas, nem impedem a ampliação deste leque de direitos por meio de emenda à Constituição. A interpretação e aplicação desses direitos devem ser orientadas por alguns princípios, dentre os quais, o da dignidade da pessoa humana (CF, art. 1º, III), dos valores sociais do trabalho e da livre-iniciativa (CF, art. 1º, IV), da valorização do trabalho e justiça social (CF, art. 170) da busca do pleno emprego (CF, art. 170, VIII) e do primado do trabalho como base ordem social (CF, art. 193) (NOVELINO, 2019, p. 527 e 528).

Dispondo sobre a Organização Político Administrativa dos Estados, a Constituição Federal, determina: Ser de competência comum, entre União, Estados, Distrito Federal e Municípios, cuidar da saúde e assistência pública, da proteção e garantia das pessoas portadoras de deficiência (art. 23) e; Legislar de forma concorrente sobre a proteção e integração social das pessoas portadoras de deficiência (art. 24, XIV).

Já o art. 37, VIII, da carta magna, determina que lei reserve percentual de cargos em empregos públicos para pessoas portadoras de deficiência e defina critérios para sua admissão. Sobre o tema, e ainda, sob a perspectiva da igualdade, afirma Lutiana Nacur Lorentz:

> Portanto, as ações afirmativas não prescindem de anteriores previsões constitucionais e legais; pelo contrário, requerem-nas para que sejam obedecidos os cânones do devido processo legislativo (e processual) ínsitos ao Estado Democrático de Direito ("igualdade por meio da lei legitimamente construída por seus destinatários"). Assim, reitere-se, no caso da Constituição Federal de 1988, houve uma **opção expressa** por uma consideração de isonomia diferenciada (ou igualdade geométrica na proporção das necessidades) para as pessoas com deficiência, no âmbito do direito material, conforme demonstrado pela literalidade do art. 37, VIII, art. 7º, XXX, art. 227, II etc., e pela normatização internacional ratificada pelo Brasil, como a Convenção Internacional n. 159 da OIT e outras (LORENTZ, 2006, p. 288).

Nesse sentido, enquanto tratamento diferenciado (porém isonômico), voltado às Pessoas Portadoras de Deficiência, prevê a Constituição Federal, entre outras: Possibilidade de Lei Complementar, estabelecer idade e tempo de contribuição diferenciados para aposentadoria de servidores portadores de deficiência (art. 40, § 4º-A) e; Preferência para o pagamento dos precatórios (art. 100, § 2º).

Discorrendo sobre o princípio da igualdade, citamos o texto de Luís Roberto Barroso e Aline Osório, quando defendem a atuação ativa do Estado e da sociedade de forma geral na busca pela redução da desigualdade e da miséria. Nas palavras dos autores:

> Foi precisamente esse contraste entre pobres e ricos que conduziu, ao longo do século XX, a uma percepção crítica da dimensão puramente formal da igualdade. Surge, assim, historicamente, o conceito de igualdade material, ligado a

> demandas por redistribuição de riqueza e poder e, em última análise, por justiça social. Nesse novo ambiente, o Estado liberal incorpora um amplo sentido social: não basta proscrever os privilégios, é preciso atuar ativamente contra a desigualdade econômica e pela superação da miséria. Mais do que a igualdade perante a lei, procura-se assegurar algum grau de igualdade perante a vida. Antídotos contra as situações de desequilíbrio e de exploração incluem a proteção jurídica do polo mais fraco de certas relações econômicas, a criação de redes de proteção social e mecanismos de redistribuição de riquezas (BARROSO; OSORIO, 2016).

Neste sentido, apontamos diversas previsões constitucionais: Possibilidade de Lei Complementar estabelecer idade e tempo de contribuição distintos da regra geral para concessão de aposentadorias em favor dos segurados, portadores de deficiência (art. 201, § 1º, I); Assistência social, independente de contribuição à seguridade social, objetivando a habilitação e a reabilitação da pessoa com deficiência (art. 203, IV) e ainda garantia de um salário mínimo de benefício mensal à pessoa portadora de deficiência que comprove não possuir meios de prover à sua própria manutenção ou de tê-la promovida por sua família (art. 203, V); Dever do Estado, o atendimento educacional especializado aos portadores de deficiência, preferencialmente na rede regular de ensino (art. 208, III); Dever da família, da sociedade e do Estado, criação de programas de prevenção e atendimento para pessoas portadoras de deficiência física, sensorial ou mental, bem como, de integração social do adolescente e do jovem portador de deficiência, mediante o treinamento para o trabalho e a convivência, e a facilitação do acesso aos bens e serviços coletivos, com a eliminação de obstáculos arquitetônicos e de todas as formas de discriminação (art. 227, II); Lei dispondo sobre construção de logradouros de uso público e de fabricação de veículos, a fim de garantir acesso adequado às pessoas portadoras de deficiência (art. 227, III); Lei dispondo sobre adaptações dos logradouros, dos edifícios de uso público e dos veículos de transporte coletivo atualmente existentes a fim de garantir acesso adequado às pessoas portadoras de deficiência, conforme o disposto no art. 227, § 2º (art. 244).

A Constituição Federal, prevê ainda no art. 5º, § 3º: *"Os tratados e convenções internacionais sobre direitos humanos que forem aprovados, em cada Casa do Congresso Nacional, em dois turnos, por três quintos dos votos dos respectivos membros, serão equivalentes às emendas constitucionais"*. A Convenção sobre os Direitos da Pessoa com Deficiência fora aprovada na forma deste dispositivo legal, gozando, portanto, de *status* de norma formalmente e materialmente constitucional. Sua introdução e reflexos no ordenamento jurídico brasileiro serão minudenciados no item a seguir.

2.2. Convenção sobre os direitos da pessoa com deficiência e sua introdução ao ordenamento jurídico nacional

Inicialmente, convém destacarmos conceitos ligados ao Direito Internacional, como Convenção e Tratado internacional. Em seguida, sua formação e por fim, a forma de inserção no ordenamento jurídico brasileiro.

A Convenção de Viena de 1969, apontada pela doutrina como principal fonte de direito quanto à elaboração e aplicação de tratados internacionais, aponta em seu art. 1º, *"a"*: "'tratado' significa um acordo internacional concluído por escrito entre Estados e regido pelo Direito Internacional, quer conste de um instrumento único, quer de dois ou mais instrumentos conexos, qualquer que seja sua denominação específica" (CONVENÇÃO DE VIENA SOBRE O DIREITO DOS TRATADOS, 2009).

A referida convenção fora aprovada pelo Congresso Nacional Brasileiro em 2009 (Decreto Legislativo n. 497 de 17.07.2009) e posteriormente promulgada pelo Decreto n. 7.030 de 14.12.2009.

A doutrina conceitua Tratado Internacional como, um acordo escrito, firmado entre Estados, sobre temas de interesse comum, objetivando a produção de efeitos, também no âmbito interno dos entres participantes. O doutrinador Paulo Henrique Gonçalves Portela, conceitua da seguinte forma:

> Os tratados são acordos escritos, firmados por Estados e organizações internacionais dentro dos parâmetros estabelecidos pelo Direito Internacional Público, com o objetivo de produzir efeitos jurídicos a temas de interesse comum. [...] Por fim, os tratados não são meras declarações de caráter político e não vinculante. Como fontes de Direito que são, visam a gerar efeitos jurídicos, criando, modificando ou extinguindo direitos e obrigações e ensejando a possibilidade de sanções por seu descumprimento, revestindo-se, portanto, de caráter obrigatório para as partes que entraram em consenso acerca do seu conteúdo e para os destinatários de suas normas. Cabe ressaltar que, uma vez em vigor, o tratado vinculará as partes não só no âmbito internacional, mas também no âmbito doméstico, já que ou serão incorporados ao ordenamento jurídico interno dos Estados que o Celebram ou, no mínimo, gerarão obrigações a serem executadas dentro dos territórios dos entres estatais (PORTELA, 2018, p. 83 e 84).

Dentro da classificação dos Atos Internacionais, o termo Tratado, de forma geral, é considerado como gênero, sendo, uma de suas espécies a Convenção. Para o mesmo autor citado acima, o termo convenção é:

> normalmente empregado para acordos multilaterais que visam a estabelecer normas gerais de Direito Internacional em temas de grande interesse mundial, como no caso dos tratados de direitos humanos. É frequentemente utilizado como sinônimo de tratado (PORTELA, 2018, p. 86).

Os tratados são classificados por diversas formas. A) Bilaterais ou Multilaterais; B) De conclusão solene ou simplificada; C) De execução provisória ou permanente; D) Tratados-contratos e Tratados-lei; E) Produzindo efeitos apenas entre os participantes ou também entre não participantes do processo produtivo e; F) Abertos ou fechados, permitindo ou não adesão após a conclusão.

Às condições de validade dos Tratados Internacionais estão descritas na Convenção de Viena de 1969, sendo em síntese: A) Quanto à capacidade para celebração — Estados e Organismos Internacionais (arts. 5º e 6º); B) Poder dos representantes dos Estados para celebrar os Tratados (art. 7º); C) Objeto lícito e possível (preâmbulo); D) Consentimento regular (art. 50).

Ainda quanto aos requisitos de validade, merece especial destaque, o processo de elaboração dos tratados, diz a doutrina:

> ... Em outras palavras: o ato internacional não será válido se não forem regularmente cumpridas as etapas necessárias para sua preparação e só gerará efeitos para o Estado, para a organização internacional ou para qualquer outro sujeito de Direito Internacional com capacidade convencional que participar de todas essas fases. [...] Compete a cada Estado definir qual o procedimento de incorporação do tratado à ordem jurídica interna. Entretanto, as etapas internacionais de elaboração dos atos internacionais foram determinadas no âmbito do Direito das Gentes, embora caiba às ordens nacionais apontar quais os órgãos e autoridades envolvidos em cada uma delas. Por fim, é importante ressaltar que, em regra, a entrada em vigor dos tratados ocorre em momentos distintos no âmbito internacional e no plano interno. [...] Apenas no segundo momento, torna-se o cumprimento do tratado exigível no plano interno dos Estados, o que ocorre quando o ato internacional é incorporado ao ordenamento doméstico e/ou quando se dá a ordem de que sejam cumpridos no território nacional. A partir daí, pode o tratado ser invocado pela sociedade e pelos profissionais do Direito, na defesa de seus respectivos interesses e entendimento. É quando se confere a chamada "vigência interna" do tratado (PORTELA, 2018, p. 99 e 100).

No âmbito no direito interno, a Ratificação é o ato pelo qual o Estado obriga-se a cumprir as normas de determinado tratado. No Brasil, a Constituição Federal de 1988 estabelece as seguintes regras para ratificação dos tratados internacionais: A)Competência exclusiva do Congresso Nacional para resolver sobre tratados ou Acordos Internacionais, que acarretem encargos ou compromissos gravosos (art. 49, I); B)Competência privativa do Presidente da República para: Manter relações com Estados estrangeiros e acreditar seus representantes diplomáticos (art. 84, VII) e Celebrar tratados, Convenções e Atos Internacionais, sujeitos a referendo do Congresso Nacional (art. 84, VIII).

O Decreto Legislativo, promovido pelo Presidente do Senado é o ato que formaliza a autorização para ratificação do tratado internacional, que deverá ser feita de forma discricionária pelo Presidente da República. Sobre o modelo de internalização dos tratados, afirma o doutrinador Paulo Henrique Gonçalves Portela:

> O Brasil adota o modelo tradicional, pelo qual a incorporação depende de um processo que envolve a aprovação do tratado pelo Congresso Nacional, por meio de decreto legislativo, a ratificação do ato internacional pela Presidência e

a entrada em vigor do tratado no âmbito internacional e culmina na promulgação, ato de competência do Presidente da República, formalizado por meio de decreto que ordena a execução do tratado no âmbito nacional e determina sua publicação no Diário Oficial da União, conferindo ao ato internacional força obrigatória dentro do território nacional (PORTELA, 2018, p. 125).

A Constituição Federal de 1988, consagra como um de seus fundamentos a Dignidade da Pessoa Humana (art. 1º, III), dessa forma, os Direitos Humanos receberam especial proteção do texto constitucional, pois são considerados Direitos Fundamentais. Em continuidade, lista os direitos e garantias fundamentais (art. 5º), deixando claro, trata-se de rol exemplificativo (art. 5º, § 2º).

A Emenda Constitucional n. 45 de 2004, introduziu o § 3º ao art. 5º, determinando que: *"Os tratados e convenções internacionais sobre direitos humanos que forem aprovados, em cada Casa do Congresso Nacional, em dois turnos, por três quintos dos votos dos respectivos membros, serão equivalentes às emendas constitucionais"*. Assim, as normas internacionais de direitos humanos, desde que respeitado o procedimento previsto no art. 5º, § 3º, da CF/88, passam a gozar de *status* de norma formalmente constitucional.

A Convenção Internacional Sobre os Direitos da Pessoa com Deficiência e seu protocolo facultativo, (Convenção de Nova Iorque), foi um dos primeiros Tratados de Direitos Humanos aprovado pelo procedimento especial descrito acima (Decreto Legislativo n. 186 de 09.07.2008 e Decreto n. 6.494 de 25.08.2009). Dessa forma, as normas contidas, nesta convenção, possuem *status* formalmente constitucional e além disso, estando inseridas no rol dos Direito Fundamentais (art. 5º, § 2º).

Merece destaque, que em 03.12.1998, o Brasil, reconheceu a competência jurisdicional da Corte Interamericana de Direitos Humanos (Decreto Legislativo n. 89 de 1998). Baseado em tal ato, o caso do Brasileiro Ximenes Lopes, julgado pela Corte Interamericana de Direitos Humanos em 2006, foi analisado em artigo publicado em abril de 2019 por Jorge Renato dos Reis e Priscila de Freitas, onde afirmaram:

> Quanto a decisão da sentença, a mesma faz menção a reparações de danos para a família de Damião, pecuniárias e outras, porém a reparação pecuniária não é o mais importante desta decisão. A importância da mesma consiste na condenação do país a adotar institutos protetivos às pessoas com deficiência mental, além de treinamentos, aperfeiçoamentos e capacitação, para médicos, psicólogos, psiquiatras, enfermeiros e demais pessoas vinculadas com o atendimento de pessoas com deficiência mental, principalmente no que tange aos direitos e princípios que devem reger o atendimento a essas pessoas. [...] Em 2009 o Brasil promulgou a Convenção Internacional sobre os Direitos das Pessoas com Deficiência e seu Protocolo Facultativo, assinados em Nova York, em 30 de março de 2007. Este tratado internacional ingressa no país com força de Emenda Constitucional, tendo em vista a previsão do art. 5º, § 3º, da Constituição Federal, com a redação dada pela Emenda Constitucional n. 45/2004,

> de modo que é a primeira convenção internacional que ingressa na legislação brasileira equivalendo-se a emenda constitucional. [...] Tal Convenção serviu como base para que, no ano de 2015 fosse promulgada a Lei Brasileira de Inclusão da Pessoa com Deficiência, também conhecida como Estatuto da Pessoa com Deficiência, Lei n. 13.146/2015 (REIS; FREITAS, 2019, p. 185).

Com a efetiva participação do Brasil na elaboração da Convenção Sobre os Direitos da Pessoa com Deficiência, internalizada sob o rito previsto no art. 5º, § 3º da Constituição Federal de 1988, gozando, portanto, *status* de norma Constitucional, o Brasil assumiu internacionalmente, um compromisso para melhoria de vida das pessoas nessas condições.

O propósito da Convenção Sobre os Direitos da Pessoa com Deficiência, é definido logo em seu art. 1º, que diz:

> O propósito da presente Convenção é promover, proteger e assegurar o exercício pleno e equitativo de todos os direitos humanos e liberdades fundamentais por todas as pessoas com deficiência e promover o respeito pela sua dignidade inerente. (CIVIL, 2009)

Em seguida, conceitua Pessoa com Deficiência:

> Pessoas com deficiência são aquelas que têm impedimentos de longo prazo de natureza física, mental, intelectual ou sensorial, os quais, em interação com diversas barreiras, podem obstruir sua participação plena e efetiva na sociedade em igualdades de condições com as demais pessoas. (CIVIL, 2009)

Nesse contexto, de assunção do compromisso para melhoria das condições de vida das pessoas portadoras de Deficiência, em âmbito, nacional e internacional, a Lei n. 13.146 de 2015 — Estatuto da Pessoa com Deficiência, foi promulgada, promovendo uma série de mudanças no ordenamento jurídico brasileiro.

2.3. Lei n. 13.146 de 2015 — Estatuto da Pessoa com Deficiência

A Lei n. 13. 146, de 2015 — Estatuto da Pessoa com Deficiência, também conhecida como Norma da Igualdade, promoveu verdadeira revolução no tratamento legal conferido aos portadores de deficiência no Brasil. Com reflexos de ordem prática na seara trabalhista, notadamente quanto a formação, desenvolvimento e dissolução do contrato de trabalho, passaremos a uma breve análise sobre o tema.

A Lei n. 10.046, de 2002 — Código Civil, em seu art. 1º estabelece que "*Toda pessoa é capaz de direitos e deveres na ordem civil*". Assim, capacidade é atributo jurídico entregue a todos pela legislação e está atrelado ao exercício de direitos. É classificada ainda em capacidade de direito ou de gozo e capacidade de fato ou de exercício, por isso, costuma-se afirmar que a capacidade complementa a personalidade. Todos que nascem com vida possuem capacidade de direito estando diretamente ligada a personalidade. Já a capacidade de exercício, possui caráter subjetivo e está atrelada ao exercício dos atos da vida civil, nem todos a possuem.

Sobre o tema, Pablo Stolze Gagliano e Rodolfo Pamplona Filho, afirmam:

> Adquirida a personalidade jurídica, toda pessoa passa a ser capaz de direitos e obrigações. Possui, portanto, capacidade de direito ou de gozo. Todo ser humano

> tem, assim, capacidade de direito, pelo fato de que a personalidade jurídica é atributo inerente à sua condição. Nem toda pessoa, porém, possui aptidão para exercer pessoalmente os seus direitos, praticando atos jurídicos, em razão de limitações orgânicas ou psicológicas. Se puderem atuar pessoalmente, possuem também, capacidade de fato ou de exercício. Reunindo os dois atributos, fala-se em capacidade civil plena. [...] E o que se dá quando é ausente a capacidade de fato? Estaremos diante da incapacidade civil, seja absoluta ou relativa, o que será abordado nos próximos tópicos e que passou por verdadeira revolução com a Lei n. 13.146 de 2015 — Estatuto da Pessoa com Deficiência — a partir da sua entrada em vigor, em janeiro de 2016 (GAGLIANO; PAMPLONA FILHO, 2009, p. 145-147).

A doutrina diferencia a incapacidade civil absoluta e relativa, da seguinte forma:

> *Os absolutamente incapazes possuem direitos, porém não podem exerce-los* pessoalmente, devendo ser representados. Em outras palavras, têm capacidade de direito, mas não capacidade de fato ou de exercício".
>
> [...]
>
> Confrontada com a incapacidade absoluta, a incapacidade relativa diz respeito àqueles que podem praticar os atos da vida civil, desde que haja assistência. O efeito da violação desta norma é gerar a anulabilidade ou nulidade relativa do negócio jurídico celebrado, isso dependente de eventual iniciativa do lesado (art. 171, inciso I, do CC). Havendo incapacidade relativa, o negócio somente será anulado se proposta ação pelo interessado no prazo de 4 (quatro) anos, contados de quando cessar a incapacidade (art. 178 do CC) (TARTUCE, 2019, p. 204-212).

O Código Civil, nos arts. 3º e 4ª, estabelece as hipóteses de incapacidade civil absoluta e relativa, respectivamente. Em sua redação original, os dispositivos legais, possuíam o seguinte regramento:

> Art. 3º São absolutamente incapazes de exercer pessoalmente os atos da vida civil:
>
> I - Os menores de dezesseis anos;
>
> II - Os que, por enfermidade ou deficiência mental, não tiverem o necessário discernimento para a prática desses atos;
>
> III - Os que, mesmo por causa transitória, não puderem exprimir sua vontade.
>
> Art. 4º São incapazes, relativamente a certos atos ou à maneira de os exercer:
>
> I - Os maiores de dezesseis e menores de dezoito anos;
>
> II - Os ébrios habituais, os viciados em tóxicos, e os que, por deficiência mental, tenham o discernimento reduzido;
>
> III - Os excepcionais, sem desenvolvimento metal completo;
>
> IV - Os pródigos. Parágrafo único. A capacidade dos índios será regulada por legislação especial. (CIVIL, 2002)

Note-se que redação original do art. 3º do Código Civil Brasileiro de 2002, sem qualquer particularização ou gradação, atribuía àquele que por doença mental, não tivesse o necessário discernimento para a prática dos atos da vida civil, a condição de absolutamente incapaz. A legislação não previa qualquer gradação, ao incluir o Portador de Deficiência mental no rol dos absolutamente incapazes.

Com a Lei n. 13.146, de 2015 — Estatuto da Pessoa com Deficiência, o instituto da capacidade civil foi amplamente modificado, nas palavras de Pablo Stolze Gagliano e Rodolfo Pamplona Filho:

> Em linha de princípio, cumpre mencionar, mais uma vez que a previsão legal da incapacidade traduz a falta de aptidão para praticar pessoalmente atos da vida civil. Encontra-se nessa situação a pessoa a quem falte capacidade de fato ou de exercício, ou seja, que esteja impossibilitada de manifestar real e juridicamente a sua vontade. [...] Todavia, com o advento da Lei n. 13.146, de 6 de julho de 2015 — Estatuto da Pessoa com Deficiência — uma verdadeira reconstrução jurídica se operou. Com efeito, de maneira inédita, o Estatuto retira a pessoa com deficiência da categoria de incapaz. Em outras palavras, a partir de sua entrada em vigor a pessoa com deficiência — aquela que tem impedimento de longo prazo, de natureza física, mental, intelectual ou sensorial, nos termos do art. 2º — não deve mais tecnicamente ser considerada civilmente incapaz, na medida em que os arts. 6º e 84, do mesmo diploma, deixam claro que a deficiência não afeta a plena capacidade civil da pessoa (GAGLIANO; PAMPLONA FILHO, 2009, p. 148-149).

Com as alterações promovidas pela Lei n. 13.146, de 2015, os arts. 3º e 4º do Código Civil passaram a ter a seguinte redação:

> Art. 3º São absolutamente incapazes de exercer pessoalmente os atos da vida civil os menores de 16 (dezesseis) anos. (Redação dada pela Lei n. 13.146 de 2015)
>
> Art. 4º São Incapazes, relativamente a certos atos ou à maneira de os exercer:
>
> I - os maiores de dezesseis e menores de dezoito anos;
>
> II - Os ébrios habituais e os viciados em tóxico;
>
> III - aqueles que, por causa transitória ou permanente, não puderem exprimir sua vontade;
>
> IV - os pródigos.
>
> Parágrafo único. A capacidade dos indígenas será regulada por legislação especial. (CIVIL, 2002)

Hoje não há pessoa absolutamente incapaz maior de 16 (dezesseis) anos. Quanto aos relativamente incapazes, foi retirado do rol: Aquele que por deficiência mental tivesse o discernimento reduzido e os excepcionais sem desenvolvimento mental completo. Dessa forma, o enfermo (art. 3º, II, do CC - redação original), o deficiente mental (arts. 3º, II e 4º, II, do CC — redação original) e o excepcional (art. 4º, III, do CC — redação original), via de regra, passaram a gozar plena capacidade civil. Conclui-se que hoje, a pessoa que sofre de alguma doença de ordem mental, qualquer que seja, goza de capacidade civil plena, não necessitando de assistência ou representação. A Lei n. 13. 146, de 2015, retirou a Pessoa Portadora de Deficiência do rol de incapazes. Novamente citamos Pablo Stolze Gagliano e Rodolfo Pamplona Filho:

> "Considerando-se o sistema jurídico tradicional, vigente por décadas, no Brasil, que sempre tratou a incapacidade como um consectário quase inafastável da deficiência, pode parecer complicado, em uma leitura superficial, a compreensão da recente alteração legislativa. Mas uma reflexão mais detida é esclarecedora. Em verdade, o que o Estatuto pretendeu foi, homenageando o princípio da dignidade da pessoa humana, fazer com que a pessoa com deficiência deixasse de ser "rotulada" como incapaz, para ser considerada — em uma perspectiva constitucional isonômica — dotada de plena capacidade legal, ainda que haja a necessidade de adoção de institutos assistenciais específicos, como a tomada de decisão apoiada e, extraordinariamente, a curatela, para a prática dos atos da vida civil" (GAGLIANO; PAMPLONA FILHO, 2009, p. 150).

Nesse contexto, a Lei n. 13.146, de 2015, em regime de excepcionalidade, prevê a curatela para pessoas com deficiência. Vejamos:

> Art. 84. A pessoa com deficiência tem assegurado o direito ao exercício de sua capacidade legal em igualdade de condições com as demais pessoas. § 1º Quando necessário, a pessoa com deficiência será submetida à curatela, conforme a lei. § 2º É facultado à pessoa com deficiência a adoção de processo de tomada de decisão apoiada. § 3º A definição de curatela de pessoa com deficiência constitui medida protetiva extraordinária, proporcional às necessidades e às circunstâncias de cada caso, e durará o menor tempo possível. § 4º Os curadores são obrigados a prestar, anualmente, contas de sua administração ao juiz, apresentando o balanço do respectivo ano.
>
> Art. 85. A curatela afetará tão somente os atos relacionados aos direitos de natureza patrimonial e negocial. § 1º A definição da curatela não alcança o direito ao próprio corpo, à sexualidade, ao matrimônio, à privacidade, à educação, à saúde, ao trabalho e ao voto. § 2º A curatela constitui medida extraordinária, devendo constar da sentença as razões e motivações de sua definição, preservados os interesses do curatelado. § 3º No caso de pessoa em situação de institucionalização, ao nomear curador, o juiz deve dar preferência a pessoa que tenha vínculo de natureza familiar, afetiva ou comunitária com o curatelado.
>
> Art. 86. Para emissão de documentos oficiais, não será exigida a situação de curatela da pessoa com deficiência.
>
> Art. 87. Em casos de relevância e urgência e a fim de proteger os interesses da pessoa com deficiência em situação de curatela, será lícito ao juiz, ouvido o Ministério Público, de oficio ou a requerimento do interessado, nomear, desde logo, curador provisório, o qual estará sujeito, no que couber, às disposições do Código de Processo Civil. (BRASIL, 2015)

Do que foi dito até aqui, concluímos que o Portador de Deficiência, com a entrada em vigor da Lei n. 13.146, de 2015, goza de capacidade civil plena. Apesar disso é interessante notar que o art. 84 da citada lei, prevê em caráter excepcional, o instituto da curatela, não alcançando, entre outros, o direito ao trabalho (art. 84, § 3º). Assim, os atos de contratação, rescisão do contrato de trabalho a pedido do empregado e quitação de verbas trabalhistas são plenamente válidos, sendo irrelevante a existência ou não de curador.

A nomeação de curador, ocorre através sentença proferida em procedimento de interdição. Pela redação do art. 755 do Código de Processo Civil de 2015, concluímos que sentenciando, o juiz decreta a interdição (*caput*) e nomeia curador, fixando os limites da curatela (inciso II). Assim, o dispositivo legal mostra-se compatível com o teor dos arts. 84 e seguintes da Lei n. 13.146, de 2015, notadamente quanto a individualização dos efeitos da interdição e poderes do curador.

Ainda no Código de Processo Civil de 2015, o parágrafo terceiro do art. 755, determina que a sentença de interdição deva ser inscrita no cartório de pessoas naturais, publicada na rede mundial de computadores, no sítio do tribunal, e na plataforma de editais do Conselho Nacional de Justiça. Tal procedimento, visa garantir segurança jurídica.

O registro desta sentença no cartório de pessoas naturais e a ampla publicidade, nos faz acreditar que a opção legislativa é que opere efeitos *ex nunc e* ainda, de que possuem natureza constitutiva. Assim, os negócios jurídicos praticados anteriormente são, de regra, plenamente válidos.

Feito o registro, ponderamos que o Estatuto da Pessoa com Deficiência, ao atribuir capacidade civil plena a estas pessoas, acabou trazendo alterações lesivas. Se, diante da ausência de curador, a pessoa com portadora de deficiência (qualquer que seja) goza de capacidade civil plena, os atos e negócios jurídicos por ela praticados são considerados válidos. Também, o art. 85, § 1º, do Estatuto prevê expressamente que a curatela não alcança o direito ao trabalho, fragilizando o Portador de Deficiência no âmbito das relações de trabalho.

Em sentido contrário, o juízo da 14ª Vara do Trabalho do TRT 3ª Região, anulou o pedido de demissão de empregada deficiente, aplicando por analogia, o art. 439 da CLT. Durante a instrução, foi produzida prova oral, e ouvida testemunha da reclamada, que disse:

> Advertida e compromissada, respondeu que: trabalha na reclamada desde 2009, tendo participado do processo seletivo da autora, sendo que esta ingressou por cotas na oficina, em razão do seu discernimento reduzido, mas mesmo assim foi admitida sem a presença de representante; como tratava-se de atividade simples de confecção de uniformes, não havia problemas em relação ao trabalho da autora; a autora estava faltando e por diversas vezes falou à depoente pois estava achando difícil, mas acabava ficando; entretanto, em certa data da qual a depoente não se recorda, a reclamante chegou sozinha como de costume, tendo sido acompanhada pela Priscila, dirigindo-se ao setor da depoente (RH), quando então lhe disse que queria sair, pois não queria mais desenvolver a atividade, quer tinha certeza disso e não tinha nada a reclamar; a depoente é psicóloga, mas na empresa atua na função de analista de RH; a reclamante chegou a passar pelo médico da empresa, o qual atua como médico do trabalho, o qual constou sua aptidão; não há relatórios no sentido da autora ter solicitado sua demissão em outras oportunidades; as cotas para portadores de necessidades especiais são divulgadas através da Promed, Centro de Convivência, além de redes sociais.. Nada mais.

Em seguida, colhido o depoimento pessoal da reclamante:

> Disse a reclamante que nos últimos tempos não queria mais trabalhar para a empresa, pois tinha uns motivos de casa que a levaram a assinar o documento; não quis dizer quais eram os motivos de casa, pois disse que se tratavam de questões particulares.

A sentença, foi proferida nos termos abaixo:

> ... NULIDADE DO PEDIDO DE DEMISSÃO – VERBAS RESCISÓRIAS A reclamante ativou-se nos quadros da reclamada enquadrada como portadora de necessidades especiais, conforme o Decreto n. 3.298/99. A autora é portadora de sofrimento mental identificado como "déficit de atenção, dificuldade de fazer contas e tarefas que exijam mais concentração" (ID. fc53d13 Pág. 1). O Juízo decidiu, após o encerramento da instrução, em reabri-la, acolhendo protestos da parte ré para apuração da capacidade de discernimento da reclamante quanto à manifestação de vontade no ato do pedido de demissão. Com efeito, conforme atestado, o quadro clínico psiquiátrico da reclamante sugere CID F79 (retardo mental não especificado), podendo ser F70 (retardo mental leve) e F29 (psicose não orgânica não especificada), apresenta oscilação de humor entre a tranquilidade e agitação. O auxiliar do Juízo, ao examinar a reclamante diagnosticou deficiência mental leve (CID F70) com redução da capacidade cognitiva. O ilustre perito observou que a redução da capacidade cognitiva na autora, embora não seja um elemento que a incapacita para o trabalho e para o convívio em sociedade afeta a tomada de decisões importantes que exigem competência cognitiva, uma vez que a reclamante não possui capacidade adequada de dimensionar as consequência s de suas decisões, tal como a foi a decisão de pedir demissão. Ao perito a reclamante revelou que decidiu pedir demissão porque queria submeter-se a um procedimento estético não especificado e acreditou que pedido demissão receberia "acerto" que viabilizaria o pagamento de procedimento. A reclamante nada recebeu a título de rescisórias (ID. efbc67a – Pág. 1). Notadamente, tratou-se de uma decisão que se poderia dizer quase infantil, que reputo tomada exatamente por causa do retardo mental que a reclamante porta, que impede o real dimensionamento da decisão de pedir demissão. Note-se que o auxiliar do Juízo observa que a dificuldade cognitiva da autora não necessariamente deve-se à alteração da sua medicação psiquiátrica em julho de 2018, mês que antecedeu a rescisão, mas sim ao fato de que a autora, no nascimento, foi exposta a baixa oxigenação e, posteriormente, aos 13 anos de idade, precisou submeter-se a procedimento cirúrgico em que a exposição à baixa oxigenação se repetiu. Assim a autora apresenta, de fato, alteração comportamental — principalmente temperamento agressivo — que é controlada com medicação psiquiatria desde os seus 16 anos, mas que não a incapacita para o trabalho. Mas, também, apresenta déficit cognitivo, que impacta sua habilidade de avaliar as relações de causa e efeito ou dimensionar o efetivo alcance de suas decisões (ID. fa5a8d2 Pág. 5). Veja-se que o limite cognitivo da reclamante não a incapacita física ou emocionalmente para trabalhar em tarefa simples tal como exercia na reclamada (confecção de uniformes), mas, certamente, a incapacitaria para exercer atividades mais complexas, que exigissem decisões com correlação de causa e efeito. A reclamante deve ser, pois, enquadrada como relativamente capaz a rigor do inciso II do art. 4º do CCB, ante a constatação de seu discernimento reduzido. O contrato de trabalho tende à continuidade. Para encerramento da relação por vontade do trabalhador essa vontade, necessariamente, tem de ser manifestada de forma válida. A rigor do art. 439 da CLT/17, aplicável analogicamente à hipótese, por tratar da rescisão do contrato do relativamente capaz (menor de 18 anos), a rescisão nesse caso só é válida se realizada com assistência dos responsáveis legais do trabalhador – no caso da reclamante seus genitores (a mãe, que a acompanhou à audiência e o pai, que a acompanhou à perícia médica). Reconheço a nulidade do pedido de demissão da reclamante, ante a redução do seu discernimento (inciso II do art. 4º do CCB), comprovada pela prova pericial, não desconstituída por outra em sentido oposto, uma vez que mencionado pedido e a própria homologação foram realizados sem a assistência de seus representantes legais, a rigor do art. 439 da CLT/17, aplicável analogicamente ao caso. (BRASIL, 2018)

Diante de toda alteração promovida pela Lei n. 13.146 de 2015, no instituto da capacidade civil, a pessoa portadora de deficiência mental, é considerada plenamente capaz, podendo exercer sozinha os atos da vida civil. Ainda, o próprio Estatuto da Pessoa com Deficiência, exclui o direito ao trabalho da proteção conferida com possível curatela *(art. 85, § 1º A definição da curatela não alcança o direito ao próprio corpo, à sexualidade, ao matrimônio, à privacidade, à educação, à saúde, ao trabalho e ao voto).*

O art. 439 da CLT, aplica-se aos relativamente incapazes, possui a seguinte redação:

> Art. 439 – É lícito ao menor firmar recibo pelo pagamento dos salários. Tratando-se, porém, de rescisão do contrato de trabalho, é vedado ao menor de 18 (dezoito) anos dar, sem assistência dos seus responsáveis legais, quitação ao empregador pelo recebimento da indenização que lhe for devida. (BRASIL, 1943)

Por tudo que foi dito, no caso em análise, entendemos que o pedido de demissão da obreira foi plenamente válido.

3. A prestação de trabalho pela pessoa com deficiência

3.1. O contrato de trabalho stricto sentu *(emprego celetista)*

O Título I da Consolidação das Leis do Trabalho, prevê em seu art. 8º as fontes supletivas a serem aplicadas às demandas trabalhistas. Pela importância do tema, transcrevemos:

> Art. 8º As autoridades administrativas e a Justiça do Trabalho, na falta de disposições legais ou contratuais, decidirão, conforme o caso, pela jurisprudência, por analogia, por equidade e outros princípios e normas gerais de direito, principalmente do direito do trabalho, e, ainda, de acordo com os usos e costumes, o direito comparado, mas sempre de maneira que nenhum interesse de classe ou particular prevaleça sobre o interesse público. § 1º O direito comum será fonte subsidiária do direito do trabalho. § 2º Súmulas e outros enunciados de jurisprudência editados pelo Tribunal Superior do Trabalho e pelos Tribunais Regionais do Trabalho não poderão restringir direitos legalmente previstos nem criar obrigações que não estejam previstas em lei. 3º No exame de convenção coletiva ou acordo coletivo de trabalho, a Justiça do Trabalho analisará exclusivamente a conformidade dos elementos essenciais do negócio jurídico, respeitado o disposto no art. 104 da Lei n. 10.406, de 10 de janeiro de 2002 (Código Civil), e balizará sua atuação pelo princípio da intervenção mínima na autonomia da vontade coletiva. (BRASIL, 1943)

A Consolidação das Leis do Trabalho, possui pouquíssimas previsões quanto aos trabalhadores enquadrados em alguma das hipóteses de incapacidade civil. A exemplo, citamos: a Capítulo IV – Da proteção do Trabalho do Menor (art. 402 ao art. 441) e o art. 793, prevendo a necessidade de representação, para a interposição de Reclamação Trabalhista ao menor de 18 (dezoito) anos.

Assim, pelo disposto no art. 8º da CLT, concluímos que quanto ao trabalhador portador de deficiência, curatelado, aplica-se o disposto na Lei n. 10.406, de 10 de janeiro de 2002 — Código Civil e na Lei n. 13.146, de 6 de julho de 2015 — Estatuto da Pessoa Com Deficiência. A esse respeito, a doutrina afirma:

> No que diz respeito à regulamentação do contrato de emprego envolvendo maiores incapazes, sobretudo a pessoa com deficiência, na ausência de normas celetárias, esta autora entende que o mesmo deva ser regido pelas normas concernentes à criança e ao adolescente, por aplicação do ECA — Lei n. 8.069/90

(notadamente dos princípios protetivos da Proteção Integral da criança e do adolescente, do Melhor Interesse e da Prioridade Absoluta) e regras afetados ao CCB/02 já citados por aplicação do art. 8º da CLT que determina que na falta de normas específicas celetárias aplicar-se-à o direito comum, desde que compatível. Estes princípios devem também, por óbvio, aplicar-se aos menores com deficiência" (LORENTZ, 2006, p. 192).

A mesma autora citada acima, faz importante ponderação, quanto à proteção a ser dada aos trabalhadores incapazes por motivos de deficiência mental ou impossibilidade de comunicação. Afirma que a proteção jurídica conferida às crianças e adolescentes dever sem concedida àqueles trabalhadores, desde que haja declaração judicial quanto a incapacidade. Em suas palavras:

> Nos casos de incapacidade por motivo de deficiência mental, ou de impossibilidade de comunicação da vontade (ou seja, motivada por deficiência), art. 3º, II e III, e art. 4º, II e III, do CCB/02, os mesmos não podem também prescindir de proteção, porque a incapacidade existe, da mesma forma que a etária. Entende-se aqui, portanto, que todas as regras de proteção ou de limitação ao trabalho concernentes à criança e ao adolescente, também devem se estender às pessoas com deficiência desde que sejam as mesmas declaradas judicialmente incapazes (LORENTZ, 2006, p. 193).

A necessidade de declaração judicial de incapacidade, deriva da alteração promovida pelo Estatuto da Pessoa com Deficiência, Lei n. 13.146 de 6 de julho de 2015. Atualmente, apenas o Portador de Deficiência, que não consegue expressar sua vontade, é considerado Relativamente Incapaz (art. 4º, III, do CCB/02), os demais, gozam de capacidade civil plena. Em todos os casos, necessária a prévia declaração judicial, através da sentença de interdição.

Como dito neste trabalho, o art. 85, § 1º, da Lei n. 13.146 de 2015, determina que a curatela não alcança o direito ao trabalho. Dessa forma, o trabalhador portador de deficiência, curatelado, pode celebrar sozinho contrato de trabalho, dar quitação de parcelas e de forma válida, rescindir o pacto de emprego a seu pedido. Tratando sobre a contratação de Pessoas Portadoras de Deficiência, a doutrina afirma:

> Com relação ao contrato de emprego da pessoa com deficiência incapaz, esta autora defende que será recomendável que o empregador, especialmente do caso de incapacidade total, obtenha permissão de seu curador, bem como, em grau menor de necessidade, obtenha autorização e se inteire acerca dos limites da sentença judicial de interdição no caso de interdição parcial. O oposto não pode ocorrer, ou seja, não pode o curador, no caso do maior pessoa com deficiência absoluta ou relativamente incapaz substituir a PCD na celebração do contrato; mormente se este não quiser trabalhar, não podendo o curador autorizar, sem participação das PCDs, o trabalho dos mesmos por causa de um fundamento muito simples: o contrato de emprego é essencialmente um

> contrato de celebração e execução intuitu personae, o empregado tem de participar da formação e desenvolvimento do contrato, por si mesmo, ainda que deste ato complexo também participem curadores (no caso do maior incapaz), pais ou tutores (no caso dos menores), o que se mostra bastante aconselhável (LORENTZ, 2006, p. 194).

Assim, defendemos que por expressa opção legislativa (art. 85, § 1º da Lei n. 13.146, de 2015), o trabalhador portador de deficiência, curatelado (ou não) possui plena autonomia em suas relações de trabalho. Sendo plenamente válido os atos de contratação, quitação de parcelas e rescisão (mesmo que a pedido do empregado).

3.1.1. O trabalho em colocação seletiva — Decreto-lei n. 3.298/99

O Decreto n. 3.298, de 20 de dezembro de 1999, regulamentou a Lei n. 7.853, de 24 de outubro de 1989, dispondo sobre a Política Nacional para Integração da Pessoa Portadora de Deficiência, consolidando diversas normas de proteção.

Tratando do acesso ao trabalho, prevê o Decreto n. 3.298, de 20 de dezembro de 1999:

> Art. 35. São modalidades de inserção laboral da pessoa portadora de deficiência:
>
> II - colocação seletiva: processo de contratação regular, nos termos da legislação trabalhista e previdenciária, **que depende da adoção de procedimentos e apoios especiais para sua concretização**. [...] § 2º Consideram-se **procedimentos especiais os meios utilizados para a contratação de pessoa que,** devido ao seu grau de deficiência, transitória ou permanente, exija condições especiais, tais como **jornada variável, horário flexível, proporcionalidade de salário, ambiente de trabalho adequado às suas especificidades, entre outros**. § 3º **Consideram-se apoios especiais a orientação, a supervisão e as ajudas técnicas entre outros elementos** que auxiliem ou permitam compensar uma ou mais limitações funcionais motoras, sensoriais ou mentais da pessoa portadora de deficiência, de modo a superar as barreiras da mobilidade e da comunicação, possibilitando a plena utilização de suas capacidades em condições de normalidade. (BRASIL, 1999)

Assim, faz parte da contratação seletiva: Procedimentos especiais — Meios de contratação de pessoas que necessitem de jornada variável, horário flexível, ambiente de trabalhado adequado, entre outras. Quanto a jornada de trabalho, é possível a contratação em regime de tempo parcial, com salário proporcional. Fato este que permite a inserção de maior número de trabalhadores portadores de deficiência no mercado de trabalho, bem como o respeito as cotas previstas no art. 93 da Lei n. 8.212 de 1991. E, apoios especiais, caracterizados pela orientação, supervisão e ajudas técnicas entre outros.

Com o advento da Lei n. 13.146, de 6 de julho de 2015 — Estatuto da Pessoa com Deficiência, doutrina especializada entende que a "o trabalho em colocação seletiva" foi revogado. Vejamos o que diz:

> O Estatuto da Pessoa com Deficiência, Lei n. 13.146, de 6 de julho de 2015, com vigência em 6 de janeiro de 2016, art. 37, não referenciou o trabalho em colocação seletiva, fazendo-o apenas com relação ao trabalho em colocação competitiva, pelo que este livro entende que o trabalho em colocação seletiva

> foi revogado, até porque o Estatuto, no art. 37, parágrafo único, deixou claro que o trabalho em colocação competitiva pode ocorrer com apoio, com prioridades, respeito ao perfil vocacional, interesses da PCD apoiada, aconselhamento e apoio de empregadores para superar barreiras, avaliações periódicas, articulação intersetorial das políticas públicas e possibilidades de participação de organizações da sociedade civil. Isto reforça ainda mais a tese de revogação do trabalho em colocação seletiva (LORENTZ, 2006, p. 199-200).

Em sentido oposto, e de forma mais coerente ao espírito protecionista do legislador, encontramos o seguinte posicionamento:

> Contudo, essa questão indagativa, se em algum momento for levantada, não possuirá qualquer razão de existência, haja vista que o Estatuto foi claro e direto quanto às disposições que pretendeu revogar, inclusive relacionando expressamente os dispositivos legais que não foram recepcionados. É o que observamos do art. 123, do Estatuto (SOUZA; EMOTO, 2018).

Assim, concluímos que o Trabalho em Colocação Seletiva, mostra-se como mais uma forma de proteção e busca de igualdade/isonomia às Pessoas Portadoras de Deficiência, não estando revogado.

3.1.2. O trabalho protegido. Oficinas protegidas de produção e oficinas terapêuticas — Lei n. 8.069/90 e Decreto-lei n. 3.298/99

O trabalho protegido é previsto desde a Lei n. 8.069/90 — Estatuto da Criança e do Adolescente, em seu art. 66 que afirma: *"Ao adolescente portador de deficiência é assegurado trabalho protegido"*.

Quase dez anos após, o Trabalho Protegido, voltou a ser tratado pela legislação brasileira. Dessa vez, pelo Decreto-lei n. 3.298, de 1999, aplicado, também, a Pessoa com Deficiência maior de 18 (dezoito) anos. O Decreto, tratou o Trabalho Protegido como gênero, apontando duas formas de exerce-lo: O Trabalho nas Oficinas Protegidas de Produção e o Trabalho nas Oficinas Terapêuticas. Citamos abaixo a previsão legal:

> Art. 35. São modalidades de inserção laboral da pessoa portadora de deficiência: II – colocação seletiva: processo de contratação regular, nos termos da legislação trabalhista e previdenciária, que depende da adoção de procedimentos e apoios especiais para sua concretização; [...] § 1º As entidades beneficentes de assistência social, na forma da lei, poderão intermediar a modalidade de inserção laboral de que tratam os incisos II e III, nos seguintes casos: [...] I – na contratação para prestação de serviços, por entidade pública ou privada, da pessoa portadora de deficiência física, mental ou sensorial: e II – na comercialização de bens e serviços decorrentes de programas de habilitação profissional de adolescente e adulto portador de deficiência em oficina protegida de produção ou terapêutica. [...] § 4º Considera-se oficina protegida de produção a unidade que funciona em relação de dependência com entidade pública ou beneficente de assistência social, que tem por objetivo desenvolver programa de habilitação profissional para adolescente e adulto portador de deficiência, provendo-o com trabalho remunerado, com vista à emancipação econômica e pessoal relativa. § 5º Considera-se oficina protegida terapêutica a unidade que funciona em relação de dependência com entidade pública ou beneficente de

assistência social, que tem por objetivo a integração social por meio de atividades de adaptação e capacitação para o trabalho de adolescente e adulto que devido ao seu grau de deficiência, transitória ou permanente, não possa desempenhar atividade laboral no mercado competitivo de trabalho ou em oficina protegida de produção. (ESTATUTO DA CRIANÇA E DO ADOLESCENTE, 1997)

O dispositivo legal citado acima diferencia Oficinas Protegidas de Produção e Oficinas Terapêuticas, pelo objetivo. Sendo: Oficina Protegida de Produção a que objetiva promover o trabalho remunerado, visando a emancipação econômica e pessoal do Trabalhador Portador de Deficiência, adolescente ou adulto e; Oficina Terapêutica, voltada ao adolescente ou adulto, que por seu grau de deficiência, não possa desempenhar atividade laboral no mercado competitivo ou nas oficinas de produção. Em ambas, objetiva-se o desenvolvimento de programas de habilitação profissional.

Desenvolvendo o tema, notadamente, quanto a formação do vínculo de emprego, afirma a doutrina:

> No caso das oficinas terapêuticas o que irá ocorrer é mais um tratamento da saúde das pessoas com deficiência, tratamentos fisioterapêuticos, dentários, de coordenação de fala etc.
>
> No entanto, nas oficinas de produção, só não se formará vínculo de emprego da PDC se ausentes os requisitos da relação de emprego, sobretudo o escopo de remuneração do empregado e ausência de subordinação com relação ao empregador (oficina); logo, as situações têm de ser analisadas em concreto, de forma muito cuidadosa para vetar-se a pura e simples precarização e exploração desta mão de obra. Em verdade, o trabalho da PDC nas oficinas de produção não gerará vínculo de emprego se, além destes fatores jurídicos citados, estas pessoas realmente receberem treinamento para atingir emancipação profissional ou pessoal. Mas este dispositivo tem de ser interpretado e aplicado com muita cautela para que não ocorram segregações às PCDs e o retorno à fase do assistencialismo, ou quiçá até pior, à fase da eugenia" (LORENTZ, 2006, p. 204).

Quanto a formação de vínculo empregatício, notamos maior facilidade para que esteja configurado nas hipóteses de trabalho em Oficinas de Produção. No entanto, em ambos os casos a análise dos requisitos previstos na Consolidação das Leis do Trabalho é indispensável.

3.1.2.1. O trabalho em regime de economia familiar

Encontramos o conceito de Trabalho em Regime de Economia Familiar, no art. 11, § 1º, da Lei n. 8.213 de 1991 que afirma:

> Entende-se como regime de economia familiar a atividade em que o trabalho dos membros da família é indispensável à própria subsistência e ao desenvolvimento socioeconômico do núcleo familiar e é exercido em condições de mútua dependência e colaboração, sem a utilização de empregados permanentes. (BRASIL, 1991)

O Decreto-lei n. 3.298 de 1999, também prevê este tipo de trabalho, sendo sua primordial condição de validade, o exercício por conta própria, ou seja, ausência de subordinação, não gerando, por óbvio, vínculo empregatício. Vejamos o que diz o dispositivo legal:

> Art. 35. São modalidades de inserção laboral da pessoa portadora de deficiência: III – promoção do trabalho por conta própria: processo de fomento da ação de uma ou mais pessoas, mediante trabalho autônomo, cooperativado ou em regime de economia familiar, com vista à emancipação econômica e pessoal. (BRASIL, 1999)

Sobre o tema, aponta necessária ausência de subordinação, caso contrário, estará configurado o vínculo empregatício, nas palavras de Luctiana Nacur Lorentz:

> Com relação ao trabalho em regime de economia familiar envolvendo menor, este deve ser exercido sem subordinação em relação à pessoa física ou jurídica que contratar o resultado (produto) dos serviços, ou sem subordinação em relação ao eventual comprador do resultado do trabalho, bem como sem subordinação entre a pessoa com deficiência e seus parentes (LORENTZ, 2006, p. 206).

Assim, notamos que a ausência de subordinação é elemento essencial de validade nesta modalidade de trabalho. Do contrário, estaria configurado o vínculo de emprego celetista.

3.1.3. Sistemas de cotas nos contratos de trabalho *stricto sensu*

A Lei n. 8.213, de 24 de julho de 1991, que dispõe sobre os Planos de Benefícios da Previdência Social, também chamada por Lei Cotas, prevê percentual mínimo a serem preenchidos pelas empresas privadas, na contratação de Trabalhadores Portadores de Deficiência. Em seus termos:

> Art. 89. **A habilitação e a reabilitação** profissional e social deverão proporcionar ao beneficiário incapacitado parcial ou totalmente para o trabalho, **e às pessoas portadoras de deficiência, os meios para a (re)educação e de (re)adaptação profissional e social indicados para participar do mercado de trabalho** e do contexto em que vive. Parágrafo único. A reabilitação profissional compreende:
>
> [...]
>
> Art. 92. **Concluído o processo de habilitação ou reabilitação social e profissional, a Previdência Social emitirá certificado individual, indicando as atividades que poderão ser exercidas pelo beneficiário**, nada impedindo que este exerça outra atividade para a qual se capacitar.
>
> Art. 93. A empresa com 100 (cem) ou mais empregados **está obrigada** a preencher de 2% (dois por cento) a 5% (cinco por cento) dos seus cargos **com beneficiários reabilitados ou pessoas portadoras de deficiência, habilitadas,** na seguinte proporção:
>
> I – até 200 empregados 2%;
>
> II – de 201 a 500 .... 3%;
>
> III – de 501 a 1.000 .... 4%;
>
> IV – de 1.001 em diante .... 5%.

§ 1º **A dispensa de pessoa com deficiência ou de beneficiário reabilitado da Previdência Social** ao final de contrato por prazo determinado de mais de 90 (noventa) dias e a dispensa imotivada em contrato por prazo indeterminado **somente poderão ocorrer após a contratação de outro trabalhador com deficiência ou beneficiário reabilitado da Previdência Social**.

§ 3º **Para a reserva de cargos** será considerada somente a contratação direta de pessoa com deficiência, **excluído o aprendiz com deficiência de que trata a Consolidação das Leis do Trabalho (CLT)**, aprovada pelo Decreto-lei n. 5.452, de 1º de maio de 1943. (BRASIL, 1991)

Analisando o texto legal citado acima, podemos tecer as seguintes considerações: O programa de habilitação e reabilitação profissional e social, está destinado a pessoas portadoras de deficiência, visando a reeducação, educação, readaptação e adaptação dessas pessoas, no mercado de trabalho (art. 89). Concluído o programa, a Previdência Social, emitirá um certificado, contendo as atividades que poderão ser desenvolvidas pelo participante (art. 92).

De grande importância, o disposto no art. 93, que prevê a obrigatoriedade na contratação de "**reabilitados ou pessoas portadoras de deficiência, habilitadas**", nas proporções previstas no dispositivo legal já citado.

De início, pela literalidade da lei, podemos concluir que, para o cumprimento da cota prevista no art. 93 da Lei n. 8.213, de 1991, os trabalhadores portadores de deficiência, contratados, devem necessariamente ter passado pelo processo previsto no art. 89, apresentando o certificado previsto no art. 92.

Destaque-se ainda que, para o cumprimento da reserva de vagas prevista no art. 93, da Lei n. 8.213, de 1991, por expressa vedação legal, contida no § 3º, não estão incluídos os portadores de deficiência, contratados em regime de aprendizagem, nos termos da Consolidação das Leis do Trabalho.

Tal vedação justifica-se, em primeiro lugar, como incentivo à contratação de maior número de trabalhadores portadores de deficiência. Também, o contrato de aprendizagem previsto na Consolidação das Leis do Trabalho, possui características específicas, notadamente quanto ao prazo de duração, limitado a dois anos, exceto para aprendizes Portadores de Deficiência (art. 428, § 3º).

Outra importante previsão quanto à reserva de vagas está no art. 429 da CLT, ao afirmar:

Art. 429. Os estabelecimentos de qualquer natureza são obrigados a empregar e matricular nos cursos dos Serviços Nacionais de Aprendizagem número de aprendizes equivalente a cinco por cento, no mínimo, e quinze por cento, no máximo, dos trabalhadores existentes em cada estabelecimento, cujas funções demandem formação profissional.

Quanto ao aprendiz Portador de Deficiência, prevê a legislação trabalhista: O prazo de duração de 2 (dois) anos do contrato, não se aplica a eles (art. 428, § 3º, CLT); A idade máxima de 24 (vinte e quatro) anos, prevista no *caput* do art. 428, CLT não se aplica a eles; A exigência de comprovação de escolaridade, considerando principalmente habilidades e competências relacionadas a profissionalização (art. 428, § 6º, da CLT, incluído pela Lei n. 13.146, de 2015); Ainda, estimulando a autonomia e a independência financeira do

Trabalhador Portador de Deficiência, estabeleceu como condição de validade a matricula e frequência em entidade de formação técnico-profissional metódica (art. 428, § 6º, da CLT, incluído pela Lei n. 13.146, de 2015).

Tratando sobre trabalhador aprendiz, portador de deficiência, o Ministro Mauricio Godinho Delgado, ensina:

> Cabe esclarecer por outro lado, que o sistema de cotas que favorece os contratos de aprendizagem (relembre-se que 5% a 15% dos trabalhadores existentes em cada estabelecimento, cujas funções demandem formação profissional, devem ser admitidos mediante esse contrato especial, em conformidade com o art. 429, *caput*, da CLT) — esse sistema de cotas não prevê um percentual específico interno dirigido estritamente às pessoas com deficiência. Além disso, as admissões por contratos de aprendizagem de pessoas com deficiência não integram a cota estabilitária prevista no art. 93, *caput* e § 1º, da Lei Previdenciária n. 8.213/91; nesta linha é o que aduz o novo § 3º do art. 93 da Lei n. 8.213, inserido pela própria Lei n. 13.146/2015 (DELGADO, 2019, p. 692).

Quanto a extinção do contrato de aprendizagem, do Portador de Deficiência, a norma excepciona a limitação etária de 24(vinte e quatro) anos. Assim, excepcionalmente o contrato de aprendizagem dos portadores de deficiência não será extinto automaticamente ao completarem 24 (vinte e quatro) anos (art. 428, § 5º, e art. 433 da CLT).

Ainda, tratando-se de rompimento antecipado, não se aplica ao aprendiz portador de deficiência a hipótese por rompimento insuficiente ou inadaptação, quando comprovadamente o aprendiz for desprovido de recursos de acessibilidade, tecnologias assistivas e de apoio necessário ao desempenho de suas atividades (art. 433, I, CLT).

4. Conclusão

A pesquisa realizada nos faz concluir que o tratamento normativo dado as pessoas com deficiência no Brasil, está enraizado no Princípio Constitucional da Igualdade, previsto no art. 5º, *caput*, da CF/88. Subdividido pela doutrina em igualdade formal e material, ambos possuem fundamentação constitucional, sendo: Art. 5º, *caput* e art. 3º, I, respectivamente. Dessa forma, a busca pela igualdade, notadamente em seu sentido material, possui autorização constitucional, posto ser um dos objetivos da República Federativa do Brasil, a construção de uma sociedade livre, justa e solidária.

Autorizada a busca pela igualdade material pelo constituinte originário, o próprio texto constitucional prevê diversos mecanismos de proteção, promoção de justiça e de solidariedade social. Exemplificativamente, citamos a proibição de distinção quanto a admissão remuneração do trabalhador deficiente (art. 7º, XXXI) e a reserva de vagas nos cargos públicos, para a pessoa portadora de deficiência (art. 37, VIII).

A Convenção Sobre os Direitos das Pessoas Portadoras de Deficiência, que contou com a participação do Brasil sendo posteriormente, ratificada sob o rito especial, previsto no art. 5º, § 3º, da CF, fez com que país assumisse um compromisso ordem internacional, com melhoria da qualidade de vida dos portadores de deficiência. Com esse espírito, surgiu a Lei n. 13. 146 de 2015, operando mudanças significativas no tratamento normativo conferido ao portador de deficiência no Brasil.

Com a entrada em vigor da Lei n. 13. 146, de 2015 — Estatuto da Pessoa com Deficiência, o instituto da capacidade civil, tratada nos arts. 3º e 4ª do Código Civil, sofreu significativa alteração. Hoje, o portador de deficiência goza de plena capacidade civil. Muito embora, o estatuto preveja a possibilidade de curatela, essa deve ser excepcional e individualizada às necessidades do sujeito.

Assim, apesar de plenamente capaz, o portador de deficiência pode ser curatelado. Dessa forma, acreditamos que a substituição da expressão "portador de deficiência incapaz" por "portador de deficiência curatelado", melhor se adapta as novas diretrizes legais.

O caráter excepcional da curatela conferida aos portadores de deficiência, pelo art. 84 da Lei n. 13.146, de 2015, por expressa vedação legal não inclui o direito ao trabalho. Assim, o obreiro nessas condições, possui plena autonomia do que diz respeito a contratação, manutenção e extinção de seu contrato de trabalho, inclusive em casos de ruptura a pedido do trabalhador.

Abordamos ainda, diversas formas especiais de trabalho, garantidas pela legislação ao portador de deficiência. Entre elas: O trabalho em colocação seletiva (Decreto-lei n. 3.298, de 1999), garantindo, entre outras, adaptações no ambiente de trabalho e a jornada reduzida; O Trabalho Protegido em Oficinas de produção e Oficinas Terapêuticas (Lei n. 8.069, de 1990 e Decreto-lei n. 3.298, de 1999), visando a independência social do trabalhador em tais condições; O Trabalho em Regime de Economia Familiar (Lei n. 8.213, de 1991) e; O Sistema de Cotas nos Contratos de Trabalho Stricto Sensu (Lei n. 8.213, de 1991).

Concluímos que todo tratamento legal dado a Pessoa com Deficiência, especialmente ao trabalhador, foco deste estudo, decorre do princípio constitucional da igualdade, previsto nos arts. 5º, *caput* e 3º, I, da Constituição Federal. Especialmente ao ter como objetivo a construção de uma sociedade livre, justa e solidária.

Referências

BARROSO, Luís Roberto; OSORIO, Aline. "Sabe com quem está falando?": Notas sobre o princípio da igualdade no Brasil contemporâneo. *Revista Direito e Práxis*, v. 7, n. 13, p. 204-232, 2016.

BRASIL, Câmara dos Deputados. *Lei n. 13.146, de 6 de julho de 2015*. Institui a Lei Brasileira de Inclusão da Pessoa com Deficiência (Estatuto da Pessoa com Deficiência). Diário Oficial da União, 2015.

______. *Decreto-lei n. 5.452, de 1º de maio de 1943*. Consolidação das Leis do Trabalho. v. 4, 1943.

______. *Decreto n. 3.298, de 20 de dezembro de 1999*. Regulamenta a Lei n. 7.853, de 24 de outubro de 1989, dispõe sobre a Política Nacional para a Integração da Pessoa Portadora de Deficiência, consolida as normas de proteção, e dá outras providências. Diário Oficial da União, 1999.

BRASIL. *Decreto n. 3.298, de 20 de dezembro de 1999*. Regulamenta a Lei n. 7.853, de 24 de outubro de 1989, dispõe sobre a Política Nacional para a Integração da Pessoa Portadora de Deficiência, consolida as normas de proteção, e dá outras providências. Diário Oficial da União, 1999.

______. Lei n. 8.213, de 24 de julho de 1991. Dispõe sobre os Planos de Benefícios da Previdência Social e dá outras providências. Diário Oficial da União, 1991.

______. *Decreto n. 6.949, de 25 de agosto de 2009*. Promulga a Convenção Internacional sobre os Direitos das Pessoas com Deficiência e seu Protocolo Facultativo assinados em Nova Iorque, v. 30.

______. Tribunal Regional do Trabalho da 3. Região. *Ação Trabalhista n. 0010846-98.2018.5.03.0014*. AUTOR: D. E. N. L. J.. RÉU: T. E. T.. Belo Horizonte, MG, 30 de outubro de 2018. Rito Sumaríssimo Atsum 0010846-98.2018.5.03.0014. Belo Horizonte.

CIVIL, Código. *Lei n. 10.406, de 10 de janeiro de 2002*. Institui o Código Civil. Brasília: Senado, 2002.

DELGADO, Mauricio Godinho. *Direito do trabalho*. 18. ed. São Paulo: LTr, 2019.

ESTATUTO DA CRIANÇA E DO ADOLESCENTE. *Lei n. 8.069/90*. Brasília: Atlas, 1997.

GAGLIANO, Pablo Stolze; PAMPLONA FILHO, Rodolfo. *Direito Civil Parte Geral*. 11. ed. São Paulo: Saraiva, 2009.

INTERNACIONAIS, Divisão de Atos. CONVENÇÃO DE VIENA SOBRE O DIREITO DOS TRATADOS. *Direito UNIFACS–Debate Virtual*, v. 106, n. 106, 2009.

LORENTZ, Lutiana Nacur. *A norma da igualdade e o trabalho das pessoas portadoras de deficiência*. São Paulo: LTr, 2006.

NOVELINO, Marcelo. *Curso de direito constitucional*. 14. ed. rev., ampl. e atual. Salvador: JusPodivm, 2019.

PORTELA, Paulo Henrique Gonçalves. *Direito internacional público e privado:* incluindo noções de direitos humanos e de direito comunitário. 10. ed. ver., atual. e ampl. Salvador: JusPodivm, 2018.

REIS, Jorge Renato dos; FREITAS, Priscila de. Direitos humanos e fundamentais da pessoa com deficiência: o caso Ximenes Lopes como marco inicial para o estatuto da pessoa com deficiência. *Duc In Altum-Cadernos de Direito*, v. 11, n. 23, 2019.

RODRIGUES, Mariana Gunia. O regime das incapacidades civis e o "estatuto da pessoa com deficiência": análise das principais mudanças legislativas. *Res Severa Verum Gaudium*, v. 4, n. 1, 2019.

SOUZA, Ana Paula de; EMOTO, Leiliane Rodrigues da Silva. *Estatuto da pessoa com deficiência e as alterações promovidas nos artigos 3º e 4º do código civil*. Araçatuba: 2018.

TARTUCE, Flávio. *Direito civil:* lei de introdução e parte geral. 15. ed. Rio de Janeiro: Forense, 2019.

A Terceirização na Administração Pública como Fator de Precarização do Trabalho e do Serviço: Análise Preliminar dos Efeitos da Lei n. 13.429/2017(1)

Maria Eduarda Wanderley Lima(2)

Introdução

Para uma melhor compreensão do fenômeno da terceirização, faz-se necessário discorrer sobre seu contexto histórico e sua evolução na ordem jurídica brasileira, a fim de alcançar sua aplicação nas relações de trabalho atuais.

A Segunda Guerra Mundial (1939-1945) trouxe consigo a necessidade de aumento da produtividade da indústria bélica, uma vez que a demanda de armamento para os países em conflito era alta. Como as grandes fábricas não conseguiam suprir a elevada procura, a saída encontrada foi repensar o modelo de produção. Ao delegar suas atividades secundárias a terceiros, a indústria percebeu que poderia focar na produção de material bélico.

Ao fim do conflito, os países vencedores apresentaram grandes conquistas no plano econômico, surgindo, neste momento, o modelo de produção *taylorista*, que, aliado ao modelo *fordista*, conduziu "ao elogio da grande planta industrial capitalista, com grandes massas de trabalhadores vinculados a funções pouco especializadas, que se conectavam pela esteira rolante da linha de produção."(3)

A organização da produção baseava-se na ideia de empresa vertical, que necessitava de um grande número de trabalhadores a ela formalmente vinculados, segundo métodos de subordinação.(4)

---

(1) Monografia apresentada como Trabalho de Conclusão do Curso de Bacharelado em Direito do Trabalho pela UFPE, em 2017.

(2) Bacharela em Direito pela Universidade Federal de Pernambuco. Mestranda em Direitos Humanos pela Universidade de Estrasburgo.

(3) DELGADO, Mauricio Godinho. *Capitalismo, trabalho e emprego:* entre o paradigma da destruição e os caminhos de reconstrução. 2. ed. São Paulo: LTr, 2015. p. 46.

(4) MELO FILHO, Hugo Cavalcanti; MIRÓ, Julianna Anjos. Terceirização laboral no Brasil e na Itália: elementos para comparação. In: MELO FILHO, Hugo Cavalcanti (Org.). *Elementos para a tutela efetiva da classe trabalhadora* — temas de direito e processo do trabalho. 1. ed. Bauru: Canal 6, 2016. p. 165.

Ocorreu que este paradigma produtivo entrou em crise, dando lugar a um novo sistema de produção, baseado na descentralização, na especialização flexível. Nesta nova conjuntura, a relação empregatícia vai perdendo, pouco a pouco, a centralidade no processo produtivo.(5)

O padrão *taylorista-fordista* deu lugar ao *toyotismo*, que, ao contrário do modelo da produção em massa do *fordismo*, produzia apenas o necessário, evitando ao máximo o excedente. Outras de suas características são a aplicação do modelo *just in time*, a flexibilização da produção e a diminuição da quantidade de trabalhadores. Implementando a ideia de horizontalização(6) da empresa, pode-se dizer, por linhas gerais, que foi por meio do *toyotismo* que as empresas buscaram a terceirização. Neste sentido, afirma Mauricio Godinho Delgado que

> (...) o toyotismo propõe a subcontratação de empresas, a fim de delegar a estas tarefas instrumentais ao produto final da empresa polo. Passa-se a defender, então, a ideia de empresa enxuta, disposta a concentrar em si apenas as atividades essenciais a seu objetivo principal, repassando para as empresas menores, suas subcontratadas, o cumprimento das demais atividades necessárias à obtenção do produto final almejado.(7)

Neste momento, uma pergunta pode ser feita: o que é terceirização?

> A palavra terceirização ou *outsourcing* (equivalente em inglês) deriva de terceiro, uma vez que se desprende da relação tradicional de emprego. Observa-se com esse fenômeno uma relação trilateral a ser: a empresa tomadora ou beneficiária dos serviços prestados pelo empregado; a empresa interposta ou intermediária que contrata o empregado para prestar serviço à tomadora e o empregado contratado pela empresa interposta para prestar serviço à tomadora e não para aquela.(8)

Nas palavras de Delgado,

> A fórmula da terceirização trabalhista permite a desconexão entre a relação socioeconômica de real prestação laborativa e o vínculo empregatício do trabalhador que seria correspondente com o próprio tomador de seus serviços.
>
> Por esta fórmula, insere-se no interior da relação efetiva entre trabalhador e seu tomador de serviços uma empresa intermediária, chamada prestadora de serviços, que passa a responder pelo vínculo empregatício com o obreiro.(9)

---

(5) *Ibidem*, p. 165.

(6) "Alguns autores, especialmente no âmbito da Administração de Empresas, usam o termo horizontalização da atividade econômica, em que empresas transferem para outras parte das funções que exerciam diretamente". In: MARTINS, Sérgio Pinto. *A Terceirização e o Direito Trabalho*. São Paulo: Atlas, 1997. p. 20.

(7) DELGADO, Mauricio Godinho. *Capitalismo, trabalho e emprego:* entre o paradigma da destruição e os caminhos de reconstrução. 2. ed. São Paulo: LTr, 2015. p. 46.

(8) GONÇALVES, Antônio Fabrício de Matos; FONTES, Camila de Abreu. Responsabilidade da Administração Pública à luz da nova redação da Súmula n. 331 do TST. In: REIS, Daniela Muradas; MELLO, Roberta Dantas de; COURA, Solange Barbosa de Castro (Coords.). *Trabalho e Justiça Social:* um tributo a Mauricio Godinho Delgado. São Paulo: LTr, 2013. p. 191.

(9) DELGADO, Mauricio Godinho. *Capitalismo, trabalho e emprego:* entre o paradigma da destruição e os caminhos de reconstrução. 1. ed. São Paulo: LTr, 2008. p. 43-44.

Pois bem. O presente trabalho de conclusão de curso pretende estudar e analisar o instituto da terceirização na ordem jurídica brasileira, especificamente na Administração Pública, analisando as suas possibilidades atuais e suas possíveis alterações após a publicação da nova legislação.

Antes de adentrar especificamente na análise da terceirização na Administração Pública, faz-se necessário apresentar o surgimento deste instituto no Brasil e sua interferência nas relações trabalhistas, explanar a Súmula n. 331 do Tribunal Superior do Trabalho e tentar dirimir as controvérsias sobre atividades-fim e atividades meio das empresas tomadoras dos serviços terceirizados.

No segundo capítulo, a explanação iniciará abordando a normatização da terceirização, isto é, tratar-se-á a respeito do PL n. 4.330/04 (PLC n. 30/15), do PL n. 4.302/98 e sua transformação na Lei n. 13.429/17, o exame de sua constitucionalidade e os seus aspectos gerais.

Por fim, perfar-se-á análise da terceirização irrestrita no âmbito do serviço público e suas consequências, bem como os reflexos do julgamento do Recurso Extraordinário n. 760.931/DF e da oposição do PL n. 6.787/16.

1. Evolução da terceirização no Brasil

1.1. Das primeiras experiências ao Enunciado n. 331 do TST

No Brasil, podemos iniciar o estudo sobre terceirização voltando aos anos 1950, quando empresas multinacionais aqui se instalaram, no processo de descentralização flexível.

Para se alcançar o estágio em que se encontra, o processo de terceirização teve início na Administração Pública, com o Decreto-lei n. 200/67, o qual promoveu a Reforma Administrativa durante a Ditadura Militar.

Tal norma, em seu § 7º do art. 10, deixa claro que "o próprio Estado adotou o sistema terceirizado, enfatizando a prática da descentralização administrativa no tocante à operacionalização de tarefas meramente executivas".[10]

O Decreto-lei n. 200/67 foi a primeira norma brasileira a abordar a possibilidade de algumas funções no âmbito do serviço público. Não as indicou expressamente, entretanto.

Foi a Lei n. 5.645/70, em seu art. 3º, que apontou as atividades de conservação, custódia, limpeza, transporte, operação de elevadores como aquelas que, preferencialmente, deveriam ser executadas mediante contrato com empresas prestadoras dos serviços.[11]

(10) DELGADO, Gabriela Neves. *Terceirização:* Paradoxo do Direito do Trabalho Contemporâneo. São Paulo: LTr, 2004. p. 128.

(11) MELO FILHO, Hugo Cavalcanti; MIRÓ, Julianna Anjos. Terceirização laboral no Brasil e na Itália: elementos para comparação. In: MELO FILHO, Hugo Cavalcanti (Org.). *Elementos para a tutela efetiva da classe trabalhadora* — temas de direito e processo do trabalho. 1. edição. Bauru: Canal 6, 2016. p. 168.

Em uma breve análise, percebe-se que o rol exemplificativo trazido pela Lei n. 5.645/70 compreende atividades que não correspondem às atividades administrativas principais do Estado. Neste sentido, conclui Gabriela Neves Delgado que "não há autorização legal para a execução de processos de terceirização de serviços relacionados à atividade-fim da administração pública".(12)

Em seguida, a Lei n. 6.019/74 prescreveu sobre o contrato de trabalho temporário, sendo que a prestação de serviços nesta modalidade somente era admitida para algumas situações específicas, e pelo prazo de três meses — o que impediu o avanço da terceirização, à época.

Nove anos depois, a partir da edição da Lei n. 7.102/83, a qual previu a terceirização dos serviços de vigilância bancária, foi que esta forma de prestação de serviços avançou.

Posteriormente, o legislador tratou de aumentar as hipóteses outrora determinadas, fixando a possibilidade de contratação de serviços de vigilância patrimonial e pessoal, além de transporte de valores, para todos os segmentos, nos moldes da Lei n. 8.863/64.

Em 1986, foi aprovado o Enunciado n. 256 do Tribunal Superior do Trabalho, com a seguinte redação:

> CONTRATO DE PRESTAÇÃO DE SERVIÇOS. LEGALIDADE (cancelada) - Res. n. 121/2003, DJ 19, 20 e 21.11.2003. Salvo os casos de trabalho temporário e de serviço de vigilância, previstos nas Leis ns. 6.019, de 03.01.1974, e 7.102, de 20.06.1983, é ilegal a contratação de trabalhadores por empresa interposta, formando-se o vínculo empregatício diretamente com o tomador dos serviços.(13)

Da leitura do verbete sumular depreende-se que o Enunciado limitou as práticas terceirizantes, tornando-as lícitas somente em relação às atividades de trabalho temporário e de vigilância bancária. As demais formas seriam consideradas ilegais, formando vínculo empregatício com o tomador dos serviços.

1.2. O Enunciado n. 331 do Tribunal Superior do Trabalho

Com o cancelamento do Enunciado n. 256, o Tribunal Superior do Trabalho editou o Enunciado n. 331, o qual, anteriormente à promulgação da Lei n. 13.429/17, era o principal elemento de balizamento da prática de terceirização trabalhista. Desta forma, é de fundamental importância a análise de seus elementos.

O referido verbete, em sua redação derradeira, assim dispõe:

> CONTRATO DE PRESTAÇÃO DE SERVIÇOS. LEGALIDADE (nova redação do item IV e inseridos os itens V e VI à redação) - Res. n. 174/2011, DEJT divulgado em 27, 30 e 31.05.2011. I - A contratação de trabalhadores por empresa interposta é ilegal, formando-se o vínculo diretamente

---

(12) DELGADO, Gabriela Neves. *Terceirização:* Paradoxo do Direito do Trabalho Contemporâneo. São Paulo: LTr, 2004. p. 129.

(13) BRASIL. Tribunal Superior do Trabalho. *Súmula n. 256.* Contrato de prestação de serviços. Legalidade. Disponível em: <http://www3.tst.jus.br/jurisprudencia/Sumulas_com_indice/Sumulas_Ind_251_300.html# SUM-256>. Acesso em: 05 abril 2017.

com o tomador dos serviços, salvo no caso de trabalho temporário (Lei n. 6.019, de 03.01.1974). II – A contratação irregular de trabalhador, mediante empresa interposta, não gera vínculo de emprego com os órgãos da Administração Pública direta, indireta ou fundacional (art. 37, II, da CF/1988). III – Não forma vínculo de emprego com o tomador a contratação de serviços de vigilância (Lei n. 7.102, de 20.06.1983) e de conservação e limpeza, bem como a de serviços especializados ligados à atividade-meio do tomador, desde que inexistente a pessoalidade e a subordinação direta. IV – O inadimplemento das obrigações trabalhistas, por parte do empregador, implica a responsabilidade subsidiária do tomador dos serviços quanto àquelas obrigações, desde que haja participado da relação processual e conste também do título executivo judicial. V – Os entes integrantes da Administração Pública direta e indireta respondem subsidiariamente, nas mesmas condições do item IV, caso evidenciada a sua conduta culposa no cumprimento das obrigações da Lei n. 8.666, de 21.06.1993, especialmente na fiscalização do cumprimento das obrigações contratuais e legais da prestadora de serviço como empregadora. A aludida responsabilidade não decorre de mero inadimplemento das obrigações trabalhistas assumidas pela empresa regularmente contratada. VI – A responsabilidade subsidiária do tomador de serviços abrange todas as verbas decorrentes da condenação referentes ao período da prestação laboral.[(14)]

A referida súmula estabelece quatro hipóteses em que a terceirização é lícita, quais sejam, o trabalho temporário, as atividades de conservação e limpeza, a atividade de segurança e os serviços que se encontrem na atividade meio do tomador de serviços.

O inciso I do Enunciado n. 331 do TST veda a contratação de trabalhadores por empresa interposta. A terceirização é permitida apenas nas hipóteses contidas na Lei n. 6.019/74, que versa sobre o contrato de trabalho temporário. O art. 2º do referido diploma legal lista as hipóteses, as quais devem possuir uma das seguintes finalidades: necessidade transitória de reposição de pessoal regular ou acréscimo extraordinário de serviços.

O inciso II da Súmula n. 331 do TST recepcionou a vedação constitucional de contratação de serviços sem a formalidade do concurso público, art. 37, II, da Constituição Federal — principal ponto do presente trabalho.

Outras possibilidades, contidas no inciso III, relacionam-se aos serviços de vigilância, nos termos da Lei n. 7.102/83, e à subcontratação de serviços de limpeza e conservação, prevista na Lei n. 5.645/70. Cumpre registrar que a permissão para iniciativa privada decorreu do progresso jurisprudencial.

A quinta hipótese de terceirização, também disposta no inciso III do verbete sumular, é a permissão da terceirização das atividades meio das empresas, tema bastante discutido pelos doutrinadores.

A respeito da responsabilidade subsidiária, que está contida no inciso IV do Enunciado n. 331 do TST, a empresa tomadora de serviços será responsável pelo pagamento de verbas trabalhistas da empresa prestadora de serviço, desde que a prestadora não possua idoneidade financeira, presumindo-se que não houve a fiscalização por parte da tomadora do serviço do adimplemento das obrigações trabalhistas.

---

(14) BRASIL. Tribunal Superior do Trabalho. *Súmula n. 331*. Contrato de prestação de serviços. Legalidade. Disponível em: <http://www3.tst.jus.br/jurisprudencia/Sumulas_com_indice/Sumulas_Ind_251_300.html#SUM -331>. Acesso em: 05 abril 2017.

O inciso IV foi alterado e os incisos V e VI foram acrescentados pela Resolução n. 174, de 2011. O inciso IV trata sobre a responsabilidade subsidiária do tomador de serviços pelo inadimplemento das obrigações trabalhistas, quando houver participado da relação processual.

Por sua vez, o inciso V abarca a responsabilidade subsidiária da Administração pública, quando tiver conduta culposa nas obrigações da Lei n. 8.666/93. Por fim, o inciso VI afirma que a responsabilidade subsidiária do tomador dos serviços abrange todas as verbas da condenação referentes apenas ao período laboral.

Para Souto Maior, o Enunciado n. 331 do TST

> [...] não vincula a legalidade da terceirização a qualquer especialização. Isto tem permitido, concretamente, que empresas de mera prestação de serviços sejam constituídas; empresas estas sem qualquer finalidade empresarial específica e, pior, sem idoneidade econômica. O padrão jurídico criado desvinculou-se da função histórica do direito do trabalho, que é o da proteção do trabalhador. A perspectiva do Enunciado foi apenas a do empreendimento empresarial. Isto permitiu que a terceirização, que em tese se apresentava como método de eficiência da produção, passasse a ser utilizada como técnica de precarização das condições de trabalho.[15]

1.2.1. Atividades-meio e atividades-fim da empresa

Ainda sobre o inciso III, o verbete sumular afirma que não formará vínculo de emprego com o tomador a contratação de serviços especializados ligados à atividade meio do tomador, desde que inexistente a pessoalidade e a subordinação direta.

Desta forma, mister abordar as diferenças entre as atividades meio e as atividades-fim da empresa tomadora dos serviços terceirizados, uma vez que aí está a fronteira entre o que "pode ou não pode".

A atividade meio é aquela caracterizada pela não representação do objeto principal da empresa, inexistindo no processo produtivo, caracterizado por um serviço necessário, mas não essencial, possuindo caráter suplementar da atividade principal da empresa.

Para o doutrinador Sergio Pinto Martins, atividade meio pode ser definida como atividade desempenhada pela empresa que não coincide com seus fins principais. É a atividade não essencial da empresa; é atividade de apoio ou complementar.[16]

A atividade-fim da empresa, por sua vez, pode ser definida como atividade principal, essencial, compreendida em seu objeto social.

Segundo Mauricio Godinho Delgado,

> atividades-fim podem ser conceituadas como as funções e tarefas empresariais e laborais que se ajustam ao núcleo da dinâmica empresarial do tomador dos

(15) SOUTO MAIOR, Jorge Luiz. *Terceirização não pode ser usada para burlar direitos trabalhistas*. Disponível em: <http://www.conjur.com.br/2004-jul-06/terceirizacao_nao_usada_burlar_direitos>. Acesso em: 09 maio 2017.

(16) MARTINS, Sergio Pinto. *A Terceirização e o Direito do Trabalho*. 9. ed. São Paulo: Atlas, 2009. p. 133.

> serviços, compondo a essência dessa dinâmica e contribuindo inclusive ara a definição de seu posicionamento e classificação no contexto empresarial e econômico. São, portanto, atividades nucleares e definitórias da essência da dinâmica empresarial do tomador dos serviços. Por outro lado, atividades meio são aquelas funções e tarefas empresariais e laborais que não se ajustam ao núcleo da dinâmica empresarial do tomador de serviços, nem compõem a essência dessa dinâmica ou contribuem para a definição de seu posicionamento no contexto empresarial e econômico mais amplo. São, portanto, atividades periféricas à essência da dinâmica empresarial do tomador dos serviços.[17]

Outra ressalva foi feita por este inciso, uma vez que ainda que se trate de atividade meio, não poderão estar presentes a pessoalidade e a subordinação no fornecimento de mão de obra.

Esclareça-se que a preocupação com a presença de tais características na relação entre o tomador de serviços tem relação com o fato de tratar-se de elementos da relação de emprego, tendo em vista o teor dos arts. 2º e 3º da Consolidação das Leis Trabalhistas.

Tem-se, portanto, que eventual caracterização de subordinação, aliada à presença da pessoalidade entre o obreiro e a empresa tomadora de serviços, poderá vir a configurar a relação empregatícia entre estes, descaracterizando, portanto, o contrato de prestação de serviços.

Sobre a questão, afirmam Melo e Miró:

> Seria de se indagar como é possível a prestação de serviços no âmbito da empresa tomadora sem que esta esteja dirigindo a atividade do trabalhador. A realidade empresarial é bem diferente disso, sendo regra o cumprimento de ordens diretas do tomador dos serviços pelo trabalhador terceirizado, mesmo quando se trata de atividade-meio da empresa.
>
> Do mesmo modo, é dado da realidade que o tomador, ao constatar a qualidade do serviço prestado por algum trabalhador, busca a sua manutenção, junto à empresa prestadora de serviços, no quadro da empresa principal, de modo que a pessoalidade também costuma estar presente em tais casos. É claro que, também aqui, haverá de imperar o princípio da primazia da realidade, prevalecendo a realidade sobre a forma do contrato, de modo que, configurada a subordinação direta e a pessoalidade, haverá a formação de vínculo empregatício diretamente com o tomador de serviços.[18]

---

(17) DELGADO, Mauricio Godinho. *Curso de Direito do Trabalho.* 15. ed. São Paulo: LTr, 2016. p. 501 *apud* MELO FILHO, Hugo Cavalcanti; MIRÓ, Julianna Anjos. Terceirização laboral no Brasil e na Itália: elementos para comparação. In: MELO FILHO, Hugo Cavalcanti (Org.). *Elementos para a tutela efetiva da classe trabalhadora* — temas de direito e processo do trabalho. 1. ed. Bauru: Canal 6, 2016. p. 176.

(18) MELO FILHO, Hugo Cavalcanti; MIRÓ, Julianna Anjos. Terceirização laboral no Brasil e na Itália: elementos para comparação. In: MELO FILHO, Hugo Cavalcanti (Org.). *Elementos para a tutela efetiva da classe trabalhadora* — temas de direito e processo do trabalho. 1. ed. Bauru: Canal 6, 2016. p. 176.

2. Normatização da terceirização

A terceirização, segundo Mauricio Godinho Delgado, marca

> Uma relação trilateral em face da contratação de força de trabalho no mercado capitalista: o obreiro, prestador de serviços, que realiza suas atividades materiais e intelectuais junto à empresa tomadora de serviços; a empresa terceirizante, que contrata este obreiro, firmando com ele os vínculos jurídicos trabalhistas pertinentes; a empresa tomadora de serviços, que recebe a prestação de labor, mas não assume a posição clássica de empregadora desse trabalhador envolvido.(19)

É certo que o setor empresarial reclamava da falta de um marco legal que regulamentasse e estimulasse a terceirização, eliminando a distinção entre atividades-fim e atividades-meio e disciplinando a responsabilidade dos tomadores de serviços.

Em primeiro lugar, é interessante mencionar que o projeto votado pela Câmara dos Deputados em 2015, isto é, o PL n. 4.330/04, não se confunde com o projeto de lei sancionado pelo Presidente Michel Temer, em 31 de março de 2017.

O PL n. 4.330/04 tramita, atualmente, no Senado Federal, sob o número PLC n. 30/15.

Por sua vez, a Lei n. 13.429/17 advém do projeto de Lei n. 4.302/98, enviado à Câmara dos Deputados pelo então Chefe do Poder Executivo, Fernando Henrique Cardoso.

É primordial abordamos as semelhanças entre os dois projetos de lei supramencionados, bem como os aspectos da Lei n. 13.429/17 e sua aplicabilidade no âmbito da coisa pública. Vejamos.

2.1. PL n. 4.330/04 (PLC n. 30/15)

Proposto em outubro de 2004, este projeto de lei dispõe sobre os contratos de terceirização e as relações de trabalho deles decorrentes.

Dentre outras disposições, prevê a terceirização irrestrita, isto é, não há distinção entre atividades meio e atividades-fim da empresa tomadora dos serviços terceirizados.

Pode-se mencionar, também, a responsabilidade das empresas envolvidas. Pelo projeto de lei em questão, a empresa contratante é subsidiariamente responsável pelas obrigações trabalhistas referentes ao período em que ocorrer a prestação de serviços.

Por sua vez, a empresa prestadora de serviços que subcontratar outra se torna solidariamente responsável pelas obrigações trabalhistas assumidas pela empresa subcontratada. Aqui, percebe-se o fenômeno da "quarteirização".

Já nos contratos de terceirização em que a contratante for a Administração Pública, a responsabilidade pelos encargos trabalhistas é limitada pelo art. 71 da Lei n. 8.666/93, o

(19) DELGADO, Mauricio Godinho. *Curso de direito do trabalho*. 8. ed. São Paulo: LTr, 2009. p. 407.

qual não transfere ao Erário a responsabilidade pela inadimplência dos encargos trabalhistas da empresa intermediária:

> Art. 71. O contratado é responsável pelos encargos trabalhistas, previdenciários, fiscais e comerciais resultantes da execução do contrato.
>
> § 1º A inadimplência do contratado, com referência aos encargos trabalhistas, fiscais e comerciais não transfere à Administração Pública a responsabilidade por seu pagamento, nem poderá onerar o objeto do contrato ou restringir a regularização e o uso das obras e edificações, inclusive perante o Registro de Imóveis.
>
> § 2º A Administração Pública responde solidariamente com o contratado pelos encargos previdenciários resultantes da execução do contrato, nos termos do art. 31 da Lei n. 8.212, de 24 de julho de 1991.
>
> § 3º (Vetado).[20]

Ademais, é facultado à empresa tomadora estender ao trabalhador da empresa de prestação de serviços a terceiros benefícios oferecidos aos seus empregados, tais como atendimento médico, ambulatorial e de refeição destinado aos seus empregados.

Em abril de 2015, o PL n. 4.330/04 foi aprovado na Câmara dos Deputados. Seguindo para o Senado, o PLC n. 30/15 encontra-se pendente de votação.

2.2. PL n. 4.302/98

Em 1998, o então Presidente da República Fernando Henrique Cardoso, enviou à Câmara dos Deputados um projeto de lei que versava sobre as relações de trabalho na empresa de trabalho temporário e na empresa de prestação de serviços a terceiros.

Depois de retornar do Senado em 2002, o PL n. 4.302/98 permaneceu inerte nos escaninhos da Câmara dos Deputados, até ser, em tempo recorde, aprovado no Plenário da Câmara e encaminhado à sanção presidencial, em 31.3.2017.

2.3. A Lei n. 13.429/17

A chamada "Lei da Terceirização" entrou em vigor na data de sua publicação e sofreu três vetos parciais, quais sejam:

(i) o § 3º do art. 10, que tratava da possível prorrogação, por acordo ou convenção coletiva, do prazo do contrato de trabalho temporário para além dos 270 (duzentos e setenta) dias previstos;

(ii) o art. 11, que mencionava a inclusão na Carteira de Trabalho e Previdência Social da condição de temporário do empregado pelo empregador; e

(iii) por fim, o art. 12, o qual se referia aos direitos e garantias fundamentais do obreiro.

(20) BRASIL. *Lei n. 8.666, de 21 de junho de 1993.* Regulamenta o art. 37, inciso XXI, da Constituição Federal, institui normas para licitações e contratos da Administração Pública e dá outras providências. Diário Oficial [da] República Federativa do Brasil, Brasília – DF, 22 jun. 1993. Disponível em: <http://www.planalto.gov.br/ccivil_03/leis/l8666cons.htm>. Acesso em: 30 abril 2017.

Podem-se citar alguns pontos mais relevantes da Lei n. 13.429/17. De acordo com o disposto, a terceirização poderá ser aplicada a qualquer atividade da empresa, incluindo a atividade-fim. A medida prevê que a contratação terceirizada possa ocorrer sem restrições, inclusive na Administração Pública.

A empresa prestadora de serviços será responsável por contratar, remunerar e dirigir os trabalhadores. Além disso, a lei em comento prevê a subcontratação de outras empresas pela prestadora de serviços, conhecido como o fenômeno da "quarteirização". Isto é, uma empresa que presta serviços pode contratar outra empresa para executá-lo.

O contrato deve ter objeto específico e os empregados da empresa prestadora de serviços não poderão trabalhar em atividades distintas daquelas para as quais foram contratados.

Assim como previa o PL n. 4.330/04, a empresa tomadora dos serviços poderá estender ao trabalhador da empresa de prestação de serviços o mesmo atendimento médico, ambulatorial e de refeição destinado aos seus empregados. Ou seja, isso não passa de mera faculdade do tomador, o que, pela lógica capitalista-empresarial de aumentar os lucros e reduzir os custos, não ocorrerá.

Nas palavras de Godinho Delgado,

> Embora a terceirização trabalhista não seja, necessariamente, redutora de postos de trabalho, ela é, essencialmente, desorganizadora do sistema de garantias e direitos estipulados pelo clássico Direito do Trabalho. Nesta medida ela propicia, ao menos em um momento inicial, significativa redução de custos empresariais.(21)

Quanto à responsabilidade, a empresa tomadora dos serviços é subsidiariamente responsável pelas obrigações não adimplidas pela empresa interposta, limitada ao período estabelecido da prestação de serviços.

2.3.1. Considerações sobre a constitucionalidade da Lei n. 13.429/17

Primeiramente, cumpre registrar que o primeiro vício de inconstitucionalidade da lei em comento ocorreu na sua própria tramitação, uma vez que, em 19.08.2003, o então Presidente da República, Luiz Inácio Lula da Silva, encaminhou ao Congresso Nacional o pedido de retirada do projeto de Lei n. 4.302/98.

Com o pedido do Presidente, a proposta deveria ter sido retirada e arquivada.(22) No entanto, desde 2003 até março de 2017, ou seja, decorridas mais de três legislaturas, o PL em

---

(21) DELGADO, Maurício Godinho. *Capitalismo, trabalho e emprego:* entre o paradigma da destruição e os caminhos de reconstrução. 1. ed. São Paulo: LTr, 2008. p. 44.

(22) ALVES, Alysson de Sá. *PL 4.302/98:* há mais de 13 anos descumpre-se pedido de retirada da matéria. Disponível em: <http://www.diap.org.br/index.php/noticias/noticias/26782-pl-4302-98-camara-dos-deputados-a-mais-de-13-anos-descumpre-pedido-presidencial-de-retirada-da-materia>. Acesso em: 20 abr. 2017.

questão permaneceu paralisado no Congresso Nacional, sem que o requerimento de retirada fosse atendido ou sequer lido pela Mesa da Câmara dos Deputados.(23)

Em um segundo momento, insta mencionar que, de acordo com a Associação Nacional dos Procuradores do Trabalho, dentre os principais efeitos danosos da Lei n. 13.429/17 para os trabalhadores brasileiros

> *encontram-se o descaso com as condições de saúde e segurança no trabalho, a redução de direitos, a exigência de jornadas excessivas ou superiores aos limites legais, a maior rotatividade no emprego e a dispersão e falta da representatividade sindical.*(24)

Consoante dados da ANPT, de cada 10 acidentes de trabalho, 8 acontecem com terceirizados; de cada 5 mortes por acidente de trabalho, 4 são de terceirizados.

Segundo estudo(25) da Central Única dos Trabalhadores, a remuneração média dos trabalhadores terceirizados, em 2013, foi 24,7% menor do que dos trabalhadores diretos, ao passo em que trabalham 3 horas a mais por semana:

Tabela 1 — condições de trabalho e terceirização, 2013

Condições de trabalho	Setores tipicamente contratantes	Setores tipicamente terceirizados	Diferença Terceirizados/ Contratante
Remuneração média (R$)	2361,15	1776,78	-24,7
Jornada semanal contratada (horas)	40	43	7,5
Tempo de emprego (anos)	5,8	2,7	-53,5

Fonte: Rais 2013. Elaboração: DIEESE/CUT Nacional, 2014.
Nota: setores agregados segundo Class/CNAE2.0. Não estão contidos os setores da agricultura. Remuneração média em dezembro.

Pelo Gráfico 1, percebe-se que a taxa de rotatividade nos setores tipicamente terceirizados, em 2013, foi bem maior do que a dos setores tipicamente contratantes:

(23) AULER, Marcelo. *Lula detona a terceirização de FHC & Temer.* Disponível em: <http://marceloauler.com.br/lula-detona-a-terceirizacao-de-fhc-temer/>. Acesso em: 20 abr. 2017.

(24) ______. *ANPT critica aprovação de projeto de lei que libera terceirização indiscriminada nas empresas e pede seu veto.* Disponível em: <http://www.anpt.org.br/imprensa/noticias/3023-anpt-critica-aprovacao-de-projeto-de-lei-que-libera-terceirizacao-indiscriminada-nas-empresas>. Acesso em: 22 abr. 2017.

(25) ______. *Terceirização e desenvolvimento uma conta que não fecha.* Dossiê acerca do impacto da Terceirização sobre os trabalhadores e propostas para garantir a igualdade de direitos. Disponível em: <http://www. cut.org.br/system/uploads/ck/files/Dossie-Terceirizacao-e-Desenvolvimento.pdf>. Acesso em: 03 maio 2017.

Gráfico 1

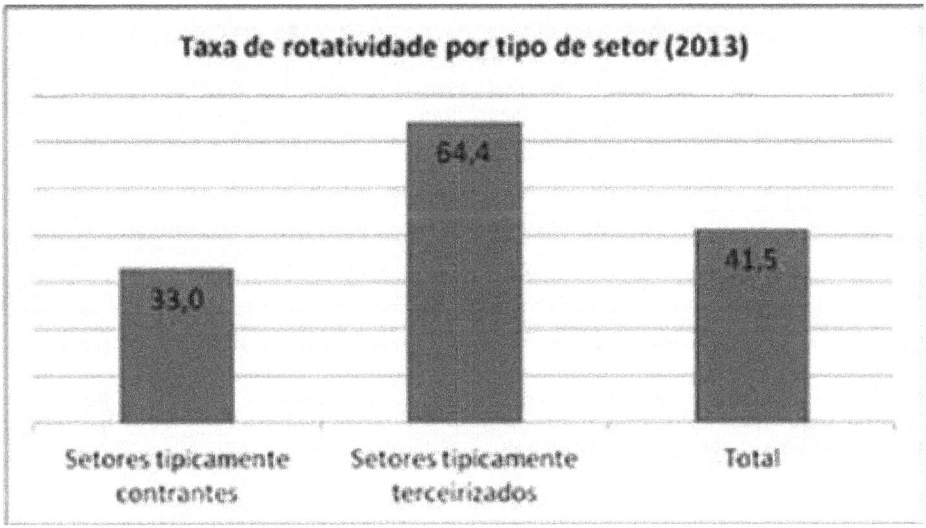

Fonte: Rais 2012 e Caged 2013. Elaboração: DIEESE/CUT Nacional, 2014. Nota: setores agregados segundo Class/CNAE2.0. Não estão contidos os setores da agricultura.

Isto é, a Lei n. 13.429/17 fere diretamente o princípio da vedação do retrocesso social, previsto no *caput* do art. 7º da Carta Constitucional, posto que não desenvolve a condição social dos trabalhadores urbanos e rurais.

Embora não faça regulação específica do fenômeno, a Constituição Federal traz claros limites ao processo de terceirização laborativa na economia e na sociedade, uma vez a partir de seu conjunto normativo, observam-se as regras assecuratórias da

> dignidade da pessoa humana (art. 1º, III); da valorização do trabalho e especialmente do emprego (art. 1º, III e *caput* do art. 170); da busca de construção de uma sociedade livre, justa e solidária (art. 3º, I); do objetivo de erradicar a pobreza e a marginalização e reduzir as desigualdades sociais (art. 3º, III); da busca da promoção do bem de todos, sem preconceitos de origem, raça, sexo, cor, idade e quaisquer outras formas de discriminação (art. 3º, IV).(26)

Nestes termos, disserta Ingo Sarlet:

> Assim sendo, temos por dignidade da pessoa humana a qualidade intrínseca e distintiva reconhecida em cada ser humano que o faz merecedor do mesmo respeito e consideração por parte do Estado e da comunidade, implicando, neste sentido, um complexo de direitos e deveres fundamentais que assegurem a pessoa tanto contra todo e qualquer ato de cunho degradante e desumano, como venham a lhe garantir condições existenciais mínimas para uma vida saudável, além de propiciar e promover sua participação ativa e corresponsável

---

(26) DELGADO, Mauricio Godinho. *Curso de Direito do Trabalho*. 14. ed. São Paulo: LTr, 2015. p. 484.

nos destinos da própria existência e da vida em comunhão com os demais seres humanos.[27]

Em relação ao fenômeno da terceirização, Mauricio Godinho Delgado declara que:

> O modelo trilateral de relação socioeconômica e jurídica que surge com o processo terceirizante é francamente distinto do modelo empregatício, que se funda em relação de caráter essencialmente bilateral. Essa dissociação entre relação econômica de trabalho (firmada com a empresa tomadora) e relação jurídica empregatícia (firmada com a empresa terceirizante) traz graves desajustes em contraponto aos clássicos objetivos tutelares e redistributivos que sempre caracterizaram o Direito do Trabalho ao longo de sua história.[28]

Uma das facetas mais controversas acerca da terceirização irrestrita, regulamentada pela Lei n. 13.429/17 será, talvez, a incompatibilidade com o art. 37, inciso II, da Constituição Federal, que assim dispõe:

> Art. 37. A administração pública direta e indireta de qualquer dos Poderes da União, dos Estados, do Distrito Federal e dos Municípios obedecerá aos princípios de legalidade, impessoalidade, moralidade, publicidade e eficiência e, também, ao seguinte:
>
> [...]
>
> II – a investidura em cargo ou emprego público depende de aprovação prévia em concurso público de provas ou de provas e títulos, de acordo com a natureza e a complexidade do cargo ou emprego, na forma prevista em lei, ressalvadas as nomeações para cargo em comissão declarado em lei de livre nomeação e exoneração;[29]

3. Terceirização irrestrita no serviço público

Sabe-se que, nos moldes do art. 37, inciso II da Constituição Federal, a investidura em cargo ou emprego público depende de aprovação prévia em concurso público de provas ou de provas e títulos.[30]

Isto é,

> A Constituição Federal é intransigente em relação à imposição à efetividade do princípio constitucional do concurso público, como regra a todas as admissões da administração pública, vedando expressamente tanto a ausência deste postulado, quanto seu afastamento fraudulento (...).[31]

(27) SARLET, Ingo Wolfgang. *Dignidade da pessoa humana e direitos fundamentais na Constituição Federal de 1988.* 3. ed. Porto Alegre: Livraria do advogado, 2004. p. 59-60.

(28) DELGADO, Mauricio Godinho. *Curso de Direito do Trabalho*. 14. ed. São Paulo: LTr, 2015. p. 473.

(29) BRASIL. *Constituição Federal de 1988*. Diário Oficial [da] República Federativa do Brasil, Brasília – DF, 5 out. 1988. Disponível em: <http://www.planalto.gov.br/ccivil_03/constituicao/constituicao.htm>. Acesso em: 09 maio 2017.

(30) *Idem*.

(31) MORAES, Alexandre de. *Constituição do Brasil interpretada e legislação constitucional*. 2. ed. São Paulo: Atlas, 2003. p. 832.

Registre-se que a imposição de realizar concurso abrange tanto órgãos e entidades da administração direta, autárquica e fundacional, como também empresas públicas e sociedades de economia mista.[32]

É sabido que a cabeça do art. 37 da Carta Constitucional arrolou como princípios vetores da administração pública, dentre outros, a legalidade, a impessoalidade, a moralidade, a publicidade e a eficiência.

Assim sendo, uma das críticas feita à Lei n. 13.429/17, é a sua inconstitucionalidade quanto à terceirização irrestrita no âmbito da Administração Pública, pois, além de burlar o princípio constitucional do concurso público, a terceirização integral na seara pública pode provocar uma queda na qualificação do funcionário e também estimular a prática do nepotismo, da corrupção e da "pejotização".

De acordo com Cretella Júnior, concurso é

> a série complexa de procedimentos para apurar as aptidões pessoais apresentadas por um ou vários candidatos que se empenham para a obtenção de uma ou mais vagas e que submetem voluntariamente seus trabalhos ao julgamento de uma comissão examinadora.[33]

No dizer de Celso Antônio Bandeira de Mello, "concurso, em rigor técnico, é um processo de seleção em que se enseja disputa, competição, entre os candidatos".[34]

Conforme explicitado, a Constituição Federal não criou aleatoriamente a disciplina do ingresso no serviço público e muito menos deixou ao arbítrio do legislador infraconstitucional decidir arbitrariamente sobre o tema.[35]

Para ingresso nos cargos públicos é necessária aprovação em concurso de provas ou provas e títulos, pois se trata de posto de trabalho no setor público, cuja remuneração é proveniente dos cofres públicos.

Nesse sentido, destacam-se os ensinamentos do jurista Hely Lopes Meirelles:

> A obrigatoriedade de concurso público, ressalvados os cargos em comissão e empregos com essa natureza, refere-se à investidura em cargo ou emprego público, isto é, ao ingresso em cargo ou emprego isolado ou em cargo ou emprego público inicial da carreira na Administração direta e indireta.[36]

---

(32) CAVALCANTE FILHO, J. T. *Terceirização na Administração Pública e Princípio Constitucional do Concurso Público:* considerações sobre o PL n. 4.330, de 2004. Brasília: Núcleo de Estudos e Pesquisas/CONLEG/Senado, abr. 2015 (Texto para Discussão n. 173). Disponível em: <www.senado.leg.br/estudos>. Acesso em: 23 abr. 2017.

(33) CRETELLA JÚNIOR, José. *Tratado de direito administrativo.* São Paulo: Forense, 1967. vol. 4. p. 276-277 *apud* BELLO, Raquel Discacciati. O princípio da igualdade no concurso público. In: *Revista de Informação Legislativa*, Brasília: Senado Federal, ano 33, n. 131, jul./set. 1996.

(34) MELLO, Celso Antônio Bandeira de. *Regime constitucional dos servidores da administração direta e indireta.* São Paulo: Revista dos Tribunais, 1990. p. 44 *apud* BELLO, Raquel Discacciati. O princípio da igualdade no concurso público. In: *Revista de Informação Legislativa*, Brasília, Senado Federal, ano 33, n. 131, jul./set. 1996.

(35) LIMA FILHO, Gerardo Alves. *10 razões que demonstram a inconstitucionalidade da terceirização irrestrita.* Disponível em: <https://jus.com.br/artigos/56816/10-razoes-que-demonstram-a-inconstitucionalidade-da-terceirizacao-irrestrita>. Acesso em: 24 abr. 2017.

(36) MEIRELLES, Hely Lopes. *Direito Administrativo Brasileiro.* 37. ed. São Paulo: Malheiros, 2011. p. 476.

A aplicação da terceirização às atividades-fim torna letra morta a regra do concurso público. Afinal de contas, qual será o estímulo do administrador público para admitir servidores concursados, se pode contratar uma empresa terceirizadora desses serviços?[37]

O incentivo à terceirização ampla e irrestrita na esfera administrativa significa, portanto, a redução drástica das vagas em concursos públicos. O inciso II do art. 37 da CF passará, de regra, a exceção.

Debater os efeitos da terceirização significa, antes de tudo, respeitar os trabalhadores terceirizados, eliminando quaisquer tipos de discriminação, ao mesmo tempo em que a defesa do concurso público se revela imprescindível para o acesso democrático a cargos e empregos públicos, bem como a qualidade e o compromisso das políticas adotadas pelo Estado brasileiro.

3.1. Da qualidade do serviço do terceirizado

É evidente que é de interesse coletivo a qualidade do serviço público. Desta maneira, o concurso busca afastar os ineptos à atividade pública. Portanto, o objetivo da Administração Pública é selecionar os candidatos mais capacitados para o exercício do cargo.

Ao terceirizar a atividade-fim na administração pública, o legislador deixou de observar o princípio da supremacia do interesse público, uma vez que os trabalhadores terceirizados não possuem a autonomia e nem a qualificação específica para o desempenho da função.

A realidade é que o nível de instrução de 75,9% dos trabalhadores terceirizados chega ao máximo ao ensino médio, de acordo com informações da Relação Anual de Informações Sociais (RAIS).[38]

Desta forma, é de conhecimento público que a classe de trabalhadores terceirizados, é, infelizmente, despreparada em sua maioria, o que causa certa dúvida, diante da maior abertura das atividades que podem ser exercidas por estas pessoas, principalmente na Administração Pública.

Não restam dúvidas sobre a necessidade de combater a terceirização no âmbito público, para se alcançar um serviço eficiente e de qualidade para a população brasileira.

3.2. Do estímulo à prática do nepotismo

Um dos princípios norteadores da administração pública é o princípio da impessoalidade, esculpido no *caput* do art. 37 da Constituição Federal. Neste sentido,

> o princípio da impessoalidade consubstancia a ideia de que a Administração Pública, enquanto estrutura composta de órgãos e de pessoas incumbidos de

(37) CAVALCANTE FILHO, J. T. *Terceirização na Administração Pública e Princípio Constitucional do Concurso Público:* considerações sobre o PL n. 4.330, de 2004. Brasília: Núcleo de Estudos e Pesquisas/CONLEG/Senado, abr. 2015 (Texto para Discussão n. 173). Disponível em: <www.senado.leg.br/estudos>. Acesso em: 23 abr. 2017.

(38) LIMA FILHO, Gerardo Alves. *10 razões que demonstram a inconstitucionalidade da terceirização irrestrita*. Disponível em: <https://jus.com.br/artigos/56816/10-razoes-que-demonstram-a-inconstitucionalidade-da-terceirizacao-irrestrita>. Acesso em: 24 abr. 2017.

gerir a coisa pública, tem de desempenhar esse múnus sem levar em conta interesses pessoais, próprios ou de terceiros (...).[39]

Para Hely Lopes Meirelles,

> Pelo concurso afastam-se, pois, os ineptos e os apaniguados que costumam abarrotar as repartições, num espetáculo degradante de protecionismo e falta de escrúpulos de políticos que se alçam e se mantêm no poder leiloando cargos e empregos públicos.[40]

Permitir a terceirização de atividades-fim na *coisa pública* pode estimular a prática do nepotismo, uma vez que a seleção dos trabalhadores terceirizados pela empresa prestadora dos serviços não obedecerá a qualquer tipo de controle.

O núcleo essencial do princípio do concurso público é a exigência de isonomia, nos moldes do *caput* do art. 5º, da CF. A seleção em caráter impessoal assegura que os candidatos concorram em igualdade, impedindo que preferências pessoais influenciem na seleção de pessoal.[41]

Repise-se, a terceirização generalizada poderá reintroduzir as feições patrimonialistas menos nobres no Estado brasileiro, cuja escolha dos servidores se dará com base nos critérios do parentesco, apadrinhamento e dos conchavos políticos.

3.3. Do estímulo à prática da corrupção

A corrupção está intrinsecamente ligada ao nepotismo, à precarização do trabalho, e à diminuição dos direitos dos trabalhadores.

De acordo com José Dari Krein,

> a terceirização, apesar de suas múltiplas formas de manifestação, tem como identidade de sua natureza a busca de redução de custos, a flexibilidade organizacional e a partilha dos riscos do negócio com outro agente econômico [...]. Essas características, com algumas exceções, no caso brasileiro, permitem vincular a terceirização à flexibilização das relações de trabalho e à precarização.[42]

Fato é que o Estado brasileiro não é o que mais age em conformidade com sua própria legislação, sendo que a cada dia novos escândalos envolvendo dinheiro público são disponibilizados à população.

Levando em consideração todo o histórico do Brasil, qual será o incentivo dos nossos representantes em realizar concursos públicos se podem, simplesmente, escolher qual empresa de terceirização prestará os serviços?

---

(39) MENDES, Gilmar Ferreira; COELHO, Inocêncio Mártires; BRANCO, Paulo Gustavo Gonet. *Curso de Direito Constitucional*. 4. ed. São Paulo: Saraiva, 2009. p. 883.

(40) MEIRELLES, Hely Lopes. *Direito Administrativo Brasileiro*. 37. ed. São Paulo: Malheiros, 2011. p. 476.

(41) CARVALHO FILHO, José dos Santos. *Manual de Direito Administrativo*. Rio de Janeiro: Lumen Juris, 2006. p. 526.

(42) KREIN, José Dari. *As tendencias recentes na relação de emprego no Brasil:* 1990-2007. (Tese de doutorado). Campinas: Unicamp, 2007.

O que nos garante que tais empresas prestadoras de serviços não possuirão qualquer tipo de conexão com os administradores da máquina pública?

Apesar de possuir uma das mais altas cargas tributárias do mundo, o Estado brasileiro nunca supriu a contento seu povo com serviços públicos de qualidade, revelando que a contrapartida está em um nível bem aquém, se houver a comparação com aquilo que é pago aos cofres públicos.

Neste sentido, a terceirização ampla das atividades da *coisa pública* poderá se tornar porta de entrada para a corrupção, a qual se apresenta como um grande malefício ao país, desde os tempos mais remotos.

3.4. Do estímulo à prática da "pejotização"

É sabido que para alguns trabalhadores, a "pejotização" é opção; para outros, imposição. O fato é que a pessoa jurídica constituída para prestação pessoal de trabalho expande-se nos mais variados ramos profissionais, como forma de mascarar a relação de emprego, afastando a aplicação da CLT.[(43)]

Quando os trabalhadores aceitam constituir empresa para serem contratados como prestadores de serviço, esquecem que, ao optarem por não ter carteira assinada, abrem mão de uma série de direitos trabalhistas previstos em lei, como FGTS, previdência social, 13º salário, férias, horas extras, seguro-desemprego, entre outros.[(44)]

É fato que as empresas procuram otimizar seus lucros e reduzir preços, em especial os encargos trabalhistas e previdenciários. Partindo deste pressuposto, a "pejotização" se mostra uma ótima saída aos empregadores que querem diminuir seus custos com mão de obra.

Na realidade, a "pejotização" nada mais que é uma forma de terceirização, uma vez que o trabalhador arca com todos os custos para abrir uma empresa, que será a real prestadora de serviços — e reponsável pelas obrigações trabalhistas.

Não se concebe trabalho como sujeição na ordem jurídica do Estado Democrático de Direito, mas sim como um direito, uma vantagem protegida juridicamente. O direito fundamental ao trabalho digno é um dos mais importantes comandos da Constituição Federal de 1988. [(45)]

3.5. Repercussão geral do julgamento do RE n. 760.931/DF: Responsabilidade subsidiária da administração pública e terceirização — Súmula n. 331, V, TST

Conforme já explicitado, o inciso V da Súmula n. 331 do TST prevê que os entes da Administração Pública, direta e indireta, respondem subsidiariamente quanto às obrigações

(43) SILVA, Sayonara Grillo Coutinho Leona da Silva. A 'pejotização' como uma fraude à relação de emprego: uma análise do fenómeno. In: *Transformações no mundo do trabalho e redesenhos institucionais trabalho, instituições e direitos*. São Paulo: LTr, 2014. p. 237.

(44) ______. *Com falsa expectativa de vantagens, "pejotização" prejudica o trabalhador*. Disponível em: <http://www.tst.jus.br/noticias/-/asset_publisher/89Dk/content/id/15229074>. Acesso em: 02 maio 2017.

(45) DELGADO, Gabriela Neves. Estado democrático de direito e direito fundamental ao trabalho digno. In: REIS, Daniela Muradas; MELLO, Roberta Dantas de; COURA, Solange Barbosa de Castro (Coords.). *Trabalho e Justiça Social: um tributo a Mauricio Godinho Delgado*. São Paulo: LTr, 2013. p. 255-256.

trabalhistas inadimplentes, caso evidenciada a sua conduta culposa no cumprimento das obrigações da Lei n. 8.666/93, especialmente na fiscalização do cumprimento das obrigações contratuais e legais da prestadora de serviço como empregadora.

Para afastar qualquer tipo de responsabilidade, a Administração Pública agita o conteúdo do art. 71 da lei supramencionada, conhecida como Lei das Licitações.

O referido artigo isenta a Administração Pública de responsabilidade pelo cumprimento das obrigações trabalhistas quando houver o inadimplemento do empregador, cujo teor é o seguinte:

> Art. 71. O contratado é responsável pelos encargos trabalhistas, previdenciários, fiscais e comerciais resultantes da execução do contrato.
>
> § 1º A inadimplência do contratado com referência aos encargos trabalhistas, fiscais e comerciais não transfere à Administração Pública a responsabilidade por seu pagamento, nem poderá onerar o objeto do contrato ou restringir a regularização e o uso das obras e edificações, inclusive perante o Registro de Imóveis.
>
> § 2º A Administração Pública responde solidariamente com o contratado pelos encargos previdenciários resultantes da execução de contrato, nos termos do art. 31, da Lei n. 8.212, de 24 de junho de 1991.
>
> § 3º Vetado.(46)

Foi neste sentido que o Supremo Tribunal Federal decidiu no julgamento do Recurso Extraordinário 760.931/DF, ocorrendo repercussão geral para mais de 50 mil processos no judiciário.

Com o voto de desempate do ministro Alexandre de Moraes, o qual acredita ser o § 1º do artigo supracitado "mais do que claro" ao exonerar o poder público da responsabilidade do pagamento das verbas trabalhistas por inadimplência da empresa prestadora de serviços, o recurso da União foi parcialmente provido.

Confirmou-se, assim, o entendimento, adotado na Ação Declaratória de Constitucionalidade n. 16, que veda a responsabilização automática da Administração Pública, só cabendo sua condenação se houver prova inequívoca de sua conduta omissiva ou comissiva na fiscalização dos contratos.(47)

Mais uma vez, a corrente arrebenta no lado mais fraco — o trabalhador —, que será obrigado a incumbir-se de todos os riscos ao aceitar prestar serviços à máquina pública.

---

(46) BRASIL. *Lei n. 8.666, de 21 de junho de 1993*. Regulamenta o art. 37, inciso XXI, da Constituição Federal, institui normas para licitações e contratos da Administração Pública e dá outras providências. Diário Oficial [da] República Federativa do Brasil, Brasília – DF, 22 jun. 1993. Disponível em: <http://www.planalto.gov.br/ccivil_03/leis/l8666cons.htm>. Acesso em: 25 abr. 2017.

(47) ______. *Terceirização:* Plenário define limites da responsabilidade da administração pública. Disponível em: <http://www.stf.jus.br/portal/cms/verNoticiaDetalhe.asp?idConteudo=339613>. Acesso em: 03 maio 2017.

3.6. Reflexos da apresentação do PL n. 6.787/16

O plenário da Câmara dos Deputados concluiu, na madrugada do dia 27 de abril de 2017, a votação do PL n. 6.787/16, aprovada na forma do substitutivo do relator, deputado Rogério Marinho, que trata da reforma trabalhista.

O texto altera a CLT para prever, entre outras medidas, a prevalência de acordo coletivo sobre lei, regras para o trabalho intermitente e o fim da contribuição sindical obrigatória e da ajuda do sindicato na rescisão trabalhista.

Realizando uma breve análise do texto aprovado, cumpre registrar que o substitutivo, dentre outras alterações maléficas para o trabalhador:

(i) suprimiu as horas *in itinere*;

(ii) manteve o contrato por tempo parcial de 25 horas semanas para 26 ou 30 horas semanais, proposto pelo projeto de lei original;

(iii) instituiu a prevalencia da convenção coletiva e do acordo coletivo de trabalho sobre lei na jornada de trabalho, banco de horas anual, intervalo mínimo de alimentação de meia hora, teletrabalho, regime de sobreaviso, trabalho intermitente, enquadramento do grau de insalubridade e a prorrogação de jornada em ambientes insalubres, sem licença prévia do Ministério do Trabalho;

(iv) previu que qualquer desconto para sindicato deverá ser expressamente autorizado;

(v) retirou a assistência obrigatória do sindicato na extinção do contrato de trabalho e em sua homologação; e, dentre outras modificações absurdas,

(vi) determinou que a trabalhadora gestante deverá ser afastada das atividades consideradas insalubres em grau máximo durante toda a gestação, mas das atividades consideradas insalubres em graus médio ou mínimo, será afastada se atestado positivamente.

O texto substitutivo ao PL n. 6.787/16 seguiu para o Senado Federal (PLC n. 387/2017), sem tramitação de urgência, o que permitirá um maior debate sobre o tema, que começou timidamente como um projeto de poucos artigos e se transformou neste desrespeito aos direitos trabalhistas.

Insta salientar que o texto substitutivo tentou definir algumas matérias abordadas na Lei n. 13.429/17.

Em seu art. 4º-A, definiu como prestação de serviços a terceiros a transferência feita pela contratante de quaisquer de suas atividades, **inclusive sua atividade principal**, à empresa prestadora de serviços.

Inclui também o art. 4º-C, pelo qual são asseguradas aos empregados da empresa prestadora de serviços, quando e enquanto os serviços forem executados nas dependências da tomadora, as mesmas condições relativas à alimentação, transporte, atendimento médico e treinamento adequado, bem como as mesmas condições sanitárias dos empregados da empresa tomadora.

Ademais, pelo § 1º do artigo supracitado, contratante e contratada poderão estabelecer que os empregados da contratada farão jus a salário equivalente ao pago aos empregados da contratante, além de outros direitos não previstos no artigo.

Inseriu, ainda, o art. 5º-A na Lei n. 6.019/74, definindo que a contratante é a pessoa física ou jurídica que celebra contrato com empresa de prestação de serviços relacionados a quaisquer de suas atividades, inclusive sua atividade principal.

Vê-se que a redação dada pelo relator do PL n. 6.787/16 pretendeu espancar algumas dúvidas surgidas com a publicação da Lei n. 13.429/17, principalmente quanto à possiblidade de contratação para atividade-fim, uma vez que isto era expressamente indicado na seção que trata do trabalho temporário e não naquela que trata da terceirização.

Conclusão

Consoante se infere do apresentado, o presente trabalho de conclusão de curso objetivou estudar o instituto da terceirização, com vistas a apreciar aplicabilidade da Lei n. 13.429/17, com enfoque principal na Administração Pública.

Antes de adentrar especificamente na análise da terceirização na *coisa pública*, fez-se necessário apresentar o surgimento deste instituto no mundo e no Brasil, e sua interferência nas relações trabalhistas, explanando sobre Súmula n. 331 do Tribunal Superior do Trabalho, e auxiliando no esclarecimento sobre atividade-fim e atividade meio.

No decorrer do presente trabalho, discorreu-se sobre a normatização da terceirização na ordem jurídica brasileira, discutindo sobre o PL n. 4.330/04 (PLC 30/15), o PL n. 4.302/98 e a Lei n. 13.429/17.

Uma das muitas críticas feitas à Lei n. 13.429/17, é a sua inconstitucionalidade quanto à terceirização irrestrita na seara pública, pois, além de burlar o princípio constitucional do concurso público, a terceirização integral neste âmbito pode provocar uma queda na qualificação do funcionário, como também estimular a prática do nepotismo, da pejotização e da corrupção.

Conforme explicitado, a Constituição Federal não criou aleatoriamente a disciplina do ingresso no serviço público e muito menos deixou à mercê do legislador infraconstitucional decidir arbitrariamente sobre o tema, vez que se trata de posto de trabalho no setor público, cuja remuneração é proveniente dos cofres públicos.

É evidente que é de interesse coletivo a qualidade do serviço público. Desta maneira, o concurso busca afastar os ineptos à atividade pública. Portanto, o objetivo da Administração Pública é selecionar os candidatos mais capacitados para o exercício do cargo.

Ao terceirizar a atividade-fim na administração pública, o legislador deixou de observar o princípio da supremacia do interesse público, uma vez que os trabalhadores terceirizados não possuem a autonomia e nem a qualificação específica para o desempenho da função.

Abordou-se, também, os reflexos da repercussão geral do julgamento do RE n. 760.931/DF, o qual confirmou o entendimento da ADC n. 16. Desta forma, isenta é a Administração Pública de responsabilidade pelo cumprimento das obrigações trabalhistas quando houver o inadimplemento da empresa prestadora dos serviços terceirizantes.

Por fim, discutiu-se sobre a aprovação do texto substitutivo ao PL n. 6.787/16, o qual, além de retirar direitos trabalhistas sedimentados, pretende definir algumas matérias abordadas pela Lei n. 13.429/17.

Por todas as razões despendidas, é forçoso concluir que se a terceirização, em qualquer de suas modalidades, é nefasta ao trabalhador, pela precarização das condições de trabalho, no âmbito da Administração Pública ela se revela ainda mais perversa, uma vez que, para além dos danos causados aos terceirizados, provoca, inevitavelmente, prejuízo ao Estado e aos administrados, seja porque compromete a quailidade dos serviços prestados, em ofensa ao rpincípio da eficiência, seja proque envolve enorme potencial de ofensa aos princípios da moralidade e da impessoalidade, ao afastar critérios objetivos de selsção de pessoal, ao abrir ensachas à prática de corrupção, no momento da licitação dos serviços.

Some-se a tudo a evidente inconstitucionalidade da Lei n. 13.429/17, por ofensa evidente às disposições do art. 37, II (a investidura em cargo ou emprego público depende de aprovação prévia em concurso público de provas ou de provas e títulos) e 7º, *caput* (vedação do retrocesso social), ambos da Constituição da República.

Não será, então, por outras razões, que se constrói, desde já, forte expectativa de futura declaração de inconstitucionalidade da norma, pelo Supremo Tribunal Federal, em sede de controle concentrado de inconstitucionalidade, a que, seguramente, será instado o Pretório Excelso, brevemente.

Referências bibliográficas

______. *ANPT critica aprovação de projeto de lei que libera terceirização indiscriminada nas empresas e pede seu veto.* Disponível em: <http://www.anpt.org.br/imprensa/noticias/3023-anpt-critica-aprovacao-de-projeto-de-lei- que-libera-terceirizacao-indiscriminada-nas-empresas>.

______. *Com falsa expectativa de vantagens, "pejotização" prejudica o trabalhador.* Disponível em: <http://www.tst.jus.br/noticias/-/asset_publisher/89Dk/content/id/15229074>.

______. *Terceirização e desenvolvimento uma conta que não fecha:* dossiê acerca do impacto da terceirização sobre os trabalhadores e propostas para garantir a igualdade de direitos. Disponível em: <http://www.cut.org.br/system/uploads/ck/files/Dossie-Terceirizacao-e-Desenvolvimento.pdf>.

______. *Terceirização:* plenário define limites da responsabilidade da administração pública. Disponível em: <http://www.stf.jus.br/portal/cms/verNoticiaDetalhe.asp?idConteudo=339613>.

ALVES, Alysson de Sá. *PL 4.302/98:* há mais de 13 anos descumpre-se pedido de retirada da matéria. Disponível em: <http://www.diap.org.br/index.php/noticias/noticias/26782-pl-4302- 98-camara-dos-deputados-a-mais-de-13-anos-descumpre-pedido-presidencial-de-retirada-da- materia>.

AULER, Marcelo. *Lula detona a terceirização de FHC & Temer.* Disponível em: < http://marceloauler.com.br/lula-detona-a-terceirizacao-de-fhc-temer/>.

BRASIL. *Constituição Federal de 1988*. Diário Oficial [da] República Federativa do Brasil, Brasília – DF, 05 out. 1988. Disponível em: <http://www.planalto.gov.br/ccivil_03/ Constituicao/Constituicao.htm>.

______. *Lei n. 8.666, de 21 de junho de 1993*. Regulamenta o art. 37, inciso XXI, da Constituição Federal, institui normas para licitações e contratos da Administração Pública e dá outras providências. Diário Oficial [da] República Federativa do Brasil, Brasília – DF, 22 jun. 1993. Disponível em: <http://www.planalto.gov.br/ccivil_ 03/leis/L8666cons.htm>.

______. Tribunal Superior do Trabalho. *Súmula n. 256*. Contrato de prestação de serviços. Legalidade. Disponível em: <http://www3.tst.jus.br/jurisprudencia/Sumulas_com_indice/Sumulas Ind_251_300.html# SUM-256>.

______. Tribunal Superior do Trabalho. *Súmula n. 331*. Contrato de prestação de serviços. Legalidade. Disponível em: <http://www3.tst.jus.br/jurisprudencia/Sumulas_com_indice/Sumulas_Ind_251_300.html#SU M -331>.

CARVALHO FILHO, José dos Santos. *Manual de direito administrativo*. Rio de Janeiro: Lumen Juris, 2006.

CAVALCANTE FILHO, J. T. *Terceirização na administração pública e princípio constitucional do concurso público:* considerações sobre o PL n. 4.330, de 2004. Brasília: Núcleo de Estudos e Pesquisas/ CONLEG/Senado, abr. 2015, Texto para discussão n. 173. Disponível em: <www.senado.leg.br/estudos>.

CRETELLA JÚNIOR, José. *Tratado de direito administrativo*. São Paulo: Forense, 1967. vol. 4. p. 276-277 *apud* BELLO, Raquel Discacciati. O princípio da igualdade no concurso público. In: *Revista de Informação Legislativa*, Brasília: Senado Federal, ano 33, n. 131, jul./set. 1996.

DELGADO, Gabriela Neves. Estado democrático de direito e direito fundamental ao trabalho digno. In: REIS, Daniela Muradas; MELLO, Roberta Dantas de; COURA, Solange Barbosa de Castro (Coords.). *Trabalho e justiça social:* um tributo a Mauricio Godinho Delgado. São Paulo: LTr, 2013.

______. *Terceirização:* paradoxo do direito do trabalho contemporâneo. São Paulo: LTr, 2004.

DELGADO, Mauricio Godinho. *Capitalismo, trabalho e emprego:* entre o paradigma da destruição e os caminhos de reconstrução. 1. ed. São Paulo: LTr, 2008.

______. *Capitalismo, trabalho e emprego:* entre o paradigma da destruição e os caminhos de reconstrução. 2. ed. São Paulo: LTr, 2015.

______. *Curso de direito do trabalho*. 8. ed. São Paulo: LTr, 2009.

______. *Curso de direito do trabalho*. 14. ed. São Paulo: LTr, 2015.

______. Curso de direito do trabalho. 15. ed. São Paulo: LTr, 2016. p. 501 *apud* MELO FILHO, Hugo Cavalcanti; MIRÓ, Julianna Anjos. Terceirização laboral no Brasil e na Itália: elementos para comparação. In: MELO FILHO, Hugo Cavalcanti (Org.). *Elementos para a tutela efetiva da classe trabalhadora:* temas de direito e processo do trabalho. 1. ed. Bauru: Canal 6, 2016.

GONÇALVES, Antônio Fabrício de Matos; FONTES, Camila de Abreu. Responsabilidade da administração pública à luz da nova redação da Súmula n. 331 do TST. In: REIS, Daniela Muradas; MELLO, Roberta Dantas de; COURA, Solange Barbosa de Castro (Coords.). *Trabalho e justiça social:* um tributo a Mauricio Godinho Delgado. São Paulo: LTr, 2013.

KREIN, José Dari. *As tendências recentes na relação de emprego no Brasil:* 1990-2007. Campinas: Dissertação de doutorado em direito da Unicamp, 2007.

LIMA FILHO, Gerardo Alves. *10 razões que demonstram a inconstitucionalidade da terceirização irrestrita.* Disponível em: <https://jus.com.br/artigos/56816/10-razoes-que- demonstram-a-inconstitucionalidade-da-terceirizacao-irrestrita>.

MARTINS, Sérgio Pinto. *A terceirização e o direito trabalho.* São Paulo: Atlas, 1997.

______. *A terceirização e o direito do trabalho.* 9. ed. São Paulo: Atlas, 2009.

MEIRELLES, Hely Lopes. *Direito administrativo brasileiro.* 37. ed. São Paulo: Malheiros, 2011.

MELLO, Celso Antônio Bandeira de. *Regime constitucional dos servidores da administração direta e indireta.* São Paulo: Revista dos Tribunais, 1990. p. 44 *apud* BELLO, Raquel Discacciati. O princípio da igualdade no concurso público. In: *Revista de Informação Legislativa*, Brasília, Senado Federal, ano 33, n. 131, jul/set. 1996.

MELO FILHO, Hugo Cavalcanti; MIRÓ, Julianna Anjos. Terceirização laboral no Brasil e na Itália: elementos para comparação. In: MELO FILHO, Hugo Cavalcanti (Org.). *Elementos para a tutela efetiva da classe trabalhadora:* temas de direito e processo do trabalho. 1. ed. Bauru: Canal 6, 2016.

MENDES, Gilmar Ferreira; COELHO, Inocêncio Mártires; BRANCO, Paulo Gustavo Gonet. *Curso de direito constitucional.* 4. ed. São Paulo: Saraiva, 2009.

MORAES, Alexandre de. *Constituição do Brasil interpretada e legislação constitucional.* 2. ed. São Paulo: Atlas, 2003.

SARLET, Ingo Wolfgang. *Dignidade da pessoa humana e direitos fundamentais na Constituição Federal de 1988.* 3. ed. Porto Alegre: Livraria do Advogado, 2004.

SILVA, Sayonara Grillo Coutinho Leonardo da. A "pejotização" como uma fraude à relação de emprego: uma análise do fenómeno. In: SILVA, Sayonara Grillo Coutinho Leonardo da (Org.). *Transformações no mundo do trabalho e redesenhos institucionais:* trabalho, instituições e direitos. São Paulo: LTr, 2014.

SOUTO MAIOR, Jorge Luiz. *Terceirização não pode ser usada para burlar direitos trabalhistas.* Disponível em: <hsttp://www.conjur.com.br/2004-jul- 06/terceirizacao_nao_usada_burlar_direitos>.

A Escravidão Contemporânea em Pernambuco: A Análise do Trabalho Escravo no Estado e os Resquícios Coloniais da Economia Sucroalcooleira[1]

Maria Odete Freire de Araújo

1. Introdução

A liberdade está no *caput* do capítulo 5º da Constituição Federal de 1988 como um dos direitos fundamentais de brasileiros e estrangeiros que residam no Brasil. Irrenunciável, inflexível e impossível de negociação restritiva, a liberdade é característica inerente ao ser humano dentro da sociedade atual.

Nas relações de trabalho não é diferente. Ou não deveria ser.

As pontas desequilibradas do contrato de emprego revelam-se como os dois bancos uma gangorra que (muito) dificilmente está equilibrada. Os sujeitos da relação de trabalho apresentam-se como pessoas livres e dispostas a celebrar uma transação de compra e venda, tendo a mão de obra de um lado e o capital na outra face da moeda. Entretanto, o desequilíbrio entre o poder do empregador e os direitos do empregado mostra a irregularidade dessa balança, que teima em pesar para o detentor do capital, ansioso em acumular riquezas e despreocupado com o sujeito que, ao fim e ao cabo, é meio para o êxito do investidor: o trabalhador.

É importante pensar

> Que os indivíduos humanos, ou seja, sociais, são *ativos* na história — como *agentes* das diferentes práticas sociais do processo histórico de produção e de reprodução — é um fato. Mas, considerados, como *agentes*, os indivíduos humanos não são sujeitos "livres" e "constituintes" no sentido filosófico desses termos. Eles atuam em e sob as determinações das *formas de existência* histórica das relações sociais de produção e de reprodução (processo de trabalho, divisão e organização do trabalho, processo de produção e de reprodução. luta de classes, etc.) (ALTHUSSER, 1978, p. 67).

(1) Projeto de pesquisa (excertos) apresentado ao Programa de Pós-graduação em Direito (PPGD) da Universidade Federal de Pernambuco (UFPE), como requisito parcial da seleção para o ingresso no Mestrado, em 2019.

Pensar no trabalhador enquanto pessoa livre, possível de discutir salários e condições de trabalho é, com otimismo, reduzir-se a ínfima parcela da população. A verdade é que a grande massa de trabalhadores do Brasil é levada a cumprir tarefas que não seriam as suas escolhidas, por um salário mínimo ou menor que este, sem carteira de trabalho assinada em muitas ocasiões e sem possibilidade de negociação acerca de suas condições de trabalho.

Mais que isso, há trabalhadores que sequer conseguem debater sobre a sua liberdade de trabalho. A escravidão se perpetua no tempo, alinhavando-se nas relações sociais a partir da realidade de cada momento histórico. Não é diferente no Estado de Pernambuco do século XXI, com resquícios nada saudosos dos tempos de capitania hereditária, em que os escravos eram utilizados como mão de obra dominante e automática, como máquinas a serviço de seus senhores.

2. O trabalho escravo contemporâneo, seus nomes e espécies

Presente em toda a história da humanidade, a escravidão está — contraditoriamente — imbrincada na evolução das sociedades. Escravos de guerra, em razão de servidão por dívidas, por origem, cor e classe social, essa força de trabalho é parte essencial das grandes construções, da produção de mercadorias de troca entre os povos e da geração de riquezas dos países e dos detentores do capital.

Na sociedade atual não é diferente. Com a galopante busca pelo lucro do produtor, os trabalhadores passam a ser máquinas humanas inseridas na planta de trabalho, com seus valores de troca minimizados com o objetivo da majoração do retorno financeiro do investidor. É nessa degradação do trabalho humano que se abre o flanco da escravidão contemporânea.

É frágil falar de trabalho escravo sem antes tratar de seu nome, das faces e fases que possui. As variações nominativas geram não apenas incerteza, insegurança jurídica, mas também dificultam o conhecimento sobre o tema. A confusão acerca da correta nomenclatura dificulta o próprio combate a este abuso haja vista haver dúvidas sobre a sua incidência. Consequência disto é a "camuflagem" dessas relações, que acaba por gerar a impunidade de escravocratas — tão camuflados quanto o nome da atividade que praticam.

A ideia aqui expressa é corroborada pela professora Neide Esterci (2008, p. 5), que diz que "(...) *identificar os significados dos diferentes usos dos termos é, portanto, mais do que lidar com nomes: é desvendar as lutas que se escondem por detrás dos nomes – lutas essas em torno da dominação, do uso repressivo da força de trabalho e da exploração*".

Pois bem.

Muitas expressões são utilizadas nos estudos relacionados à escravidão, como o trabalho moderno, a escravidão moderna, atual, nova, contemporânea, superexploração do trabalho, semi-escravidão, trabalho forçado, entre outros.

Com um pouco de atenção, perceber-se-á que todas elas tem um fim específico: expor o desrespeito do empregador para com os direitos do trabalhador e com os direitos humanos. Ocorre que as nuances de cada denominação dificultam, como já mencionado acima, a real delimitação do que é permito ou não; do que é crime ou não na relação trabalhista.

Dos nomes apresentados, este estudo alinha-se ao entendimento do professor e procurador do trabalho Jairo Lins de Albuquerque Sento-Sé, para quem a melhor definição do instituto é o trabalho escravo contemporâneo, que ele define da seguinte forma:

> Aquele em que o empregador sujeita o empregado a condições de trabalho degradantes, inclusive quanto ao meio ambiente em que irá realizar a sua atividade laboral, submetendo-o, em geral, a constrangimento físico e moral, que vai desde a deformação do seu consentimento ao celebrar o vínculo empregatício, passando pela proibição imposta ao obreiro de resilir o vínculo quando bem entender, tudo motivado pelo interesse mesquinho de ampliar os lucros às custas da exploração do trabalhador (SENTO-SÉ, 2001, p. 21).

Ultrapassada a questão de sua nomenclatura, é também importante pormenorizar como a escravidão se apresenta atualmente. No ordenamento brasileiro, a baliza pode ser encontrada na legislação penal. O art. 149 do Código Penal brasileiro (CP) traz, desde a sua inserção em 2003 no CP, as hipóteses do chamado trabalho em condições análogas à escravidão. Interessante o fato de a nomenclatura jurídica destacar as possibilidades de escravidão contemporânea daquela premissa inicial de escravo como negro, sem direito a nome, acorrentado e chicoteado. Eis:

> Art. 149. Reduzir alguém a condição análoga à de escravo, quer submetendo-o a trabalhos forçados ou a jornada exaustiva, quer sujeitando-o a condições degradantes de trabalho, quer restringindo, por qualquer meio, sua locomoção em razão de dívida contraída com o empregador ou preposto:
>
> Pena – reclusão, de dois a oito anos, e multa, além da pena correspondente à violência.
>
> § 1º Nas mesmas penas incorre quem:
>
> I – cerceia o uso de qualquer meio de transporte por parte do trabalhador, com o fim de retê-lo no local de trabalho;
>
> II – mantém vigilância ostensiva no local de trabalho ou se apodera de documentos ou objetos pessoais do trabalhador, com o fim de retê-lo no local de trabalho.
>
> § 2º A pena é aumentada de metade, se o crime é cometido:
>
> I – contra criança ou adolescente;
>
> II – por motivo de preconceito de raça, cor, etnia, religião ou origem.

No caso dos trabalhos em condição análoga em Pernambuco, a hipótese mais incidente é o trabalho em condições degradantes. Nela, não há cerceamento direto de liberdade nem se nega a saída do trabalhador do ambiente de trabalho por causa de assunção de dívidas. É, sim, o caso em que a pessoa trabalha sem qualquer condição de sobrevivência digna. É a própria coisificação do homem. O empregador, nesses casos, não pensa na dignidade do ser humano, na sua higiene, saúde e bem-estar, pois o empregado é visto apenas como uma das ferramentas de trabalho, sem vida.

A hipótese pode ser facilmente observada, pois os trabalhadores vivem em lonas, não possuem água potável, tomam banho em lugares públicos e com água poluída, não tem comida decente, não tem banheiro, etc.

Outra hipótese que se observa é a do trabalho escravo equiparado apresentado no parágrafo primeiro do art. 149, do CP, especificamente quanto à vigilância ostensiva no local de trabalho.

3. O trabalho escravo contemporâneo e o seu berço sucroalcooleiro

Pernambuco foi uma das primeiras regiões do Brasil a serem ocupadas pelos portugueses e um dos mais importantes núcleos econômicos do início do período colonial. O seu povoamento efetivo se deu em 1534, quando a colônia portuguesa foi dividida em capitanias hereditárias. Assim,

> Em pouco tempo, a capitania de Pernambuco se tornou a principal produtora de açúcar da colônia portuguesa. Consequentemente, era também a mais próspera e influente das capitanias hereditárias. Surge em Pernambuco o protótipo da sociedade açucareira dos grandes latifundiários da cana-de-açúcar, que perdurará de forma majoritária nos dois séculos seguintes. O cultivo da cana-de-açúcar adaptou-se facilmente ao clima pernambucano e ao solo massapê. A maior proximidade geográfica de Portugal, barateando o custo do transporte, a abundância do pau-brasil, o cultivo do algodão e os grandes investimentos feitos pelo donatário na fundação de vilas e na pacificação dos índios são outros fatores que ajudam a explicar o progresso da capitania.[2]

Desde essa época, os portugueses escravizaram índios e negros para utilizar como ferramentas de trabalho visando o próprio lucro. As aspirações senhoriais eram das mais gananciosas haja vista a proximidade de Pernambuco da Europa, que facilitava o transporte de suas mercadorias.

Quem conhece a cultura deste estado, observa — de maneira fácil, inclusive — a sua cultura patriarcal arraigada, advinda dos senhores de engenho mencionados no parágrafo anterior. A bem da verdade, a cana-de-açúcar ainda é uma atividade eminente da região, sendo responsável pelo emprego de milhares de pessoas. Só que esta atividade, com o tempo, foi se adequando ao mercado atual — automatizado, voltado para a efetividade e no caminho da escalada para o lucro ilimitado. Isso significa dizer que pesquisas foram feitas para melhorar a qualidade da cana; máquinas criadas/adquiridas para produzir mais, melhor e em menos tempo; e trabalhadores... bem, trabalhadores podem ser encontrados em situações bem diferentes do que entendemos como minimamente digna e "dentro do que manda a lei".

Conforme já foi explicado anteriormente, o trabalho escravo contemporâneo possui algumas espécies de incidência. Em Pernambuco, a mais recorrente é o trabalho em condições degradantes, a "coisificação" do homem. É não tratar o trabalhador como ser humano e passar a visualizá-lo como insumo, objeto da relação de produção, ferramenta para baratear o custo da produção e, por conseguinte, aumentar o lucro do empresário.

(2) Disponível em: <http://pt.wikipedia.org/wiki/Pernambuco#Os_primeiros_anos>. Acesso em: 02 set. 2020.

Adentrar nos engenhos de cana-de-açúcar é como entrar no túnel do tempo; esquecer, por muitas vezes, que existe uma Constituição Federal e uma legislação trabalhista vigentes no país, que EPI's são necessários para o desenvolvimento de uma atividade insalubre e/ou perigosa. Os cenários encontrados em alguns engenhos são de total descaso: trabalhadores vivendo embaixo de lonas, sem água potável, sem fogão para fazer a sua comida, sem a comida propriamente dita (feijão, arroz, etc.), sem banheiro; os banhos acontecem ao ar livre e com água poluída — pois a mesma água é utilizada por todos que ali permanecem.

O mais interessante — e triste — é que os pernambucanos são tão acostumados a vivenciar a miséria dos mais necessitados que a situação escravagista passa despercebida aos olhos dos leigos. Para muitos, não caracterizaria escravidão a situação descrita acima apenas pelo fato de o empregado não poder ter água encanada ou banheiro em suas moradias na zona da mata ou no sertão, por exemplo.

E é exatamente esta a resposta dos empresários. E é, também, pelo fato de nunca terem tido uma vida digna (em decorrência de outros problemas sociais e econômicos existentes no país, que não cabe a este artigo abordar com mais profundidade) que os trabalhadores muitas vezes não tem a dimensão da vida subumana que levam, ou não tem informações acerca de seus direitos, ou ainda não possuem outro meio de subsistência própria ou da família.

Ocorre que cabe ao empregador prover todas as mínimas condições legais de trabalho ao seu empregado, independente da condição de vida que este tenha dentro de sua própria residência. É dever do empregador criar um ambiente de trabalho digno, que respeite a jornada laboral definida em lei, bem como disponibilizar o material correto e protetivo para a realização das tarefas, entre outros deveres inerentes ao seu papel de condutor do labor.

Para os pernambucanos, a cultura de pessoas muito pobres trabalhando no cultivo da cana não lhes parece escravidão, tendo em vista que vivenciam este enredo desde as histórias contadas por seus antepassados.

A procuradora Débora Tito em uma de suas palestras sobre o assunto informou que ao passar no concurso da Procuradoria do Trabalho foi nomeada para atuar no Pará, onde viu pela primeira vez a incidência do trabalho escravo. Após dois anos, foi removida para Pernambuco, seu estado natal. Quando de sua primeira inspeção rural no estado, de interdição de um engenho no município de Ipojuca, disse ter se deparado com um ambiente de trabalho com características semelhantes às descritas no início deste capítulo: condições degradantes de sobrevivência e trabalho, padecendo o empregado das mesmas mazelas encontradas em outros locais de trabalho escravo espalhados pelo país.

Para a procuradora, pensamento a que este projeto se alinha, há em Pernambuco, na verdade, mais que uma escravidão contemporânea, mas uma espécie de escravidão perpetuada, que advém de gerações passadas. Quem está ali, na ponta na cadeia produtiva, segurando o facão ou a enxada é o neto ou bisneto daquele que o fez nos engenhos da cana-de-açúcar existentes século XVII ou XVIII.

Espelho de que essas relações exploratórias ainda existem são as estatísticas apresentadas pela, agora, Secretaria de Trabalho e Emprego, que trazem os números oficiais de trabalhadores resgatados de situações análogas à escravidão.

Em 1995 foi criado o Grupo Especial de Fiscalização Móvel com o objetivo de fiscalizar as relações vis de trabalho, combate-las e resgatar os trabalhadores submetidos a tais condições subumanas. Desde lá foram resgatados em Pernambuco, em números oficiais existentes no sítio eletrônico do governo federal, 846 trabalhadores em condições análogas à escravidão pela inspeção federal(3). Em 2019, sessenta foram os casos oficiais registrados. Sessenta. Seres humanos. Em 2019. Em condições análogas à escravidão. Difícil para esta autora (e para você, leitor, acredito) imaginar-se nessa situação.

Números de trabalhadores resgatados em Pernambuco no curso do tempo:

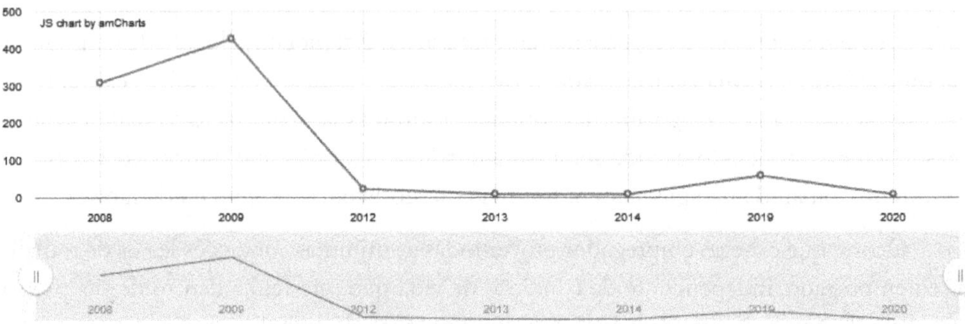

Das cidades pernambucanas, Palmares é a que mais teve lavrados autos de infração.

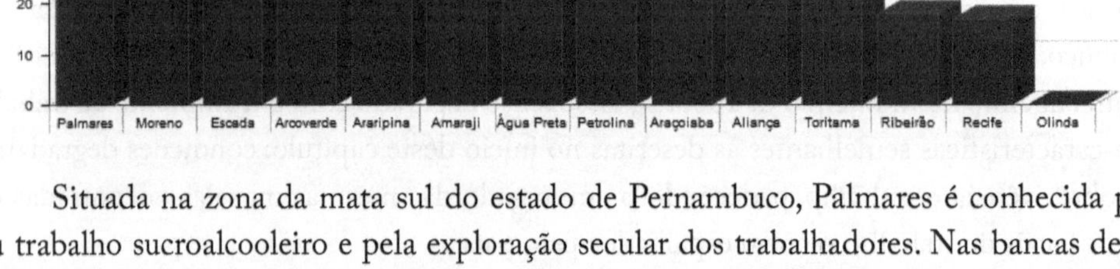

Situada na zona da mata sul do estado de Pernambuco, Palmares é conhecida pelo seu trabalho sucroalcooleiro e pela exploração secular dos trabalhadores. Nas bancas de escola, ao estudar a história da escravidão no Brasil, lá está a insurreição dos escravos fugidos e escondidos no Quilombo de Palmares, então existente na capitania de Pernambuco e conhecido como um símbolo de resistência à escravatura de africanos no país. Atualmente, o

(3) Dados e gráficos desta página retirados do sítio eletrônico: <https://sit.trabalho.gov.br/radar/>. Acesso em: 02 ago. 2020.

local do quilombo dos Palmares situa-se em União dos Palmares — Alagoas, na fronteira de Pernambuco e a 89km da cidade pernambucana de Palmares. Não à toa União dos Palmares também está entre as cidades alagoanas com maior incidência de resgates de trabalhadores em condição análoga à escravidão.

Em seu estudo sobre a escravidão, Laurentino Gomes (2019, p. 31), citando o receio do médico e escritor maranhense Raymundo Nina Rodrigues sobre a insurreição quilombola dos palmerinos (como eram chamados os integrantes do quilombo dos Palmares), diz que

> (...) o Quilombo dos Palmares, no interior da então capitania de Pernambuco (hoje estado de Alagoas), teria sido, no século XVII, "a maior das ameaças à civilização do futuro povo brasileiro", uma vez que, se bem-sucedido, transformaria o Brasil em "um novo Haiti refratário ao progresso e inacessível à civilização".

O receio de Nina Rodrigues é explicado por Edison Carneiro (2011, p. 22) na dimensão do quilombo dos Palmares e a sua motivação:

> Os negros já aquilombados eram incansáveis no recrutamento de parentes, amigos e conhecidos. Um documento da guerra palmarina notava que os negros se iam para os Palmares, "uns levados do amor da liberdade. outros do mêdo do castigo, alguns induzidos pelos mesmos negros, e muitos roubados na campanha por êles.

Saindo de Palmares e retornando ao consciente coletivo da população atual acerca das ações contra o trabalho escravo, é importante ressaltar que essas incursões, apesar de renderem bons frutos, não chegam à sociedade civil com tanta facilidade. Na verdade, poucas são as vezes que a realidade escravagista é apresentada aos pernambucanos com clareza — talvez devido à cultura patriarcal ainda vigente na região; talvez por desinteresse a população ou, ainda, por interesse dos empresários, muitas vezes influentes na sociedade, na economia e na política do estado.

4. Alterações legislativa que ameaçam a dignidade do trabalhador

Para fins de proteção da dignidade da condição humana, é importante resgatar conceitos constitucionais básicos, como vida e liberdade, cláusulas pétreas estabelecidas no art. 5º da CF/88 e que não podem ser diminuídas ou restringidas por qualquer outra norma (art. 60, § 4º, da CF/88).

Atrelado às cláusulas pétreas — direitos que não podem ser abolidos ou reduzidos —, o art. 1º da Constituição Federal traz como dois de seus fundamentos *os valores sociais do trabalho* e *a dignidade da pessoa humana*.

Não é à toa que os direitos do cidadão e do trabalhador estão intrinsecamente relacionados à dignidade e a liberdade, já que a Constituição de 1988 é também chamada Carta Cidadã e tem como objetivo permear as relações sociais, a fim de que os extremos vividos nos séculos idos não tornem a ser experimentados.

Apenas para fins de localização do Brasil no panorama mundial sobre a temática, faz-se necessário registrar que o país ratificou inúmeras convenções elaboradas pela Organização Internacional do Trabalho (OIT) no século XX, todas com o objetivo de defender e buscar a dignidade das condições de trabalho, do meio ambiente laboral, da igualdade de gênero, raça e cor, além da igualdade no valor do trabalho manual e automatizado. Dentre as Convenções da OIT, destacam-se as sob os números 29 e 105, em vigor no Brasil desde 1956 e 1966, respectivamente, ambas com o objetivo principal de combate ao trabalho forçado ou obrigatório.

Como já mencionado anteriormente, o diploma brasileiro que enuncia o crime de conduzir uma pessoa ao trabalho em condições análogas às de escravo é o art. 149, do Código Penal (CP). Entretanto, projetos de lei (PL) em tramitação no Congresso Nacional demandam cuidado e atenção quanto ao encaminhamento da matéria.

O PL n. 3.842/2012 — proposto pelo então deputado Rubens Moreira Mendes Filho e em cuja biografia no sítio eletrônico da Câmara dos Deputados consta como "advogado; pecuarista; empresário" — altera a descrição do art. 149, do CP e deixa, na caracterização do crime de redução à condução análoga à escravidão, apenas aqueles que reduzirem alguém a *"(...) trabalho forçado ou obrigatório, quer submetendo-o a trabalhos forçados ou obrigatórios mediante ameaça, coação ou violência, quer restringindo a sua locomoção em razão de dívida contraída com o empregador (...)"*, retirando, assim, as hipóteses de jornada exaustiva e condições degradantes de trabalho — caso típico da escravidão contemporânea em Pernambuco, como já observado. O projeto de lei igualmente intenta direcionar a autoria do crime apenas a quem, *dolosamente,* cerceia a liberdade do empregado. Tal alteração, muitas das vezes, retira da cena do crime o autor intelectual, o mandante, que não se encontra no local do fato e mantem apenas um empregado assalariado a cumprir as ordens de seu patrão.

Finalmente, mas não menos importante, o PL n. 3.482 exclui o § 2º do art. 149, do CP, que traz o aumento da pena para os casos em que o crime é cometido contra criança ou adolescente ou em razão de preconceito por raça, cor, etnia, religião ou origem.

Ou seja, o Estado dá um passo para trás na garantia da dignidade e liberdade do trabalhador, ao passo em que se afasta da fiscalização das relações de trabalho — principalmente após 30.07.2019, com a alteração de tantas normas regulamentadoras das relações de trabalho, inclusive quanto às visitações dos auditores do trabalho.

O PL n. 3.482/2012 foi apenso ao apenso aos PL n. 2.668/2003 e este, ao PL n. 5.016/2005 — uma maneira que, para esta autora, dificulta o acompanhamento dos projetos de lei pelos leigos políticos que não tem maior conhecimento de pesquisa dos projetos que tramitam nas casas do Congresso Nacional. Este PL n. 5.016/2005 chegou a estar na Comissão de Trabalho, de Administração e Serviço Público (CTASP) da Câmara dos Deputados, tendo sido nos últimos meses alvo de inúmeros debates em razão da matéria das relações de trabalho análogas à escravidão. Após pedido do deputado Orlando Silva no sentido de o PL n. 5.016/2005 ser também analisado pela Comissão de Direitos Humanos e Minorias, o projeto de lei teve outros encaminhamentos até que em 18.12.2019 foi determinada a criação de comissão especial destinada a realizar parecer sobre a alteração legal que se pretende com esta iniciativa legislativa. E é este o seu estágio atual, demandando acompanhamento próximo sobre as suas próximas etapas.

Apesar de já ter sido publicada e o artigo referente à degradação dos direitos trabalhistas do setor agropecuário ter sido retirado (possível inserção do art. 386-A na CLT), há também de ser falado da Medida Provisória n. 881/2019 — também chamada de Minirreforma Trabalhista ou MP da Liberdade Econômica —, que foi convertida na Lei n. 13.874/2019.

O projeto de Medida Provisória 881/2019 tinha como um de seus intentos a inserção do art. 386-A na CLT que retirava, ao fim e ao cabo, as restrições de horário e dia da semana dos trabalhos realizados em toda a cadeia produtiva do agronegócio ("fornecimento, beneficiamento, armazenamento e transporte de produtos agrícolas e relacionados", como dizia no projeto). E qual a primeira atividade que estava abarcada nessa permissão, logo no primeiro inciso do artigo? A cana-de-açúcar.

Como se vê, de maneira contundente, as movimentações políticas tem sido no sentido de aumentar a rentabilidade das empresas (MP n. 881/2019), restringir a capitulação do que seriam as condições análogas à escravidão (PLn. 5.016/2005) e desregulamentar, de forma precarizante, as regras trabalhistas (revisão das normas regulamentares).

5. Conclusão

Ouso pensar que um dos maiores gargalos neste combate seja a própria população. Conforme dito anteriormente, a sociedade ainda possui uma visão romântica/clássica da escravidão — negros, algemados, colocados em troncos para serem chicoteados. Não veem como escravos os trabalhadores humildes que aceitam trabalhar em situações degradantes pela esperança de suprir as suas necessidades e de sua família; que, teoricamente, recebem um salário — que por vezes sequer chega às suas mãos —; que permanecem nesses locais, muitas vezes, pela sua ignorância ou sua honra em cumprir com as suas obrigações e pagar o devido nos "barracões" que os exploram e os mantem no trabalho pela assunção de dívidas, etc.

Em Pernambuco, não há qualquer trabalho de conscientização da sociedade quanto ao trabalho escravo. Não é dado às pessoas o conhecimento acerca do problema; quais as características da escravidão contemporânea e quais as diferenças desta para a escravidão tratada nos livros de História colonial do Brasil.

Além do alerta à população, imperioso destacar que aos próprios trabalhadores há de ser feita uma explanação sobre os seus direitos bem como sobre as obrigações que os empregadores tem para com eles. São cidadãos que, em verdade, não se reconhecem como tal, portadores de direitos e deveres — neste caso, muito mais direitos que deveres. Ou ainda, são pessoas que apesar de saberem que possuem direitos, não entendem que o desejo do Estado, ao lhes retirar daquele ambiente degradante ou daquela situação de dívida exorbitante e crescente é justamente lhes dar condição digna de sobrevivência; dar-lhes, com efeito, o direito de ter nova chance de viver dignamente, conforme reza a Constituição Federal de 1988. Munidos dessas informações, tais trabalhadores teriam mais consciência da vida que devem e merecem ter, diminuindo o risco de voltarem a ser escravizados.

É verdade que a dignidade humana vai além dos resgates efetuados pelo Estado. É verdade, também, que não cabe ao poder público apenas libertar os empregados, sem que a eles seja dada a possibilidade de ingressar no mercado de trabalho com condições de prover a sua subsistência e de sua família.

Indo além das estruturas de emprego, o trabalho decente traz em si bases evoluídas de conscientização e exercício de cidadania. Para que haja o momento em que se possa afirmar não haver mais trabalho escravo em Pernambuco e no Brasil, é necessário também que todas as pessoas já vivam a sua cidadania de forma plena, com condições dignas de sobrevivência (moradia, saúde pública e educação pública decentes, lazer, etc.). Em verdade, as condições dignas de trabalho serão consequência da consciência do cidadão de que é merecedor deste seu direito.

Porém, até que o Brasil chegue neste ponto de evolução, cabe ao poder público e à população atentarem para as atividades que agridam o ser humano em todas as suas formas – e a prática escravagista é uma delas. Tratar um empregado como ser humano, cidadão, detentor de direitos, é um passo importante para que a classe trabalhadora possa sobreviver com os direitos fundamentais dispostos na Constituição Federal (sendo alguns os mencionados acima), prover a sua família e dar condições a ele próprio e seus familiares de terem uma educação melhor. Consequentemente, ele e seus filhos haverão de ter um futuro mais digno e com perspectiva e estímulo para avançar, cada vez mais, deixando a perpetuação da degradação humana apenas nas bancas de estudo da História do Brasil.

Percebe-se, assim, que a melhoria de vida é um ciclo que deve ser sempre impulsionado pelo Estado e pela sociedade. Cabe a esta aliança trabalhar em favor do ser humano, de sua liberdade, de sua dignidade.

Conclui-se, finalmente, que é a partir desta aliança que os trabalhadores que vivem atualmente na situação degradante debatida neste trabalho serão libertados deste problema secular. Será só a partir deste momento que Pernambuco e o Brasil poderão dizer-se cumpridores de uma Lei Áurea que desde 1988 está no ordenamento jurídico brasileiro esperando para ser efetivamente cumprida.

Referências biliográficas

ANDRADE, Everaldo Gaspar Lopes de. *Direito do trabalho na filosofia e na teoria social crítica.* São Paulo: LTr, 2014.

ALTHUSSER, Louis. Resposta a John Lewis. In: ______. *Posições I.* Trad. Carlos Nelson Coutinho. Rio de Janeiro: Graal, 1978. p. 13-71.

BELISARIO, Luiz Guilherme. *A redução de trabalhadores rurais à condição análoga à de escravos.* São Paulo: LTr, 2005.

BRITO FILHO, José Claudio Monteiro de. *Trabalho decente:* análise jurídica da exploração do trabalho — trabalho forçado e outras formas de trabalho indigno. 5. ed. São Paulo: LTr, 2004.

CARNEIRO, Edison. *O Quilombo dos Palmares.* 4. ed. São Paulo: Raízes, 2011.

CHALHOUB, Sidney. *A Força da Escravidão.* Ilegalidade e costume no Brasil oitocentista. São Paulo: Cia. das Letras, 2012.

ESTERCI, Neide. *Escravos da desigualdade:* um estudo sobre o uso repressivo da força de trabalho hoje. Rio de Janeiro: CEDI/Koinonia, 1994.

FIGUEIRA, R. R. *Pisando fora da própria sombra:* a escravidão por dívida no Brasil contemporâneo. Rio de Janeiro: Civilização Brasileira, 2004.

GOMES, Ângela Maria de Castro. Repressão e mudanças no trabalho análogo a de escravo no Brasil: tempo presente e usos do passado. *Rev. Bras. Hist.* [*online*], 2012, vol. 32, n. 64, p. 167-184.

GOMES, Laurentino. *Escravidão.* vol. I. 1. ed. Rio de Janeiro: Globo, 2019.

SENTO-SÉ, Jairo Lins de Albuquerque. *Trabalho escravo no Brasil.* São Paulo: LTr, 2001.

Contratação Temporária por Excepcional Interesse Público e o Direito do Trabalhador[1]

Paula Cristina Moraes da Silva

1. Introdução

A Constituição Federal de 1988, no seu art. 37, inciso II, estabelece por meio de regra que é preciso a obrigatoriedade de provas em Concurso Público para cargos e empregos públicos.

Nesse sentido, existem três situações para a regra de aprovação e contratação: investidura em cargo ou emprego público são cargos de comissão; exceção são algumas nomeações para os Tribunais e exceção são as contratações temporárias para atender o interesse público com previsão contida no art. 37, IX, da CF/88.

Sobre a possibilidade de Contratação Temporária, a mesma, vem sendo motivo de debate no Direito Administrativo e no Direito do Trabalho, pois, a fim de atender uma necessidade transitória excepcional, a administração pública vem penalizando o trabalhador em seus direitos, pelo fato de não uniformizar o disciplinamento aos servidores contratados e assujeitar os mesmos ao regime trabalhista e não ao regime único, ainda que a função exercida não seja compatível com o caráter temporário.

Assim, diante desse preâmbulo, esse trabalho versará a Contratação Temporária por Excepcional interesse público, refletindo sob a figura do trabalhador.

Os contratos temporários na realidade perderam sua essência, pois a administração tem corriqueiramente feito seleções simplificadas sucessivas em prejuízo aos concursos públicos, o que viola o direito dos trabalhadores, bem como os seus vínculos de emprego.

Dessa forma, diante do objetivo geral posto aqui, serão abordados os seguintes objetivos específicos e hipóteses:

1. Falar das formas de ingresso na Administração Pública;

---

(1) Monografia Final apresentada como requisito parcial para Conclusão do curso de Especialização em Direito do Trabalho pela UFPE, em 2017.

2. Definir a natureza jurídica do vínculo do trabalhador contratado por excepcional interesse público;

3. Apresentar os direitos reconhecidos no modelo adotado atualmente analisando por meio de jurisprudência;

4. Realizar uma crítica ao modelo de contratação pela legislação trabalhista.

Refere-se a um estudo do tipo de revisão de literatura, que de acordo com Lakatos e Marconi (2011) esse tipo de pesquisa abrange diversos procedimentos desde a leitura e análise dos periódicos, documentos, artigos e etc

A composição textual desse trabalho se dará por meio de cinco partes.

Assim sendo, o trabalho apresentará as formas de ingresso na Administração Pública que assim como qualquer organização precisa de pessoas capazes de exercerem diversas tarefas nos seus ramos de atuação e movida pelo princípio do interesse público estabelecer uma forma justa para que a própria sociedade possa participar desse processo

Definirá a natureza jurídica do vínculo do trabalhador contratado por excepcional interesse público. As correntes só divergem em relação à possibilidade de contratação para atividades de natureza permanente. Em relação às atividades de caráter temporário, não há divergências.

Torna-se, portanto, necessário analisar o objetivo do legislador constituinte ao estabelecer como critério de contratação temporária as necessidades temporárias de excepcional interesse público.

Demonstrará os direitos reconhecidos no modelo adotado atualmente, estes que se configuram em 13º terceiro e férias, ambos garantidos pela Constituição Federal e consolidado no Superior Tribunal Judicial. Os demais direitos são estipulações contratuais.

E por fim realizará uma crítica ao modelo administrativo adotado atualmente para casos de contratos temporários, descaracteriza o regime especial, demarcando assim a inexistência de temporariedade ou má-fé ao gestor.

O modelo administrativo adotado atualmente por excepcional interesse público, deturpa dos regimes adotados, impossibilitando os direitos trabalhistas dos contratados temporariamente de forma simétrica às relações de trabalho convencionais.

É importante também frisar que a Administração Pública vem desde muito tentando burlar as leis referentes aos direitos trabalhistas, utilizando como subterfúgio a justificativa de que são contratos regidos pelos direitos administrativos, deixando assim a mercê o trabalhador em seus próprios direitos.

2. Formas de ingresso na Administração Pública

Assim como uma empresa, a Administração Pública precisa de vários sujeitos para desempenharem funções, nos mais diversos setores. Em razão de ser movida pela vontade e escolha do povo por meio do interesse público sobre o privado e da indisponibilidade do interesse público. Dessa forma, a Administração Pública necessita do estabelecimento justo que reflita a isonomia e a impessoalidade para execução de seus cargos.

Sabendo disso, o legislador por meio do art. 37, II, da Constituição Federal criou o Instituto do Concurso Público, o qual será tratado aqui.

2.1. Concurso Público

O Concurso Público está descrito no art. 37, II, da Constituição Federal determina que o ingresso na Administração Pública precisa de previa aprovação m Concurso Público, por meio de provas e títulos, de acordo com a natureza ou complexidade do cargo a ser ocupado.

O Concurso Público oportuniza o ingresso de todos sem distinção ao serviço público, objetivando a qualificação e desempenho para as funções relativas. De acordo com José dos Santos Carvalho Filho (2010) o concurso público é o procedimento administrativo que tem como finalidade aferir aptidões pessoais e selecionar candidatos para as funções públicas.

> Na aferição pessoal, o Estado verifica a capacidade intelectual, física e psíquica de interessados em ocupar funções públicas e no aspecto seletivo são escolhidos aqueles que ultrapassam as barreiras opostas no procedimento, obedecidas sempre à ordem de classificação. Cuida-se, na verdade, do mais idôneo meio de recrutamento de servidores públicos (CARVALHO FILHO, 2001, p. 472).

Subjetivamente o Concurso Público é um instrumento pelo qual o Poder Público escolhe dentre os inscritos, os que preenchem os requisitos para assumir os cargos, empregos ou as funções públicas.

> Neste sentido, o concurso público é: "Um certame de que todos podem participar nas mesmas condições, permitindo que sejam escolhidos realmente os melhores candidatos. Baseia-se o concurso público em três postulados fundamentais. O primeiro é o princípio da igualdade, pelo qual se permite que todos os interessados em ingressar no serviço público disputem a vaga em condições idênticas para todos. Depois, o princípio da moralidade administrativa, indicativo de que o concurso veda favorecimentos e perseguições pessoais, bem como situações de nepotismo, em ordem a demonstrar que o real escopo da Administração é o de selecionar os melhores candidatos. Por fim, o princípio da competição, que significa que os candidatos participem de um certame, procurando alçar-se à classificação que os coloque em condições de ingressar no serviço público" (CARVALHO FILHO, 2001, p. 473).

Os fins do Concurso Público se destinam ao asseguramento da igualdade de condições para aqueles que concorrem as vagas, discriminando qualquer tipo de favorecimento ou discriminação que possibilite a contratação dos mais qualificados.

O Concurso Público harmoniza-se com os princípios regidos pela Administração Pública é a forma mais ética e justa do ingresso democrático para escolha de agentes públicos.

A Constituição Federal em seu art. 37, II, diz que o Concurso Público obriga a aprovação previa em concursos, porém ela traz em seus artigos três exceções: a primeira é prevista na parte final do próprio art. 37, II, quando fala em ressalvadas as nomeações para cargo de comissão declarado em lei de livre nomeação e exoneração.

A segunda exceção é em relação aos Agentes Políticos que se dá por meio da eleição de membros nos três poderes: executivo, legislativo e judiciário. No legislativo, por exemplo, fazem parte, os Deputados, como representantes do povo, os Senadores, como representantes dos estados e do Distrito Federal e o os membros do Tribunal de Contas da União, responsáveis por auxiliar o Congresso Nacional nas atividades de controle e fiscalização externa.

A terceira exceção, diz respeito aos Contratados por Tempo Determinado, para atender necessidade temporária de excepcional interesse público.

2.2. Contratação temporária por excepcional interesse público

Esse tipo de contratação está baseado no inciso IX, do art. 37 e ocorre mediante seleção simplificada uma espécie de contratação temporária. O art. 3º da Lei de n. 8.745/93, em seu art. 3º, estabelece que o recrutamento do pessoal contratado é feito mediante processo seletivo com divulgação no Diário Oficial da União, prescindindo 22 de concurso público".

Salvaguardando o princípio da impessoalidade, a Administração Pública estabelece concorrência para selecionar os candidatos capazes, porem essa contratação objetiva atender as necessidades decorrentes das calamidades públicas de emergência.

No § 2º do art. 3º da mesma lei, tem-se: "A contratação de pessoal, nos casos do professor visitante referido nos incisos IV e V e nos casos das alíneas *'a'*, *'d'*, *'e'*, *'g'*, *'l'* e *'m'* do inciso VI e do inciso VIII do *caput* do art. 2º , desta Lei, poderá ser efetivada em vista de notória capacidade técnica ou científica do profissional, mediante análise do *curriculum vitae*".

O que acontece é que a Administração Pública em alguns casos contrata pessoas que não estão enquadradas no § 2º, do art. 3º, da Lei n. 8.745/93, através de seleção simplificada por meio de avaliação curricular, quando deveria ser por meio de provas, o que gera a inconstitucionalidade ferindo o Princípio daLegalidade.

Esse tipo de contratação necessita dos requisitos:

1. Previsão legal da hipótese de contratação temporária;

2. A contratação deverá ter prazo determinado;

3. Existir necessidade temporária de excepcional interesse público.

Os contratados por tempo determinado para atender à necessidade temporária de excepcional interesse público exercem função pública, com vínculo com a administração pública jurídico-administrativo, ou seja, por contrato de direito público, nos contornos da lei de regência do ente contratante, Lei n. 10.954 de 1993.

Cumpre-nos ressaltar que a contratação temporária apenas é autorizada para suprir necessidade excepcional descrita no art. 2º da lei, dentre as quais; calamidade, emergência, programa governamental temporária, atendimento de serviços de urgência ou cuja inexecução possa comprometer as atividades da administração. Não pode se prestar o presente contrato para fins de economia no orçamento público, assim, será óbvio desvio de finalidade o Poder Público contratar a título precário (contrato por tempo determinado) para suprir necessidade permanente com objetivo único de remunerando de forma inferior o contratado gerar economia ao Poder Público.

Importante frisar que o art. 104 da Constituição de 1967 era uma grande via de contratação de pessoal pela Administração Pública. O dispositivo determinava que "Art. 104 – Aplica-se a legislação trabalhista aos servidores admitidos temporariamente para obras, ou contratados para funções de natureza técnica ou especializada".

Este texto escancara as portas da Administração Pública para contratações irregulares, no entanto concedia diversas garantias às pessoas contratadas. Mesmo assim, não se pode negar que o dispositivo autorizava o gestor público a concentrar um enorme poder em suas mãos.

Posteriormente, houve uma importante e inovadora mudança trazida pela Emenda Constitucional n. 1 de 1969, regulando o tema: "Art. 106. O regime jurídico dos servidores admitidos em serviços de caráter temporário ou contratados para funções de natureza técnica especializada será estabelecido em lei especial."

Esta norma é a base do atual inciso IX, art. 37, da Carta Magna de 1988. Um marco histórico surgiu desta situação, o qual gerou uma mudança de competência para julgar ações de verbas indenizatórias dos contratados por tempo determinado, no entanto essa evolução será objeto de estudo da próxima seção.

Continuando a explanação sobre contratação por tempo determinado, Alexandre de Moraes (2015, p. 367) ensina que três são os requisitos obrigatórios para a utilização dessa exceção: excepcional interesse público; temporariedade da contratação; hipóteses expressamente previstas em lei. O supracitado autor alerta sobre o perigo desta espécie de exceção, referindo-se a um trecho da obra Comentários à constituição brasileira, 1989, do doutrinador Pinto Ferreira, afirmando que a contratação por tempo determinado é uma "válvula de escape" para fugir da obrigatoriedade dos concursos públicos (MORAES, 2015, p. 367).

Vicente Paulo e Marcelo Alexandrino (2015b, p. 397) afirmam que são cinco os requisitos para verificar a regularidade da contratação por tempo determinado:

I) os casos excepcionais devem estar previstos em lei;

II) o prazo de contratação deve ser predeterminado;

III) a necessidade deve ser temporária;

IV) o interesse público deve ser excepcional;

V) a necessidade de contratação deve ser indispensável.

Ainda, a lei mencionada pelo inciso IX, do art. 37, da Constituição deve ser uma lei específica para cada ente federativo.

Ou seja, deve existir uma lei federal para tratar das contratações da União, leis estaduais ou distrital para regular o contrato por tempo determinado nos Estados ou Distrito Federal, e leis municipais que regulem o âmbito dos Municípios (PAULO; ALEXANDRINO, 2015b, p. 397).

Ademais, Alexandre de Moraes (2015, p. 368) aborda um entendimento da nossa Corte Suprema, o qual não é possível a contratação temporária por lei que fixa "hipóteses abrangentes e genéricas de contratação, sem definir qual a contingência fática emergencial apta a ensejá-la", este texto é retirado pelo autor do voto da relatora Carmem Lúcia na ADI n. 3.116/AP.

No acórdão da ação direta de inconstitucionalidade supracitada também restou ementado que não é possível contratar por tempo determinado "para o exercício de serviços típicos de carreira e de cargos permanentes de Estado, sem concurso público ou motivação de excepcional relevância que a justificasse.

Celso Antônio Bandeira de Mello (1999) diz que existem ainda outras formas de ingresso na Administração Pública: agentes públicos, agentes políticos, servidores públicos, particulares e após Emenda Constitucional de n.18 de 1988 inclui-se também os militares, até então caracterizados como servidores militares.

Os Agentes Públicos são pessoas físicas vinculadas à Administração Pública, que estão representando a vontade do estado exercendo uma função estatal, seja ela de caráter definitivo ou transitório. Desta forma, a Administração Pública, ao definir atribuições a determinado órgão, na condição de titular das funções e cargos, pode suprimir ou alterar cargos e funções sem ferir o direito de seus agentes.

É importante ressaltar que, a expressão agente público agrega vários segmentos do serviço público e é bastante ampla, não podendo ser confundida com a definição de servidor público.

Para Hely Lopes Meirelles:

> Os servidores públicos em sentido estrito ou estatutário são os titulares de cargo público efetivo e em comissão, com regime jurídico estatutário geral ou peculiar e integrantes da Administração direta, das autarquias e das fundações públicas com personalidade de Direito Público. Tratando-se de cargo efetivo, seus titulares podem adquirir estabilidade e estarão sujeitos a regime peculiar de previdência social (MEIRELLES, 2006, p. 413).

Os Agentes Políticos ocupam os mais altos cargos da Administração pública. Sua investidura se dá através de eleição, nomeação, designação ou delegação. Devido a importância de suas funções, possuem regime jurídico com regras próprias, diferentemente dos servidores em geral.

Sua competência é extraída diretamente da constituição, motivo pelo qual, em regra, não são hierarquizados.

Quanto ao conceito de Agentes Políticos, Adair Loredo Santos:

> [...] agentes políticos constituem, na realidade, categoria própria de agente público. Porém, sem dúvida, no título e seções referidas, a Carta Magna, para fins de tratamento jurídico, coloca-os como se fossem servidores públicos, sem embargo de os ter como agentes políticos, como se verá mais adiante. Todos os cargos vitalícios são ocupados por agentes políticos, porém estes também ocupam cargos em comissão, como os Ministros dos Estado. Normalmente deverão ser regidos pelo regime estatutário, contudo alguns estão obrigatoriamente submetidos a um regime estatutário de natureza peculiar, a exemplo da Magistratura e do Ministério Público (MEIRELLES, 2004. p. 222).

A doutrina diverge quanto a conceituação dos Agentes Políticos, entretanto, a corrente majoritária adota a posição mais restrita dada por Celso Antônio Bandeira de Mello. Desta forma, seguindo raciocínio de Já Maria Sylvia Zanella Di Pietro (2004, p. 432):

> Os agentes políticos são agentes públicos que exercem atividade essencialmente política, sendo essas atividades desempenhadas predominantemente, pelo Poder Executivo e também pelo Poder Legislativo. Aqui o Poder Judiciário praticamente não participa das atividades políticas, resumindo-se à atividade jurisdicional com pouca influência na atuação política do Governo, a não ser pelo controle *a posteriori*.

Já os Servidores Públicos estão sujeitos ao regime jurídico estatutário, e podem ser divididos em dois tipos quanto ao cargo que ocupam, são estes: Cargos efetivos. Sua forma de ingresso se dá através de concurso público (art. 37, II, Constituição Federal).

Seu regime jurídico está vinculado à Lei n. 8.112/90. A aposentadoria está ligada ao regime próprio dos servidores públicos. Cargos em comissão. Não obedecem a regra do art. 37, II, da Constituição Federal, não sendo necessária prévia aprovação em concurso público. Só podem ocupar cargos de chefias, assessoramento e direção. Não possuem estabilidade, sendo possível a sua exoneração pela vontade da Administração Pública a qualquer tempo. Se aposentam pelo INSS.

Os particulares não fazem parte segundo Celso Bandeira de Melo (1999) do Estado, ainda que exerçam função pública, são aqueles requisitados e recrutados para atividades como eleição, assumir a gestão da coisa pública, situações urgentes, contratações de locação civil, concessionários, permissionários, delegados de função ou ofício público. São definidos como pessoas eu prestam serviços às Forças armadas e às Polícias Militares e Corpos de Bombeiros Militares dos Estados, Distrito Federal e Territórios, de vínculo estatutário sujeito a regime jurídico próprio, com remuneração efetivada pelo Governo.

Os princípios que norteiam essas outras formas de ingresso estão positivados no art. 37 da Constituição Federal com total eficácia jurídica.

3. Natureza jurídica do vínculo do trabalhador contratado por excepcional interesse público

Batista e Oliveira (2017) apontam que na esfera federal a Lei n. 8.745/93 foi promulgada para regulamentar a contratação por excepcional interesse público. A referida lei possui hipóteses de contratação, direitos e deveres do contratado e dispositivos a luz do estatuto do servidor público civil da união.

Atestam os autores que as hipóteses de contratação demonstram a pretensão do legislador em respeitar e efetivar o princípio administrativo dos serviços públicos. Para o doutrinador as hipóteses de contratação atenderiam os termos de adequação para suprir as necessidades públicas, porém, essa contratação como dito anteriormente vem sendo criticada, pois ocorre a deturpação do instituto, conforme será criticado adiante.

No que tange a questão de natureza jurídica desse tipo de contratação, o mesmo é regido pelo regime especial em distinção ao contrato de trabalho da CLT. De acordo com Jose dos Santos Carvalho Filho (2011) nesse sentido vale salientar que a questão a ser tratada é o fato de que quanto a natureza essa relação jurídica seria funcional.

> Cuida-se, de fato, de verdadeiro contrato administrativo de caráter funcional, diverso dos contratos administrativos em geral pelo fato de expressar um vínculo de trabalho subordinado entre a Administração e o servidor. Não obstante essa qualificação, a lei instituidora do regime certamente poderá incluir algumas normas que mais se aproximem do regime estatutário, que, inclusive, tem aplicação subsidiária no que couber. O que não poderá, obviamente, é fixar outra qualificação que não a contratual (CARVALHO FILHO, 2011, p. 562).

Diante desse pressuposto pode-se dizer que o contratado por excepcional interesse público não possui nem um cargo e nem um emprego, exercendo, portanto, uma função pública de competência administrativa especifica.

É certo que quanto ao regime de contratação por natureza jurídica no âmbito administrativo só existem o celetista e o estatuário, porém:

> De toda sorte, frise-se, o regime jurídico dos agentes públicos contratados por tempo determinado não é trabalhista, isto é, não são eles empregados celetistas, não têm emprego público. Todavia, não podem tais agentes, tampouco, ser enquadrados propriamente como servidores públicos estatutários (eles também não têm cargo público), embora estejam vinculados à administração pública por um regime funcional de direito público, de natureza jurídico administrativa. Podemos dizer que os agentes públicos contratados por tempo determinado exercem função pública remunerada temporária, tendo o seu vínculo funcional com a administração pública caráter jurídico-administrativo, e não trabalhista (BATISTA; OLIVEIRA, 2017, p. 2).

No caso o que esse tipo de contratado possui é um contrato de direito público e não de trabalho, conforme previsto na CLT, então a natureza jurídica desses termos de contrato seria regida pelo Direito Administrativo.

No que tange a definitividade ainda que existam funções de caráter temporário entre o ente administrativo e servidor há uma relação jurídica de trabalho. No regime estatuário existem normas legais para o estatuto funcional de cada ente federativo, instituído pela Lei n. 8.112/90. Nesse caso a contratação não é contratual. De acordo Carvalho Filho, "várias decisões judiciais já reafirmaram a natureza da relação estatutária, considerando-a não contratual e insuscetível de gerar direito à inalterabilidade da situação funcional" (CARVALHO FILHO, 2015, p. 621).

No regime celetista existem normas de regulação dispostas em um único diploma legal, a Consolidação das Leis Trabalhistas- CLT. Essas normas se configuram a relação entre o Estado e o servidor trabalhista, havendo um contrato, um vínculo de trabalho que iguala os contratados ao empregado comum.

No caso do contrato temporário excepcional, a doutrina tem o entendimento de que, o motivo ensejador da contratação por tempo determinado, além de disposto no art. 2º na Lei n. 8.745/93, deve estar consonante ao Princípio do Interesse Público sobre o Privado, ou seja, deve ser de total interesse da sociedade, e não apenas do ente que realiza a contratação.

É importante destacar que o instituto da contratação por tempo determinado só deverá ser utilizado caso a Administração Pública necessite temporariamente de algum serviço. Ocorre que, a Administração Pública vem utilizando-se deste instituto para suprir uma necessidade permanente, violando a regra do concurso público. Desta forma, a Administração Pública, ao invés de promover concursos públicos para provimento de cargos efetivos, realiza contratações por tempo determinado de forma indiscriminada, sem respeitar os princípios que a norteiam, nem os direitos trabalhistas dos contratados.

Da leitura da Lei n. 8.745/93 podemos destacar um inciso que, às vezes, acaba se revelando contrário ao propósito da modalidade de contratação.

O inciso VI, "*i*", do art. 2º, da Lei n. 8.745/93, estabelece como necessidade temporária de excepcional interesse público as atividades " técnicas especializadas necessárias à implantação de órgãos ou entidades ou de novas atribuições definidas para organizações existentes ou as decorrentes de aumento transitório no volume de trabalho que não possam ser atendidas mediante a aplicação do art. 74 da Lei n. 8.112, de 11 de dezembro de 1990".

O dispositivo mencionado, estabelece que serão considerados como necessidade temporária de excepcional interesse público as "atividades decorrentes de aumento transitório no volume de trabalho", entretanto a lei não chega a definir o que é um aumento transitório no volume de trabalho, abrindo espaço para uma interpretação muito ampla.

O Supremo Tribunal Federal já chegou a debater o tema, vejamos:

> Igualmente, verifico que não procede a qualificação, como hipótese de necessidade temporária de excepcional interesse público, das atividades técnicas especializadas necessárias à implantação de órgãos ou entidades ou de novas atribuições definidas para organizações existentes ou as decorrentes de aumento transitório no volume de trabalho que não possam ser atendidas mediante a aplicação do art. 74 da Lei n. 8.112, de 11 de dezembro de 1990 (inciso VI, *"b"*) e das atividades didático-pedagógicas em escolas de governo (inciso VI, *"c"*).

A previsão dessas hipóteses carece de recorte circunstancial revelador de necessidade temporária revestida de excepcional interesse público, pois a necessidade ilustrada pelo aumento do volume de trabalho, ainda que transitório, indica necessidade de prévio planejamento administrativo, sanável pela realização de concurso público com cadastro de reserva apto a remediar situação desse jaez.

Do contrário, sob a qualificação de aumento transitório do volume de trabalho, pode ser sazonalmente reiterada essa justificativa, implicando a fragilização do regramento de ingresso nos quadros da administração. (STF – RE n. 651398 DF, relatora Minª. CÁRMEN LÚCIA, Data de Julgamento: 20.02.2015, Data de Publicação: DJe-036 DIVULG 24.02.2015 PUBLIC 25.02.2015)

Desta forma, podemos concluir que o inciso VI, "*i*", do art. 2º, da Lei n. 8.745/93, é uma afronta à regra do concurso público, pois, ao invés de ser usado 40 como fundamento para sanar uma necessidade temporária, acaba sendo o fundamento para suprir a falta de servidores efetivos, que é uma necessidade permanente, burlando o estabelecido no art. 37, II, da Constituição Federal.

4. Direitos reconhecidos no modelo administrativo para ocontrato tempórário excepcional adotado atualmente

Quanto aos direitos reconhecidos pelo modelo administrativo atual referente ao contrato temporário excepcional, a Constituição Federal rege que a efetivação dos servidores públicos somente poderá ocorrer por meio do Concurso Público de provas e/ou provas e títulos.

Segundo o artigo da Carta Constitucional essa estabilidade seria adquirida após três anos efetivos de exercício. Conforme já dito, o referido concurso é pressuposto da efetividade já, não havendo possibilidade dos contratados temporariamente se tornarem efetivos mesmo após tempos de trabalho.

Os direitos do trabalhador via contratado temporário excepcional são baseados na Lei n. 6.019/74, alterada para Lei n. 13.429/17, são eles:

— Remuneração equivalente a recebida pelos empregados, calculados a base horaria, garantida pela percepção do salário mínimo;

— Jornada de 8 horas com pagamento de horas extra, no excedendo de duas horas por dia com acréscimo de 50% ou mais previsto pela CLT;

— Férias proporcionais;

— Repouso Semanal Remunerado;

— Adicional por trabalho noturno;

— Indenização por dispensa, sem justa causa;

— Seguro contra acidente;

— FGTS com direito a saque após findo o trabalho;

— Adicional por trabalho insalubre;

— Adicional por trabalho de periculosidade;

— 13º salário proporcional;

— Seguro-desemprego;

— Licença gestante;

— Vale transporte.

Precipuamente a Administração deve arcar com os pagamentos de Férias proporcionais + 1/3, bem como 13º salário, conforme preceitua o art. 7º da Constituição Federal, sendo estes direitos extensões dos direitos sociais (art. 7º XVII e VIII da CRFB, o que na prática nem esses direitos constitucionais são atendidos.

O eg. Superior Tribunal Federal vem se manifestando, favoravelmente sobre a extensão dos direitos sociais ao contratados temporariamente, conforme se observa:

> AG. REG. NO RECURSO EXTRAORDINÁRIO COM AGRAVO 663.104 PERNAMBUCO RELATOR : MIN. AYRES BRITTO AGTE.(S): ESTADO DE PERNAMBUCO PROC.(A/S) (ES): PROCURADOR-GERAL DO ESTADO DE PERNAMBUCO AGDO. (A/S): WELLINGTON ANTÔNIO SANTANA DE SÁ ADV. (A/S): PAULO EMANUEL PERAZZO DIAS E OUTRO (A/S)
>
> **Órgão:** 2ª Turma Recursal dos Juizados Especiais do Distrito Federal
>
> Classe: ACJ – Apelação Cível no Juizado Especial
>
> N. Processo: 2011.01.1.195607-7
>
> Apelante(s): DISTRITO FEDERAL
>
> Apelado(s): ANA PAULA RODRIGUES DA SILVA BRITO
>
> Relator(a) Juiz(a): JOSÉ GUILHERME
>
> EMENTA
>
> CONSTITUCIONAL. ADMINISTRATIVO. PROFESSORA. CONTRATO TEMPORÁRIO. LICENÇA MATERNIDADE DE 180 DIAS. LEGITIMIDADE PASSIVA DO RECORRENTE RATIFICADA, POR SER SUA SECRETARIA DE EDUCAÇÃO A RESPONSÁVEL PELO DEFERIMENTO DO BENEFÍCIO. COMPETÊNCIA DOS JUIZADOS DO TJDFT CONFIRMADA. ART. 26-A DA LEI COMPLEMENTAR N. 769/08, ACRESCIDO PELA LEI COMPLEMENTAR N. 790/08, QUE ESTENDEU O BENEFÍCIO ÀS SERVIDORAS COMISSIONADAS, SEM VÍNCULO EMPREGATÍCIO, QUE SE SUBMETEM AO MESMO REGIME PREVIDENCIÁRIO DAS SERVIDORAS TEMPORÁRIAS. PRINCÍPIO DA ISONOMIA. CONCESSÃO DO BENEFÍCIO QUE NÃO IMPLICA AUMENTO DE VENCIMENTO. GESTAÇÃO AINDA NO PERÍODO DE VIGÊNCIA DO CONTRATO TEMPORÁRIO. RESPONSABILIDADE OBJETIVA DO EMPREGADOR. ESTABILIDADE PROVISÓRIA À GESTANTE GARANTIDA, ATÉ QUE SE COMPLETE O PRAZO DO BENEFÍCIO. PRECEDENTE STF RE N. 287905/SC, REL. MIN. JOAQUIM BARBOSA, 2ª TURMA, JULGADO EM 28JUN2005, DJ 30JUN2006. RECURSO IMPROVIDO. Sentença mantida por seus próprios e jurídicos fundamentos, com súmula de julgamento servindo de acórdão, na forma do art. 46 da Lei n. 9.099/95. Sem condenação em custas. Honorários fixados em 10% (dez por cento) sobre o valor da condenação.

AG.REG. NO RECURSO EXTRAORDINÁRIO COM AGRAVO 663.104 PERNAMBUCO

RELATOR: MIN. AYRES BRITTO AGTE.(S): ESTADO DE PERNAMBUCO

PROC.(A/S)(ES): PROCURADOR-GERAL DO ESTADO DE PERNAMBUCO

AGDO.(A/S): WELLINGTON ANTÔNIO SANTANA DE SÁ ADV.(A/S): PAULO EMANUEL PERAZZO DIAS E OUTRO(A/S)

EMENTA: AGRAVO REGIMENTAL EM RECURSO EXTRAORDINÁRIO COM AGRAVO. DIREITOS SOCIAIS PREVISTOS NO ART. 7º DA CONSTITUIÇÃO FEDERAL. FÉRIAS E DÉCIMO TERCEIRO. EXTENSÃO AO SERVIDOR CONTRATADO TEMPORARIAMENTE. POSSIBILIDADE. PRECEDENTES.

1. Conforme a jurisprudência do Supremo Tribunal Federal, os servidores contratados em caráter temporário têm direito à extensão de direitos sociais constantes do art. 7º do Magno Texto, nos moldes do inciso IX do art. 37 da Carta Magna. 2. Agravo regimental desprovido.

É cediço que, prestado os serviços, deve o servidor perceber a sua remuneração mensal correspondente, e, de igual forma, cumprido o período de 12 meses de trabalho, o servidor fará jus ao décimo terceiro salário respectivo, estando tais direitos tutelados pela Constituição Cidadã, *ex vi* art. 39 c/c art. 7º, IV, VII e VIII, da CF.

É assegurado ao servidor público, mesmo em se tratando do contrato de trabalho temporário, o direito ao recebimento de décimo terceiro salário, bem assim ao adicional de férias, visto que, são conquistas sociais de todos os trabalhadores, porquanto consagrados no art. 39, § 3º da Carta Federal, o qual determina a aplicação aos detentores de cargos públicos determinados direitos inerentes aos trabalhadores urbanos e rurais, dentre eles os previstos nos incisos VIII, XVI e XVII do art. 7º da CF/88.

Desta feita, vencimentos, 13º, férias, salário maternidade, são verbas de natureza alimentar, o que também não está sendo repassado, em sua maioria, aos trabalhadores contratados temporariamente na Administração.

Ademais, além dos dispositivos constitucionais protetivos, não constam nos contratos de trabalho direitos trabalhistas concernentes à CLT, além do fato de não serem pagos nem minimamente os direitos constitucionais em foco, na rescisão contratual.

Na realidade, o que deveria ocorrer, quando da rescisão contratual, seria o pagamento dos direitos sociais constantes na Constituição, verbas alimentares e verbas trabalhistas constantes na CLT, visto que, somente existem 02 (dois) únicos regimes de trabalho existentes na Constituição: os CELETISTAS e os ESTATUTÁRIOS.

O regime híbrido utilizado pela Administração Pública, a qual defende tão somente a existência de contrato temporário voltado para o Direito Administrativo, é uma forma clara de deturpar os direitos trabalhistas do contratado temporariamente. Como já fora disposto, há uma violação dos seus direitos sociais.

5. Crítica ao modelo de contratação tempóraria por interesse público de acordo com a legislação trabalhista

As convenções de trabalho são classificadas em: jurídicas, políticas, econômicas e sociais. As jurídicas abrangem a compositiva, normativa e obrigacional. A primeira corresponde a uma das principais funções da negociação coletiva, a harmonização dos interesses antagônicos. A segunda é a criação de normas aplicadas às relações de trabalho, vital para a configuração das fontes do direito individual.

A última é a criação de obrigações e direitos entre empregadores e empregados. As funções políticas econômicas e sociais são não jurídicas, e servem para equilíbrio pacifico entre empregados e empregadores, sem conflitos sociais e de interesse de toda sociedade (SCUDELER NETO, 2007).

De acordo com Carvalho Filho (2011) esse tipo de conduta dissimula a ilegalidade do objetivo, além de desrespeitar a norma constitucional. Existem doutrinadores que descaracterizam a contratação temporária excepcional de interesse público

> ... uma, porque a permanência do servidor comprovaria a inexistência de qualquer temporariedade do vínculo, como o exige a Constituição; a duas, porque outra orientação só prejudica o próprio servidor, que não teria as parcelas relativas à rescisão do contrato de trabalho, não sendo razoável recaírem sobre ele os efeitos da má gestão administrativa. Reitere-se, contudo, que tal polêmica só se justifica se a pessoa federativa tiver editado sua lei específica para o regime especial; caso contrário, o vínculo terá mesmo que ser trabalhista, seja temporário ou permanente (CARVALHO FILHO, 2011, p. 562-563).

Conforme aponta a referida jurisprudência:

RECURSO DE REVISTA. CONTRATO NULO. DANOS MORAIS. INDENIZAÇÃO. VALOR DA CONDENAÇÃO. A atuação ilícita do empregador, na forma do art. 927 do Código Civil, gera o direito de indenizar a parte prejudicada, mesmo em se tratando de integrante da Administração Pública. Assim, na hipótese de nulidade do contrato de trabalho, o Estado não pode se furtar a reparar danos de ordem moral, quando a lesão que acometeu Reclamante decorreu de seu labor em favor da Reclamada. A Súmula n. 363 desta Corte não tem o alcance pretendido pela Reclamada, não eximindo o contratante de reparar danos na esfera civil que, porventura, sofrer a contratada. Recurso de Revista não conhecido. (RR – 159300-09.2007.5.15.0099 – Data de Julgamento: 14.11.2012, relatora Ministra Maria de Assis Calsing, 4ª Turma, Data de Publicação: DEJT 23.11.2012)

A contratação por tempo determinado para suprir necessidade temporária de excepcional interesse público não está devidamente regulamentada, pois sua previsão legal, contida na Lei n. 8.745, especialmente no inciso VI, *"i"*), do art. 2º, admite uma interpretação muito ampla, o que gera um uso intensificado da modalidade de contratação.

Desta forma, ao invés de ser usada como fundamento para sanar uma necessidade temporária, acaba sendo o fundamento para suprir a falta de servidores efetivos, que é uma necessidade permanente, burlando o estabelecido no art. 37, II, da Constituição Federal.

O Concurso Público é a forma mais justa e eficiente de classificação de servidores públicos por mérito, respeitando-se, assim, os princípios da legalidade, impessoalidade, moralidade, publicidade e eficiência. Em consonância, o STF expressa que:

EMENTA. CONSTITUCIONAL ADMINISTRATIVO. SERVIDOR PÚBLICO. DEFENSOR PÚBLICO. CONTRATAÇÃO TEMPORÁRIA C.F. Art. 37, II e IX, Lei n. 6.094, de 2000, do Estado do Espírito Santo, inconstitucionalidade. I – A regra é a admissão de servidor público mediante concurso público: CF, art. 37, II. As duas exceções à regra são para os cargos em comissão referidos no inciso II do art. 37 e a contratação de pessoal por tempo determinado para atender a necessidade temporária de excepcional interesse público. CF, art. 37, IX. Nessa hipótese, deverão ser atingidas as seguintes condições: a) previsão em lei dos cargos; b) tempo determinado; c) necessidade temporária de interesse público; d) interesse público excepcional. (STF. – ADI n. 2.229. Relator(a): Min. Carlos Velloso, Tribunal Pleno, julgado em 09.06.2004. DJ 25.06.2004)

Além, disso, esse tipo de contratação denigre princípios fundamentais e conforme atesta Adilson Dalari no Regime Constitucional dos Servidores Públicos e Lúcia Valle Figueiredo.

Assim é que nunca esteve a recorrente submetida ao regime único instituído pela Lei Municipal, em atenção ao que determina a regra do art. 39 da Constituição Federal. Pretendeu o preceptivo constitucional sobredito uniformizar o disciplinamento dos servidores, nos seus respectivos âmbitos de administração.

Acontece que nem todos os servidores poderiam ingressar em tal regime único, posto que isso consistiria na efetivação dos servidores contratados sob o regime da CLT, sem o necessário Concurso Público.

Não quis a Carta Magna conferir a tais servidores a titularização em cargo público, a efetivação.

Tanto é assim que a contratação nos moldes do art. 37, IX, da Lei Maior, obrigatoriamente terá caráter temporário, o que é incompatível com a natureza dos cargos efetivos, e sua vocação para permanência indeterminada de seus ocupantes. Também é certo que não autorizou o Texto de 1988 a criação de um terceiro regime, de direito público, marcado por contratação de natureza administrativa. Dispôs, apenas, no sentido de que a lei estabelecesse os casos em que poderia se dar a contratação.

Decorre de todo o exposto que o pessoal contratado em virtude de excepcional interesse público está assujeitado ao regime trabalhista e não ao de funcionário, ao regime único, exclusivo dos servidores concursados, efetivos, ou mesmo a um terceiro regime, contratual, de natureza administrativa.

Disso decorreria, naturalmente, a competência desta Justiça Especializada.

Não se pode olvidar, contudo, que a União e, seguindo-lhe os passos, Estados e Municípios, adotaram um regime contratual, de direito público, para os contratados pela via do art. 37, IX, da Constituição da República, fato que afastaria a competência da Justiça do Trabalho.

Quis obviar a Constituição que não mais se pode admitir pessoal por tempo indeterminado, para exercer funções permanentes, mesmo porque o trabalho a ser executado precisa ser, também, eventual ou temporário. O contrato terá que ser por prazo certo. “O estritamente necessário à superação do problema transitório ou à realização do concurso para preenchimento da vaga ou emprego, quando disto se tratar (MELLO, 1991).

Entende-se por excepcional interesse público a situação anômala, irregular, de exceção, de emergência, enfim, que demanda satisfação pronta. A recorrente exercia a função de professora do ensino fundamental, que há de ser desempenhada por servidor admitido por Concurso Público, porque permanentemente necessária.

A admissão da recorrente pela via excepcional configura evidente burla à exigência constitucional da submissão ao certame público. Não há como ser reconhecida a configuração da hipótese do art. 37, IX, da Carta Magna, com o que restam mantidos os argumentos que indicavam a competência da Justiça do Trabalho.

Entendo que a contratação de pessoal nessas condições é feita sob o regime da CLT. É, inclusive, a posição majoritária na doutrina, a exemplo do que sustenta Adilson Dallari, em seu Regime Constitucional dos Servidores Públicos (FIGUEIREDO 1994).

Assim é que nunca esteve a recorrente submetida ao regime único instituído pela Lei Municipal, em atenção ao que determina a regra do art. 39 da Constituição Federal. Pretendeu o preceptivo constitucional sobredito uniformizar o disciplinamento dos servidores, nos seus respectivos âmbitos de administração.

Acontece que nem todos os servidores poderiam ingressar em tal regime único, posto que isso consistiria na efetivação dos servidores contratados sob o regime da CLT, sem o necessário Concurso Público.

Não quis a Carta Magna conferir a tais servidores a titularização em cargo público, a efetivação.

Tanto é assim que a contratação nos moldes do art. 37, IX, da Lei Maior, obrigatoriamente terá caráter temporário, o que é incompatível com a natureza dos cargos efetivos, e sua vocação para permanência indeterminada de seus ocupantes. Também é certo que não autorizou o Texto de 1988 a criação de um terceiro regime, de direito público, marcado por contratação de natureza administrativa. Dispôs, apenas, no sentido de que a lei estabelecesse os casos em que poderia se dar a contratação.

> Decorre de todo o exposto que o pessoal contratado em virtude de excepcional interesse público está assujeitado ao regime trabalhista e não ao de funcionário, ao regime único, exclusivo dos servidores concursados, efetivos, ou mesmo a um terceiro regime, contratual, de natureza administrativa. Disso decorreria, naturalmente, a competência desta Justiça Especializada. Não se pode olvidar, contudo, que a União e, seguindo-lhe os passos, Estados e Municípios, adotaram um regime contratual, de direito público, para os contratados pela via do art. 37, IX, da Constituição da República, fato que afastaria a competência da Justiça do Trabalho. Mas não no caso dos autos. Isto porque a função exercida pela recorrente não se compatibiliza com o caráter temporário que marca a admissão determinada por excepcional interesse público. Quis obviar a Constituição que não mais se pode admitir pessoal por tempo indeterminado, para exercer funções permanentes, mesmo porque o trabalho a ser executado precisa

> ser, também, eventual ou temporário. O contrato terá que ser por prazo certo. "O estritamente necessário à superação do problema transitório ou à realização do concurso para preenchimento da vaga ou emprego, quando disto se tratar. Entende-se por excepcional interesse público a situação anômala, irregular, de exceção, de emergência, enfim, que demanda satisfação pronta. A recorrente exercia a função de professora do ensino fundamental, que há de ser desempenhada por servidor admitido por Concurso Público, porque permanentemente necessária (MELLO, 1991, p. 81).

Além destes fatores, o contrato temporário excepcional de interesse público burla alguns princípios norteadores do Direito do Trabalho. Conforme aponta. Celso Antônio Bandeira de Mello (2000), ao tratar dos princípios, os conceitua da seguinte forma:

> É, por definição, mandamento nuclear de um sistema, verdadeiro alicerce dele, disposição fundamental que se irradia sobre diferentes normas compondo lhes o espírito e servindo de critério para sua exata compreensão e inteligência exatamente por definir a lógica e a racionalidade do sistema normativo, no que lhe confere a tônica e lhe dá sentido harmônico. É o conhecimento dos princípios que preside a intelecção das diferentes partes componentes de um todo unitário que há por nome de sistema jurídico positivo. Violar um princípio é muito mais grave do que transgredir uma norma qualquer. A desatenção ao princípio implica ofensa não apenas a um específico mandamento obrigatório, mas a todo o sistema de comandos (MELLO, 2000, p. 747-748).

Desta forma, a contratação temporária por tempo indeterminado, em caso de prorrogações sucessivas, acaba fugindo do seu objetivo principal, que é suprir uma necessidade temporária, e acaba atendendo à necessidade permanente, desrespeitando o preceito constitucional que consagra obrigatoriedade do Concurso Público.

É forçoso reiterar conforme aponta Celso Antônio Bandeira de Mello (2008) o traço nuclear das empresas estatais, públicas e sociedade de economia mista reside na questão de serem coadjuvantes de misteres estatais. Como os objetivos estatais são distintos, pois almejam o bem-estar da coletividade e não o proveio individual, então existe um abismo entre as entidades do estado e o Direito Privado, levando ao "empréstimo" da forma jurídica. Além disso há nesse tipo de contratação, ainda que forjado uma discriminação aos direitos sociais do trabalhador. Vejamos em exemplo a referida jurisprudência:

> AGRAVO DE INSTRUMENTO. CONSTITUCIONAL. DIREITOS SOCIAIS. DÉCIMO TERCEIRO E TERÇO DE FÉRIAS. APLICABILIDADE A CONTRATOS TEMPORÁRIOS SUCESSIVAMENTE PRORROGADOS. JULGADO RECORRIDO EM HARMONIA COM A JURISPRUDÊNCIA DO SUPREMO TRIBUNAL FEDERAL. AGRAVO AO QUAL SE NEGA SEGUIMENTO.
>
> Relatório
>
> 1. Agravo de instrumento contra decisão que não admitiu recurso extraordinário, interposto com base no art. 102, inc. III, alínea *"a"*, da Constituição da República.
>
> 2. O recurso inadmitido tem por objeto o seguinte julgado do Tribunal de Justiça de Minas Gerais:

"Apelação cível. Ação de cobrança. Trabalhador temporário. Contrato administrativo. 13º salário e férias. Direitos constitucionalmente assegurados. Ausência de prova de pagamento. Parcelas devidas. Recurso não provido. 1. A ação de cobrança pressupõe a existência de obrigação inadimplida, um devedor e um credor. 2. Os trabalhadores urbanos ou rurais, independentemente do regime de contratação, têm, dentre outros, o direito ao 13º salário e às férias (art. 7º, VIII e XVII, da Constituição da República). 3. Por se tratar de direito constitucionalmente assegurado, as parcelas são devidas ainda que deficiente o conteúdo do contrato administrativo. 4. Apelação cível conhecida e não provida." (fl. 23 – grifos nossos).

Tem-se no voto condutor do julgado recorrido:

"A Constituição da República, no art. 7º, VIII e XVII, independente do regime de contratação do trabalhador urbano ou rural, assegura o direito ao 13º salário e às férias com o acréscimo de um terço. São os chamados direitos individuais, em contraposição aos coletivos." (fl. 25).

O Tribunal a quo manteve a seguinte sentença:

"O Autor foi contratado com fulcro no art. 37, IX, da Constituição Federal e da Lei Estadual n. 10.254, de 20.07.1990, que prevê a contratação por prazo determinado não superior a 6 meses, para atender necessidade temporária, de excepcional interesse público.

Malgrado a clareza do diploma legislativo, o Autor manteve vínculo profissional com o Estado durante nove anos, ou seja, de 27.01.1994 a 04.06.2004, conforme contratos apresentados às fls. 11/40.

A primeira questão a ser enfrentada se refere ao regime jurídico a que se sujeitou após o lapso de 6 meses da primeira assinatura do contrato, isto porque o Estado, usando de expediente maroto, manteve o Requerente no serviço público mediante a renovação do contrato, sem interrupção.

(...)

Considerando tais premissas pode-se afirmar que o Requerente não possui direitos inerentes e típicos dos celetistas ou de estatutários.

Desse modo, os pedidos relativos a verbas peculiares daqueles regidos pela CLT não merecem amparo, tais como FGTS, multa fundiária, seguro- desemprego, multa do art. 477 da CLT, verbas previdenciárias e aviso prévio. Noutro giro, há que se reconhecer, após interpretação teleológica sistemática da Constituição Federal, notadamente pelas normas contidas no art. 7º e 39,

§ 3º, da referida carta, que determinados direitos sociais são comuns a todos os trabalhadores, seja de que regime for, tais como vencimento não inferior ao salário mínimo; irredutibilidade de vencimentos; 13º salário; adicional por trabalho noturno; salário-família; repouso semanal remunerado; remuneração do trabalho extraordinário com acréscimo de 50%; férias anuais com acréscimo de 1/3." (fls. 14-15 – grifos nossos)

Dessa feita, pode-se dizer que alguns doutrinadores e juristas acreditam que o regime jurídico dos contratados temporariamente não é trabalhista e, portanto, os mesmos não podem ser enquadrados como tal. Eles antes exercem uma função pública com remuneração, o que veem ocasionando diversos casos judiciais pois há uma discrepância entre o direito trabalhista e a gestão da administração pública. Há casos em que é deferida a indenização de verbas remuneratórias ao funcionário de fato.

CONSTITUCIONAL. ADMINISTRATIVO. TRABALHISTA. PROCESSO CIVIL. APELAÇÃO CÍVEL. CONTRATOS NULOS. COMPETÊNCIA DE JULGAMENTO DA JUSTIÇA COMUM. SALÁRIO RETIDO. DIFERENÇAS SALARIAS. FÉRIAS INTEGRAIS E PROPORCIONAIS DE FORMA SIMPLES. 13º PROPORCIONAIS E INTEGRAIS. DEVIDOS. FGTS. I – A justiça comum é competente para o julgamento da lide, posto a apelada foi contratada sem prévio concurso público, em forma de contratação temporária precária. II – O apelante não trouxe aos autos algum documento que aponte que a apelada teria recebido as verbas pleiteadas. Assim deve- se considerar, além do ônus que lhe atribui o art. 333, inciso II, do CPC, que o Município é quem detém as informações funcionais de todos os seus servidores, razão pela qual não haveria qualquer óbice à comprovação de suas alegações. III – A sentença deverá prevalecer, concedendo o direito ao FGTS pelo período laborado à apelada, não existindo qualquer inconstitucionalidade do Art. 19- A da Lei n. 8.036/1990, não nem mesmo este o meio processual cabível para declaração de inconstitucionalidade. IV- Improvimento. (TJ-AM – APL: 02028512320128040001 AM 0202851-23.2012.8.04.0001, relator: Sabino da Silva Marques, Data de Julgamento: 20.07.2015, Primeira Câmara Cível, Data de Publicação: 21.07.2015)

Marinella (2010, p. 631) atenta a este fato salientando que:

> Infelizmente, os Administradores Brasileiros abusam desses contratos especiais, utilizando-os muitas vezes como mecanismo para obtenção de privilégios pessoas. Também há abusos em situações em que a Administração, apesar de ter realizado Concurso Público, não nomeia os aprovados e realiza contratos temporários com terceiros, para assim atender aos seus interesses. Essas situações caracterizam desvio de finalidade e geram nulidade do contrato com visível violação a diversos princípios constitucionais, tais como isonomia, legalidade, moralidade, além de outros.

A utilização indiscriminada desse tipo de contrato está ferindo os princípios fundamentais da Constituição Federal e do direito do trabalhador, além de controverter a natureza jurídica das relações, ocasionado lesão aos direitos sociais, pois existem, mas não podem ser elididas, fazendo surgir assim a possibilidade de um regime hibrido, pois se de uma lado não pode ser estatuário por conta das regras constitucionais, também não podem ser celetistas considerando a condição de ente público.

Considerações finais

As relações de trabalho desde há muito tempo é discutida na sociedade. A interação entre empregado e empregador sempre foi motivo de reflexão nos compêndios de estudo e pesquisa, bem como todos os processos vivenciados nesse âmbito, inclusive as transformações que ocorreram nessa área, bem como os tipos de contratos criados onde a figura do trabalhador nem sempre é valorada.

Diante disso, esse trabalho pretendeu refletir acerca da contratação temporária por excepcional interesse público. Não obstante a necessidade de se manter os serviços públicos, e para isso contratar pessoas, conclui-se que valendo da esfera dos direitos trabalhistas, a administração pública vem deturbando esses direitos de forma compensatória.

A Constituição Federal prevê em seu art. 37 a existência da contratação temporária de pessoa para atender à necessidade, porém existe uma falta de definição prévia no que se refere aos pré requisitos,

O estabelecimento dessas ações, por sua vez, deve se dar de forma responsável, após estudos minuciosos sobre os impactos de sua aplicação, para que seja evitado o surgimento de novas desigualdades e para que essas ações não sejam usadas por motivos meramente políticos-eleitorais.

Tanto essas novas ações como as já existentes devem ser continuamente fiscalizadas para que haja o fiel cumprimento das mesmas, permitindo-as cumprir os objetivos para os quais foram criadas. O "agir" Estatal, portanto, vai além da criação de ações afirmativas, ele deve ocorrer também na fiscalização dessas medidas; dessa forma é que cabe aqui o entendimento de que o Estado como protetor dos direitos deverá agir em prol da dignidade do trabalhador.

O problema a ser levado em consideração é que os administradores públicos vem deturpando o instituto constitucional, lançando mão de oligarquias políticas através do tal regime especial que vem tornando a administração pública em um espaço de diversas contratações em um ciclo vicioso.

Vê-se diante do que foi estudado que as contratações temporárias por excepcional interesse público estão sendo realizadas de forma irregular. Ainda que sejam regidas pelo regime celetista, não seria redundante admitir que tais contratações vêm ocorrendo apenas por conveniência política.

Referências

ALEXANDRINO, Marcelo; PAULO, Vicente. *Direito administrativo descomplicado.* 21 ed. Rio de Janeiro, 2013.

ARAUJO, Florivaldo Dutra de. Regime jurídico único. Enciclopédia jurídica da PUC-SP. In: CAMPILONGO, Celso Fernandes; GONZAGA, Alvaro de Azevedo; FREIRE, André Luize (Coords.). *Tomo: Direito Administrativo e Constitucional.* NUNES JR., Vidal Serrano; ZOCKUN, Maurício; ZOCKUN, Carolina Zancaner; FREIRE, André Luiz (Coords. de tomo). 1. ed. São Paulo: Pontifícia Universidade Católica de São Paulo, 2017. Disponível em: <https://enciclopediajuridica.pucsp.br/verbete/23/edicao-1/regime-juridico-unico>. Acesso em: 16 out. 2017.

BRASIL. *Constituição da República Federativa do Brasil.* Brasília, DF: Senado Federal, 1988.

______. *Lei n. 8.745, de 9 de dezembro de 1993.* Brasília, DF.

______. Supremo Tribunal Federal. *ADI n. 3.247.* Relator(a): Minª. Carmem Lúcia, Tribunal Pleno, julgado em 23.03.2014. Disponível em: <http://redir.stf.jus.br/paginadorpub/paginador.jsp?docTP=TP&docID=6527404>. Acesso em: 22 maio 2017.

______. STF. *RE n. 651.398-DF.* Relator: Min. CÁRMEN LÚCIA, Data de Julgamento: 20.02.2015, Data de Publicação: DJe-036 DIVULG 24.02.2015 PUBLIC 25.02.2015. Disponível em: <https://stf.jusbrasil.com.br/jurisprudencia/25359811/recurso-extraordinario-re-651398-df-stf>. Acesso em: 23 maio 2017.

BARRETO, Daiane Garcias. *Sinopses Jurídicas de Direito Administrativo.* 2. ed. São Paulo: Edijur, 2012.

BUGARIN, Paulo Soares. O Princípio Constitucional da Eficiência, um Enfoque Doutrinário Multidisciplinar. *Revista do Tribunal da União – Fórum Administrativo*, Brasília, maio 2001, p. 240.

CARVALHO FILHO, José dos Santos. Manual de Direito Administrativo. 7. ed. rev., ampl. e atual. Rio de Janeiro: Lumen Iuris, 2001.

DALLARI, Adílson Abreu. *Regime constitucional dos servidores públicos.* 2. ed. São Paulo: Revista dos Tribunais, 1990.

DI PIETRO, Maria Sylvia Zanella. *Direito administrativo.* São Paulo: Atlas, 1990.

______. *Direito Administrativo.* São Paulo: Atlas, 2002.

FIGUEIREDO, Lúcia Valle. *Curso de direito administrativo.* São Paulo: Malheiros, 1994.

______. *Curso de Direito Administrativo.* 2. ed. São Paulo: Malheiros, 2002.

MEIRELLES, Hely Lopes. *Direito Administrativo Brasileiro.* São Paulo: Malheiros, 1998.

______. *Direito Administrativo Brasileiro.* 30. ed. São Paulo: Malheiros, 2005.

MELLO, Celso Antônio Bandeira. Curso de Direito Administrativo – 17.ed. – São Paulo. Melhoramentos, 2004.

MARCONI, M. A; LAKATOS, E. V. *Metodologia científica.* São Paulo: Atlas, 2004.

MARINELLA, Fernanda. *Direito Administrativo.* 4. ed. Niterói : Impetus, 2010.

MOTTA, Fabrício. A contratação de pessoal por prazo determinado pela administração pública vista pelo Supremo Tribunal Federal. *Jus Navigandi*, Teresina, ano 11, n. 972, 28 fev. 2006. Disponível em: <http://jus.uol.com.br/revista/texto/8045>. Acesso em: 22 maio 2017.

______. *Curso de Direito Administrativo.* São Paulo: Malheiros, 2000.

SOUSA Éder. *Concurso Público Doutrina e Jurisprudência.* 1. ed. Belo Horizonte: Del Rey.

A Captura Ideológica da Classe Proletária, a Falência dos Movimentos Coletivos Operários e os Desafios da Reconstrução de um Projeto Emancipatório do Trabalho[1]

Renato Almeida Melquíades de Araújo

As condições degradantes de vida e trabalho das primeiras fases do capitalismo e a concentração das riquezas em mãos burguesas originaram as primeiras revoltas proletárias radicais, com greves, destruição de máquinas, ocupação de postos de trabalho e manifestações populares nas ruas.

Por meios de aparatos de força, o Estado Liberal Burguês impôs severa repressão policial às manifestações, criminalizou as atividades associativas e de luta, e, até mesmo, em casos mais extremos, assassinou líderes sindicais, revelando uma absoluta hostilidade aos movimentos coletivos de cunho radical.

Dos choques violentos, emergiram ideologias contestatórias da ordem capitalista, como o socialismo utópico, a doutrina social da Igreja, o anarquismo e o socialismo científico ou marxista, sendo estes dois últimos de maior destaque, eis que propunham, por meios distintos, a superação do capitalismo e da sociedade de classes.

Desde o seu surgimento no mundo, o modo de produção capitalista se caracterizou por submeter a tudo e a todos à sua lógica reprodutiva e expansionista. Nesse sentido, a burguesia estabelece-se por toda parte, explora em toda parte, "pela necessidade de mercados sempre novos, ... invade todo o globo" (MARX; ENGELS, 1848, p. 3), dominando todo o sistema social.

Assim, desprovidas de limites, as primeiras etapas do capitalismo foram cruéis com a crescente massa de operários, que trabalhavam e viviam em condições degradantes. No início — e desde sempre — desse modelo de reprodução social, as riquezas eram produzidas com a exploração, pela burguesia, do proletariado que, desprovido dos meios de produção, necessitava vender a sua força de trabalho a qualquer preço e sob quaisquer condições para a obtenção de sua subsistência.

---

(1) Projeto de pesquisa (excertos) apresentado ao Programa de Pós-graduação em Direito (PPGD) da Universidade Federal de Pernambuco (UFPE), como requisito parcial da seleção para o ingresso no Mestrado, em 2018.

De acordo com o contexto filosófico, histórico e racional da época, o poder da classe dominante era suportado pela ideologia do Estado Liberal, da liberdade contratual dos indivíduos e da repulsa pela interferência do Estado nas relações particulares. Contudo, as condições de vida e trabalho aviltantes para a enorme parcela populacional subjugada fez nascer ideologias que denunciavam as iniquidades e propunham a tomada radical dos meios de produção, a superação da ordem capitalista e a extinção da sociedade de classes:

> "A Revolução Industrial introduziu um modelo de sociedade baseado no binômio capitalismo *versus* proletariado. (...) Para consolidar e dar respaldo a essas transformações, surge o Estado Liberal. Sua falta de compromisso com as necessidades humanas mais elementares desencadeou o aparecimento de outras alternativas teóricas — socialismo utópico, socialismo científico, anarquismo, doutrina social da igreja, dentre outras — e práticas cotidianas de caráter coletivo, como os movimentos reivindicativos e as greves, para enfrentar um modelo de estado e de sociedade fundamentados no utilitarismo e no individualismo contratualista." (ANDRADE, 2005, p. 19)

Cabe ressaltar o papel verdadeiramente desempenhado pelo Estado moderno na sociedade capitalista. Ainda hoje idealizado como árbitro isento dos conflitos inerentes à divisão hierárquica do trabalho social e à sociedade de classes, a verdade é que o poder do Estado sempre esteve a serviço da dominação e do exercício de poder pela classe dominante:

> "O Estado é a instância que diz representar o interesse universal, mas representa o de uma classe. Ele cumpre a universalidade reproduzindo o interesse da classe dominante. Assim, o Estado tem a aparência da universalidade, mas a sua realidade efetiva é particular, na medida em que ele garante a organização das condições gerais de um sistema social (ou organização da produção) no qual e pelo qual a burguesia existe como classe dominante. (...) O Estado, assim, deve ser visto como uma instituição própria do sistema capitalista, orientado a: a) garantir os fundamentos da acumulação capitalista (a propriedade privada, a exploração, o controle capitalista sobre o destino da riqueza socialmente produzida e a repressão a todo ato que ameace a 'estabilidade social'); b) promover a legitimação da ordem social vigente (tanto garantindo o envolvimento e o respeito às leis, quanto criando a vinculação e o compromisso dos cidadãos com um ideológico Estado neutro e um também ideológico sistema de liberdade e igualdade de oportunidades para todos); e c) responder a demandas das classes trabalhadoras, desde que não corroam os aspectos anteriores (...)." (MONTAÑO; DURIGUETTO, 2011, p. 36-7 e 143-4)

No entanto, para que o Estado cumprisse sua função de representação dos interesses da classe dominante de modo harmonioso, e não apenas pela força repressiva, era preciso também imputar, na mente da classe dominada, a ideologia de sua neutralidade e sua universalidade, de modo que ele atuasse como mediador do poder burguês e realizasse, por intermédio do consenso, a integração das classes exploradas:

> "Para se consolidar como classe hegemônica, na medida em que 'a dominação de classe baseada apenas na repressão seria equivalente a uma condição insustentável

> de guerra civil permanente' (Mandel, 1982, p. 334), o grande capital monopolista, permeado por demandas sociais e trabalhistas, amplia as funções do Estado, incorporando, além das atividades repressivas (coerção), a função de integração das classes subalternas (consenso). Para isto, como claramente aponta Mandel, 'a rigorosa utilização do Estado burguês como arma dos interesses de classe dos capitalistas é escondida tanto dos atores quanto dos observadores e vítimas (os trabalhadores) (...)." (MONTAÑO; DURIGUETTO, 2011, p. 144-5)

É nesse sentido que Everaldo Gaspar Lopes de Andrade (2014, p. 70) ressalta, resgatando Eugène Enriquez, que por sua vez segue os trilhos de Hegel, a dialética do senhor e do escravo, por meio da qual afirma, que é "necessário que o senhor seja reconhecido por aqueles" submetidos ao seu poder, evitando a violência da luta deflagrada. Isso ocorre por meio da ideologia, que é inerente às "classes dominantes que, para manter os controles institucionais sobre as classes dominadas e fazê-las incorporar os seus valores, precisam de instituições ... que facilitem a internalização desses valores".

Ideologia não é um pensamento supersticioso ou uma ilusão, mas "um sistema de ideias, de representações que domina o espírito de um homem ou de um grupo social" (ALTHUSSER, 1985, p. 81), sendo "uma forma específica de consciência social, materialmente ancorada e sustentada" (MÉSZÁROS, 2014, p. 65), "inevitável" na sociedade dividida em classes.

Verifica-se, pois, a essencialidade da ideologia para a consolidação da ordem capitalista pelo consenso, que consagra o Estado como legítimo produtor de normas jurídicas, voltadas à pacificação dos conflitos e à harmonia da convivência social. Nesse sentido, Gramsci afirma ser essencial a compreensão desse domínio e desse consentimento, que, por sua vez, são fundamentais para o fortalecimento da dominação de classes:

> "(...) embora Gramsci considere que há uma correspondência entre o poder econômico e o poder político, e que o Estado é a esfera em que se efetiva a unificação e o exercício do domínio burguês, é necessário explicitar as mediações dessa relação. Para o marxista italiano, o Estado não era somente o aparelho repressivo da burguesia; ele principalmente incluía a hegemonia da burguesia na superestrutura. E hegemonia para Gramsci não equivale à pura dominação, mas à direção social baseada num certo consenso e aceitação dos setores subalternos. Para Gramsci, 'Estado é todo complexo de atividades práticas e teóricas com as quais a classe dirigente não só justifica e mantém seu domínio, mas consegue obter o consenso ativo dos governados'." (MONTAÑO; DURIGUETTO, 2011, p. 45)

Não significa dizer, em absoluto, que a supremacia do Direito elimina, por meio da legitimidade do Estado, o antagonismo das classes burguesa e proletária, mas que o conflito existe, mesmo no âmbito das normas jurídicas, que são o reflexo dessa luta de classes:

> "(...) Se dizemos, em geral, que o direito é a organização das relações sociais e que ele registra a própria evolução dessas relações, então toda mudança nessas

> relações deve ser formalizada no direito. A luta de classes pode assumir a forma jurídica." (EDELMAN, 2016, p. 20-1)

Assim, com a superveniência de revoltas proletárias de cunho radical, notadamente no século XIX, que desafiavam a ordem vigente e a supremacia da classe dominante, bem como em virtude do insucesso das medidas repressivas empreendidas pelo Estado, a serviço da dominação burguesa, o capital percebeu a utilidade e a necessidade dos movimentos coletivos, que poderiam funcionar como intermediadores no diálogo entre as classes antagônicas.

> "O sindicato é um aparelho ideológico do Estado, que tem tanto do aparelho de Estado quanto do aparelho ideológico. Um aparelho, portanto, que 'gere' a classe operária: planejamento, eficiência, ordem e subordinação são as palavras-chave da tecnoestrutura." (EDELMAN, 2016, p. 123)

Além disso, a imposição de limites à exploração capitalista servia à legitimação da ideologia da neutralidade do Estado, como também à própria reprodução dos meios de produção, pois as medidas voltadas à preservação da saúde da classe proletária tendiam a retornar em ganhos de produtividade e longevidade para a reprodução capitalista:

> "(...) toda formação social é resultado de um modo de produção dominante (...) que para existir, ao mesmo tempo que produz, e para poder produzir, deve reproduzir as condições de sua produção ... reproduzir: 1) as forças produtivas; 2) as relações de produção existentes." (ALTHUSSER, 1985, p. 54)

Além da ideologia do Estado Democrático de Direito e da captura da subjetividade do trabalhador, diversos acontecimentos históricos influenciaram decisivamente o refluxo dos movimentos coletivos emancipatórios, como o surgimento da socialdemocracia, que almeja o avanço para o socialismo por intermédio da captura do poder político e parlamentar, ou, necessariamente no âmbito da influência do poder econômico e ideológico burgueses.

Atuando como verdadeiros parceiros da ordem capitalista, impregnados de um fetichismo de Estado, os partidos e sindicados com esse caráter reformista acreditavam na "possibilidade de transformação social gradual, sem a necessidade de ações revolucionárias radicais" (MONTAÑO; DURIGUETTO, 2011, p. 232).

O poder estatal burguês regulamentou os direitos trabalhistas, os sindicatos e o exercício da greve, aprisionando o sindicalismo revolucionário em uma moldura institucional que assegurava, em verdade, a ordem da classe dominante.

A classe operária foi "capturada, neutralizada, amordaçada" (EDELMAN, 2016, p. 8) pelo Direito, que impôs os seus instrumentos como forma única, legítima e admissível de pacificação dos conflitos entre capital e trabalho, eliminando, assim, qualquer caráter de validade ou legitimidade para qualquer pretensão que questionasse os ditames da ordem vigente.

Relevantes acontecimentos socioeconômicos influenciaram os rumos dos movimentos coletivos ao longo das décadas subsequentes e foram decisivos para o refluxo do sindicalismo de caráter emancipatório.

O fracasso das revoluções do século XIX, dentre as quais a notória Comuna de Paris, o surgimento da Administração Científica, cujo maior expoente foi F. W. Taylor, e da doutrina socialdemocrata, o advento do imperialismo capitalista e, ainda, à sua maneira, os desdobramentos da Revolução Bolchevique, todos são fatos que influenciaram o movimento sindical em suas diversas vertentes.

A aventura imperialista promovida pelos países capitalistas desenvolvidos colaborou com sua ascendência, mas consolidou a captura ideológica e a divisão estrutural do movimento operário — braços político e econômico — e solapou qualquer solidariedade internacional entre o proletariado, o que se revelou "um beco sem saída para as aspirações emancipatórias" (MÉSZÁROS, 2011, p. 288). Além da divisão internacional do trabalho, verifica-se a consolidação da dominação do trabalho pelo capital com a Administração Científica:

> "O começo do século XX experimentou mudanças significativas: foi o momento em que se consolidou outra 'Divisão Social do Trabalho', através da chamada 'administração científica'. (...) as empresas, por mediação do processo organizativo, difundem suas ideologias, a religião da empresa, inscritas em suas políticas de recursos humanos. Através de certas práticas e métodos conseguem a adesão de seus membros. (...) Essa corrente vinculada ao pensamento crítico tenta demonstrar que todas as teorias — desde a concepção baseada na administração científica até as modernas teorias organizativas — têm como objetivo impor a técnica de dominação do capital sobre o processo de trabalho." (ANDRADE, 2005, p. 64/112)

Por outro lado, a superveniência de políticas estatais de assistência social nos países centrais, de inspiração keynesiana, durante o denominado "compromisso fordista" (BIHR, 2010, p. 11), no que ficou conhecido como Estado de Bem-Estar Social.

O regime de acumulação taylorista findou esgotando sua capacidade de expansão da reprodução capitalista, com queda das taxas de lucro, aumento do custo da mão de obra, e eclosão de movimentos contestatórios — cite-se, em especial, o Maio de 68, na França. Ademais, a hipertrofia da esfera financeira contribuiu com o rompimento do compromisso fordista, levado a cabo em resposta à crise econômica das décadas de 1960 e 1970.

"Se o fordismo já havia denotado os limites e o esgotamento do modelo socialdemocrata do movimento operário, sua crise anuncia seu fim" (BIHR, 2010, p. 79), se a "total inviabilidade das concepções reformistas pôde ser oculta no passado sob o véu justificador das concessões do capital" (MÉSZÁROS, 2014, p. 37), com a eclosão da crise estrutural na década de 1970, as "chamadas 'mudanças graduais' da socialdemocracia reformista, introduzidas por medidas legislativas em passo de lesma durante muitas décadas" foram simplesmente "derrubadas quase da noite para o dia" (MÉSZÁROS, 2014, p. 419).

Assim, com o fim do estado assistencialista, pereceu a sustentação socioeconômica do sindicalismo de base socialdemocrata, que havia funcionado como parceiro mediador em conflitos capital-trabalho durante a vigência do período do *Welfare State*. Por sua vez, o colapso do "pós-capitalismo" soviético (MÉSZÁROS, 2011, p. 763) desnorteou os sindicatos que seguiam a cartilha do regime comunista, representando o fim de um dirigismo que manteve, de certa forma, a divisão social do trabalho e a extração de mais valia da classe trabalhadora, sem sinalizar com qualquer avanço no sentido de sua emancipação.

Outrossim, com a implosão do sistema soviético, no qual "Stalin reduziu os sindicatos a ... 'correias de transmissão' da propaganda oficial" (MÉSZÁROS, 2011, p. 23), acrescida da completa reversão das parcas conquistas alcançadas pela atuação parlamentar do movimento de base socialdemocrata, o resultado é que o sindicalismo viu-se desprovido de qualquer sustentação econômica, acional ou estratégica que significasse algo à atual classe oprimida:

> "Do ponto de vista do plano estratégico, o movimento operário ocidental encontra-se, hoje, nu. As estratégias revolucionárias (de tipo anarco-sindicalista ou de tipo leninista), elaboradas no final do século passado ou no início deste, não resistiram à prova do compromisso fordista que serviu de fundamento ao modelo de desenvolvimento do capitalismo ocidental do período pós-guerra. Mas a estratégia reformista (de inspiração social-democrata), adotada pelo movimento operário no curso desse mesmo período dentro dos limites desse compromisso, também caducou com a entrada em crise desse modelo de desenvolvimento." (BIHR, 2010, p. 11)

Crise que "não representa um momento de 'falha' ou 'doença' do MPC, faz parte da dinâmica capitalista, ... é a causa, o motor, da recuperação econômica e da retomada da taxa de lucro (Mandel, 1977. In: MONTAÑO; DURIGUETTO, 2011, p. 182-3). No caso, a resposta capitalista ao esgotamento do modo de produção fordista deu-se com um permanente e ainda hoje existente contínuo rebaixamento das conquistas trabalhistas alcançadas no pós-guerra:

> "Como resposta à sua própria crise, iniciou-se um processo de reorganização do capital e de seu sistema ideológico e político de dominação, cujos contornos mais evidentes foram o advento do neoliberalismo, com a privatização do Estado, a desregulamentação dos direitos do trabalho e a desmontagem do setor produtivo estatal, da qual a era Thatcher-Reagan foi a expressão mais forte: a isso se seguiu também um intenso processo de reestruturação da produção e do trabalho, com vistas a dotar o capital do instrumental necessário para tentar repor os patamares de expansão anteriores. (...) Esse período caracterizou-se também ... por uma ofensiva generalizada do capital e do Estado contra a classe trabalhadora e contra as condições vigentes durante a fase de apogeu do fordismo." (ANTUNES, 2009, p. 33-4)

O colapso ideológico do movimento operário e o abandono das pautas anticapitalistas e emancipatórias esclarecem a indiferença dos movimentos sociais surgidos no contexto do esgotamento do pacto social do pós-guerra em relação ao sindicalismo então existente:

> "A década de 70 viu desenvolver rapidamente, em todos os países ocidentais, o que então se denominou os novos movimentos sociais: movimentos ecológicos,

> certamente, mas também movimentos antinucleares e pacifistas, movimentos regionalistas e de âmbito nacional, movimentos urbanos, movimentos feministas e, de modo mais amplo, antissexistas, etc. (...) Por um lado, seu terreno de mobilização e as questões em jogo de suas lutas situam-se geralmente fora da esfera imediata do trabalho e da produção, para concernir a aspectos da vida social que não parecem diretamente determinados pelas relações capitalistas de produção. Por outro, seus protagonistas mantêm, em geral, uma relação de indiferença, ou mesmo de hostilidade, em relação às formas organizacionais e às referências políticas e ideológicas do movimento operário sob hegemonia social-democrata." (BIHR, 2010, p. 143)

Com o ressurgimento vigoroso das políticas (neo)liberais, rapidamente se desfizeram as conquistas sociais do pós-guerra, situação agravada por fenômenos como o desemprego estrutural, um novo regime de acumulação capitalista — baseado na descentralização produtiva, na atomicidade laboral e na fugacidade das relações —, e uma nova morfologia do trabalho — precarizado, em tempo parcial, terceirizado, subcontratado etc.

Por conseguinte, a incompatibilidade do modelo de sindicalismo herdado da sociedade industrial resta gritante. E, com a crise financeira (estrutural) de 2008, verifica-se uma rodada global de rebaixamento dos patamares protetivos laborais, o que é agravado pela insuficiência do cânone protetivo do Direito do Trabalho (GASPAR, 2005), de enfoque no trabalho subordinado, que há muito não alcança a maior parcela da classe-que-vive-do-trabalho (ANTUNES, 2009, p. 102) contemporânea.

Esse contexto desfavorável aos trabalhadores e movimentos sindicais, é ilustrado e materializado por meio do trabalho — ou qualquer outro nome que se dê à prestação de serviços, visto que até a própria característica de relação pessoal de trabalho lhe é negada — realizado por meio de aplicativos aos seus usuários, na chamada "*GIG Economy*" ou "economia do compartilhamento".

Atomizados, segregados no universo particular de veículos e celulares próprios, desassistidos de amparo coletivo, normativo e, muitas vezes, social, o trabalhador da economia do compartilhamento nem se enxerga como tal, sente repulsa pela (sua) ideia de sindicato e reproduz, em sua vivência, os valores, por exemplo, do empreendedorismo individual, do Estado mínimo, da flexibilização dos direitos trabalhistas, entre tantos outros que se apoiam na gradativa perda de consciência de classe no seio do proletariado.

Da mesma forma, dados empíricos e analíticos revelam o decréscimo no nível de sindicalização no mundo. A título ilustrativo, no Brasil, a taxa de trabalhadores sindicalizados experimentou redução desde o início da série histórica da Pesquisa Nacional por Amostra de Domicílios — PNAD, saindo de 21,9% (vinte e um e nove décimos por cento), em 1988, para se estabelecer em 19,5% (dezenove e cinco décimos por cento) em 2015, abaixo da média mundial, que é de 22,3% (vinte e dois e três décimos por cento), chegando a atingir o mínimo de 16,2% (dezesseis e dois décimos por cento) em 2013. Na verdade, a queda teria sido mais significativa, não fosse o crescimento da sindicalização no campo, sobretudo entre os trabalhadores por conta própria e não remunerados.

De modo comparativo, mas igualmente evidenciando o padrão de retração do sindicalismo globalmente, na Itália, a taxa de trabalhadores vinculados a sindicatos manteve-se acima dos padrões globais, mas caiu de 39,6% (trinta e nove e seis décimos por cento), em 1988 (ANTUNES; 2015, 16. ed., p. 80), para atingir o percentual de 31,6% (trinta e um e seis décimos por cento) em 2015. E isso em um país com forte tradição sindical.

O descompasso entre o sindicalismo e os novos movimentos sociais é confirmado pela verticalidade do fenômeno associativo centrado na dicotomia operário-patrão, pelo desafino com a nova morfologia do trabalho, pelo desemprego estrutural, que exclui a maior parte da classe-que-vive-do-trabalho (ANTUNES) da proteção do direito laboral e das práticas sindicais, pela inadequação dos métodos e técnicas organizacionais dos sindicatos, incapazes de compreender e enfrentar a cultura e o poder das organizações, e, por fim, pela não utilização dos meios comunicacionais disponíveis para aglutinar todas essas variáveis do mundo global contemporâneo (ANDRADE, 2005, p. 91-94).

Sem embargos, a crise econômica estrutural representa um desafio, pois realiza "profundas mutações no interior do mundo do trabalho", fragmentando ainda mais a classe trabalhadora, que é submetida a um "enorme desemprego estrutural, um crescente contingente de trabalhadores em condições precarizadas, além de uma degradação que se amplia, na relação metabólica entre homem e natureza" (ANTUNES, 2009, p. 17).

> "O efeito da crise se reverte trágica e imediatamente em aumento do desemprego e da pauperização e miserabilidade a ele associadas, em acirramento da exploração capitalista — que visará retomar e/ou ampliar as formas de extração de mais-valia absoluta, como aumento da jornada de trabalho, da idade de aposentadoria, do trabalho escravo-por-dívida etc. —, na perda de direitos trabalhistas conquistados, na precarização de políticas e serviços sociais estatais, e até na perda ou esvaziamento de direitos políticos e civis. Paralelamente, a classe trabalhadora, com os efeitos do aumento do desemprego (e do Exército Industrial de Reserva), passa a desenvolver uma atitude mais individualista e defensiva, até aceitando muitas perdas para garantir seu emprego, o que impacta nas lutas dos trabalhadores e nos seus efeitos sociais. A crise capitalista, portanto, longe de beneficiar a sua classe antagônica, precariza, inibe e submete ainda mais ao trabalhador e suas lutas, contribuindo até para criar melhores condições para os ajustes e as (contra)reformas estruturais necessários para os interesses do capital: o projeto neoliberal." (MONTAÑO, Carlos; DURIGUETTO, Maria Lúcia. Estado, classe e movimento social. São Paulo: Cortez, 2011, 3. ed., p. 212)

Todavia, o nivelamento global da taxa diferenciação de exploração decorrente da nova morfologia do trabalho e do modo de produção toyotista está colocando os trabalhadores do mundo, de países subdesenvolvidos a desenvolvidos, e mesmo no interior desses, em posição de igual vulnerabilidade à gradativa redução do patamar protetivo laboral, evidenciado pela uniformidade do movimento reformista pós-crise de 2008 (ADASCALITEI; MORANO,

2016), o que é agravado pela limitação do cânone protetivo do Direito do Trabalho, pautado no trabalho livre-subordinado (ANDRADE, 2005).

Essa situação pode – e deve – servir de base para a construção de uma verdadeira solidariedade proletária global, o que urge o sindicalismo a pautar-se nesse mesmo *locus*, que corresponde à verdadeira e atual esfera territorial do capitalismo ultraliberal: todo o planeta Terra (e hoje, pontue-se, alcançando até o espaço sideral). No entanto, o "internacionalismo socialista é inconcebível sem o total respeito pelas aspirações dos trabalhadores de outras nações. Somente este respeito pode criar a possibilidade objetiva de intercâmbios cooperativos positivos" (MÉSZÁROS, 2014, p. 30).

> "(...) sem a intervenção vigorosa da ideologia emancipatória — capaz de demonstrar *ad hominem* tanto a praticabilidade quanto a necessidade historicamente viva de tais ideais práticos —, não há esperança de superação dos antagonismos destrutivos dessas estruturas." (MÉSZÁROS, 2014, p. 472)

Segundo Eric Hobsbawn (2011, p. 203), o marxismo é "uma ideologia que anunciava a irreversibilidade histórica do progresso do capitalismo, que não poderia ser detido pela resistência de forças exteriores a ele (como a do campesinato), ainda que hostis, mas apenas pelas forças geradas por ele próprio e destinadas a lhe roubar o poder", o proletariado.

Revela-se essencial e urgente, portanto, a retomada de um projeto emancipatório em âmbito internacional pelo sindicalismo, que dialogue com e incorpore os novos movimentos sociais e todos os indivíduos insatisfeitos com o determinismo do sociometabolismo do capital, que a todos subjuga — mentes e corpos humanos, meio ambiente, relações de consumo, laços familiares etc. —, promovendo o desenvolvimento da consciência crítica (GOHN, 2012), através de práticas educativas e sociais direcionadas à redução da dependência capitalista:

> "[Como promover a destruição deste poder de imposição simbólica] A partir da tomada de consciência do arbítrio ou na medida em que se revela a verdade objetiva e se aniquila a crença, ou melhor: quando o discurso heterodoxo destrói as falsas evidências da ortodoxia ... 'e lhe neutraliza o poder desmobilizador, que ele encerra um poder simbólico de mobilização e de subversão, poder de tornar atual o poder potencial das classes dominadas'." (ANDRADE, 2014, p. 76)

Certamente, não se trata do abandono das lutas imediatas cotidianas por melhores condições de trabalho e vida, mas do (re)estabelecimento de um projeto societal emancipatório, que se proponha a superar o modo de reprodução capitalista por meio de objetivos e práticas viáveis e factíveis, na construção de "uma obra de grande fôlego, que consiste em se apoderar, dentro da sociedade capitalista e contra ela, dos elementos e das condições da construção da sociedade comunista" (BIHR, 2010, p. 215):

> "Se o movimento operário ocidental quer se tornar de novo uma força social capaz de modificar a direção do curso do capitalismo, e até mesmo romper com

esse curso, deve hoje fixar objetivos para si de uma dupla natureza. De um lado, objetivos realistas, considerando desafios maiores com os quais ele próprio é confrontado hoje. Pois, se ele se mostra incapaz de enfrentá-los, estará condenado a desaparecer (...). de outro lado, esses objetivos devem abrir perspectivas a mais longo prazo que permitam ... impulsionar um processo de ruptura com o capitalismo." (BIHR, 2010, p. 185-6)

Referências bibliográficas

ADASCALITEI, Dragos; MORANO, Clemente Pignatti. Drivers and Effects of Labour Market Reforms: Evidence from a novel policy compendium. Genebra: *IZA Journal of Labor Policy*, 2016. Artigo pub. pelo Dep. de Pesquisas da Organização Internacional do Trabalho.

ANDRADE, Everaldo Gaspar Lopes de. *Direito do Trabalho e Pós-Modernidade:* fundamentos para uma teoria geral. São Paulo: LTr, 2005.

______. *O Direito do Trabalho na filosofia e na teoria social crítica:* os sentidos do trabalho subordinado na cultura e no poder das organizações. São Paulo: LTr, 2014. p. 68.

ANTUNES, Ricardo. *Adeus ao trabalho?:* ensaio sobre as metamorfoses e a centralidade do mundo do trabalho. 16. ed. São Paulo: Cortez, 2015.

______. *Os Sentidos do Trabalho:* ensaio sobre a afirmação e a negação do trabalho. 2. ed. São Paulo: Boitempo, 2009.

ALTHUSSER, Louis. *Aparelhos Ideológicos de Estado:* nota sobre os aparelhos ideológicos de Estado. 2. ed. Rio de Janeiro: Edições Graal, 1985.

BAUMAN, Zygmunt. *Vida para consumo:* a transformação das pessoas em mercadoria. Rio de Janeiro: Zahar, 2008.

BECK, Ulrich. *Sociedade de risco:* rumo a uma outra modernidade. São Paulo: Edições 34, 2011.

BIHR, Alain. *Da grande noite à alternativa:* o movimento operário europeu em crise. 2. ed. São Paulo: Boitempo, 2010.

BOÉTIE, Étienne de La. *Discurso da servidão voluntária.* São Paulo: Martin Claret, 2017.

BOURDIEU, Pierre. *O poder simbólico.* 3. ed. Rio de Janeiro: Bertrand Brasil, 2000.

CASTELLS, Manuel. *Redes de indignação e esperança:* Movimentos sociais na era da *internet.* 1. ed. Rio de Janeiro: Zahar, 2013.

CHAUÍ, Marilena. *Contra a servidão voluntária.* Belo Horizonte: Autêntica, 2014.

CHOMSKY, Noam. *Global discontents:* conversations on the rising threats to democracy. Londres: Penguin, 2017.

COHN, Gabriel. *Sociologia da comunicação:* teoria e ideologia. Petrópolis: Vozes, 2014.

DE MASI, Domenico. *O futuro do trabalho:* fadiga e ócio na sociedade pós-industrial. Rio de Janeiro: José Olympio, 2001.

______. *A sociedade pós-industrial.* 4. ed. São Paulo: Editora Senac São Paulo, 2003.

______. *Lavorare gratis, lavorare tutti:* perché il futuro è dei disoccupati. Milão: BUR Rizzoli, 2018.

DEBORD, Guy. *A sociedade do espetáculo.* 2. ed. Rio de Janeiro: Contraponto, 2017.

DUPAS, Gilberto. *Atores e poderes na nova ordem global:* assimetrias, instabilidades e imperativos de legitimação. São Paulo: Ed. UNESP, 2005.

EDELMAN, Bernard. *A legalização da classe operária.* São Paulo: Boitempo, 2016.

FOUCAULT, Michel. *Microfísica do poder.* 28. ed. Rio de Janeiro: Paz e Terra, 2014.

FREIRE, Paulo. *Pedagogia do oprimido.* 17. ed. Rio de Janeiro: Paz e Terra, 1987.

FUKUYAMA, Francis. *O fim da história e o último homem.* 3. ed. Lisboa: Gradiva, 2007.

GOHN, Maria da Glória. *Novas teorias dos movimentos sociais.* 5. ed. São Paulo: Edições Loyola, 2014.

______. *Movimentos sociais e educação.* 8. ed. São Paulo: Cortez, 2012.

GORZ, André. *Metamorfoses do trabalho:* crítica da razão econômica. 2. ed. São Paulo: Annablume, 2007.

______. *Miséria do presente, riqueza do possível.* São Paulo: Annablume, 2004.

GRAMSCI, Antonio. *Obras escolhidas:* volume 1. Lisboa: Editorial Estampa, 1974.

HARVEY, David. *O enigma do capital:* e as crises do capitalismo. São Paulo: Boitempo, 2011.

HOBSBAWN, Eric. *Como mudar o mundo:* Marx e o marxismo. São Paulo: Cia. das Letras, 2011.

LAZZARATO, M. *As revoluções do capitalismo.* Rio: Civilização Brasileira, 2006.

LUKÁCS, Georg. *História e consciência de classe:* estudos sobre a dialética marxista. 2. ed. São Paulo: Martins Fontes, 2012.

MANDEL, Ernest. Um colosso a esmagar. In: *O imperialismo.* Lisboa: Delfos, 1975.

MARCUSE, Herbert. *Ideologia da sociedade industrial.* Rio de Janeiro: Zahar, 1967.

MARX, Karl. *Grundrisse:* manuscritos econômicos de 1857-1858: esboços da crítica da economia política. São Paulo: Boitempo, 2011.

______. *Manuscritos econômicos-filosóficos.* São Paulo: Martin Claret, 2017.

______. *O capital:* crítica da economia política: livro I: o processo de produção do capital. 2. ed. São Paulo: Boitempo, 2017.

MARX, Karl; ENGELS, Friedrich. *Manifesto do Partido Comunista.* Londres: 1848. Disponível em: <https://www.portalabel.org.br/images/pdfs/manifesto-comunista.pdf>. Acesso em: 17 out. 2018.

______. *A ideologia alemã:* seg. Teses sobre Feuerbach. São Paulo: Centauro, 2002.

MELHADO, Reginaldo. *Poder e sujeição.* São Paulo: LTr, 2005.

MÉSZÁROS, István. *O poder da ideologia.* 1. ed., 5. reimp.São Paulo: Boitempo, 2014.

______. *Para além do capital:* rumo a uma teoria da transição. São Paulo: Boitempo, 2011.

______. *O desafio e o fardo histórico:* o socialismo no século XXI. São Paulo: Boitempo, 2007.

______. *Filosofia, ideologia e ciência social.* São Paulo: Boitempo, 2008.

MONTAÑO, Carlos; DURIGUETTO, Maria Lúcia. *Estado, classe e movimento social.* 3. ed. São Paulo: Cortez, 2011.

PACHUKANIS, Evguiéni. *Teoria geral do direito e marxismo.* São Paulo: Boitempo, 2017.

POPPER, Karl R. *A Lógica da pesquisa científica.* Trad. Leônidas Hegenberg e Octanny Silveira da Mota. 16. ed. São Paulo: Cultrix, 2001.

POSTONE, Moishe. *Tempo, trabalho e dominação social:* uma reinterpretação da teoria crítica de Marx. 1. ed. São Paulo: Boitempo, 2014.

POULANTZAS, Nicos. *O Estado, o poder, o socialismo*. São Paulo: Paz e Terra, 2000.

RAMOS FILHO, Wilson. *Direito capitalista do trabalho:* história, mitos e perspectivas no Brasil. São Paulo: LTr, 2012.

SANTOS, Boaventura de Sousa. *Trabalhar o mundo:* os caminhos do novo internacionalismo operário. Rio de Janeiro: Civilização Brasileira, 2005.

SLOTERDIJK, Peter. *En el mundo interior del capital:* para una teoria filosófica de la globalización. Madri: Siruela, 2007.

SOARES FILHO, José. *Sociedade Pós-Industrial e os impactos da globalização na sociedade, no trabalho, na economia e no Estado*. Curitiba: Juruá, 2007.

TOURAINE, Alain. *O pós-socialismo.* São Paulo: Brasiliense, 2004.

TREINTA, Fernanda Tavares; FARIAS FILHO, José Rodrigues; SANT´ANNA, Annibal Parracho; RABELO, Lúcia Mathias. Metodologia de pesquisa bibliográfica com a utilização de método multicritério de apoio à decisão. *Production*, Niterói, v. 24, n. 3, 2014, p. 508-520.

VERÓN, Eliseo. *Ideologia, estrutura e comunicação.* São Paulo: Cultrix, 1968.

WEBER, Max. *A ética protestante e o "espírito" do capitalismo.* São Paulo: Cia. das Letras, 2004.

Uberização do Trabalho: A Relação Empregatícia entre os Entregadores e as Empresas de Aplicativos de Comida[1]

Ygor Leonardo de Sousa Araujo

"Para o império é mais importante dominar culturalmente que militarmente. A dominação cultural é mais fléxivel, mais eficaz, menos custosa. Nossa tarefa consiste em descolonizar nossa mentalidade."

Thomas Sankara

1. Introdução

O tema da uberização do trabalho tornou-se tema recorrente no último período diante de sua notável expansão. Inicialmente o conglomerado das mídias juntamente com as grandes empresas responsáveis pela uberização propagaram o discurso e a racionalidade de "autonomia", "empreendedorismo", distanciando-se da ideia de subordinação e força de trabalho.

Após a consolidação dessa modalidade de trabalho, nota-se a inquietação e discussão recorrente nos círculos sociais acerca das condições de trabalho advindas da uberização do trabalho, principalmente os relatos de jornadas de trabalho exaustivas e remuneração mínima.

Diante disso, o presente pesquisador sentiu a necessidade do debate ser inserido através da pesquisa científica e da formulação teórica acadêmica, cumprindo o dever da universidade diante da sociedade de produzir conhecimento voltado para os trabalhadores.

Sendo assim, utilizou-se da relação empregatícia estabelecida entre os entregadores de comida e as empresas dos principais aplicativos do setor. A análise centra-se na tese de que há uma relação de subordinação entre a empresa e o entregador, afastando-se da racionalidade neoliberal ao qual prega "autonomia" e "empreendedorismo".

(1) Monografia Final apresentada como requisito parcial para conclusão do curso de graduação em Direito do Trabalho pela Universidade Federal de Pernambuco – UFPE, em 2019.

Além disso, torna-se fundamental a análise do contexto no qual a expansão dessa modalidade de trabalho está inserida, oferecendo elementos para que não se ignore a racionalidade econômica basilar da expansão e consolidação da uberização do trabalho.

Considera-se o conceito ampliado de classe trabalhadora, utilizado por Ricardo Antunes, no sentido de que trabalhadores são todos aqueles que vivem da venda de sua força de trabalho em troca de salário, sendo pagos por capital-dinheiro, não importando se as atividades realizadas são mais ou menos regulamentadas.

Os argumentos construídos partem da pesquisa realizada com os entregadores de comida por aplicativos da cidade de Recife, cerca de cinquenta trabalhadores, com a finalidade de demonstrar a relação de subordinação existente entre os entregadores e as respectivas empresas dos aplicativos.

Na pesquisa realizada, de caráter quantitativo, exclusivamente na cidade de Recife, apurou-se o perfil (geracional, de gênero, raça, escolaridade), a vinculação a outro posto de trabalho, a frequência semanal, a jornada diária, o número de entregas realizadas, em média, por dia, a remuneração média, a possibilidade de substituição por outra pessoa de sua conta no aplicativo, a ocorrência de punição e algumas condições de trabalho (a exemplo de local de repouso, equipamento de segurança e instrumentos de trabalho).

Em seguida fora feito análise da coleta da jurisprudência nacional e internacional envolvendo entregadores de aplicativo e as principais empresas do mercado. Acrescentou-se ainda a análise da iniciativa legislativa tratando do tema da uberização do trabalho, fundamental para apontar possíveis iniciativas acerca da proteção do trabalhador uberizado.

Por fim, fora discutido o caráter da organização coletiva dos entregadores a partir da ótica da teoria crítica, apontando os desafios atuais organizativos dos trabalhadores uberizados, a influência do campo cibernético, a necessidade de reconfiguração dos movimentos sindicais e sociais diante da reestruração do capitalismo e da implementação do neoliberalismo a partir de 1970.

Dessa forma, pretende-se comprovar através da teoria e da pesquisa de campo a configuração da relação empregatícia entre os entregadores de comida e as empresas de aplicativo, atendendo os requisitos exigidos pela doutrina e pela legislação trabalhista (subordinação, onerosidade, pessoalidade, pessoa física, não eventualidade).

2. Breves considerações sobre o neoliberalismo e a uberização do trabalho

A financeirização do capitalismo, em escala mundial, em implementação desde o fim dos anos 1970, constitui-se como um dos principais pilares da atual sociedade neoliberal, marcada pela desconstrução do arcabouço tutelar da classe trabalhadora, na qual o Estado não serve a maioria da sociedade, mas se limita aos comandos da financeirização, das grandes empresas e de 1% da população[(2)].

---

(2) REUBEN, Anthony. 1% da população global detém mesma riqueza dos 99% restantes, diz estudo. *BBC*, Brasil, 18 jan. 2016. Disponível em: <https://www.bbc.com/portuguese/noticias/2016/01/160118_riqueza_estudo_oxfam_fn>. Acesso em: 20 ago. 2019.

Nesse sentido, aprofunda-se o regime de acumulação, pratica-se um notável intervencionismo jurídico, implementando um conjunto de dispositivos jurídicos com o objetivo de consolidar o neoliberalismo no Estado e na sociedade. Assim,

> O neoliberalismo é um sistema de normas que estão profundamente inscritas nas práticas governamentais, nas políticas institucionais, nos estilos gerenciais. Além disso, devemos deixar claro que esse sistema é tanto mais "resiliente" quanto excede em muito a esfera mercantil e financeira em que reina o capital. Ele estende a lógica do mercado muito além das fronteiras estritas do mercado, em especial produzindo uma subjetividade "contábil" pela criação de concorrência sistemática entre os indivíduos.(3)

O neoliberalismo se constrói a partir de uma nova racionalidade, tendo como característica principal a concorrência como norma de conduta e como subjetivação o modelo de empresa(4). Introduz uma nova divisão internacional do trabalho, regida principalmente pela precarização, retirando qualquer proteção normativa para que a força de trabalho seja remunerada pelo preço mínimo.

Ratifica-se, assim, o apontado por Marcuse no início da implementação da tecnologia na sociedade industrial, em que afirmou:

> Nessa sociedade, o aparato produtivo tende a tornar-se totalitário no quanto determina não apenas as oscilações, habilidades e atitudes socialmente necessárias, mas também as necessidades e aspirações individuais. Oblitera, assim, a oposição entre existência privada e pública, entre necessidades individuais e sociais. A tecnologia serve para instituir formas novas, mais eficazes e mais agradáveis de controle social e coesão social... A noção tradicional de "neutralidade" da tecnologia não mais pode ser sustentada. A tecnologia não pode, como tal, ser isolada do uso que lhe é dado; a sociedade tecnológica é um sistema de dominação que já opera no conceito e na elaboração das técnicas.(5).

Importa também ressaltar que não é por acaso a utilização da tecnologia para a superexploração do trabalho acompanhada do mínimo valor pago para a força de trabalho, conforme também nos aponta Marcuse:

> A maneira pela qual a sociedade organiza a vida de seus membros compreende uma escolha inicial entre alternativas históricas que são determinadas pelo nível de cultura material e intelectual herdado. A própria escolha resulta do jogo dos interesses dominantes.(6)

As reflexões de Marcuse são contemporâneas do início do desenvolvimento tecnológico. Por isso, é de ser considerada a consolidação global do avanço das tecnologias da informação nos processos produtivos, o que hoje se denomina "Indústria 4.0", e o aumento do setor de serviços na cadeia produtiva do valor.

---

(3) DARDOT, Pierre; LAVAL, Christian. *A nova razão do mundo:* ensaio sobre a sociedade neoliberal. Sao Paulo: Boitempo, 2016. p. 30.

(4) *Idem.*

(5) MARCUSE, Herbert. *A ideologia da Sociedade Industrial.* Rio de Janeiro: Zahar Editores: 1973. p. 18-19.

(6) *Ibidem*, p. 19.

Durante os primeiros anos do século XXI, com os avanços tecnológicos nos meios de produção, afirmava-se que estaria próximo o fim do trabalho. No entanto, essa tese precisa ser refutada. O que se tem visto, "em vez do fim do trabalho na era digital, estamos vivenciando o crescimento exponencial do novo proletariado de serviços, uma variante do que se pode denominar escravidão digital. Em pleno século XXI".(7)

Dessa forma, a situação do Brasil nos últimos anos(8), desde a articulação dos diversos setores com o Golpe de 2016, tem sido a implementação incessante da agenda neoliberal, que inicia com a Emenda Constitucional n. 95 abstendo-se de tratar da queda da arrecadação tributária, do pagamento dc juros e da falta de crescimento, passando a retirar a vinculação de recursos tributários para saúde e educação públicas durante vinte anos, tratando-se literalmente de um projeto de longo prazo de impedimento da construção de um Estado de bem-estar social brasileiro(9). Depois, a Reforma Trabalhista (Lei n. 13.467/2017), que aumentou a vulnerabilidade dos trabalhadores e trabalhadoras e as pretendidas reformas da Previdência e do Ensino Público.

Deve-se ainda, apontar a última pesquisa divulgada pelo IBGE, reforçando o crescimento da desigualdade brasileira no último ano (2018), onde o rendimento médio mensal de trabalho da população 1% mais rica foi quase 34 vezes maior que da metade mais pobre em 2018. Demonstrando assim que a parcela de maior renda arrecadou R$ 27.744 por mês, em média, enquanto os 50% menos favorecidos ganharam R$ 820, mostrando o aumento da desigualdade no país com o receituário neoliberal(10).

Importa destacar que reduzir o pagamento da força de trabalho ao mínimo, com a superexploração dos trabalhadores e trabalhadoras, é fundamental para o capital financeiro:

> Os pesquisadores Dragos Adascalieti e Clemente Pignatti Morano relatam que, entre 2008 e 2014, foram realizadas reformas trabalhistas em 110 países. O objetivo comum a todas é -repetindo- reduzir o custo do trabalho. O argumento está no artigo *"Drivers and effetcs of labour Market reforms: evidence from a novel policy compendium"*.(11)

Nesse contexto, se impõe o estudo das modalidades de trabalho que vêm assumindo um papel crescente no mundo inteiro, com destaque para a chamada "uberização do trabalho", isto é, a modalidade de trabalho que recebe a denominação da principal empresa privada

(7) ANTUNES, Ricardo. *O privilégio da servidão:* o novo proletariado de serviços na era digital. Sao Paulo: Boitempo, 2018, p. 30.

(8) CANZIAN, Fernanda; MENA, Fernanda. Super-ricos no Brasil lideram concentração de renda global. *Folha de S. Paulo*, 19 ago. 2019. Disponível em: <https://temas.folha.uol.com.br/desigualdade-global/brasil/super-ricos-no-brasil-lideram-concentracao-de-renda-global.shtml>. Acesso em: 30 ago. 2019.

(9) CARVALHO, Laura. *Valsa Brasileira:* do boom ao caos econômico. São Paulo: Todavia, 2018. p. 122.

(10) PERET, Eduardo. Renda do trabalho do 1% mais rico é 34 vezes maior que da metade mais pobre. Agência *IBGE Notícias*, 16 out. 2019. Disponível em: <https://agenciadenoticias.ibge.gov.br/agencia-noticias/2012-agencia-de-noticias/noticias/25702-renda-do-trabalho-do-1-mais-rico-e-34-vezes-maior-que-da-metade-mais-pobre>. Acesso em: 16 out 2019.

(11) VALIM, Rafael; SOUZA, Jessé (Coord.). *Resgatar o Brasil.* São Paulo: Editora Contracorrente/ Boitempo, 2018. p. 31.

global no ramo, caracterizada pelo fato de os trabalhadores arcarem com os instrumentos de trabalho, com todas as despesas de segurança, alimentação, limpeza, enquanto a empresa, através de um aplicativo para *smartphones*, apropria-se do mais-valor gerado pelo serviço dos trabalhadores, sem qualquer preocupação com os direitos trabalhistas conquistados arduamente pela classe trabalhadora ao longo de sua história(12).

Pode-se afirmar, assim, que ao invés do discurso de emprendedorismo, de autonomia, o que tem ocorrido é a exploração e o risco repassado aos trabalhadores, enquanto os donos das empresas acumulam lucros. Conforme dispõe Tom Slee: "A promessa de um caminho mais humano para o mundo corporativo é, ao contrário do que possa parecer, uma forma mais agressiva de capitalismo, com desregulação, novas formas de consumismo e uma nova onda de trabalho precarizado".(13)

Sendo assim, diante do contexto de neoliberalismo, é fundamental tratar das condições de trabalho e da realidade enfrentada pelos trabalhadores inseridos no trabalho uberizado. Principalmente quando tem tornado-se uma das principais modalidades de trabalho, especialmente no Brasil.

De acordo com a pesquisa realizada pela Fipe (Fundação Instituto de Pesquisas Econômicas), divulgada em abril de 2019, já há no Brasil 5,5 milhões de trabalhadores entregadores de mercadorias, em especial através de plataformas online (cerca de 90%)(14).

Dessa forma, após as breves considerações acerca das condições do neoliberalismo em escala mundial e sua relação direta com a uberização do trabalho, pode-se iniciar a análise da relação empregatícia estabelecida entre os entregadores de comida e as empresas dos aplicativos. Explicitaremos o atendimento aos requisitos estabelecidos pela legislação trabalhista para configuração da relação empregatícia.

2.1. Da configuração da relação empregatícia: análise da pesquisa realizada com os entregadores na cidade de Recife

Preliminarmente, diante da abordada expansão da uberização do trabalho no tópico anterior, que constitui "uma nova modalidade laborativa que combina mundo digital com sujeição completa ao ideário e à pragmática das corporações(15)", há de ser considerado o conceito ampliado de classe trabalhadora do Professor Ricardo Antunes:

> Um desenho contemporâneo da classe trabalhadora deve englobar, portanto, a totalidade dos assalariados, **homens e mulheres que vivem da venda da sua**

(12) ANTUNES, Ricardo. *O privilégio da servidão:* o novo proletariado de serviços na era digital. Sao Paulo: Boitempo, 2018. p. 35.

(13) SLEE, Tom. *Uberização:* a nova onda do trabalho precarizado. São Paulo: Editora Elefante, 2017.

(14) Entregadores já são 23% dos autônomos no País. *Gazeta Online*. Brasil, 16 abr. 2019. Disponível em: <https://www.gazetaonline.com.br/noticias/economia/2019/04/entregadores-ja-sao-23-dos-autonomos-no-pais-1014176832.html>. Acesso em: 20 ago. 2019.

(15) ANTUNES, Ricardo. *O privilégio da servidão:* o novo proletariado de serviços na era digital. Sao Paulo: Boitempo, 2018. p. 37.

força de trabalho em troca de salário...não importando se as atividades que realizam sejam predominantemente materiais ou imateriais, mais ou menos regulamentadas.(16)

A partir desse conceito, o tratamento dos dados coletados pela pesquisa realizada na cidade do Recife com cinquenta entregadores de comida deixará claro que estes, para além de integrantes da classe trabalhadora, ostentam, em suas relações com as empresas, os requisitos estabelecidos na legislação para a configuração da relação empregatícia.

Antes de apontar a relação entre a realidade demonstrada pela já referida, cumpre delinear o perfil do entregador de comida por aplicativo. A maioria são jovens de 18 a 29 anos (74% dos entrevistados), homens, negros e pardos, em sua maioria com ensino médio completo e realiza entregas para pelo menos duas empresas, conforme revelam os gráficos a seguir:

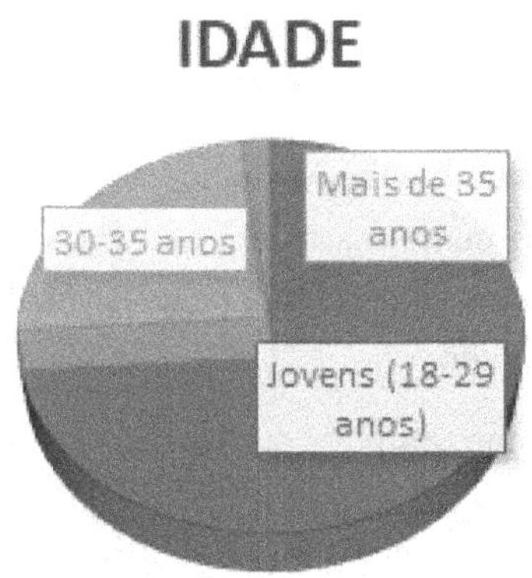

(16) *Ibidem*, p. 31.

APLICATIVOS

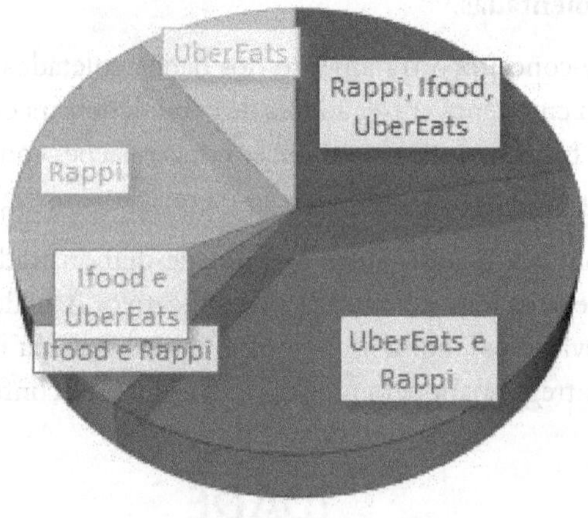

Fonte: Pesquisa realizada no município de Recife com 50 entregadores.

Nota-se, assim, que o trabalho uberizado, no setor de entrega de comida, atrai uma mão de obra jovem, majoritariamente masculina e negra. Os entregadores trabalham para mais de uma empresa, pois precisam de uma fonte de renda, não têm ocupação e não encontram outra oferta de trabalho no mercado.

Quanto ao vínculo existente entre os entregadores e as empresas, convém indicar os requisitos de caracterização da relação empregatícia, que podem ser extraídos da combinação dos *caputs* dos arts. 2º e 3º da Consolidação das Leis Trabalhistas:

> Art. 2º Considera-se empregador a empresa, individual ou coletiva, que, assumindo os riscos da atividade econômica, admite, assalaria e dirige a prestação pessoal de serviço.
>
> Art. 3º Considera-se empregado toda pessoa física que prestar serviços de natureza não eventual a empregador, sob a dependência deste e mediante salário.(17)

Os requisitos são: subordinação, onerosidade, pessoalidade, ser o trabalhador pessoa física, não eventualidade. Em relação ao primeiro elemento da relação empregatícia, a subordinação, há uma subalternidade hierárquica, uma relação de dependência entre empregador e empregado, ocorre quando alguém coloca à disposição de outrem a sua força de trabalho, sendo esta dirigida de acordo com os interesses do empregador. Assim, tem-se de um lado a figura do empregador que controla e determina a forma de prestação de trabalho e, do lado oposto, o empregado, que aliena sua força de trabalho em troca de remuneração.

Dessa forma, na relação entre os empregadores de comida e as empresas de aplicativo há uma evidente subordinação. Algumas das características que pode-se destacar são: os comandos realizados através da tela do aplicativo, a impossibilidade de recursar a entrega (especialmente na empresa Ifood, que em caso de recusa, pune o entregador com até um dia

(17) BRASIL. *Decreto-lei n. 5.452, de maio de 1943*. Aprova a Consolidação das Leis do Trabalho.

de bloqueio) e a possibilidade de sofrer punição quando não for realizada a entrega de forma satisfatória, conforme demonstrado nos gráfico a seguir.

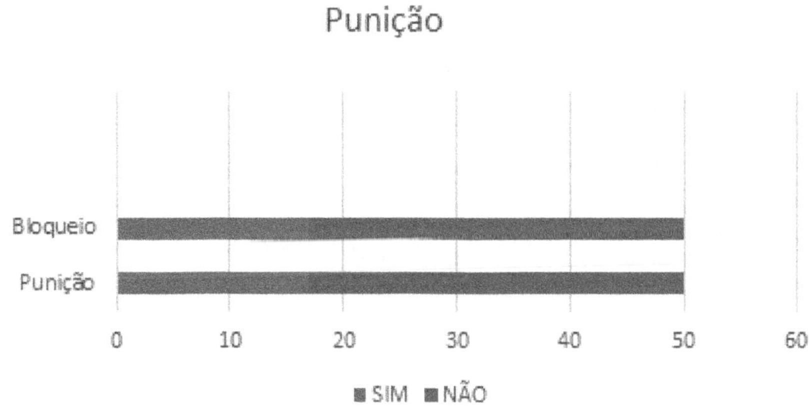

Interessa pontuar que o poder diretivo do empregador se acentua com uso dos aplicativos, do desenvolvimento tecnológico, pode-se dizer que a exploração é ainda maior, pois como bem analisado pelo Professor Carlo Cosentino:

> Os softwares de computador monitoram cada passo dos usuários dos sistemas, propiciando absoluto controle do capital sobre o trabalho. Como se vê, as novas modalidades de trabalho desencadeiam ainda mais controle e o trabalhador sofre ainda mais cobranças, através da sua chefia e da própria máquina.

Soma-se à subordinação o elemento pessoalidade, que significa que o trabalhador não poderá ser substituído por outro trabalhador para que o serviço seja realizado. Para acessar a plataforma online, o trabalhador precisa indicar o seu e-mail, a senha, o CPF e em alguns casos, (como a empresa Rappi), submetem-se a um reconhecimento facial. Na pesquisa realizada com os entregadores, foi reforçado por todos eles que não é possível a utilização de sua contra por outra pessoa que possa trabalhar no seu lugar. Os que responderam em sentido contrário fizeram referência à possibilidade de invasão por *hackers*, uma vez que a substituição é proibida pela empresa. Vejamos os dados na tabela 1:

Tabela Pessoalidade

É possível que outra pessoa utilize sua conta e trabalhe no seu lugar?	
Resposta: NÃO	**45 entregadores**
Resposta: SIM	5 entregadores
Total	50 entregadores

Fonte: Pesquisa realizada no município de Recife com 50 entregadores

Sendo assim, o requisito da pessoalidade na relação entre os entregadores e as empresas é patente.

O elemento fático-jurídico da não eventualidade também se mostrou presente. A maioria dos entregadores trabalham todos os dias da semana e, em sua maioria, de oito a doze horas por dia. Vejamos o gráfico a seguir:

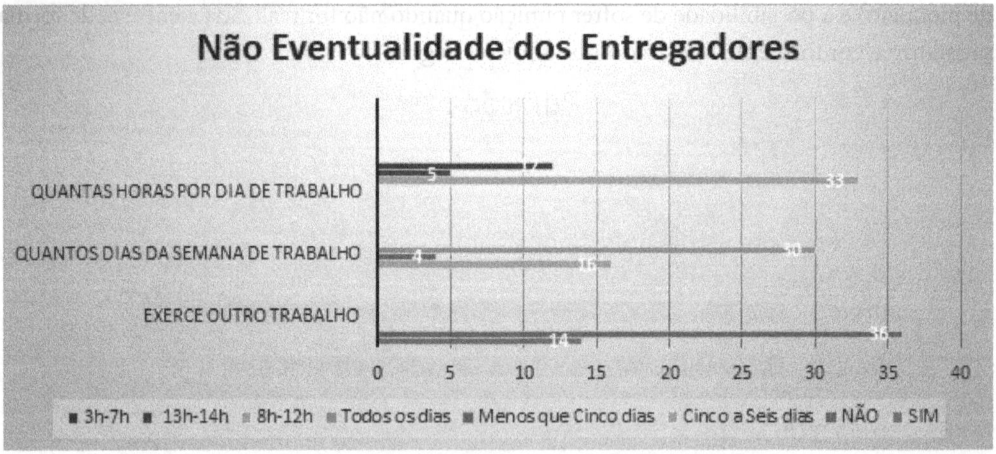

Nota-se, assim, que há evidente prestação de serviço permanente por parte dos entregadores. Também é necessário destacar as longas jornadas de trabalho às quais são expostos os entregadores, devido à falta de controle legal e proteção.

Contrário à ideia de "flexibilidade" na jornada de trabalho, o que fica evidente é a submissão a longas jornadas de trabalho, inclusive chegando a 14 horas (cerca de 10% dos entrevistados), nos remetendo às condições de trabalho do início da moderna sociedade industrial, quando "a pequena produção artesanal, em sua primeira fase, com a divisão do trabalho baseada nas "manufaturas", cedeu lugar à grande produção capitalista e com ela, à exploração do trabalho assalariado[18]".

Configura-se a superexploração do trabalho na relação empregatícia dos entregadores, que são submetidos a muitas horas de trabalho em troca de uma remuneração mínima (cerca de R$ 4,50 a cada entrega realizada). Em relação a remuneração mensal recebida por cada entregador, observa-se o seguinte gráfico:

(18) ANDRADE, Everaldo Gaspar Lopes de. *Direito do trabalho e pós-modernidade: fundamentos para uma teoria geral.* São Paulo: LTr, 2005. p. 35.

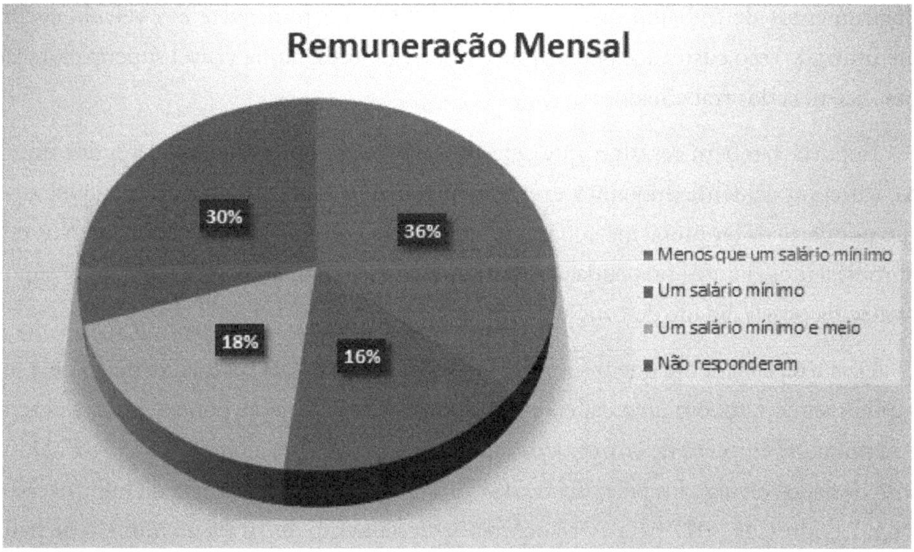

Fonte: Pesquisa realizada no município de Recife com 50 entregadores

Percebe-se então que a maioria dos entregadores recebe menos do que um salário mínimo, enquanto que as empregas acumulam lucros exorbitantes, a exemplo da *Rappi*, distribuída em seis países, em 2018, que cresceu a taxas acima de 10% em 30 meses consecutivos, chegando a valer um bilhão de dólares(19).

Os últimos requisitos para configuração da relação empregatícia são onerosidade e ser o trabalhador pessoa física. Não é necessário criar uma pessoa jurídica para se vincular ao aplicativo de entrega de comida. Então, não há cabimento em falar de "microempreendedores". São pessoas físicas que dispõem da sua força de trabalho para obter sua remuneração. Quanto à onerosidade, como mostrado no gráfico sobre remuneração, todos auferem contraprestação pelo trabalho desenvolvido.

Nesse sentido, não se pode ignorar que a relação entre os entregadores de comida e as empresas de plataforma online preenche os elementos fatos-jurídicos para configuração da relação empregatícia e que, hoje, tais empresas são um dos principais empregadores do país, em um contexto de crise e retirada de direitos trabalhistas.

Por fim, é relevante ressaltar algumas condições de trabalho a que estão submetidos os entregadores de comida, que reforça ainda mais a necessidade de o Direito do Trabalho alcançá-las.

Inexiste o oferecimento de qualquer tipo de local para que os trabalhadores possam aguardar a próxima entrega ou realizar refeições, assim como inexiste qualquer tipo de equipamento de segurança para exposição ao trânsito caótico, principalmente nas grandes cidades.

---

(19) SAMOR, Geraldo. Empresa de entregas Rappi cresce e já vale US% 1 bilhão. *Correio braziliense*, Brasil, 14 set. 2018. Disponível em: <https://www.correiobraziliense.com.br/app/noticia/economia/2018/09/14/internas_economia,705852/empresa-de-entregas-rappi-cresce-e-ja-vale-us-1-bilhao.shtml>. Acesso em: 25 ago. 2019.

Os instrumentos de trabalho (o bagageiro utilizado para transporte e o veículo eventualmente utilizado) são custeados pelos próprios entregadores, numa visível superexploração da hipossuficiência dos trabalhadores.

Importa também ressaltar que sete dos cinquenta entrevistados, 14% dos entrevistados, sofreram acidente enquanto exerciam o trabalho e não receberam qualquer tipo de auxílio por parte da empresa, mesmo tendo sido feita a comunicação do acidente. Nos relatos dos entrevistados, a única preocupação emitida através do aplicativo pelo chamado "suporte", tratava-se da possibilidade de conclusão da entrega.

Destarte, é evidente que o setor de serviços está cada vez mais controlado pela lógica do capital, sendo também uma cadeia produtiva de valor. Nota-se, por exemplo, o desempenho da principal empresa de entrega de comida no mercado brasileiro, o *app "ifood"*. De acordo com os dados divulgados pela *SimilarWeb*[(20)], companhia de tecnologia da informação com sede em Londres, de 2017 para 2018 ocorreu o crescimento de 109% no número de pedidos por dia, passando dos 187 mil (cento e oitenta e sete mil) para 390 mil (trezentos e noventa mil) pedidos por dia, na plataforma *online*. Destaca-se, ainda, o número de entregadores que, de 2017 para 2018, passou de 63 mil para 120 mil entregadores apenas no *"ifood"*.

3. Realidade social, posição judiciária e possíveis soluções

3.1. Uma análise da jurisprudência nacional e internacional

Torna-se fundamental analisar as decisões judiciais tomadas a respeito da relação envolvendo os entregadores de comida e as respectivas empresas donas dos aplicativos. Trata-se, sobretudo, de averiguar o cumprimento da Justiça em cumprir com seu fundamento constitucional de proteger a parte hipossuficiente da relação, no caso o empregador.

Ademais, é necessário que as empresas responsabilizem-se pelos riscos inerentes advindos da atividade executada pelos entregadores e uberizados em geral. Com a falta de responsabilização do empregador, faz com que o Estado arque com gastos de saúde em caso de acidentes de trabalho, por exemplo, quando os gastos deveriam ser arcados pelo empregador.

Nessa perspectiva, a expansão da atividade de entrega de comida a partir da utilização de plataformas eletrônicas fizeram emergir inevitáveis conflitos por produzir demandas trabalhistas no mundo inteiro. No Brasil, não seria diferente. O juízo da 22ª Vara Trabalhista de Brasília-DF decidiu a respeito:

Aliás, a situação dos motociclistas prestadores de serviços em entregas rápidas, tais como a gerenciada pela segunda ré (*IFOOD*), já é conhecida desta Justiça Especializada. Do mesmo modo ocorre em situação análoga, delineada pela doutrina e jurisprudência como

(20) *Ifood* divulga números inédito de crescimento. *E-commercebrasil*. Brasil, 09 nov. 2018. Disponível em: <https://www.ecommercebrasil.com.br/noticias/ifood-divulga-numeros-ineditos-de-crescimento/>. Acesso em: 25 ago. 2019.

processo de "Uberização" das relações laborais, definidor de um novo padrão de organização do trabalho a partir dos avanços da tecnologia...

> Dessa forma, evidente a presença dos pressupostos fático-jurídicos caracterizadores do vínculo empregatício entre as partes, previstos no arts. 2º e 3º da CLT, quais sejam: pessoalidade, não eventualidade, onerosidade e subordinação jurídica.(21)

Vê-se que foi reconhecida a relação empregatícia entre o entregador e a respectiva empresa, no presente caso, o ifood, inclusive ressaltando-se que, na relação, estão evidentes a presença dos pressupostos fático-jurídicos caracterizadores do vínculo empregatício entre as partes. Decisão fundamental que reforça a argumentação utilizada no tópico anterior, onde através da pesquisa realizada junto aos entregadores, fora demonstrado o preenchimento dos requisitos exigidios legalmente, assim como demonstrado o caminho também seguido pela atual jurisprudência brasileira.

Além disso, importa ressaltar importante decisão da 33ª Vara Trabalhista de Belo Horizonte-MG, que abordou a questão da uberização do trabalho com precisão, mais especificamente relacionado aos motoristas que trabalham para empresa Uber, não se tratando de entregadores. No entanto, importa ressaltar alguns trechos, especialmente quanto à caracterização de cada pressuposto fático-jurídico para caracterizar o vínculo empregatício:

> Fica claro, assim, que a ré mantém vínculo personalíssimo com cada motorista que utiliza sua plataforma, independentemente de este ser ou não o proprietário do veículo conduzido. Por fim, cabe examinar a tese da defesa de que não há pessoalidade entre as partes, na medida em que o aplicativo apenas aciona o motorista mais próximo para atender à demanda do usuário, sem que haja possibilidade de escolha do profissional que irá realizar a prestação do serviço O argumento não procede. Não se pode confundir a pessoalidade marcante da relação motorista-Uber com a impessoalidade da relação usuário-motorista. Assim, da mesma forma que, na maioria das vezes, não podemos escolher qual cozinheiro irá preparar nosso prato em um restaurante ou qual vendedor ira nos atender em uma loja de sapatos, não é dado ao usuário do aplicativo indicar qual motorista o transportará. Por tudo isto, **restou configurado o elemento da pessoalidade**.
>
> Como se não bastasse, os demonstrativos de pagamento (id 3937e7b) jungidos aos autos pelo demandante revelam que os pagamentos realizados pelos usuários são feitos para a ré, que retira o seu percentual e retém o restante, repassando-o aos motoristas somente ao final de cada semana. Isso demonstra que a reclamada não apenas faz a intermediação dos negócios entre passageiros e condutores, mas, ao contrário, recebe por cada serviço realizado e, posteriormente, paga o trabalhador. Não resta dúvida, nesse cenário, que a roupagem utilizada pela ré para tentativa de afastar o pressuposto da onerosidade não tem qualquer amparo fático. **A prestação de serviço se constitui como relação onerosa, em que o autor ativava-se na expectativa de contraprestação de índole econômica (onerosidade subjetiva) e o trabalho desenvolvido era devidamente remunerado pela ré (onerosidade objetiva).**
>
> Assim, não há dúvidas de que, ainda que a ré atue também no desenvolvimento de tecnologias como meio de operacionalização de seu negócio, essa qualificação não afasta o fato de ser ela,

---

(21) BRASIL. Tribunal Regional do Trabalho da 10ª Região. Sentença. Reclamante: Jorge da Silva Passos. Reclamadas: Jesus Leandro Oliveira Lucas; IFOOD.com Agencia de Restaurante Online S/A. Brasília, *Processo n. 0001108-67.2018.5.10.0022*, 22º Vara do Trabalho de Brasília, 2019.

sobretudo, uma empresa de transporte. Além disso, se fosse apenas uma empresa de tecnologia não fariam sentido os robustos investimentos em carros autônomos que têm sido realizados pela companhia, como notoriamente tem divulgado os veículos de comunicação. **Assim, por qualquer ângulo que se analise a matéria, é inconteste a estreita correspondência entre o labor do reclamante (função de motorista) com as atividades normais da reclamada (serviços de transporte), sendo certo, por conseguinte, deduzir a não eventualidade da prestação dos serviços.**

Na hipótese dos autos, sob qualquer dos ângulos que se examine o quadro fático da relação travada pelas partes e, sem qualquer dúvida, a subordinação, em sua matriz clássica, se faz presente. **O autor estava submisso a ordens sobre o modo de desenvolver a prestação dos serviços e a controles contínuos. Além disso, estava sujeito à aplicação de sanções disciplinares caso incidisse em comportamentos que a ré julgasse inadequados ou praticasse infrações das regras por ela estipuladas.**(22)

Ainda da 3ª Região Trabalhista vem a primeira decisão de segunda instância reconhecendo a relação de emprego do trabalhador uberizado. No caso, trata-se de motorista com a empresa Uber, nos autos do processo número 0010806-62.2017.5.03.0011, de cujo acórdão vale a pena transcrever o seguinte:

O contrato de prestação de serviços firmado entre a Uber e o motorista, denominado "cliente", prevê que o "cliente" é obrigado a aceitar os termos e condições nele estipulados (ID. eaf73db – Pág. 1). Típico contrato de adesão, portanto. **Resta saber se a UBER é mesmo uma mera plataforma digital, como pretende fazer crer, ou empresa que explora serviço de transporte e emprega motoristas para esse fim. Registre-se, por oportuno, que o fato de o autor trabalhar em outra atividade, neste caso, por si só, não teria o condão de elidir o reconhecimento da relação de emprego, eis que, como é sabido, uma pessoa pode ter mais de um emprego.** Logo, totalmente inócua a juntada da carteira de trabalho do autor.

A pessoalidade é patente. Como é de conhecimento desta Relatora, o autor, para trabalhar na UBER, procedeu à sua inscrição "on line", individualizada. Sabe-se ainda que a Uber recomenda que durante a etapa de verificação da documentação, o motorista assista a uma série de vídeos informativos e de capacitação virtual no sítio eletrônico http://t.uber.com.br.introcapacitacao. Para os motoristas que não possuem veículo, a Uber indica parceiros para aluguel e aquisição de veículos. **Trata-se de trabalho remunerado, na medida em que o autor recebia semanalmente pela produção, descontados a participação da UBER e os valores recebidos em moeda corrente dos usuários. E nem se diga que o autor "pagava" à UBER. O contrato de adesão firmado entre a UBER e o motorista deixa claro que a UBER define os valores a serem pagos pelos clientes e gerencia o pagamento ao motorista**, como se depreende do item 4 do Contrato de Prestação de Serviços, intitulado "Termos Financeiros" e seus subitens 4.1 ("Cálculo do Preço e Pagamento"), 4.2 ("Custo Fixo"), 4.3 ("Viagens pagas em dinheiro"), 4.4 ("Pagamento"), 4.5 ("Alterações no Cálculo do Preço"), 4.6 ("Ajuste de Preço"), 4.7 ("Taxas de Serviços") e 4.8 ("Taxas de Cancelamento") (ID. eaf73db – Pág. 11 a 13).

Com relação à subordinação, também entendo que se faz presente.

(...)

(22) BRASIL. Tribunal Regional do Trabalho. Sentença. Reclamante: Rodrigo Leonardo Silva Ferreira. Reclamada: Uber do Brasil Tecnologia LTDA. Belo Horizonte, *Processo N. 001135934.2016.5.03.0112*, 33ª Vara de Trabalho de Belo Horizonte, 2017.

No entendimento desta Relatora não há dúvidas de que a reclamada controla e desenvolve o negócio, estabelecendo os critérios de remuneração de seus motoristas. Em contraposição, está o motorista, que se sujeita às regras estabelecidas pela UBER e ao seu poder disciplinário, como por exemplo, a desativação do trabalhador, com baixa/má reputação. A própria reclamada admite em sua defesa que, caso seja reconhecido o vínculo, deverá ser considerado que a dispensa do obreiro se deu por mau procedimento, em virtude de seguidos cancelamentos de viagens.

(...)

Além disso, destaco outro aspecto importante a denotar a subordinação: o motorista somente toma ciência do destino escolhido pelo usuário, quando o recebe em seu veículo e dá o comando de início da corrida. Logo, repito, não há elementos para se considerar que o autor seja parceiro da UBER.

(...)

Verifica-se, pois, na relação havida entre as partes, o poder de direção da reclamada, conduzindo o modus faciendi da prestação de trabalho. Configurada, pois, a subordinação jurídica. No caso, não há falar que o reclamante exercia as atividades por sua iniciativa e conveniência, auto-organizando-se, sem se submeter ao poder de controle da empregadora.

Isso porque, a UBER seleciona os motoristas; estabelece as regras, inclusive quanto aos carros que deverão ser utilizados na prestação de serviços; recebe reclamações de usuários e decide sobre elas; pode reduzir o valor da corrida, o que impacta diretamente na remuneração do motorista; enfim, domina todo o sistema.

Assim, e uma vez presentes os pressupostos da pessoalidade, não eventualidade, subordinação jurídica, salário e prestação de serviços inerentes à atividade-fim da empresa (art. 2º e 3º da CLT), configurada ficou a relação de emprego entre as partes, no período compreendido entre 10.06.2016 e 02.02.2017, observados os limites da inicial, na função de motorista. Em consequência, a fim de se evitar alegação de supressão de instância, determino o retorno dos autos à origem, para prolação de nova sentença, com exame do restante do mérito e análise dos demais pedidos formulados na exordial, corolários à formação de liame empregatício com a reclamada, como se entender de direito.

Trata-se de julgado com argumentação fundamental, onde destrincha todos os aspectos estabelecidos na relação do trabalhador uberizado. Pode-se utilizar os mesmos argumentos para os entregadores de comida em relação às principais empresas: *rappi*, *ifood*, *ubereats*. Sabe-se que há uma nítida relação de subordinação jurídica, pessoa, não eventualidade, salário e prestação de serviços inerentes à atividade-fim da empresa, restando configura a relação de emprego entre as partes.

Em sentido contrário, em setembro de 2019, o STJ, apreciando conflito negativo de competência suscitado por um juiz trabalhista, decidiu que a competência para a ação proposta por motorista em face da Uber era de competência da Justiça Comum e não da Justiça do Trabalho e, avançando no mérito da questão, declarou a inexistência de relação trabalhista no caso.

A 2ª Seção do Superior Tribunal de Justiça entendeu que os motoristas que usam o aplicativo Uber para disponibilizar serviços de transportes não têm vínculo trabalhista com a empresa.

O colegiado, no caso concreto, entendeu que cabia ao Juizado Especial Cível de Poços de Caldas/MG julgar o processo de um motorista da Uber que teve sua conta suspensa pela empresa, porque não há relação de emprego no caso.

Em seu voto, o relator, Ministro Moura Ribeiro, destacou que a competência em razão da matéria, em regra, é questão anterior a qualquer juízo sobre outras espécies de competência e, sendo determinada em função da natureza jurídica da pretensão, decorre diretamente do pedido e da causa de pedir deduzidos em juízo.

> Moura Ribeiro ressaltou que os fundamentos de fato e de direito da causa analisada não dizem respeito a eventual relação de emprego havida entre as partes, e sim a contrato firmado com empresa detentora de aplicativo de celular, de cunho eminentemente civil.
>
> *"A relação de emprego exige os pressupostos da pessoalidade, habitualidade, subordinação e onerosidade. Inexistente algum desses pressupostos, o trabalho caracteriza-se como autônomo ou eventual."*
>
> O relatou acrescentou que a empresa de transporte que atua no mercado por meio de aplicativo de celular é responsável por fazer a aproximação entre os motoristas parceiros e seus clientes, os passageiros, não havendo relação hierárquica entre as pessoas dessa relação, até porque seus serviços são prestados de forma eventual, sem horários pré-estabelecidos, e não recebem salário fixo, o que descaracteriza o vínculo empregatício entre as partes".
>
> Por fim, o magistrado salientou que as ferramentas tecnológicas disponíveis atualmente permitiram criar uma nova modalidade de interação econômica, fazendo surgir a economia compartilhada (*sharing economy*), em que a prestação de serviços por detentores de veículos particulares é intermediada por aplicativos geridos por empresas de tecnologia.
>
> *"O sistema de transporte privado individual, a partir de provedores de rede de compartilhamento, detém natureza de cunho civil. Nesse processo, os motoristas, executores da atividade, atuam como empreendedores individuais, sem vínculo de emprego com a empresa proprietária da plataforma."*[23]

A decisão não chega a surpreender. É no âmbito do Superior Tribunal de Justiça que a corrosão da competência da Justiça do Trabalho se opera de forma mais dramática. Desde a Emenda Constitucional n. 45/2004, o STJ vem tomando decisões em tudo contrárias às disposições constitucionais, afastando a competência da Justiça do Trabalho para ações de interdito proibitório (art. 114, II), ações propostas por empregados de sociedades de economia mista (art. 114, I), ações em que se discute sucessão de empresas (art. 114, I), ações de cobrança de honorários advocatícios (art. 114, I), causas de indenização em decorrência de acidente de trabalho (art. 114, VI), inclusive quando a indenização é postulada por parente da vítima, ações relativas às penalidades impostas pelos órgãos de fiscalização das relações de trabalho (art. 114, VII), ações entre sindicatos e trabalhadores ou empregadores (art. 114, III). Não foi diferente com a demanda apresentado por motorista em face da Uber.

Não seria ousado dizer que a intenção por trás dessas decisões seria a de esvaziar a atuação da Justiça do Trabalho, mantendo-a vinculada a um pacto social já superado. E a

(23) BRASIL. Superior Tribunal de Justiça. *Conflito de Competência n. 164.544-MG* (2019/0079952-0). Disponível em: <https://migalhas.com.br/arquivos/2019/9/art20190904-07.pdf>. Acesso em: 14 out. 2019.

gravidade da estratégia se acentua quando se leva em conta o fato de que cabe ao STJ o julgamento dos conflitos de competência entre órgãos da Justiça do Trabalho e da Justiça Comum — do Estado ou da União.

Cumpre registrar que, historicamente, os parâmetros jurisprudenciais do Superior Tribunal de Justiça somente foram alterados quando o Supremo Tribunal Federal fixa jurisprudência sobre competência da Justiça do Trabalho, como aconteceu em relação às ações envolvendo pedidos de indenização decorrente de acidente de trabalho, ações de agentes comunitários de saúde em face de município, ações sobre complementação de aposentadoria, interditos proibitórios, etc.(24).

Na França, em novembro de 2018, A Sala Social da Corte de Cassação decidiu (n. 1.737, de 28 de novembro de 2018):

> Le lien de subordination est caractérisé par l'exécution d'un travail sous l'autorité d'un employeur qui a le pouvoir de donner des ordres et des directives, d'en contrôler l'exécution et de sanctionner les manquements de son subordonné. Viole l'article L. 8221-6, II du code du travail la cour d'appel qui retient qu'un coursier ne justifie pas d'un contrat de travail le liant à une société utilisant une plate-forme web et une application afin de mettre en relation des restaurateurs partenaires, des clients passant commande de repas par le truchement de la plate-forme et des livreurs à vélo exerçant sous le statut de travailleur indépendant des livraisons de repas, alors qu'il résulte de ses constatations que l'application était dotée d'un système de géo-localisation permettant le suivi en temps réel par la société de la position du coursier et la comptabilisation du nombre total de kilomètres parcourus par celui-ci et que la société disposait d'un pouvoir de sanction à l'égard du coursier.(25)

Na Espanha, o Tribunal Superior de Justiça de Asturias decidiu, em agosto de 2019, que entre os entregadores e a Glovo existe uma relação empregatícia e confirmou a sentença que condenava a empresa por dispensa injusta de um dos empregados. Trata-se de uma decisão pioneira naquele país, em se tratando de um tribunal superior. A primeira sentença fora emitida alguns meses antes por um juízo trabalhista de Gijón, que foi confirmada pelo tribunal. O juiz considerou que no contrato a Glovo e os entregadores existem cláusulas que são própias de qualquer relação de emprego e não da prestação de serviços autônomos, como um regime disciplinar e o estabelecimento de horários de trabalho. A empresa foi condenada a readmitir o trabalhador e a indenizá-lo com 1.778 euros pela despedida injusta(26).

Em outra decisão, um juízo trabalhista de Oviedo também reconheceu a existência de relação empregado entre entregadores e a empresa Glovo e que o fato de a empresa se basear em um sistema de autônomos configura fraude. A sentença foi proferida em julho de

---

(24) MELO FILHO, Hugo. *Da intenção ao Resultado:* a redução da competência da justiça do trabalho pela jurisprudência dos tribunais superiores. Disponível em: <https://juslaboris.tst.jus.br/bitstream/handle/20.500.12178/35828/006_melo_filho.pdf?sequence=3&isAllowed=y>. Acesso em: 10 set. 2019.

(25) FRANÇA. *Sala Social da Corte de Cassação.* Decisão. Disponível em: <https://cabinitio-avocats.fr/rubrique/droit-du-travail/>. Acesso em: 20 out. 2019.

(26) PELÁEZ, I. El TJSA avala que entre los repartidores y glovo "hay relacion laboral". *La Nueva España*, Espanha, 1º ago. 2019. Disponível em: <https://www.lne.es/gijon/2019/08/01/tsja-avala-repartidores-glovo-hay/2510156.html>. Acesso em: 10 set. 2019.

2019 e foi a sexta sentença, na Espanha, considerando fraudulento o modelo adotado pela Glovo. No caso, o trabalhador foi informado de que a empresa estava pondo fim ao vínculo de colaboração, de forma unilateral, sob a alegação de que o trabalhador insultara a equipe de apoio do aplicativo. O juiz entendeu que o aplicativo é a chave para a configuração da relação empregatícia. Eis o argumento central:

> En un entorno tecnológico el gran aporte logístico lo supone la propia aplicación, que es de titualirdad de la empresa y cuyo control ostenta ésta en exclusivo. La prestación de los servicios en tal marco sería posible sin un vehículo, pero no sin la aplicación(27).

Além do mais, um juízo trabalhista de Madri, em decisão de julho de 2019, reconheceu o vínculo de emprego de entregadores intermediados por plataforma, no caso a empresa Deliveroo. A decisão afastou a alegação de existência de trabalho autônomo, defendida pela empresa. Concluiu o juiz que *"en la prestación de servicios de los repartidores afectados por el proceso, durante el periodo al que se refiere el acta de liquidación, prevalecieron las condiciones propias de la laboralidad, lo que conduce a la estimación de la demanda"*.

Assim, a decisão declara que os *riders* "esencialmente" executam "um trabalho pessoal em condições organizadas e dirigidas pela empresa, que é a única controladora da marca Deliveroo". Por outro lado, o juiz ressalta o fato de que o aplicativo e a formação dos entregadores dependem diretamente da empresa:

> "Una vez aceptado el pedido, el mismo había de atenderse de acuerdo con las detalladas instrucciones determinadas por la empresa, sin margen apreciable de autonomía del trabajador."
>
> "El acceso a los servicios en dicha aplicación era gratuito para los repartidores, siendo la sociedad demandada la que les facilitaba el acceso, el alta de usuario y el manual de utilización."
>
> "Los trabajadores codenadados estaban sujetos a una relación laboral con ROOFOODS SPAIN S.L. (Deliveroo) en el tiempo en el que prestaron respectivamente sus servicios en el período que abarca el acta de liquidación, condenando a la indicada sociedad a estar y pasar por ello."

A importância dessa decisão é que ela tem efeitos coletivos, pois é tentativa de desconstituir a situação da inspeção do trabalho que considerou mais de 500 entregadores da Deliveroo como empregados. É considerada a decisão de maior importância até agora na Espanha.

Sendo assim, nota-se que a jurisprudência nacional e internacional tem caminhado para o reconhecimento da primazia da realidade, há entre uberizados e as respectivas empresas, em destaque entre os entregadores de comida e as empresas de aplicativos, uma relação empregatícia estabelecida.

Nota-se, assim que é fundamental para proteção desses trabalhadores o reconhecimento da relação para que assim possam desfrutar dos direitos trabalhistas, usufruindo de

(27) UBIETO, Gabriel. Nueva Sentencia em Ovideo que considera falsos autónomos a sus riders. *Elperiodico*, Barcelona, 18 jul. 2019. Disponível em: <https://www.elperiodico.com/es/economia/20190718/nueva-sentencia-en-oviedo-contra-el-modelo-laboral-de-glovo-7559890>. Acesso em: 10 set. 2019.

férias, décimo terceiro, descanso remunerado, hora extra, garantindo saúde e jornada de trabalho em patamares civilizatórios. Deve-se agora ressaltar importante iniciativa na seara legislativa.

3.2. Da Lei da Califórnia e a necessidade de reconhecimento da relação empregatícia no Brasil

Importante iniciativa na esfera legislativa trata-se da Lei da Califórnia, aprovada no dia 10 de setembro pelo Senado do Estado da Califórnia, nos Estados Unidos. Inicialmente, deve-se destacar que é uma importante mudança para os trabalhadores uberizados, não podendo mais ser tratados como profissionais autônomos, sendo esses alcançados pelos direitos trabalhistas reconhecidos no Estado da Califórnia.

A lei tem como objetivo combater a exclusão de trabalhadores da proteção jurisdicional devido ao mascaramento da relação trabalhista através da contratação dos trabalhadores como "autônomos". Sendo assim, a lei é fundamental para reconhecer a verdadeira relação jurídica estabelecida de empregado e empregador.

Sendo assim, a lei atinge os trabalhadores em plataformas de aplicativos, mas também caminhoneiros, manicures, trabalhadores da construção civil, dentre outros. Isso ocorre devido a inversão da presunção da relação empregatícia, significa que enquanto a Lei Trabalhista brasileira exige requisitos para existência da relação de emprego, a lei na Califórnia presume a existência da relação de emprego, sendo necessário comprovar a não existência de relação empregatícia. Estabelece o art. 621 da Lei da Califórnia:

> Art. 621 – Qualquer indivíduo que fornece trabalho ou serviços em troca de remuneração **tem o *status* de empregado** e não de trabalhador autônomo, **a menos que a empresa contratante demonstre todas as seguintes condições:**
>
> (A) A pessoa está livre do controle e direção da entidade contratante em relação à execução do trabalho, tanto em relação ao disposto no contrato quanto de fato.
>
> (B) A pessoa executa trabalho que está fora do curso normal dos negócios da entidade contratante.
>
> (C) A pessoa habitualmente atua em atividade comercial, ocupação ou negócio estabelecido e independente da mesma natureza que o trabalho a ser executado.(28)

Percebe-se, assim que a lei trabalhista da califórnia tem a concepção contrária à lei brasileira. Diante de um mundo onde a informalidade cresce, onde o neoliberalismo reforça o desmantelamento da proteção do trabalhador para crescente mais-valia, onde os empregados

(28) 621. "Employee" means all of the following:(a) Any officer of a corporation. (b) Any individual who providing labor or services for remuneration has the status of an employee rather than an independent contractor unless the hiring entity demonstrates all of the following conditions: (1) The individual is free from the control and direction of the hiring entity in connection with the performance of the work, both under the contract for the performance of the work and in fact. (2) The individual performs work that is outside the usual course of the hiring entity's business. (3) The individual is customarily engaged in an independently established trade, occupation, or business of the same nature as that involved in the work performed". Disponível em: <https://leginfo.legislature.ca.gov/faces/billCompareClient.xhtml?bill_id=201920200AB5>. Acesso em: 16 out. 2019.

desejam ausentar-se de qualquer responsabilidade empregatícia, o legislativo californiano exige requisitos para comprovação da autonomia, presumindo-se a relação empregatícia.

Dessa forma, deve-se analisar a importância dessa lei para o mundo do trabalho brasileiro, como um possível apontamento para correspondência da realidade, onde há constantes tentativas de mascaramento da relação empregatícia existente, colocando o trabalhador à mercê de grandes empresas que os tratam como descartáveis e superexplorando sua força de trabalho.

Sabe-se que tal entendimento pode favorecer não apenas os entregadores de comida e os trabalhadores em plataformas no geral, mas isso pode expandir para todos aqueles trabalhadores que são colocados como "autônomos" quando na verdade estão submetidos a uma deturpação da relação empregatícia existente. Aumentando-se o escopo da proteção trabalhista garante-se a efetiva proteção estatal em virtude do trabalhador.

Com isso, garante-se aos trabalhadores uberizados os direitos locais da Califórnia, como garantia do salário mínimo, férias remuneradas, seguro-desemprego, dentre outros. Um importante apontamento para garantia desses trabalhadores a uma vida minimamente digna que pode ser seguido pelos países para confronto direito ao desmantelo implementado pelo neoliberalismo.

Reconfiguração da luta coletiva frente aos trabalhadores uberizados no Brasil sob a ótica da teoria crítica.

Por fim, deve-se ressaltar a necessidade de reconfiguração da luta coletiva dos trabalhadores, principalmente em face da expansão da modalidade da uberização do trabalho e com isso a inserção dos trabalhadores uberizados no mundo do trabalho. Isso se deve, pois, como bem abordado pelo professor Gaspar de Andrade Melo, o direito do trabalho surgiu das lutas coletivas travadas pelos trabalhadores frente ao modelo capitalista de produção.

Diante das condições de trabalho estabelecidas pela burguesia fez-se necessária a organização coletiva dos trabalhadores para frear a exploração do capital sobre o trabalho. Sendo assim, o direito do trabalho é um ramo que surge da luta dos trabalhadores, sendo assim sua principal fonte, dessa forma, advém dos movimentos organizados dos trabalhadores.

Portanto, no atual estágio mundial, de implementação do neoliberalismo, com toda a desproteção laboral crescente ao redor do mundo, com o avanço da precarização e da uberização do trabalho torna-se fundamental abordar em quais condições insere-se a luta coletiva dos trabalhadores uberizados, preliminamente devendo-se combater a subjetividade imposta pela sociedade neoliberal que insiste em descaracteriza-los como trabalhadores.

Dessa forma, o presente tópico partirá, como afirmado ao longo do presente trabalho, que os uberizados são empregados, distanciando-se de qualquer concepção neoliberal que os insiram na concepção de autonomia, a qual despreza a evidente realidade fático-jurídica de subordinação.

Nesse aspecto, importa considerar brevemente que a principal forma de reinvidicação das melhores condições socioeconômicas, objetivando alterar a correlação de forças entre capital e trabalho se deu através dos sindicatos e partidos obreiros tradicionais e principalmente pelo instrumento da greve. Sabe-se, no entanto que nos últimos anos ocorrera um conjunto de transformações nas relações laborais implicando uma incapacidade dos sindicatos frente ao avanço do projeto neoliberal.

Em relação ao Brasil, esses fatores também estão presentes no movimento sindical brasileiro que tem tido uma crise permanente para resposta dos ataques sofridos nos interesses dos trabalhadores, tanta na sua forma de organização, quanto na pulverização das centrais sindicais[(29)].

No entanto, pode-se dizer que tem ganhado força os chamados novos movimentos sociais (de gênero, sexualidade, negritude etc) com suas pautas reinvidicatórias, mas que cada vez mais aproximam-se dos movimentos tradicionais do mundo do trabalho, exigindo assim do movimento sindical maior combatividade numa luta unitária contra o ajuste fiscal, a política neoliberal, em defesa da democracia, dos direitos sociais, da soberania nacional, das reformas de base estruturais, entre outras pautas reformistas e revolucionárias.

Partindo assim, da concepção de que o sindicalismo mundial e brasileiro sofreram impactos advindos da reestruturação do capital e a implementação do neoliberalismo a partir de 1970, e observando a maior ocupação das lutas sociais por parte dos movimentos sociais é fundamental a atuação cada vez mais conjunta desses atores, reconhecendo que o mundo do trabalho é o ponto ao qual interligam todos esses atores, conforme apontado por Marx em seus escritos.

Nesse sentido, torna-se fundamental a conjução das lutas coletivas com as lutas sindicais, pois como bem afirma o Professor Carlo Cosentino:

> Estes argumentos comprovam a versão analítica do presente estudo, no sentido de inserir a luta política — contra-hegemônica — como pressuposto das lutas sindicais de caráter coletivo, uma vez que estas lutas têm caracteres políticos, capazes de "subverter a configuração contemporânea da ordem do trabalho, um objetivo que está inserido em um projeto de transformação social mais global". (WOOD, 2005, p. 136)[(30)]

Deve-se assim introduzir nos movimentos antissistêmicos o debate acerca do mundo do trabalho que atinge a todos e continua sendo a nível mundial a forma de demonstrar o papel de dominação das classes da burguesia sobre os trabalhadores. Afirma ainda Carlo Cosentino:

---

(29) ANTUNES, Ricardo (Org.). *Riqueza e Miséria do Trabalho no Brasil IV:* trabalho digital, autogestão e expropriação da vida: o mosaico da exploração. São Paulo: Boitempo, 2019. p. 492-493.

(30) COSENTINO FILHO, Carlo Benito. *O direito do trabalho na revolução informacional e nas teorias dos movimentos sociais:* impactos no postulado autonomia, nas relações individuais e coletivas de trabalho. 2017. 369f. Tese (Doutorado em Direito) – CCJ. Universidade Federal de Pernambuco, Recife.

> **A questão do emprego e do desemprego deve ser elastecida, a fim de se poder demonstrar o papel da dominação social e política da minoria sobre a maioria**, ou seja: "está ligado à venda e à não venda da força de trabalho (ou seja, ao desemprego e ao fantasma permanente do mesmo) tem aumentado como consequência da polarização das riquezas" (WOOD, 2005, p. 287). O movimento antimundialização deve reportar-se à ideia anunciada por Marx: "o reino da liberdade começa no lugar onde se deixa de trabalhar em função de uma necessidade imposta de fora; este se situa então além da esfera da produção material propriamente dita" (WOOD, 2005, p. 289). **Circunstâncias que não devem ficar restrita a um único postulado político ideológico e as suas discussões internas**, "deve ser acrescentada ao conjunto do movimento antimundialização." (WOOD, 2005, p. 288)(31)

Sendo assim, a inserção dos trabalhadores uberizados na luta coletiva por reinvidicações socioeconômicas, inclusive no autoreconhecimento enquanto empregados, subordinados e precarizados perpassa pela própria reconfiguração do movimento sindical mundial e especialmente brasileiro, frente aos novos movimentos sociais em configuração.

Com isso, não se pode ignorar que há novas formas de combate e resistência que ultrapassam inclusive as tradicionais utilizadas pelas organizações trabalhistas fruto do leninismo-marxismo (partidos e sindicatos), que perpassam os novos movimentos sociais, que é a ocupação do ciberespaço e das novas tecnologias.

Isso ocorre devido a maior dificuldade de definir o local de produção por exemplo, exigindo novas formas de articulação. Nota-se isso em relação aos entregadores de comida das empresas de aplicativos que não possuem um local de trabalho fixo para que possam articular sua organização e reinvidicação.

Nessa perspectiva, a denominada "reinvenção" do poder nômade desenvolvida pelo grupo Critical Art Ensemble e repercutida por Everaldo Gaspar (2008) em sua obra Princípios de Direito do Trabalho: Fundamentos Teóricos e Filosófico, também é abordada pelo Professor Carlo Cosentino, sendo fundamental abordar esse impedimento para organização dos trabalhadores uberizados na luta coletiva.

Importa dizer que esse poder nômade baseia-se numa sociedade nômade, bastante temida por volta de 700 a.C. chamada pelos Gregos deCitá. Por se tratarem de povos nômades, suas ofensivas militares eram imprevisíveis, o que causava grande temor aos demais povos. Os autores afirmam que para os Citas o poder não era uma questão de ocupação espacial. Eles simplesmente saqueavam territórios na medida em que precisavam em qualquer região que precisassem. Tal modus operandi lhes permitiam permanecer invisíveis quando as condições de combate não lhes parecessem favoráveis ou adequadas(32).

---

(31) *Idem.*

(32) *Idem.*

Esse modelo de organização do poder e essa estratégia, segundo os referidos autores, foi recriada no ceio da elite capitalista, não mais se apresentando com hostilidade, mas de modo amigável e sedutor. Sendo assim, os locais de trabalho também são nômades, dificultando uma ação conjunta dos trabalhadores.

Com isso,

> A questão que se levanta é o reconhecimento das limitações dos modelos de combate e resistências contemporâneas, adaptando-os ao modelo atual dos distúrbios eletrônicos. Terreno ainda desconhecido, mas absolutamente aberto às novas experiências. **Agora, o campo de batalha é o ciberespaço e não mais apenas o chão da fábrica. Insistir no espaço físico é lutar com as armas ultrapassadas da modernidade.**[33]

Afirma-se, assim que é fundamental a articulação dos movimentos sociais, principalmente aqueles no seio do ciberespaço, com os movimentos sindicais tradicionais para que possam potencializar as suas lutas contra os ataques aos direitos sociais e trabalhistas.

Importa salientar, que mesmo diante das dificuldades organizativas dos trabalhadores uberizados e a atual ausência de articulação com os movimentos sociais e sindicais, iniciaram suas reinvindicações diante da exploração do capital.

Pode-se exemplicar a manifestação em Fortaleza-CE, Brasil, com cerca de dez pautas desde o fim do tempo de chegada do motoboy ao estabelecimento até sobre a contribuição ao Fundo de Garantia do Tempo de Serviço (FGTS)[34]; assim como também em Paris, França[35] iniciando uma greve; tal como manifestentantes em SP denunciando as condições de trabalho[36], dentre outras ao redor do mundo.

Conclui-se, assim que mesmo diante das dificuldades, os entregadores apresentam insurg**ências** necessárias frente a exploração incessantes pelas empresas de aplicativo. No entanto, há necessidade de uma maior organicidade desses trabalhadores, assim como sua articulação com outras categorias e com os novos movimentos sociais. Nota-se que, atualmente, **não há qualquer** articulação entre esses trabalhadores. Sendo urgente e necessária a reconfiguração dos movimentos sociais e sindicais para necessária inserção dos trabalhadores uberizados.

---

(33) *Idem.*

(34) Motociclistas de aplicativos de entrega realizam manifestação em Fortaleza. *O POVO*, 24 jul. 2019. Disponível em: <https://www.opovo.com.br/noticias/fortaleza/2019/07/24/motociclistas-de-aplicativos-de-entrega-realizam-manifestacao-em-fortaleza.html>. Acesso em: 16 out. 2019.

(35) Entregadores de aplicativos de entrega fazem greve em Paris. *RFIR*, 07 ago. 2019. Disponível em: <http://br.rfi.fr/franca/20190807-entregadores-de-aplicativo-de-comida-anunciam-greve-em-paris>. Acesso em: 16 out. 2019.

(36) Motociclistas de aplicativos protestam e bloqueiam vias do centro e da zona sul de SP. *G1*, 07 nov. 2018. Disponível em: <https://g1.globo.com/sp/sao-paulo/noticia/2018/11/07/motociclistas-de-aplicativo-protestam-na-avenida-paulista.ghtml>. Acesso em: 16 out. 2019.

4. Conclusão

Pretendeu-se demonstrar que a uberização do trabalho não tem o condão de afastar a relação empregatícia entre os entregadores de comida das empresas dos aplicativos, utilizando os dados coletados através de pesquisa realizada com cerca de cinquenta entregadores na cidade de Recife.

Para isso, foi considerado o contexto do neoliberalismo, ambiente em que se expande a uberização do trabalho. Restou patente que todos os pressupostos fáticos-jurídicos exigidos para reconhecer a relação laboral estão preenchidos entre os entregadores e as empresas de plataforma online.

Em todo o mundo, a doutrina e a jurisprudência vêm coincidindo quanto ao tema. Até normas estatais já foram produzidas, reconhecendo a relação empregatícia entre os entregadores e as empresas. Espera-se que, assim, a mídia e a sociedade deixem de considerar os entregadores como trabalhadores autônomos, "empreendedores", porque eles são trabalhadores e trabalhadoras, subordinados a grandes empresas.

Restou claro, do tratamento dos dados coletados na pesquisa empreendida que os entregadores estão submetidos à intensificação do trabalho, submetidos a longas jornadas de trabalho, fora de qualquer padrão civilizatório, desprotegidos e sem qualquer segurança laboral.

Impõe-se, assim, o reconhecimento do vínculo empregatício existente entre os entregadores e as empresas, a fim de que haja limites à exploração a que estão submetidos atualmente. O tema deve ser debatido. É preciso dar visibilidade a esses trabalhadores que, cada vez mais, transitam nas principais ruas de todo o país, lutando, em condições precárias, pela sobrevivência, para que também sejam destinatários da proteção laboral.

Há de ser desmascarada a concepção simplista e falaciosa apresentada pelo neoliberalismo, no sentido de que "há maior liberdade ao trabalhador", e que "a tecnologia auxilia na diminuição do labor diário". Tais considerações não se realizam no plano da realidade.

Por fim, deve-se ser inserida juntamente ao debate do reconhecimento da relação empregatícia, a luta e organização coletiva dos trabalhadores uberizados, em articulação com os movimentos sindicais tradicionais e os novos movimentos sociais.

O presente trabalho de conclusão de curso é em homenagem a todos os entregadores que responderam a entrevista e se dispuseram a falar acerca das suas condições laborais, em especial ao Thiago Jesus Dias, trabalhador *Rappi*, que morreu na zona Oeste de SP, sem qualquer auxílio da referida empresa.

Referências

ANDRADE, Everaldo Gaspar Lopes de. *Direito do trabalho e pós-modernidade:* fundamentos para uma teoria geral. São Paulo: LTr, 2005.

______. *Princípios de direito do trabalho e seus fundamentos teórico-filosóficos:* problematizando, refutando e deslocando o seu objeto. São Paulo: LTr, 2008.

ANTUNES, Ricardo. *O privilégio da servidão:* o novo proletariado de serviços na era digital. São Paulo: Boitempo, 2018.

______ (Org.). *Riqueza e Miséria do Trabalho no Brasil IV:* trabalho digital, autogestão e expropriação da vida: o mosaico da exploração. São Paulo: Boitempo, 2019.

BRASIL. *Decreto-lei n. 5.452, de maio de 1943.* Aprova a Consolidação das Leis do Trabalho.

______. Superior Tribunal de Justiça. *Confilto de Competência. 164.544-MG* (2019/0079952-0). Disponível em: <https://migalhas.com.br/arquivos/2019/9/art20190904-07.pdf>. Acesso em: 14 out. 2019.

______. Tribunal Regional do Trabalho da 10ª Região. Sentença. Reclamante: Jorge da Silva Passos. Reclamadas: Jesus Leandro Oliveira Lucas; IFOOD.com Agencia de Restaurante Online S/A. Brasília, *Processo n. 0001108-67.2018.5.10.0022*, 22ª Vara do Trabalho de Brasília, 2019.

______. Tribunal Regional do Trabalho. Sentença. Reclamante: Rodrigo Leonardo Silva Ferreira. Reclamada: Uber do Brasil Tecnologia Ltda. Belo Horizonte. *Processo n. 001135934.2016.5.03.0112*, 33ª Vara de Trabalho de Belo Horizonte, 2017.

CALIFORNIA. *Decisão.* Disponível em: <https://leginfo.legislature.ca.gov/faces/billCompareClient.xhtml?bill_id=201920200AB5>. Acesso em: 16 out. 2019.

CANZIAN, Fernanda; MENA, Fernanda. Super-ricos no Brasil lideram concentração de renda global. *Folha de S. Paulo*, 19 ago. 2019. Disponível em: <https://temas.folha.uol.com.br/desigualdade-global/brasil/super-ricos-no-brasil-lideram-concentracao-de-renda-global.shtml>. Acesso em: 20 out. 2019.

CARELLI, Rodrigo de Lacerda. É aprovada lei na Califórnia que considera empregados os trabalhadores de aplicativos. *Jota*, Brasil, 20 set. 2019. Disponível em: <https://www.jota.info/opiniao-e-analise/artigos/e-aprovada-na-california-lei-que-considera-empregados-os-trabalhadores-de-aplicativos-20092019?utm_source=JOTAFullList>. Acesso em: 16 out. 2019.

CARVALHO, Laura. *Valsa Brasileira:* do boom ao caos econômico. São Paulo: Todavia, 2018.

COSENTINO FILHO, Carlo Benito. *O direito do trabalho na revolução informacional e nas teorias dos movimentos sociais:* impactos no postulado autonomia, nas relações individuais e coletivas de trabalho. 2017. 369f. Tese (Doutorado em Direito) – CCJ. Universidade Federal de Pernambuco, Recife.

DARDOT, Pierre; LAVAL, Christian. *A nova razão do mundo:* ensaio sobre a sociedade neoliberal. Traducao de Mariana Echalar. Sao Paulo: Boitempo, 2016;

Entregadores já são 23% dos autônomos no País. *Gazeta Online*, Brasil, 16 abr. 2019. Disponível em: <https://www.gazetaonline.com.br/noticias/economia/2019/04/entregadores-ja-sao-23-dos-autonomos-no-pais-1014176832.html>. Acesso em: 20 ago. 2019.

Entregadores de aplicativos de entrega fazem greve em Paris. *RFIR*, 07 ago. 2019. Disponível em: <http://br.rfi.fr/franca/20190807-entregadores-de-aplicativo-de-comida-anunciam-greve-em-paris>. Acesso em: 16 out. 2019.

FRANÇA. Sala Social da Corte de Cassação. *Decisão.* Disponível em: <https://cabinitio-avocats.fr/rubrique/droit-du-travail/>. Acesso em: 20 out. 2019.

GUERRA, Rogéria Gladys Sales. *O princípio protetor no contexto da flexibilização do mercado de trabalho:* uma visão prospectiva. Recife: FASA, 2013.

Ifood divulga números inédito de crescimento. *E-commercebrasil*, Brasil, 09 nov. 2018. Disponível em: <https://www.ecommercebrasil.com.br/noticias/ifood-divulga-numeros-ineditos-de-crescimento/>. Acesso em: 25 ago. 2019.

MAIA, Diego. Entregador passa mal, é ignorado por empresa, uber e Samu e Morre em SP. *Folha de S. Paulo*, Brasil, 11 jul. 2019. Disponível em: <https://www1.folha.uol.com.br/cotidiano/2019/07/entregador-do-rappi-passa-mal-e-ignorado-por-empresa-uber-e-samu-e-morre-em-sp.shtml>. Acesso em: 1º set. 2019.

MARCUSE, Herbert. *A ideologia da Sociedade Industrial*. Rio de Janeiro: Zahar Editores: 1973.

MELO FILHO, Hugo Cavalcanti. Da intenção ao resultado: a redução da competência da justiça do trabalho pela jurisprudência dos tribunais superiores. *Revista do Tribunal Superior do Trabalho*, São Paulo, v. 78, n. 4, p. 112-134, out./dez. 2012.

Motociclistas de aplicativos protestam e bloqueiam vias do centro e da zona sul de SP. *G1*, 07 nov. 2018. Disponível em: <https://g1.globo.com/sp/sao-paulo/noticia/2018/11/07/motociclistas-de-aplicativo-protestam-na-avenida-paulista.ghtml>. Acesso em: 16 out. 2019.

Motociclistas de aplicativos de entrega realizam manifestação em Fortaleza. *O POVO*, 24 jul. 2019. Disponível em: <https://www.opovo.com.br/noticias/fortaleza/2019/07/24/motociclistas-de-aplicativos-de-entrega-realizam-manifestacao-em-fortaleza.html>. Acesso em: 16 out. 2019.

PELÁEZ, I. El TJSA avala que entre los repartidores y glovo "hay relacion laboral". *La Nueva España*, Espanha, 1º ago. 2019. Disponível em: <https://www.lne.es/gijon/2019/08/01/tsja-avala-repartidores-glovo-hay/2510156.html> Acesso em: 10 set. 2019.

PERET, Eduardo. Renda do trabalho do 1% mais rico é 34 vezes maior que da metade mais pobre. Agência *IBGE Notícias*, 16 out. 2019. Disponível em: <https://agenciadenoticias.ibge.gov.br/agencianoticias/2012-agencia-de-noticias/noticias/25702-renda-do-trabalho-do-1-mais-rico-e-34-vezes-maior-que-da-metade-mais-pobre>. Acesso em: 16 out. 2019.

REUBEN, Anthony. 1% da população global detém mesma riqueza dos 99% restantes, diz estudo. *BBC Brasil*, 18 jan. 2016. Disponível em: <https://www.bbc.com/portuguese/noticias/2016/01/160118_riqueza_estudo_oxfam_fn>. Acesso em: 20 ago. 2019.

SAMOR, Geraldo. Empresa de entregas *Rappi* cresce e já vale US% 1 bilhão. *Correio Braziliense*, Brasil, 14 set. 2018. Disponível em: <https://www.correiobraziliense.com.br/app/noticia/economia/2018/09/14/internas_economia,705852/empresa-de-entregas-rappi-cresce-e-ja-vale-us-1-bilhao.shtml>. Acesso em: 25 ago. 2019.

SILVA,Sayonara Grillo Coutinho Leonardo da; EMERIQUE, Lilian Balmant; BARISON, Thiago (Orgs.). *Reformas institucionais de austeridade, democracia e relações de trabalho*. São Paulo: LTr, 2018.

SLEE, Tom. *Uberização:* a nova onda do trabalho precarizado. São Paulo: Editora Elefante, 2017.

SOUZA, Jessé. *A elite do atraso:* da escravidão à lava-jato. Rio de Janeiro: Leya, 2017.

UBIETO, Gabriel. Nueva Sentencia em Ovideo que considera falsos autónomos a sus riders. *Elperiodico*, Barcelona, 18 jul. 2019. Disponível em: <https://www.elperiodico.com/es/economia/20190718/nueva-sentencia-en-oviedo-contra-el-modelo-laboral-de-glovo-7559890>. Acesso em: 10 set. 2019.

VALIM, Rafael; SOUZA, Jessé (Coords.). *Resgatar o Brasil*. São Paulo: Contracorrente/ Boitempo, 2018.